Heinz Günter Holtappels ǀ Karin Lossen ǀ Aileen Edele ǀ
Fani Lauermann ǀ Nele McElvany (Hrsg.)
Jahrbuch der Schulentwicklung. Band 21

Eine Veröffentlichung
des Instituts für Schulentwicklungsforschung
der Technischen Universität Dortmund

Heinz Günter Holtappels | Karin Lossen |
Aileen Edele | Fani Lauermann |
Nele McElvany (Hrsg.)

Jahrbuch der Schulentwicklung Band 21

Kooperation und Professionalisierung
in Schulentwicklung und Unterricht

Dieses Buch ist erhältlich als:
ISBN 978-3-7799-6429-2 Print
ISBN 978-3-7799-5741-6 E-Book (PDF)

1. Auflage 2020

© 2020 Beltz Juventa
in der Verlagsgruppe Beltz · Weinheim Basel
Werderstraße 10, 69469 Weinheim
Alle Rechte vorbehalten

Herstellung: Ulrike Poppel
Satz: Helmut Rohde, Euskirchen
Druck und Bindung: Beltz Grafische Betriebe, Bad Langensalza
Printed in Germany

Weitere Informationen zu unseren Autor_innen und Titeln finden Sie unter: www.beltz.de

Inhalt

Vorwort

In der bewährten Tradition der IFS-Jahrbuchreihe umfasst die nunmehr vorliegende 21. Ausgabe erneut Bestandsaufnahmen, Analysen und Forschungsbefunde aus dem Institut für Schulentwicklungsforschung zu aktuellen und bedeutsamen Themenfeldern: Das neue Jahrbuch der Schulentwicklung setzt dieses Mal den inhaltlichen Schwerpunkt auf das Themenfeld „Kooperation in Schulen und Professionalisierung von Lehrkräften im Rahmen von Schulentwicklung und Unterricht".

Die neun Beiträge beinhalten Theorieansätze und Studien zu Forschungsfragen, die mit unterschiedlichen methodischen Herangehensweisen einerseits den Arbeitsplatz, die Zusammenarbeit und die Kompetenzen von Lehrerinnen und Lehrern betreffen, andererseits zentrale Problemstellungen für die Entwicklung von Schulen und ihrer Lernkultur aufgreifen. Dazu gehören sowohl Wirkungen der Kooperation auf den Unterricht im Kontext von Heterogenität und professionellem Handeln als auch Analysen zu Entwicklungsverläufen und der pädagogischen Arbeit von Lehrkräften an Schulen in schwierigen Lagen. Die Beiträge behandeln fundierte theoretische Ansätze, geben einen umfassenden Überblick über den Forschungsstand und legen anhand eigener empirischer Untersuchungen neue Forschungsergebnisse und Erkenntnisse vor.

Die ersten vier Beiträge befassen sich direkt mit dem Schwerpunktthema der Kooperation in Schulen. Der Beitrag von *Holtappels* liefert dazu einführend einen umfassenden und systematisierenden Überblick über Theorieansätze und den internationalen Forschungsstand zur Lehrkräftekooperation und zu professionellen Lerngemeinschaften und präsentiert aus zwei Studien neue empirische Befunde. Die beiden nächsten Beiträge befassen sich mit Kooperation von Lehrkräften mit Fokus auf Unterricht und Professionalität. *Ohle-Peters* erforscht Zusammenhänge zwischen der Intensität professioneller Kooperation von Grundschullehrkräften und der Unterrichtsvorbereitung sowie Qualitätsmerkmalen des Leseunterrichts. *Gebauer* untersucht die Bedeutung der Kooperation von Lehrkräften für deren Einstellungen zu verschiedenen Aspekten der Heterogenität von Lerngruppen. In ein bislang noch nicht untersuchtes und aktuelles Feld dringt der Forschungsbeitrag von *Heldt* und *Lorenz* vor, in dem es um Herausforderungen, Bedingungen und den Mehrwert von Kooperation in Schulen für die Unterstützung im Kontext von Digitalisierung geht.

Evers und *Lauermann* liefern einen umfassenden Überblick über internationale Theorieansätze, den Forschungsstand und Konzepte von Resilienz im Kontext von Belastungen bei Lehrkräften und zeigen Schutz- und Risikofaktoren sowie Beratungsansätze für die Arbeit der Lehrkräfte. Drei Beiträge behandeln spezifische Schulentwicklungsaspekte im Zusammenhang von Schulen in herausfordernden Lagen: *Dedering* untersucht mit qualitativen Methoden schulinterne Verarbeitungsweisen von Ergebnissen der Schulinspektion in Schulen mit Entwicklungsbedarf. Die Forschungsgruppe *Böse, Neumann, Gesswein, Lee* und *Maaz* untersuchen im Berliner BONUS-Programm Schulen in schwieriger Lage und präsentieren ausgewählte Befunde zur Programmbewertung und zu Qualitätsverbesserungen in den Schulen. *Webs* behandelt das facettenreiche Konstrukt des Commitments von Lehrkräften, das in der alltäglichen Arbeit von Lehrpersonen und besonders für Veränderungsprozesse von Schulen in herausfordernden Lagen Bedeutung erlangt.

McElvany, Schwabe und *Trendtel* befassen sich grundlegend mit dem bislang wenig erforschten Bereich der kulturellen Bildung in Schulen und untersuchen am Beispiel der Musik die Entwicklung von Kreativität im Hinblick auf Prozesse, Fachkompetenzen und Motivation in der Sekundarstufe.

Alle Beiträge wurden einem zweistufigen internen und externen Double-Blind-Review unterzogen. Der besondere Dank des Herausgeberteams für die kritisch-konstruktive Unterstützung und wertvolle Hinweise gebührt den externen und internen Reviewerinnen und Reviewern: Prof. Dr. Isabell van Ackeren, Prof. Dr. Gabriele Bellenberg, Prof. Dr. Kathrin Dedering, Dr. Annika Hillebrand-Petri, Dr. Johannes Hasselhorn, Prof. Dr. Sabine Hornberg, Prof. Dr. Tobias Stubbe, PD Dr. Miriam Gebauer, Martin Goy, Dr. Ilse Kamski, Dr. Karin Lossen, Dr. Annika Ohle-Peters, Dr. Franziska Schwabe. Für redaktionelle Unterstützung beim Buchmanuskript dankt das Herausgeberteam Martin Diekneite, Julia Mills, Jule Sprakel und Frauke Steinhäuser.

Das 21. Jahrbuch bietet seinen Leserinnen und Lesern erneut solide Grundinformationen, detaillierte Bestandsaufnahmen und Erkenntnisstände, aktuelle Entwicklungstrends und sorgfältige empirische Analysen. Damit wird ein wissenschaftlich fundiertes Werk für alle bereitgestellt, die in Schulen und Unterstützungssystemen, Bildungsadministration und Bildungspolitik, Wissenschaft und Forschung mit Fragen des Schulwesens, seiner Analyse und seiner Gestaltung befasst sind. Angesichts der vielfachen

Herausforderungen und Veränderungen in der Schullandschaft ist zu hoffen, dass dieser Band die evidenzbasierte Diskussion fördert und so einen wichtigen Beitrag zur Schulentwicklung und zur Bildungsforschung leistet.

Dortmund, im Herbst 2020
Heinz Günter Holtappels
Karin Lossen
Aileen Edele
Fani Lauermann
Nele McElvany

Lehrerkooperation und Teamarbeit in Schulen – Zur Bedeutung der Kooperation für Professionalisierung, Schulentwicklung und Unterrichtsqualität

Heinz Günter Holtappels

Pädagogisches Personal in Schulen, insbesondere im Lehrberuf, ist mit hohen sozial-interaktiven und situativen Anforderungen und komplexen unterrichtlich-didaktischen und erzieherischen Erfordernissen konfrontiert (vgl. Terhart & Klieme, 2006; Fussangel, 2008). Um die Komplexität der pädagogischen Arbeit bewältigen zu können, wird ständige Reflexion, Feed-Back und Weiterlernen für Lehrkräfte erforderlich (vgl. Rosenholtz, 1991; Kelchtermans, 2006), aber auch gemeinsame Verantwortung für die Qualität der Schule und den Lernerfolg der Lernenden. Kooperation gilt angesichts dieser hohen Anforderungen als ein zentrales Element professionellen Handelns. Zusammenarbeit hat dabei nicht nur Bedeutung für die individuelle professionelle Entwicklung, sondern auch für die Qualitätsentwicklung und Veränderungsfähigkeit der Schule. Teamartige Kooperation könnte somit ein Schlüssel zu einer professionellen und erfolgreichen Berufsarbeit für Lehrkräfte und weiteres pädagogisches Personal sein, zugleich könnte Kooperation die Entwicklungskapazität und Problemlösefähigkeit der Schule voranbringen.

Der vorliegende Beitrag, der sich im Wesentlichen auf die Kooperation von Lehrkräften konzentriert, soll im ersten Teil zur Systematisierung von Kooperation und Teamarbeit beitragen. Der zweite Teil geht auf Professionelle Lerngemeinschaften als besondere Form der Teamarbeit ein. Im dritten Teil wird ein Überblick über bedeutende Forschungsbefunde zur Kooperation und zu professioneller Teamarbeit gegeben, woran sich im vierten Teil die Präsentation eigener Forschungsergebnisse anschließt; sie stammen aus zwei aktuellen Forschungsprojekten der letzten Jahre, die die Relevanz der Arbeitsweise und der Wirkungen professioneller Lerngemeinschaften und weiterer Kooperationsformen in Schulen herausstellen, wobei der Hauptfokus auf den Zusammenhang von Kooperation und Schulentwicklung liegt.

1 Kooperation und Teamarbeit in Schulen – Ansätze der Systematisierung

Folgt man einer organisationspsychologischen Definition (vgl. Spieß, 2004), dann ist Kooperation gekennzeichnet durch den Bezug auf andere Personen, auf gemeinsam zu erreichende Ziele und gemeinsam zu absolvierende Aufgaben, geschieht intentional, kommunikativ und vertrauensbasiert und ist der Norm der Reziprozität verpflichtet. Kooperation in dieser, recht allgemeinen Definition muss allerdings stets im sozialen und institutionellen Kontext betrachtet werden. In organisationstheoretischen Ansätzen gehört die Kooperation des Personals in aller Regel zu den bedeutenden Organisationsmerkmalen (vgl. Mintzberg, 1979; Dalin, Rolff & Buchen, 1995), insbesondere in Bildungseinrichtungen. In diesem Zusammenhang könnte Kooperation zu den Gelingensbedingungen für die Gestaltung der Schul- und Lernorganisation als auch für erfolgreiche Schulentwicklung hinsichtlich des Aufbaus von Kapazitäten einer lernenden Organisation gehören (vgl. Marks & Louis, 1999; Holtappels, 2013; Senge 2006).

Die Zusammenarbeit von Lehrkräften ist eines der zentralen Merkmale von Schulqualität auf der Schulebene. In theoretischen Qualitätsmodellen gehört auch die Kooperation von Lehrkräften zu den Indikatoren der Gestaltungs- und Prozessqualität auf Schulebene (vgl. Scheerens & Bosker, 1997; Ditton, 2000; Holtappels & Voss, 2006), ebenso in den Orientierungsrähmen der Bundesländer. Die Kooperation von Lehrkräften wird in neueren Studien als relevante Variable der Organisationskultur und somit des Learning Environments für Effekte auf Lernkultur und Unterrichtsqualität erkannt und analysiert (vgl. Holtappels, 2013). In ganztägigen Schulen und in der Inklusion spielt im Zuge von weiter ausdifferenzierenden pädagogischen Tätigkeiten und der Beschäftigung von Lehrkräften und von anderem (zum Teil nicht-lehrendem) Personal auch die multiprofessionelle Kooperation eine zunehmende Rolle.

Formen und Niveaus von Kooperation und Teamarbeit in Schulen

Nicht jede Form von Kooperation vermag hohe Bedeutung und Wirkung für pädagogische Handlungsformen und deren Erfolg zu erlangen. Hierzu

kann man sich ein Kontinuum mit ansteigendem Niveau vom Gelegen-
heitsaustausch bis zur professionellen Lerngemeinschaft vorstellen:

1. Gefügeartige Kooperationsformen (in Gremien und Konferen-
   zen) sind für Beratungen und Entscheidungen eher als Basisfor-
   men koordinierten Handelns mit loser Verbindung zu betrachten, hier kann zumeist gar nicht von Teamarbeit gesprochen werden, weil trotz gemeinsamer Ziele und Aufgaben in aller Regel
   keine Gemeinschaft und Teamidentität besteht und weniger intensive Zusammenarbeit.
2. Anlassinduzierte temporäre Kooperation als informeller und
   punktueller Austausch zwischen Kooperationspartnern resultieren aus Anlässen und spontanen Treffen mit eher einfachen Formen punktueller Kooperation mit Austauschcharakter.
3. Temporäre Entwicklungsgruppen erhalten als formell oder infor-
   mell gebildete Arbeitskreise/-gruppen oder Entwicklungszirkel
   die Funktion, Entwicklungsaufgaben zu bearbeiten mit einem
   kurzfristigen Auftrag, die keine längerfristige oder intensivere Zusammenarbeit vorsehen.
4. Institutionalisierte Teamformen (Klassenteams, Jahrgangsteams,
   Fachteams, multiprofessionelle Teams) umfassen fest und formal
   gebildete, auf gewisse Dauer gestellte Teamformen in der Schule,
   die mit Zielen für längerfristige oder komplexere Aufgaben und
   auf Kontinuität sowie auf kollaborativ-gemeinschaftliche Arbeitskultur gegründet sind: in vertikaler Struktur die Fachteams
   (Lehrkräfte desselben Schulfachs) oder der Bildungsgangteams
   (in berufsbildenden Schulen) oder in der horizontalen Struktur
   die Jahrgangs (Lehrkräfte eines Jahrgangs oder einer Klasse) oder
   auf Schulebene als feste multiprofessionelle Teams (z. B. im
   Ganztagsbetrieb, in der Inklusion).
5. Professionelle Lerngemeinschaften sind fest gebildete Teams (wie
   unter 4.), die jedoch auf besonders elaborierte und professionelle
   Weise im Team auf hohem Niveau kooperieren, weil sie in der
   zentralen Bildungsfunktion der Schule mit Fokus auf Schülerlernen, Unterrichtseffektivität und Erziehungsarbeit sowie für Unterrichtsentwicklung mit Austausch, Arbeitsteilung und Kokonstruktion in Gemeinschaft zusammenarbeiten, zugleich zur
   Professionalisierung der Teammitglieder beitragen sollen; mit
   diesen teils strategischen Funktionen erreichen sie die höchste
   Stufe von Teamarbeit.

Anlassinduzierte und temporäre Kooperationsformen (vgl. 1.-3.) sind in aller Regel nicht auf tiefere und kontinuierliche Arbeitsorganisation ausgerichtet; gleichwohl können sich daraus später durchaus Teams mit intensivem Kooperationshandeln entwickeln. Dagegen erfordern die institutionalisierten Teambildungen auf höherem Niveau (4. und 5.) professionelles Teamhandeln (z. B. zielorientiertes Handeln, aufgabengerechte Arbeitsweise, Bezug zu Berufsstandards). Teams werden für eine zeitlich längere Dauer gebildet, wobei sich möglicherweise dann auch Zielanspruch und Ergebniserwartungen klarer und Gruppenkohäsion und Interaktionsbeziehungen günstiger entwickeln können als bei flüchtigen Kooperationsanlässen und -verläufen in unverbindlicher Organisationsform.

Zu institutionalisierten Teams mit entsprechendem Kooperationsniveau können auch Steuergruppen gehören, die ebenfalls intensiv im Team arbeiten müssen, jedoch mit anderer, hauptsächlich strategischer Funktion, nämlich Schulentwicklungsprozesse zu koordinieren und zu steuern. Sie gehören damit hinsichtlich ihrer Positionierung in der Schulorganisation praktisch zum mittleren Management (ähnlich wie formale Funktionsträger der Didaktischen Leitung, der Ganztagskoordination, der Bildungsgang-, Jahrgangsstufen- und Teamleitungen).

Im Folgenden sollen Formen und Anspruchsebenen der Kooperation von Lehrkräften in einem Stufenmodell unterschieden werden. Gräsel, Fussangel und Pröbstel (2006) differenzieren in drei Niveaus der Lehrkräftekooperation (vgl. auch Fussangel, 2008):

Austausch zielt darauf ab, Erfahrungen, Materialien oder lediglich Informationen über gleichartige Tätigkeiten unter Kolleg*innen zu verteilen, eventuell auch Beratung und Unterstützung zu gewähren. Es geht um Angleichung des Kenntnisstandes und es besteht Ressourceninterdependenz ohne das Erfordernis von Zielinterdependenz. Beim Austausch wird nur minimales Vertrauen erforderlich, zugleich bleibt ein hohes Ausmaß an Autonomie der Individuen bei relativ wenigen erlebten negativen Konsequenzen. Somit ist es ein Low-Cost-Verfahren.

Arbeitsteilige Kooperation fokussiert mit höherem Anspruch auf Effizienzsteigerung und verteilte Aufgabenerfüllung bei konsenshafter Zielstellung. Kooperationspartner leisten gegebenenfalls Einzelarbeiten, bevor Ergebnisse oder Produkte zusammengeführt werden; dies erfordert aber Abstimmung, also gemeinsame Planung, Verständigung und Verlässlichkeit, auch Vertrauen darauf, dass der Arbeitsauftrag jedes Partners erwartungsgemäß erledigt wird. Individuelle Autonomie wird reduziert, gemeinsame Ziele und ein gewisses Vertrauen stellen höhere Anforderungen als bei bloßem Austausch.

Kokonstruktion bedeutet, dass gemeinsames Wissen so aufeinander bezogen wird, dass neues Wissen generiert wird; dabei werden Kompetenzentwicklungen und Reflexion der eigenen Arbeit ermöglicht, gemeinsam Ziele abgestimmt, Handeln professionell geplant und Problemlösungen entwickelt. Kokonstruktion kann damit Professionalisierung und Entwicklungsarbeit befördern. Voraussetzungen dafür sind, dass individuelle Autonomie stark eingeschränkt wird, gemeinsame Ziele im Vordergrund stehen und hohes Vertrauen in Bezug auf Risiken, Fehler und Kritik entwickelt wird. Es ist ein High-Cost-Verfahren, weil der Aufwand für gemeinsame Abstimmung und Entwicklungsarbeit relativ hoch und die Gefahr für sachliche und soziale Konflikte größer ausfallen. Allerdings sind Chancen und Nutzen ebenfalls hoch hinsichtlich des Beitrags für die Entwicklung der Schule sowie der Qualität der eigenen Arbeit und des Kompetenzgewinns durch Impulse und Reflexion.

Bei diesem organisationspsychologischen Modell kommt es offenbar nicht auf Kooperationsintensität (im Sinne von Häufigkeit und Menge) an. Der Umfang und der Turnus der Kooperationszeiten sowie die Dauer und Art der Entwicklung eines Teams dürften jedoch relevante Größen sein, die Einfluss auf die Qualität nehmen. Forschungsergebnisse aus einem Modellprojekt, in dem vermutlich nicht schon an langfristig entwickelte Teambildungen anzuknüpfen war, zeigen, dass die Lehrkräftekooperation häufig nicht das Niveau von Arbeitsteilung und selten Kokonstruktion erreicht und von der ersten bis zum dritten Kooperationsniveau die Intensität der Zusammenarbeit abnimmt (Gräsel, Fussangel & Pröbstel 2006; Richter & Pant, 2016). Gründe sind vor allem darin zu sehen, dass der Schulalltag mit der fach- und jahrgangsdifferenzierten Unterrichtsorganisation wenig Möglichkeiten für die Zusammenarbeit von Lehrkräften bietet, wenn dies nicht durch feste Teambildungen angebahnt wird.

Ein anderes, statistisch gut abbildbares Stufenmodell der Lehrkräftekooperation, das stärker für die Schulorganisation insgesamt und für Schulentwicklung Bedeutung hat, entwickelten Steinert et al. (2006). Das Kontinuum reicht von Fragmentierung (Stufe 0, mit wenig Abstimmung und Austausch) über Differenzierung (Stufe 1), Koordination (Stufe 2) und Interaktion (Stufe 3) bis zu Formen der Integration (Stufe 4). Differenzierung beinhaltet Aktivitäten der fächerspezifischen Zusammenarbeit und das Zusammenwirken auf der Jahrgangsebene, Kooperation bedeutet Teamarbeit und Austausch im Kollegium. In Form klassenübergreifender Kooperation reicht über Fächer und Jahrgangsstufen hinweg die Stufe der Interaktion, während Integration auf der höchsten Stufe unterrichtsbezogene Kooperation und gegenseitige Unterrichtsbesuche bedeutet.

In beiden Modellen bleibt weitgehend unklar, in welchen organisatorischen Formaten Kooperation stattfindet, in welcher Häufigkeit in konkreten Aktivitäten kooperiert wird, inwieweit es wechselnde oder kontinuierliche Kooperationspartner sind und in welchem Institutionalisierungs- und Verbindlichkeitsgrad Kooperation stattfindet (individuelle Konstellation oder feste Teambildung). Dies ist nicht irrelevant: Frühere Befunde der Schulforschung konnten etwa nachweisen, dass die Kooperationsintensität und auch die Effekte bei institutionalisierten Teams von Lehrkräften größer ausfallen (vgl. Holtappels, 1997; Holtappels, 2002).

2 Professionelle Lerngemeinschaften als zielbezogene und elaborierte Form der Teamarbeit von Lehrkräften in Schulen

In Schulen, die als gesamtes Kollegium oder in einzelnen Teams auf eine besonders elaborierte Art und Weise ihre Lernprozesse gezielt und systematisch durch intensive Teamarbeit der Lehrkräfte organisieren, kann man – wie es die internationale Forschung bezeichnet – von „Professional Learning Communities" sprechen (vgl. Kruse, Louis & Bryk, 1995; Leithwood, 2002; DuFour & Eaker, 2004; Stoll & Louis, 2007). Rosenholtz (1991) fördert empirisch Merkmale zu Tage, die im Zusammenwirken in Kollegien ein hohes Niveau professioneller Lerngemeinschaft anzeigen und hinreichende Gelegenheiten zum professionellen Lernen geben: Grundlegende Orientierungen auf Schulebene, gemeinsame Ziele, Lehrevaluation, Partizipation in der Entscheidungsfindung und Lehrkräftekooperation. Die Bedeutung des Konstrukts „Professionelle Lerngemeinschaft" lässt sich so erklären (vgl. auch DuFour & Eaker, 2004; Bonsen & Rolff, 2006):

- *Professionell* handeln Lehrkräfte, wenn sie als Spezialisten mit Expertise in einem bestimmten Gebiet (z. B. in einem Unterrichtsfach, in pädagogischen Fähigkeiten) ihre spezifischen Kenntnisse und Kompetenzen entsprechend ihrer qualifizierten Ausbildung auch anwenden, sich dabei an hohen Qualitätsstandards der Berufsausübung orientieren und kontinuierlich die Kompetenzen durch Lernen und Fortbildung weiter entwickeln.
- Dies erfordert *gemeinsames Lernen und Weiterlernen* sowie systematische Reflexion und Analyse, eine produktive Arbeitsumgebung, zielorientiertes Handeln und kontinuierliche Qualitätsverbesserung. Professionelles Teamhandeln steht damit in einem re-

ziproken Verhältnis zu Aktivitäten, die Voneinander-Lernen und kontinuierliche Weiterentwicklung der eigenen Professionalität einerseits und Entwicklungsarbeit für Schule und Unterricht andererseits ermöglichen.

- Professionelles Handeln, Lernen und Entwicklung vollzieht sich zudem in *Gemeinschaft*: Lehrkräfte handeln nicht isoliert, sondern sind durch gemeinsames Fühlen, Streben und Urteilen verbunden. Im Team befriedigen sie Bedürfnisse nach Vertrauen, Teilhabe und Anerkennung; geteilte Ziele und Werte, gegenseitige Unterstützung und Solidarität, Bindung und Verpflichtung sowie gemeinsame Qualitätssorge sind Merkmale der Gemeinschaft.

Solche „Professionellen Lerngemeinschaften" (i. F. PLG) verkörpern die gemeinsame Verantwortung des Kollegiums für das Erreichen der pädagogischen Ziele und die zielbezogene Zusammenarbeit. Ihr Wirkungspotenzial vollzieht sich nach Leithwood (2002) in fünf Merkmalen oder Charakteristika von Teamarbeit im Sinne einer Professional Learning Community:

- Gemeinsam geteilte Werte und Normen,
- reflektierender Dialog und kontinuierliche Analyse,
- Deprivatisierung des Unterrichtshandelns durch Kommunikation im Team,
- intensive Kooperation zur Steigerung der Unterrichtseffektivität,
- Fokus auf Schüler*innen-Lernen.

Hier liegt auch der bedeutende Unterschied des PLG-Ansatzes zu den vorherigen Kooperationsmodellen, bei denen die Ziele und teilweise auch die Inhalte der Kooperation stärker unbestimmt oder variabel bleiben, während für PLG eine unbedingte Fokussierung auf die oben genannten Ziele und die charakteristischen Merkmale, die zugleich den Inhalt der Teamarbeit bestimmen, kennzeichnend sind. In PLG hat die kollaborative Teamarbeit nicht irgendwelche oder gar beliebige Ziele, sondern ist stets auf Unterrichtsentwicklung und -wirksamkeit sowie Lernen und Erfolg der Schülerinnen und Schüler ausgerichtet. Ungeklärt bleibt bei diesem Konstrukt, ob alle Merkmale gegeben sein müssen, welche konkreten Kooperationsaktivitäten die Charakteristiken repräsentieren und ob ein Kontinuum impliziert ist, das das Niveau oder das Erreichen professioneller Teamarbeit etwa auf einer Skala messbar machen könnte.

Im Hinblick auf den Gewinn für die Lehrpersonen und die Schule sehen Hall und Hord (2001) für die PLG Indikatoren, die auch als Kennzeichen einer lernenden Organisation gelten, aber insbesondere die Ziele einer kollaborativen Zusammenarbeit der Lehrkräfte für ihre Professionalisierung und für die Schulentwicklung in den Blick nehmen:

a) Reduzierung von Isolation mit kollegialer Unterstützung,
b) Gelegenheiten des Weiterlernens,
c) Schaffung einer unterstützenden und produktiven Umgebung,
d) Erhöhung der Entwicklungskapazität des Kollegiums und
e) Bemühen um Qualitätsverbesserung.

Das Gelernte wird mit Kolleginnen und Kollegen kommuniziert und in die pädagogische Praxis umgesetzt. Freilich bedarf es dafür Voraussetzungen, die den Arbeitsplatz förderlich gestalten, insbesondere in grundlegender Innovationsbereitschaft, gemeinsamen Zielen, institutionalisierten Arbeits- und Kommunikationsformen bestehen (vgl. hierzu Kelchtermans 2006). Damit wird eine förderliche und anregende Arbeits- und Lernumgebung geschaffen, die zugleich produktiv im Sinne von Kokonstruktion für Schul- und Unterrichtsentwicklung sein kann. Der vorliegende Beitrag widmet sich hauptsächlich der Teamarbeit von PLGs.

3 Forschungsstand zur Kooperation und zu professioneller Teamarbeit von Lehrkräften

Im Folgenden werden ausgewählte internationale und nationale Forschungsergebnisse zur Kooperation von Lehrerinnen und Lehrern, insbesondere in Teamarbeit bzw. in Form professioneller Lerngemeinschaften vorgestellt. Dabei wird auf Kooperationsaktivitäten, Bedingungen von Kooperation und anschließend auf Wirkungen professioneller Teamarbeit eingegangen.

3.1 Formen und Aktivitäten von Kooperation und Teamarbeit – deskriptive Befunde

Dass Kooperation und Teamarbeit insbesondere in Grundschulen als Bestandteil der Arbeitskultur zu beobachten ist, dürfte keine Überraschung sein, weil die überwiegend überschaubare Größe der Schulen, die weniger starke Abgrenzung der Fächer und die stärkeren Anforderungen an Erziehungsarbeit mit jungen Kindern eine Kooperation von Lehrpersonen nahelegen, leichter ermöglichen und auch erfordern. Im Zuge von Grundschulreformen wurden intensive Kooperationsformen besonders sichtbar: In der Innovationsstudie zu zeitlich erweiterten Halbtagsgrundschulen in Niedersachsen (vgl. Holtappels, 1997, 142 ff.) zeigten sich institutionalisierte Teamformen in Grundschulen, die durchaus als Vorläufer von PLG zu werten sind. Dabei wurden in zwei Dritteln der Grundschulen dauerhafte Teamstrukturen in Form von Jahrgangsteams oder einer Klassenführung im Team eingeführt; 34 % aller Lehrpersonen hatten regelmäßige Jahrgangsbesprechungen, 30 % waren in ein Klassen-Tandem eingebunden. Von diesen Formen profitierte nach Angaben der Lehrkräfte in qualitativen Resultaten (ebd., S. 199 ff.) offenbar die individuelle Kompetenzentwicklung der einzelnen Lehrpersonen durch intensivere Selbstreflexion und erweiterte pädagogische Fähigkeiten sowie Entlastung durch gemeinsame Verantwortung, da in solchen Kleinteams am ehesten Austausch, angstfreies Erproben und Voneinander-Lernen im Sinne eines gegenseitigen Coachings vonstattengingen. Die Befunde wurden durch eine ähnliche, aber umfangreichere Grundschulstudie in Hamburg nochmals deutlich bestätigt (Holtappels, 2002, S. 156 ff.).

In einer bedeutenden ersten empirischen Pilotstudie zu PLG hierzulande erprobten Bonsen und Rolff (2006) ein Instrument zur Erfassung von PLG-Merkmalen und -aktivitäten mit fünf Dimensionen auf der Basis des Instruments von Newman et al. (1996). Die Ergebnisse für 85 Dortmunder Schulen (Grund- und Sonderschulen sowie Schulen der Sekundarstufe I), wovon wegen des schulinternen Rücklaufs Auswertungen für nur 35 Schulen und 199 Lehrkräfte möglich waren, zeigen: Bessere Anpassungswerte als eine Skala zweiter Ordnung hatten die fünf einzelnen Skalen. Am stärksten richteten die Befragten den gemeinsamen Fokus auf das Lernen von Schülerinnen und Schülern, praktizierten eine Deprivatisierung von Unterricht und verfolgten gemeinsame pädagogische Ziele, weniger aber fanden Kooperation mit Fokus auf Unterrichtswirksamkeit sowie reflexiver Dialog statt. Als ein Effekt wurde die Wahrnehmung von positivem Feedback und Anerkennung untersucht, die jedoch überwiegend durch individuelle Faktoren beeinflusst wird. Die Wahrnehmung von PLG auf Schulebene wird auf den Organisationskontext zurückgeführt; es scheinen Schulformeffekte sowie die Verständigung innerhalb der Schule auf gemeinsame Ziele und Normen entscheidend zu sein.

In der internationalen Längsschnittstudie „ADDITION" (von 2009–2013; vgl. Holtappels, Pfeifer & Scharenberg, 2014) wurde in der deutschen Teilstudie in 54 Grundschulen unter Einbeziehung von Schul- und Unterrichtsfaktoren auch die Teamarbeit von Lehrkräften in Form von PLG untersucht (n= 363 Lehrkräfte). 62 Prozent der Lehrkräfte waren fest in Klassenteams, 69 Prozent in Jahrgangsteams und 50 Prozent in Fachteams ihrer Schule eingebunden; die meisten Lehrkräfte arbeiteten also mit unterschiedlicher Intensität in institutionalisierten Teams. Dabei wurden für die Lehrkräfte-Befragung zur PLG-Teamarbeit neue Befragungsinstrumente (4-stufige Intensitätsskala 1–4 nach Likert) entwickelt. Erstmals solche, die konsequent a) die fünf PLG-Merkmale mit Kooperationsaktivitäten und b) die fünf Zielbereiche für den Nutzen von PLG bezüglich einer produktiven Arbeitsumgebung für Lehrkräfte operationalisierten und messbar machten; neun Einzelskalen (bis auf Deprivatisierung von Unterricht) und für beide Dimensionen jeweils eine Skala zweiter Ordnung konnten gebildet werden (vgl. Holtappels, 2013).

Die Ergebnisse zeigen für Lehrkräfte in Teams: Nach Selbstreport der Lehrkräfte werden von den Merkmalen einer professionellen Lerngemeinschaft gemeinsam geteilte Zielorientierungen und Kooperation mit Fokus auf Schülerlernen in den Teamaktivitäten stark praktiziert, weniger dagegen gemeinsame Analyse, Diagnose und Evaluation sowie Kooperation mit Fokus auf Unterrichtseffektivität; die Skala zur Deprivatisierung der Unterrichtsarbeit weist keine hinreichende Reliabilität auf (wird daher nicht verwendet). Betrachtet man die Antworten zu den mit PLG-Teamarbeit verbundenen Zielsetzungen in Bezug auf stärkere Professionalisierung durch Weiterlernen und produktive Arbeitsumgebung, so scheinen diese Ziele nach Selbstwahrnehmung der Lehrkräfte offenbar in hohem Maße erreicht: Insbesondere werden die Teams als unterstützende und produktive Lernumgebung wahrgenommen und eine Reduzierung von Isolation durch intensive Kommunikation und geteilte Verantwortung konstatiert; gemeinsame Anstrengungen zur Verbesserung der Unterrichtsqualität, Gelegenheiten zum Weiterlernen sowie Erhöhung der eigener Entwicklungskapazität werden als Effekte der Teamarbeit für den eigenen Arbeitsplatz etwas weniger stark, aber noch in recht hohem Maße, wahrgenommen (Mittelwerte jeweils über 3).

Feste Teambildungen haben in den meisten der untersuchten Grundschulen demnach eher nur teilweise eine Qualität in den Teamaktivitäten erreicht, die dem Konstrukt PLG nahekommen. Die Zielerreichung für die Unterstützung professioneller Lehrkräftearbeit im Sinne kollaborativen Lernens in einer förderlichen und produktiven Lernumgebung und unterstützenden Gemeinschaft werden indes über die von Lehrkräften wahrgenommene Teamqualität deutlich sichtbar. Zu ähnlichen Befunden im Sinne förderlicher Bedeutung der Teamarbeit für den Arbeitsplatz von Lehrpersonen kommt Fussangel (2008, 259 ff.) in ihrer eigenen Studie über professionelle Lehrkräfteteams: Die Teamarbeit hatte vor allem eine förderliche Arbeitsumgebung geschaffen, während die elaboriertere Form der Kokonstruktion überwiegend nicht erreicht wurde (Fussangel, 2008, 256 ff.).

In der Sekundarstufe haben Richter und Pant (2016) eine bundesweit repräsentative empirische Bestandsaufnahme (mit mehr als 1.000 Lehrkräften) zu kooperativen Arbeitsbeziehungen der Lehrpersonen durchgeführt. Danach wird Kooperationsbereitschaft im Sinne einer Einsicht in die Bedeutung und Notwendigkeit von Kooperation von fast allen Lehrkräften artikuliert. Gleichwohl kooperiert regelmäßig mehr als die Hälfte der Lehrpersonen nur beim Austausch von Materialien und bei der Erörterung von Lernentwicklungen der Schülerinnen und Schüler; wenn es um Bewertungsstandards (33%), Einholen von Feedback bei Lernenden (32%), Team-Teaching (23%) oder Planung von Unterrichtseinheiten (20%) geht, liegen die Anteile deutlich niedriger. Über die Kooperationsniveaus betrachtet kooperieren durch Austausch 82 Prozent, Arbeitsteilung 77 Prozent und Kokonstruktion 50 Prozent. Die Kooperation mit Kolleginnen und Kollegen nimmt dabei insgesamt im Durchschnitt eine Wochenarbeitszeit von 3,3 Stunden ein.

Auch in der Sekundarstufe finden sich bisher hierzulande Ansätze von professioneller Teamarbeit: Die Begleitforschung zum „Modellvorhaben Selbstständige Schule in Nordrhein-Westfalen" (2002–2007) untersuchte neben der Kooperationsintensität auch die Existenz und die Arbeitsweise von PLG (vgl. Feldhoff, Kanders & Rolff, 2008, S. 170 ff.): 58 Prozent der Lehrkräfte waren in Jahrgangs- oder Klassenteams eingebunden, 57 Prozent in Fachteams. Alle in Teams arbeitenden Lehrkräfte berichteten im Durchschnitt eine stark zielorientierte Kooperation. Lehrpersonen in Jahrgangs- und Klassenteam wurden zudem zur Fokussierung ihrer Teamaktivitäten befragt: Der Fokus auf das Lernen von Schülerinnen und Schülern, also das Bemühen um Förderung, Lernbegleitung und Schulerfolg, war von allen Dimensionen im Teamhandeln am stärksten ausgeprägt; der Fokus auf Teamarbeit zur Verbesserung des Unterrichts stand dagegen eher selten im Mittelpunkt. Bei den Fachteams allerdings stand die fachdidaktische Unterrichtsentwicklung schon durchaus stärker im Zentrum der Teamarbeit, dafür zählten dort Analyse und Diagnose weniger ausgeprägt zu den Teamaktivitäten. In Grundschulen waren die meisten PLG-Merkmale deutlich stärker repräsentiert als in den Schulformen der Sekundarstufe.

In Selbstständigen Schulen ging es um Weiterentwicklung von Schulen, wobei sich in den Schulen die Intensität der Kooperation von Lehrkräften auch im Zeitverlauf des Modellvorhabens steigerte (Feldhoff, Kanders & Rolff, 2008). Welchen Stellenwert hat professionelle Teamarbeit aber in

Schulen, die neu aufgebaut werden und somit in einem Innovationsprozess ein Schulkonzept neu entwickeln? In der wissenschaftlichen Begleitforschung des Schulversuchs Gemeinschaftsschule Nordrhein-Westfalen (Sekundarstufe, 10 Schulen, 2014–2017) wurden über die Lehrkräftebefragung ebenfalls drei Intensitätsskalen (vierstufig: 1–4) zur PLG-Teamarbeit eingesetzt. Die Ergebnisse zeigten (vgl. Holtappels et al., 2017, S. 68 ff.): Obwohl diese integrierten Schulen immerhin durchgängig Teamstrukturen gebildet hatten und jeweils über 80 Prozent der Lehrkräfte in Fachteams und Jahrgangs- oder Klassenteams eingebunden waren, wurde Teamarbeit nur zum Teil auf dem Niveau einer professionellen Lerngemeinschaft praktiziert. Überdurchschnittlich ausgeprägt (auf einer Skala 1–4) waren am ehesten der Fokus auf Schülerlernen (M = 2,93) und gemeinsame Unterrichtsentwicklung (M = 2,84), während Analyse, Diagnose und Evaluation (M = 2,65) von einem geringeren Teil der Teamlehrkräfte als intensive Kooperationsaktivitäten berichtet wurde.

Durchgängig wird für beide Schulstufen sichtbar, dass die Einbeziehung von Lehrkräften in feste Teams durchaus weit verbreitet scheint, allerdings wird Teamarbeit auf PLG-Niveau ausgeprägt mit Bezug auf die Lernenden praktiziert, weniger jedoch Analyse und Diagnose sowie zur Unterrichtsverbesserung. Ausgerechnet Kooperationsaktivitäten mit hoher Schwierigkeit, für die eine intensive Teamarbeit besonders erforderlich und zugleich ein beträchtlicher Gewinn wäre, tauchen also weniger ausgeprägt im Teamhandeln auf.

3.2 Bedingungen für Kooperation

Kooperation bei Lehrkräften ist nicht voraussetzungslos. Damit Kooperation im Kollegium erfolgreich und wirksam wird, bedarf es bestimmter Voraussetzungen auf unterschiedlichen Ebenen. Vangrieken et al. (2015) tragen Forschungsergebnisse zu kooperationsförderlichen Bedingungen im Schulalltag zusammen: Auf *Lehrkräfteebene* erweisen sich u. a. Kooperationsbereitschaft, soziale Kompetenzen und Erfahrungen in der Teamarbeit, Commitment gegenüber der Schule und der Schülerschaft sowie individuelle Selbstwirksamkeitsüberzeugung von Lehrkräften als kooperationsförderlich. Auf *Schulebene* sind es strukturelle Voraussetzungen, wie geplante Zeiten und Räume für Kooperation, institutionalisierte Teams, gemeinsame Ziele, Kontinuität des Lehrpersonals. Förderliche Merkmale der *Schulkultur* betreffen vor allem Möglichkeiten der Partizipation in schulischen Entscheidungen, gegenseitige Unterstützung, Vertrauen und Respekt, positives Arbeitsklima und positive Sozialbeziehungen im Kollegium, gemeinsame

Visionen, Werte und Normen, Zusammenhalt und Konsens sowie kollektive Selbstwirksamkeitsüberzeugungen im Kollegium.

Innovationsbereitschaft des Kollegiums und Führungshandeln der Schulleitung erweisen sich als starke Prädiktoren für professionelles Teamhandeln auf dem Niveau von PLG (vgl. Holtappels, 2013; Feldhoff & Rolff, 2008). Ein kooperationsförderliches Schulleitungshandeln zeichnet sich vor allem durch geteilte Führung und demokratisches sowie unterrichtsbezogenes Führungshandeln der Schulleitung aus (Huber & Ahlgrimm, 2013). Dabei zeigt eine Studie von Herzmann, Sparka und Gräsel (2006), dass das Gelingen von Lehrkräftekooperation ganz wesentlich auch vom Gegenstand der Innovation abhängt. Kooperationsstarke Schulen haben sich im Gegensatz zu kooperationsschwachen auf gemeinsame Ziele und Strategien zur Umsetzung verständigt, bearbeiten offenbar Problemstellungen, in denen ihnen Kooperation gelingt. Die ermittelten Gelingensbedingungen (z. B. eine gemeinsame Unterrichtspraxis, Unterrichtsreflexion anhand von Daten, die Gesprächsanlässe hergeben und Analyse erfordern) verweisen auf Kooperationsanstöße, die durch Schulentwicklungsarbeit gegeben werden könnten.

Aus der repräsentativen Studie von Richter und Pant (2016) ergeben sich zahlreiche Hinweise auf Bedingungsfaktoren, die jedoch leider nur auf Mittelwertvergleichen (anstatt auf Wirkungsanalysen) beruhen: Die wöchentliche Kooperationszeit steigert sich nicht nach Umfang des Unterrichtsdeputats, wohl aber mit steigender Präsenzzeit der Lehrkräfte in der Schule, womit die Präsenz am Arbeitsplatz offenbar geeignet ist, die Kooperationshäufigkeit zu stärken. Hinsichtlich der Kooperationsaktivitäten zeigen unter den individuellen Bedingungen Geschlecht und Berufserfahrung keine nennenswerten Differenzen, während mit steigender Ausprägung individueller Professionsmerkmale auf allen Kooperationsniveaus von Austausch bis Kokonstruktion die Anteile kooperierender Lehrkräfte wachsen, insbesondere durch Berufszufriedenheit, aber auch Enthusiasmus für das Unterrichten und Selbstwirksamkeit. Möglicherweise wurden hier aber schon Effekte von Kooperation erfasst, sodass die Zusammenhänge auf Interdependenz deuten; ähnlich wird bei hoher Kooperationsintensität auch die wahrgenommene emotionale Erschöpfung etwas seltener berichtet.

Institutionelle Bedingungen diskriminieren zwischen den Gruppen noch stärker (Richter & Pant, 2016, S. 26 ff.): Vor allem bei anspruchsvollen Kooperationsaktivitäten bleiben die Lehrkräfteanteile in Gymnasien niedriger, ebenso in nicht-inklusiv arbeitenden Schulen sowie in voll-gebundenen Ganztagsschulen; hier hat offenbar die Schulkultur Einfluss, sodass unter herausfordernden oder innovativen Bedingungen die Kooperation steigt. Jedoch werden die Differenzen bei den aggregierten Kooperationsniveaus kaum noch sichtbar. Soziale und leistungsbezogene Schülerkompositionen haben keinen Einfluss. Dagegen erlangen die innerorganisatorischen Bedingungen äußerst starke Bedeutung: Über alle drei Kooperationsniveaus, insbesondere für Kokonstruktion, gilt, dass die Anteile kooperierender Lehrpersonen bei Vorhandensein von Koordinationsstrukturen, Unterstützung durch Schulleitung, Zeit für Kooperation, Präsenz des Kollegiums und materielle Ressourcen deutlich ansteigen. Dies mag vor allem für die Koordination von Teamarbeit durch Steuergruppen und Führung durch die Schulleitung, Präsenzarbeitszeit und Zeitstrukturen als förderliche Voraussetzungen sprechen.

3.3 Wirkungen professioneller Teamarbeit auf die Qualität der Lernkultur und auf Unterrichtsentwicklung

Mögliche Wirkungen professioneller Formen von Teamarbeit (wie bei PLG) lassen sich dadurch annehmen, dass mit der Intensität und Qualität der Kooperation die Kompetenzen in der Unterrichtsarbeit und die Qualität des Unterrichts gezielt über gemeinsame Unterrichtsentwicklung, kollegiale Unterstützung und evaluative Analyse geschieht, womit letztlich auch die Lernergebnisse zu verbessern wären. Tatsächlich wird aus internationalen Studien deutlich, dass Teamarbeit mit Merkmalen von Professional Learning Communities Effekte auf die Unterrichtsqualität zeigen, wobei es sich vielfach um Zusammenhänge handelt: Professionelle Teamarbeit bietet Lerngelegenheiten und eine produktive Arbeitsumgebung mit Effekten für eine starke Verbesserung unterrichtsbezogener Arbeit (Seashore Louis & Kruse, 1995; Leithwood, 2002). Zunächst werden einige relevante Forschungsbefunde über Zusammenhänge von Teamarbeit und der Qualität der Lernkultur in Schulen berichtet, ohne dass hier bereits das hohe Niveau von PLGs erreicht worden ist. Anschließend werden Ergebnisse zu Effekten professioneller Lerngemeinschaften dargelegt.

Zusammenhänge zwischen Kooperation und Unterrichtsqualität und -entwicklung

Empirische Befunde zeigen sich zudem im Zusammenhang von Lehrkräftekooperation und Selbstentwicklung der Lehrkräfte (vgl. Holtappels, 1997): Lehrkräfte, die in Jahrgangs- oder Klassenteams eingebunden sind oder im Team-Teaching arbeiten, berichten von Wirkungen bezüglich a) intensiverer Reflexion der pädagogischen Arbeit, b) einer Erweiterung des didaktisch-methodischen und erzieherischen Handlungsrepertoires über intensiveren Austausch sowie c) über Arbeitserleichterungen und höherer Arbeitszufriedenheit durch Aufgaben- und Verantwortungsteilung und gemeinsame Entscheidungen. Solche festen Teambildungen ermöglichen und fordern intensive Kooperation und stellen sie auf Dauer. Im Gegensatz zu zufälligen Kooperationsformen wirken sie strukturbildend und bringen im Alltag eine differenzierte Lernkultur und eine innovative Zeitorganisation voran (vgl. Holtappels, 1997). Wirkungsbefunde bestätigten sich auch bei der systemweiten Umwandlung der Grundschulen in „Halbtagsgrundschulen" in Hamburg (vgl. Holtappels, 2002, S. 156 ff. u. 237 ff.). Die Bildung von Jahrgangsteams kommt insbesondere einer intensiveren Lern- und Sprachförderung, einer häufigeren Praxis von Freiarbeit und klassen- und jahrgangsübergreifenden Projekten zugute; eine gemeinsame Klassenführung durch Tandems begünstigt offenbar den Einsatz von Wochenplanarbeit und von erweiterter Schülermitentscheidung.

Auch in der Grundschulzusatzstudie zu IGLU im Land Bremen (vgl. Holtappels & Heerdegen, 2005) kooperierten Lehrpersonen, die in festen Teams eingebunden wurden, intensiver und praktizierten eine variablere Unterrichtspraxis, zudem setzen sie häufiger lesefördernde Hilfsmittel ein. Darüber hinaus zeigen sich Hinweise auf indirekte Leistungseffekte der unterrichtsbezogenen Kooperation im Team: In den 25 Prozent leistungsstärksten Schulen (hohe Testkompetenzen) zeigt sich eine höhere Kooperationsintensität als in den leistungsschwächsten. Aus der Studie von Herzmann, Sparka und Gräsel (2006) werden ebenfalls Kooperationseffekte auf Leseförderung sichtbar.

In der bundesweiten Erhebung bei Schulleitungen von ganztägigen Schulen in Primar- und Sekundarstufen finden sich Hinweise darauf, dass in Ganztagsschulen eine entwickelte Lernkultur mit einer hohen Kooperationsintensität und institutionalisierten Lehrkräfteteams korrespondiert (vgl. Höhmann, Holtappels & Schnetzer 2004): Ganztagsschulen, die mit Jahrgangs- oder Klassenteams der Lehrkräfte arbeiten, unterscheiden sich von anderen dadurch, dass sie a) in höherem Maße inhaltlich-curriculare Profile für den Unterricht und außerunterrichtliche Aktivitäten sowie Zeitkonzepte für die Tagesrhythmisierung entwickelt haben, b) die Schülerförderung eher in den Fachunterricht integrieren oder daran anbinden und spezifische Fördermaßnahmen statt bloßer Hausaufgabenbetreuung betreiben, c) häufiger ein schulisches Förderkonzept aufweisen und auch eher mit elaborierten Förderungsformen arbeiten und d) in der Lernkultur in stärkerem Maße Formen von Projektlernen praktizieren und eher erweiterte Lerngelegenheiten und Freizeitangebote in verpflichtender Form organisieren. Dabei weisen gebundene Ganztagsschulen eher als offene eine ausgebaute Teambildung auf; in den Studien von Dizinger, Fussangel und Böhm-Kasper (2011) zeigt sich indes kein Einfluss der Organisationsform auf die Kooperationspraxis.

In der deutschen Teilstudie der bereits erwähnten ADDITION-Untersuchung wurden an 54 Grundschulen über schriftliche Befragungen von Schülerinnen und Schülern (n=1228) und Lehrkräften (n=363) auch Wirkungen von Teamarbeit auf dem Niveau von PLG auf die Unterrichtsqualität und die Unterrichtsentwicklung in den Grundschulen mittels Strukturgleichungsmodellen analysiert (vgl. Holtappels, 2013). In einem ersten Schritt wurden zunächst Effekte auf die Unterrichtsqualität als abhängige Variable (Metaskala aus Subskalen auf Basis von Schülereinschätzungen) gezeigt: Dabei hat die professionelle Teamarbeit als PLG (Selbstreport der Lehrkräfte) einen bemerkenswert starken Effekt auf die Qualität der Unterrichtsgestaltung, und zwar sogar als einziger Prädiktor; keinen Effekt hat in diesem Modell die PLG-Teamarbeit jedoch auf Unterrichtsentwicklung mit Fokus auf Lerngelegenheiten. Unterrichtsentwicklung ist stattdessen auf Schulleitungshandeln mit Fokus auf Lernen und Innovationsbereitschaft im Kollegium zurückzuführen; diese beiden Merkmale erweisen sich zudem als Prädiktor für die Qualität der Teamarbeit als PLG. Professionelle Teamarbeit als PLG hängt dabei aber erwartungsgemäß eng zusammen mit der Zielerreichung der PLG als produktive und unterstützende Arbeitsumgebung für Lehrpersonen, welche wiederum das Involvement der Lehrkräfte in systematische Schulentwicklungsarbeit stärkt, weil diese offenbar durch die Einbettung in professionellen Teams besonders motiviert werden. Währenddessen entfachen beide Prozessvariablen der Schulentwicklung (Lehrkräfte-Involvement in systematischen Schulentwicklungsverfahren und in Unterrichtsentwicklung) keine Wirkung für die durch Schülerurteil gemessene Unterrichtsqualität. Professionelle Teamarbeit hat hier also die zentrale Bedeutung.

In einem zweiten Schritt wurde die Intensität der Unterrichtsentwicklung mit Fokus auf Lerngelegenheiten (Selbstreport Lehrkräfte) als abhängige Variable analysiert. Auf Unterrichtsentwicklung haben jedoch weder die Qualität professioneller PLG-Teamarbeit noch die Zielerreichung der PLG als produktive und unterstützende Arbeitsumgebung Einfluss, während die Prädiktoren für die beiden PLG-Teamvariablen sich ähnlich darstellen wie in Schritt 1. Unterrichtsentwicklung in der Schule wird dagegen durch die Innovationsbereitschaft im Kollegium gefördert und ebenso durch innerschulische Strategien für evaluatives Handeln forciert. Intensive Schul- und Unterrichtsentwicklung kann demnach nicht auf professionelle

Teamarbeit als PLG zurückgeführt werden; dies scheint dadurch erklärbar, dass anspruchsvolle Teamaktivitäten in deutschen Schulen, vor allem Fokus auf Unterrichtswirksamkeit, Analyse, Diagnose und Evaluation, bislang eher weniger ausgeprägt praktiziert werden. Dies passt zu den Befunden verschiedener Studien im Hinblick auf die eher schwache Praxis von Kokonstruktion, die eben auch Entwicklungsarbeit beinhaltet.

Zusammenhänge zwischen Lehrkräftekooperation in Teams und der Entwicklung des Unterrichts wurden schon früher auch in der Sekundarstufe sichtbar: In der SINUS-Untersuchung finden sich Hinweise auf die Weiterentwicklung des Unterrichts, was offenbar auch durch Kooperation mit Merkmalen professioneller Teamarbeit erreicht wurde (vgl. Ostermeier, 2004); allerdings werden nicht durchgängig hohe Kooperationsniveaus vorgefunden und die Lehrkräftekooperation entwickelte sich offensichtlich teilweise erst im Zuge des Projekts.

Eine Längsschnittstudie mit zwei Messzeitpunkten in Niedersachsen über 27 Monate mit 20 Schulen der Sekundarstufe I, wovon zehn Schulen Schulprogrammarbeit erprobt haben (vgl. Holtappels, 2004) zeigte: Treffen wir in Schulen eine differenzierte Lernorganisation mit variablen Lehr-Lern-Formen und ein ausgeprägtes Engagement der Lehrpersonen für Förderung an, so tragen Teambildungen und Lehrkräftekooperation ebenso wie effektives, auf Führung und Moderation fokussiertes Schulleitungshandeln zu schülerorientiertem Unterricht bei. Die Pfadanalyse vermag 38 Prozent der Varianz für die Praxis schülerorientierten Unterrichts (auf Basis von Lehrkräftedaten) aufzuklären.

In den Selbstständigen Schulen in Nordrhein-Westfalen in der Sekundarstufe (Stichprobe: 70 Schulen) hat Teamarbeit auf dem Niveau von PLG mit Fokus auf die Verbesserung des Unterrichts maßgeblich zur Unterrichtsqualität in verschiedenen Fächern beigetragen; dabei wird dieses auf Unterrichtsentwicklung gerichtete Teamhandeln durch hohe Kompetenzen in zielgerichtetem Schulleitungshandeln sowie durch die Einflussnahme der Steuergruppe auf die professionelle Teamarbeit bewirkt (vgl. Feldhoff & Rolff, 2008). In diesen Schulen konnte zudem durch zwei Prädiktoren – nämlich fachbezogene Teamarbeit mit Fokus auf Analyse und Diagnose sowie Fokus auf fachdidaktische Unterrichtsentwicklung – ein Beitrag zu einer differenzierten Lernkultur im Kollegium mit variablen Lernarrangements und binnendifferenzierter Förderung nachgewiesen werden (vgl. Holtappels et al., 2008).

Ein weiterer Befund zeigt (vgl. Holtappels, 2008): Die in Selbstständigen Schulen an Lehrkräfte vermittelten Methodentrainings für Arbeitsmethoden und Lernstrategien für Schülerinnen und Schüler wurden dann intensiver von Lehrkräften in den Fortbildungen wahrgenommen, wenn sie in festen Teams in professioneller Kooperation arbeiteten. Weiter wird sichtbar, dass eine Unterrichtspraxis, die von Schülerorientierung, innerer Differenzierung und Lernarrangements für selbstgesteuertes Lernen gekennzeichnet war, maßgeblich von professioneller Teamarbeit auf PLG-Niveau bewirkt wurde, wobei sich auch bei den Lernenden selbst höhere Schüleraktivität und selbstgesteuertes Lernverhalten zeigten. Dagegen konnte die Intensität von Methodentrainings allein wenig zu diesen Effekten beitragen.

Zusammenhänge zwischen Kooperation und Unterrichtswirksamkeit

Mit der Intensität und Qualität der Kooperation lassen sich demnach durchaus Kompetenzen in der Qualität der Unterrichtsgestaltung steigern. Aufgrund der Anlage bisheriger Studien scheint der Einfluss von Teamarbeit als PLG auf die Unterrichtswirksamkeit schwieriger nachweisbar, weil hierzu Längsschnittstudien mit Kontrollgruppen und Kompetenztestungen sowie eine Verknüpfung von Daten zur Arbeitsweise der Lehrkräfteteams, dem Unterrichtshandeln und den Testdaten von Schülerinnen und Schülern erforderlich wären. Auf der Basis von Zusammenhängen durch Korrelationen und teils Regressionen sind immerhin folgende Resultate im Sinne von Effekten auf das Lernen von Schülerinnen und Schülern zu berichten:

- DuFour und Eaker (2008) berichten, dass Kooperationsaktivitäten in PLG positive Effekte auf gemeinsame Verantwortung für die Entwicklung und den Erfolg der Lernenden und die Lehrkräftezufriedenheit haben.
- In PLG eingebundene Lehrkräfte setzen höhere Erwartungen an Schülerlernen. Die Schülerinnen und Schüler fühlen sich von ihren Lehrkräften besser unterstützt und zeigen höhere Mathematikleistungen (Louis & Marks, 1998).
- Partizipation in PLG bewirkt eine schülerzentriertere Unterrichtspraxis und der explizite Fokus auf Schülerlernen (als Schlüsselfaktor) hat positiven Einfluss auf die Schülerleistungen (vgl. Vescio, Ross & Adams, 2008).
- Kollaborative Lehrkräftearbeit fördert auf Schülerebene den Lernprozess motivational und kognitiv und die Lernerfolge sowie auf Lehrkräfteebene die Unterrichtsqualität, die Selbstwirksamkeitsüberzeugung und Arbeitszufriedenheit (vgl. Vangrieken et al., 2015).

- In einer Korrelationsstudie wiesen in acht von den neun Dimensionen des PLG-Konstrukts die effektiveren Schulen signifikant höhere Werte im nationalen Leistungstest Islands auf (Sigurdardottir, 2010). Und die Studie von Backman (2013) in 26 Grundschulen in Utah (USA) zeigt für alle acht erfassten PLG-Dimensionen des Lehrkräftehandelns signifikante Zusammenhänge mit Schülerkompetenzen (Sprache, Mathematik, Naturwissenschaft).

In einigen Analysen finden sich Belege für indirekte Einflüsse professioneller Kooperation auf Lernzuwächse von Grundschulkindern (Mathematik und Naturwissenschaft): Unterrichtsbezogenes kollaboratives Handeln von Lehrpersonen erweist sich unter mehreren Schulfaktoren zur Entwicklung der Lernumgebung als einer der stärksten Prädiktoren für Lernzuwächse in der internationalen Studie ADDITION (Creemers et al., 2013). In der deutschen Teilstudie ist allein die Subskala „professionelle Teamarbeit mit Fokus auf Lernen der Schüler*innen" ein Prädiktor, der über Wirkungen auf die Unterrichtsqualität indirekt die Lernzuwächse (in Mathematik) positiv beeinflusst (vgl. Holtappels & Mai, 2013), während die direkten Effekte äußerst klein bleiben. Die Qualität professioneller Teamarbeit als PLG insgesamt (als Gesamtskala 2. Ordnung) bleibt hier ohne Wirkungen.

3.4 Interdependenz von Kooperation und Schulentwicklung

Schon in den großen Meta-Studien der 1980er und 1990er Jahre, die für die Wirksamkeit ganzer Schulen zentrale Schlüsselmerkmale herausgearbeitet haben, wurde die Kooperation von Lehrkräften als ein Schlüsselfaktor unter anderen herausgearbeitet, sowohl für eine leistungswirksame Schulqualität als auch für erfolgsträchtige schulische Innovationsprozesse (vgl. Purkey & Smith, 1983). Im Wesentlichen handelte es sich in diesen Meta-Studien um schulentwicklungsbezogene Kooperationsaktivitäten, wie gemeinsame Unterrichtsplanung in Teams, Lehrkoordination und Arbeit am Curriculum; ebenso werden Personalentwicklung, Kollegiums-Supervision bezüglich des Lernerfolgs sowie unterrichtsbezogene Lehrkräftetrainings und Erfahrungsaustausch (vgl. Levine & Stark 1981) und kollegiale Beziehungen im Kollegium stets hervorgehoben (vgl. auch Mortimore et.al., 1988; Teddlie & Stringfield, 1993; Sammons, Hillmann & Mortimore, 1995).

Empirische Befunde der Schulentwicklungsforschung zeigen: Professionelle Lehrerteamarbeit trägt in der Schulentwicklung zur Veränderungskapazität von Schulen bei (vgl. Vangrieken et al., 2015). Erfolgreiche Innovationen und Schulentwicklungsverläufe in Schulen hängen entscheidend von der Intensität und Qualität der innerschulischen Kooperation des Personals ab. Dies konnte sowohl aufgrund von Innovationsstudien zu spezifischen organisatorischen und pädagogischen Reformansätzen (vgl. z. B. Haenisch, 1993; Holtappels, 1997) als auch in Studien über systematische Schulentwicklungsverfahren (vgl. Haenisch 1998; Holtappels, 2004) nachgewiesen werden. In zeitlich erweiterten Grundschulen erwies sich die Intensität der Lehrkräftekooperation, vor allem bei institutionalisierten Teambildungen, als einer der wichtigen Schlüsselfaktoren für die Innovationserfolge (vgl. Holtappels, 1997, 2002) und erfuhr in der Alltagsarbeit im Zeitverlauf eine Steigerung im Sinne eines Mitnahmeeffektes aufgrund der engen Kooperation der Lehrkräfte in der Entwicklungsphase.

Die Intensität schulinterner Kooperation scheint jedenfalls ein relevanter Prädiktor für schulentwicklungsbezogene Aktivitätsgrade von Schulen in verschiedenen Entwicklungsständen und daraus folgender Wirkungen zu sein, wie Analysen in PISA 2003 zeigen: Anhand von Kontextbedingungen und Ressourcen wurden „aktive" und „passive" Schulen anhand ihres Qualitätsstands in der Organisations- und Lernkultur und des Engagements zur Schulentwicklung unterschieden (Senkbeil, 2005). Aktive Schulen wiesen gegenüber passiven Schulen unter anderem eine höhere Intensität der Lehrkräftekooperation und der Evaluationspraxis auf. Und Schulen mit einer Mehrheit von aktiven Lehrpersonen zeigen höhere Lernzuwächse im Vergleich zu anderen Schulen (Senkbeil, 2006). Die drei identifizierten Cluster von ‚aktiven', ‚passiven' und ‚disziplinorientierten' Lehrpersonen zeigen (vgl. Senkbeil 2006). Aktive Lehrkräfte sind durch intensive Kooperation, entwickelte Evaluationspraxis und hohe Fortbildungsbereitschaft charakterisiert und unterscheiden sich spürbar von den anderen Gruppen.

Es zeigen sich jedoch auch Hinweise und Befunde für umgekehrte Wirkungen von Schulentwicklung auf die Lehrkräftekooperation (vgl. Holtappels, 2004; Feldhoff & Rolff, 2008). Kooperation und Teamarbeit ist hier oft ein Mitnahmeeffekt: Lehrkräfte müssen in systematischen Prozessen der Schulentwicklung zwangsläufig eng zusammenarbeiten, um Neues zu entwickeln und Qualitätsverbesserungen zu erreichen (bei Zielklärungen, Analysen und Diagnosen, Maßnahmenplanung, Erprobung, Evaluation). In der Folgezeit führt dies auch in der Alltagsarbeit zu einer Steigerung der Kooperationsintensität. Befunde der Schulentwicklungsforschung deuten also auf eine Interdependenz von Lehrkräftekooperation und Schulentwicklung hin.

Nicht zuletzt die empirischen Erkenntnisse über Verläufe und Effekte von schulinternen Entwicklungsplänen in Form von Schulprogrammarbeit führten zur Entdeckung eines Zusammenspiels von Kooperation und

Schulentwicklungsprozessen (vgl. Holtappels, 2004): Für wahrgenommene Entwicklungswirkungen durch Schulprogrammarbeit, vor allem auch Unterrichtsentwicklung, gehörte die Lehrkräftekooperation zu den entscheidenden Einflussfaktoren, indirekt auch feste Teambildungen. Auch die Evaluation der Schulprogrammarbeit in NRW (vgl. Burkard & Kanders 2002) belegt, dass unter anderen Faktoren auch intensive Kooperation und Teamarbeit bedeutsam für das Gelingen der Programmarbeit waren. Tillmann (2011) belegte in einer Längsschnittanalyse, dass die Verankerung von Ansätzen der Lehrkräftekooperation im Schulprogramm oder im Schulkonzept von Ganztagsschulen dazu beiträgt, die Qualität der Kooperation im Zeitverlauf von vier Jahren tatsächlich zu steigern; allerdings wird nicht deren Intensität verbessert. Kooperationsbereitschaft als Goal-Setting, also in Form der Setzung von Kooperationszielen vermag also durchaus die Umsetzung beflügeln.

Für Einflussfaktoren des Schulentwicklungsprozesses zeigt sich in der Ganztagsschulstudie StEG (vgl. Holtappels et al., 2011), dass intensive Maßnahmen systematischer Qualitätsentwicklung und -sicherung in Grundschulen positiv mit der Intensität der Lehrkräftekooperation zusammenhängen. Dabei wird für Sekundarstufenschulen, deren Kollegien verstärkt über ganztagsbezogene Entwicklungsaktivitäten berichten, auch eine Steigerung der Kooperationsintensität im Zeitverlauf sichtbar. Gemeinsame aktive Entwicklungsarbeit beim Aufbau des Ganztagsbetriebs vermag demnach auch die Kooperation im pädagogischen Alltag zu stärken.

4 Forschungsergebnisse aus eigenen empirischen Untersuchungen zur Arbeitsweise und zu Wirkungen professioneller Lerngemeinschaften

Aus aktuelleren eigenen Forschungen zu Schulen, die sich während der empirischen Untersuchungen in Schulentwicklungsprozessen befanden, liegen Resultate zur Personalkooperation und zu professionellen Lerngemeinschaften vor, die im Folgenden reanalysiert werden. Die erste Studie ist eine Teiluntersuchung der „Studie zur Entwicklung von Ganztagsschulen (StEG)" im Grundschulbereich. Die zweite Studie betrifft Schulen in herausfordernden Lagen in der Sekundarstufe, die parallel zur Forschung Entwicklungsunterstützung erhielten. Für diese Analysen zu PLG werden folgende Forschungsfragen leitend sein:

1) Inwieweit sind in Schulen, die sich in Entwicklungsprozessen befinden, elaborierte Formen der Kooperation und Teamarbeit auf dem Niveau Professioneller Lerngemeinschaften (PLG) präsent?
2) Welche Bedingungen lassen sich für Kooperation und Teamarbeit identifizieren?
3) Welchen Beitrag leisten professionelle Kooperation und Teamhandeln der Lehrkräfte für Schulentwicklungsarbeit und die Entwicklung der Lernkultur?

Im Folgenden werden einzelne Analyse-Resultate, die im Kontext von zwei eigenen Schulentwicklungs- und Schulwirksamkeitsstudien entstanden, vorgestellt. Die jeweils eingesetzten Forschungsinstrumente sind auf der Konstruktebene vergleichbar, auch wenn teilweise nicht-identische Skalen bzw. Itemlisten eingesetzt worden sind. Zur Kooperation von Lehrkräften waren die Instrumente teilweise ähnlich, zu PLG sind die Instrumente bei beiden Studien identisch, doch es wurde jeweils nur ein Teil der Skalen eingesetzt. Allerdings ist die stringente Vergleichbarkeit für die Analysen und die Resultate nicht von Bedeutung, da in den einzelnen Analysen ohnehin jeweils ausgewählte Prädiktoren der Kooperation (unter anderen Einflussfaktoren) zum Zug kommen.

4.1 Studie I: Studie zur Entwicklung von Ganztagsschulen (StEG)

Von 2012 bis 2015 wurde eine StEG-Teilstudie über Angebotsqualität und Wirkungen in deutschen Ganztagsgrundschulen im Rahmen von StEG im Längsschnitt und zwar mit 67 Ganztagsgrundschulen durchgeführt (von einem IFS-Forschungsteam der TU Dortmund). Über schriftliche Befragungen der Lehrpersonen (n = 667/641) und des weiteren pädagogisch tätigen Personals (n = 672/554) wurden umfassende Daten zur Lehrkräftekooperation und zur multiprofessionellen Kooperation erfasst, unter anderem auch zwei Likert-Skalen zur Teamarbeit von Lehrkräften als PLG (jeweils 4-stufige Intensitätsskala 0–3).

Die *deskriptiven Ergebnisse* verdeutlichen, dass auch in Ganztagsgrundschulen das Niveau von Kooperation sowie von PLG-Teammerkmalen eher nur leicht überdurchschnittlich erreicht wird (vgl. Abb. 1): Sowohl die Intensität der Kooperation unter Lehrpersonen als auch der multiprofessionellen Zusammenarbeit nach Selbstangaben weist im Skalenbereich keine hohe Häufigkeit auf, während die Qualität in beiden Feldern relativ hoch eingeschätzt wird. Und professionelle Teamarbeit der Lehrkräfte mit Fokus auf das Lernen der Schülerinnen und Schüler sowie mit Fokus auf Analyse, Diagnose und Evaluation wurde offenbar nur von einem Teil der Lehrkräfte erlebt oder praktiziert, wobei lediglich 62 Prozent der Lehrkräfte in Klassenteams und 71 Prozent in Jahrgangsteams und 60 Prozent in Fachteams regelmäßig eingebunden waren, die auch nur diese PLG-Instrumente beantwortet haben. So überrascht nicht, dass erst recht eine auf Unterricht bezogene multiprofessionelle Kooperation äußerst selten stattfindet, zumal Unterricht nicht zu den Haupteinsatzfeldern pädagogischer Fachkräfte gehört; die auf Angelegenheiten der Schülerinnen und Schüler bezogene Zusammenarbeit scheint ebenfalls rar, zeigt aber eine höhere Frequenz.

Abbildung 1: Kooperation in Ganztagsgrundschulen – Selbstreport der Lehrkräfte auf Schulebene

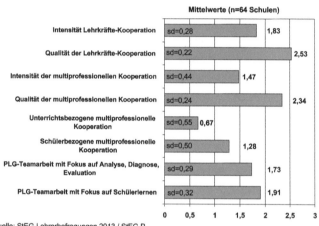

Dort aber, wo in Ganztagsgrundschulen eine intensive Teamarbeit auf PLG-Niveau praktiziert wird, zeigen sich anhand der auf Schulebene aggregierten Daten der Lehrkräfte zunächst beachtliche *Zusammenhänge* mit dem sonstigen Kooperationsgeschehen in den Kollegien (Tab. 1), allerdings hauptsächlich mit dem Teammerkmal „Fokus auf Lernen der Schüler*innen": Mit der Qualität professioneller Teamarbeit auf PLG-Niveau steigt auch die Intensität und Qualität der Kooperation der Lehrkräfte. Beim Fokus auf das Lernen der Schülerschaft wird zugleich auch eine höhere Intensität und Qualität der multiprofessionellen Kooperation zwischen Lehrkräften und pädagogischen Fachkräften sichtbar, insbesondere bei Bezügen auf Unterricht und die Anliegen der Lernenden; zudem artikulieren die Lehrpersonen durch die Kooperation mit Kolleginnen und Kollegen sowie pädagogischen Fachkräften auch Entlastungsempfinden. Sonst korrelieren die meisten Kooperationsskalen auf Schulebene.

Tabelle 1: Zusammenhänge zwischen Variablen der PLG-Teamarbeit und anderen Kooperationsmerkmalen in Ganztagsgrundschulen – Selbstreport der Lehrkräfte auf Schulebene (*n* = 64 Schulen; Korrelationskoeffizienten)

Merkmale der Lehrkräfte-Kooperation	Teamarbeit als PLG mit Fokus auf Analyse, Diagnose, Evaluation	Teamarbeit als PLG mit Fokus auf Schülerlernen
Intensität der Lehrkräftekooperation	**.33	***.50
Qualität der Lehrkräftekooperation	**.28	**.37
Entlastung durch Lehrkräftekooperation	.23	**.42
Intensität Kooperation Lehrkräfte – pädagogische Fachkräfte	.16	**.36
Qualität Kooperation Lehrkräfte – pädagogische Fachkräfte	.19	*.30
Unterrichtsbezogene Kooperation Lehrkräfte – pädagog. Fachkräfte	.13	**.40
Schülerbezogene Kooperation Lehrkräfte – pädagog. Fachkräfte	.13	**.42
Entlastung durch multiprofessionelle Kooperation	.14	***.45

Es bedeuten zur Signifikanz: *** =p<0,01; ** =p<0,1; * =p<0,5

Weitere Zusammenhänge, und zwar zur Innovationsbereitschaft und zum kollegialen Zusammenhalt, verweisen auf mögliche förderliche Bedingungen für Teamarbeit; die Führungskompetenz der Schulleitung im Ganztag spielt nur beim Fokus der Teamarbeit auf Analyse, Diagnose und Evaluation eine Rolle. Bemerkenswert ist, dass auf Individualebene beide Teamvariablen fast durchgängig mit allen Kooperationsmerkmalen signifikant korrelieren, da die Analyse hier lediglich in Teams eingebundene Lehrkräfte einbezieht; wenn Lehrkräfte einem festen Team angehören, steigt also mit dem Niveau der praktizierten PLG-Teamarbeit die individuelle Wahrnehmung von Kooperationsintensität, -qualität und -entlastung.

In *Bedingungsanalysen* für die Qualität der Kooperation und auch für die PLG-Teamarbeit lassen sich über multiple Regressionen kaum Faktoren der Organisationskultur mit tragfähigen Modellen herausarbeiten. Eine aussagekräftige Analyse auf Schulebene zeigt lediglich, dass die Qualität der Lehrkräfte-Kooperation auf zwei signifikante Prädiktoren, die Innovationsbereitschaft und die Selbstwirksamkeit der Lehrerinnen und Lehrer im Kollegium, zurückzuführen ist (aufgeklärte Varianz = 33%); andere Faktoren wie Schulklima, kollegialer Zusammenhalt und partizipatives Schulleitungshandeln spielen eine untergeordnete Rolle.

Was *Wirkungen der Kooperation* anbetrifft, so zeigt eine multivariate Analyse einen bedeutenden Effekt im Hinblick auf einen für Ganztagsschulen besonders wichtigen Bereich, und zwar den Bemühungen um individuelle Förderung. Dies wurde erfasst durch eine Likert-Skala „Schulentwicklungsarbeit bezüglich individueller Förderung". Abbildung 2 verdeutlicht, dass sich bei ausgeprägter unterrichtsbezogener Führung der Schulleitung die professionelle Teamarbeit auf PLG-Niveau und eine schülerbezogene multiprofessionelle Kooperation gemeinsam als wirkungsvolle Prädiktoren für Schulentwicklungsarbeit zu Ansätzen individueller Förderung im schulischen Ganztagsbetrieb erweisen (35% der Varianz wird aufgeklärt).

Abbildung 2: Schulentwicklungsarbeit bezüglich individueller Förderung im Ganztagsbetrieb – Einfluss von Kooperation und Teamarbeit von Lehrkräften

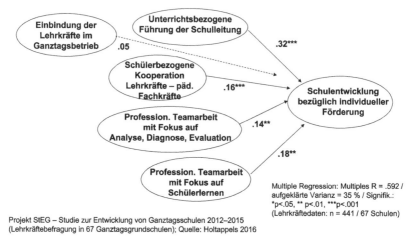

Projekt StEG – Studie zur Entwicklung von Ganztagsschulen 2012–2015
(Lehrkräftebefragung in 67 Ganztagsgrundschulen); Quelle: Holtappels 2016

Damit wird nicht nur die Relevanz von Kooperation und insbesondere von professioneller Teamarbeit für Schulentwicklungsarbeit in Kollegien erneut unterstrichen, zugleich wird damit ein Hebel für die Bewältigung anspruchsvoller Aufgabenstellungen in der Lernkultur mittels intensiver und kokonstruktiver Zusammenarbeit sichtbar – denn in Ganztagsgrundschulen wird bislang individuelle Förderung nicht durchgängig und nicht selbstverständlich vom Kollegium als zielbezogene Entwicklungsaufgabe verstanden.

Beachtenswert ist zudem, dass auch multiprofessionelle Kooperation zwischen Lehrkräften und pädagogischen Fachkräften dabei eine Rolle spielt. In einer weiteren multivariaten Analyse (Tillmann & Holtappels, 2015) konnte ferner nachgewiesen werden, dass die Qualität von extracurricularen Lernarrangements im Ganztagsbetrieb – neben systematischen Strategien der Qualitätsentwicklung – maßgeblich von der Intensität multiprofessioneller Kooperation abhängt (38% aufgeklärte Varianz). Diese Kooperationsintensität wird aber nur dort ausgeprägt erreicht, wo das weitere pädagogisch tätige Personal auch mit hoher Stundenpräsenz in der Schule arbeitet und die Verantwortung für das Ganztagsschulprogramm bei der Schule liegt.

Fazit: Kooperation und Teamarbeit in ganztägigen Grundschulen erlangen einen hohen Stellenwert für die Entwicklung ganztagsspezifischer Aspekte der Lernkultur.

4.2 Studie II: Schulen in herausfordernden Lagen

Professionelle Lerngemeinschaften wurden in der internationalen Diskussion häufig als Schlüsselansatz für die Veränderung von Schulen betrachtet (vgl. Stoll & Fink, 1989; Hord, 2004; Huffman & Hipp, 2003); daher stellt sich die Frage, inwieweit Schulen in herausfordernden Lagen über PLG zu einer förderlichen Umstrukturierung und zur Qualitätsverbesserung gelangen. Im Forschungs- und Entwicklungsprojekt „Potenziale entwickeln – Schulen stärken" in der Region Ruhr wurden 35 Schulen (Sekundarstufe) in herausfordernden Lagen von 2014 bis 2019 bei der Schulentwicklung in Schulnetzwerken und über Begleitung und Fortbildung unterstützt und hierbei im Längsschnitt untersucht (in Kooperation des IFS-Forschungsteams mit Kolleginnen und Kollegen aus der Universität Duisburg-Essen). Dabei wurden auch Daten zur Lehrkräftekooperation über drei 5-stufige Intensitätsskalen (1–5) erfasst sowie zwei Likert-Skalen zur professionellen Teamarbeit als PLG (4-stufige Intensitätsskala 1–4).

Abbildung 3: Sekundarstufenschulen in herausfordernder Lage in NRW
Lehrerselbstreport zur Intensität der Lehrerkooperation auf drei Niveaus

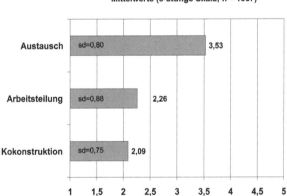

Projekt „Potenziale entwickeln – Schulen stärken" (Lehrkräftebefragung 2015);
Quelle: Webs & Holtappels 2018

Die deskriptiven Resultate zeigt Abbildung 3 zunächst nur für die Kooperation der Lehrkräfte unabhängig von festen Teams. Dabei bestätigen sich frühere Befunde, wonach das Kooperationsniveau des Austausches einigermaßen verbreitet praktiziert wird, während Arbeitsteilung und Ko-konstruktion spürbar seltener vorkommen. Austausch liegt durchschnitt-lich im Bereich von monatlicher Kooperation, die beiden anderen Niveaus deutlich darunter.

61 Prozent der befragten Lehrpersonen sind in Klassenteams und 63 Prozent in Jahrgangsteams eingebunden, 73 Prozent in Fachteams; diese Anteile erhöhten sich über die Entwicklungsphase von vier Jahren nicht nennenswert. Diese Befragten in festen Teams gaben Auskunft zu Team-aktivitäten auf dem Niveau professioneller Lerngemeinschaften mit folgen-dem Ergebnis (ohne Abb.): Berücksichtigt man, dass ein beträchtlicher Teil der Schulen in herausfordernder Lage zu Projektbeginn auch schulinterne Entwicklungsbedarfe in der Organisations- und Lernkultur hatten, wurde nach vier Jahren Entwicklungsarbeit durchaus eine überdurchschnittliche Intensität in der professionellen Teamarbeit mit Fokus auf Schülerlernen erreicht (M = 2,85; SD = .20); dabei haben die Kollegien sich in diesen Teamaktivitäten gegenüber der Ausgangslage bei geringer Streuung leicht gesteigert und erreichen eine höhere Intensität als die auf Analyse, Dia-gnose und Evaluation gerichtete Teamarbeit (M = 1,76; SD = .24). Alle Ko-operations- und Teamskalen korrelieren hoch miteinander.

Was *Bedingungen für Kooperation* anbetrifft, so korreliert Teamarbeit mit Fokus auf Schülerlernen auf Schulebene deutlich mit einem auf Lernen ausgerichteten Schulleitungshandeln, Innovationsbereitschaft und einem guten Arbeitsklima im Kollegium, aber auch mit kollektiver Selbstwirksam-keit, Unterstützung und Wirksamkeit der Steuergruppe. Multivariate Ana-lysen erweisen sich jedoch als wenig tragfähig mit einer Ausnahme: Für die längsschnittlich positive Entwicklung professioneller Teamarbeit ist neben der Ausgangslage des Teamhandelns die Einbeziehung in Unterrichtsent-wicklung entscheidend. Schulleitungs- und Steuergruppenhandeln scheint dagegen in diesen Schulen zu wenig auf den Aufbau einer Kooperations-kultur ausgerichtet und erlangt somit keinen Einfluss auf die Kooperation im Kollegium. Für die drei Niveaus der Lehrkräftekooperation gibt ein Strukturgleichungsmodell hingegen mehr Aufschluss (vgl. Webs & Holtap-pels, 2018): Das Arbeitsklima im Kollegium und die Einbindung in feste Teams zeigen Einfluss auf alle drei Kooperationsformen. Individuelle Selbstwirksamkeitsüberzeugung beeinflusst positiv Arbeitsteilung und auch Kokonstruktion, wobei dieses hohe Niveau am ehesten zugleich durch ein lernbezogenes Schulleitungshandeln und feste Kooperationszeiten erzielt wird; affektives Commitment der Lehrkräfte und Zielkonsens im Team haben im Modell keine Bedeutung. In Schulnetzwerken, in denen die

Teamentwicklung Gegenstand der Entwicklungsarbeit war, zeigen sich zum Projektende deutliche Zuwächse in der Kooperation insgesamt.

Was *Wirkungen von Kooperation* in Schulen in herausfordernden Lagen anbelangt, so sollen zwei Analysen herausgestellt werden: Die erste verdeutlicht, dass mit den drei unterschiedlichen Kooperationsniveaus nicht dieselben sondern verschiedene Effekte erzielt werden; dazu sind für den unterrichtlichen Bereich drei unterschiedlich ambitionierte Felder ausgewählt worden. In plausibler Weise zeigt das Resultat (vgl. Abb. 4): Kooperation der Lehrpersonen als Austausch bringt bereits eine gemeinsame Erarbeitung von Lernmaterial, als vergleichsweise einfaches Vorhaben, voran, wobei dies durch Arbeitsteilung offenbar noch effektiver zustande kommt. Für die Entwicklung interdisziplinärer Profile im Curriculum wird mindestens eine Kooperation auf dem Niveau von Arbeitsteilung erforderlich, weil hier verschiedene Elemente zu entwickeln, aber auch im Sinne von Synchronisierung zusammengebracht werden müssen. Die Entwicklung von Ansätzen individueller Lernunterstützung für Schülerinnen und Schüler, als die wohl hier herausforderndste Aufgabe, wird erst über Kokonstruktion, also durch gemeinsame Entwicklungsarbeit und Genese neuen Wissens erreicht.

Abbildung 4: Effekte der Lehrerkooperation auf Unterrichtshandeln in Sekundarstufenschulen in herausfordernder Lage

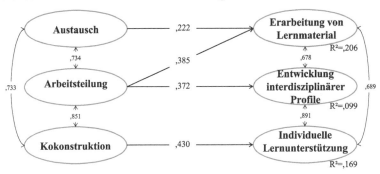

n = 1078; Chi²/df = 652,035**/174; RMSEA=0,050; CFI=0,928; TLI=0,914; SRMR=0,043
Notes: without measurement models; standardized coefficients;
significant results in bold (p<0,05); tendentially significant in italic (p<0,1)
Source: Teacher survey DPES 2014/15

Projekt „Potenziale entwickeln – Schulen stärken" (Lehrkräftebefragung 2015);
Quelle: Webs & Holtappels 2018

Eine zweite Analyse geht davon aus, dass kokonstruktive Kooperation oder professionelle Teamarbeit als PLG unter anderen Prädiktoren die Intensität von Anstrengungen in der Unterrichtsentwicklung voranbringt. Berücksichtigt man neben den beiden anspruchsvollen Kooperationsvariablen weitere unterrichts- und schulentwicklungsrelevante Prädiktoren (hier: unterrichtsbezogenes Schulleitungshandeln, Innovationsbereitschaft, Commitment in der projektbezogenen Entwicklungsarbeit, Selbstwirksamkeitsüberzeugung des Lehrkräfte-Kollektivs), die allesamt Aspekte von Entwicklungsmotivation, Führung und kollektives Zusammenwirken ausmachen, erhält man ein durchaus bemerkenswertes Resultat:

Die Intensität von Unterrichtsentwicklungsaktivitäten (vgl. Abb. 5) ist auf Schulebene hauptsächlich auf unterrichtsbezogene Führung und professionelle Teamarbeit mit Fokus auf Schülerlernen zurückzuführen, andere Einflussfaktoren erweisen sich als weniger relevant ohne Signifikanz, tragen aber zur Modellgüte bei. Es wird 60 Prozent der Varianz der Intensität von Unterrichtsentwicklung der Kollegien erklärt. Damit wird der Beitrag professioneller Teamarbeit auf PLG-Niveau in den Kollegien für die Weiterentwicklung von Schulen im zentralen Feld des Unterrichts erneut unterstrichen.

Abbildung 5: Einflussfaktoren auf die Intensität von Aktivitäten der Unterrichtsentwicklung an Sekundarstufenschulen in herausfordernder in Lage

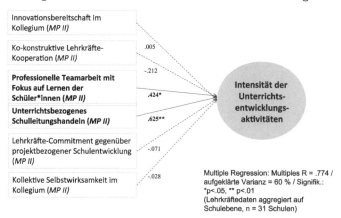

Projekt „Potenziale entwickeln – Schulen stärken" (Lehrkräftebefragung 2018); Quelle: Holtappels & Brücher 2020

Die professionelle Teamarbeit wurde allerdings in den Schulen in herausfordernden Lagen nur von etwa ein Drittel der Lehrkräfte, nämlich solche, die in festen Teams arbeiten, praktiziert. In zwei weiteren multivariaten Analysen auf Schulebene (vgl. Holtappels & Brücher, 2020, ohne Abbildung) wurde daher ein anderer Indikator für hohes Kooperationsniveau, und zwar die Kokonstruktion, berücksichtigt, weil hier Intensitätsangaben aller Lehrpersonen vorliegen. Dabei wurde ermittelt, dass Kokonstruktion in der Zusammenarbeit als Prädiktor einen wesentlichen Beitrag zur Nachhaltigkeit der im Projekt in den Schulen eingeführten innovativen Ansätze leistet, neben Involvement und Commitment der Lehrkräfte in die Entwicklungsarbeit und lernbezogenem Schulleitungshandeln. Die anderen Kooperations- und Teamvariablen bleiben allesamt ohne Bedeutung. In ähnlicher Weise erklärt dasselbe Set an einflussstarken Prädiktoren den Aufbau von Schulentwicklungskapazität in den Schulen (= Fähigkeit zu zielbezogener und systematischer Entwicklung und Problemlösefähigkeit), wobei wiederum Kokonstruktion in der Lehrkräfte-Kooperation maßgeblich dazu beiträgt.

Fazit: Diese Befunde sind äußerst bedeutende Belege dafür, dass selbst in Schulen in herausfordernder Lage, die zum Teil erst noch Teamstrukturen aufbauen müssen, erste Ansätze einer sich entwickelnden Kooperationskultur bereits Früchte tragen und sich als relevanter Treiber für Schul- und Unterrichtsentwicklung erweisen. Dies bedeutet allerdings auch, dass in anderen Schulen die weitgehende Abwesenheit von intensiver Kooperation jede Entwicklung hemmen kann.

5 Schlussfolgerungen und Ausblick

Folgende Befunde lassen sich als Fazit zusammenfassend herausstellen:

- Die Einbindung von Lehrkräften in institutionalisierte Teambildung ist in den meisten deutschen Schulen in Primar- und Sekundarstufe durchaus etabliert, aber nicht durchgängig in allen Schulen. Innerhalb der Schulen scheinen zumeist zwei Drittel bis drei Viertel der Lehrkräfte in feste Teams eingebunden zu sein.
- Die Qualität der Teamarbeit erreicht hinsichtlich der konkreten Teamaktivitäten jedoch nur in einem Teil der Schulen oder nur in einem Teil des Kollegiums das Niveau von professionellen Lerngemeinschaften, zudem auch nicht durchgängig in sämtlichen Merkmalen. Schwächere Ausprägungen zeigen sich in gemeinsamen Analysen und Diagnosen, der Evaluation pädagogischen Handelns und der Unterrichtsentwicklung. Dort, wo Kooperation und Teamarbeit auf hohem Niveau praktiziert wird, werden Schulentwicklungskapazitäten aufgebaut und Entwicklungsarbeit wirksam in Gang gesetzt.
- Die Kooperationspraxis in professionellen Lerngemeinschaften erweist sich zumindest partiell als wirksam für die Unterrichtsqualität oder die Lernkultur insgesamt; zudem hat sie offenbar

indirekt Einfluss auf die Lernentwicklung von Schülerinnen und Schülern. Die Potenziale einer kokonstruktiven, auf Schul- und Unterrichtsentwicklung gerichteten Teamarbeit werden jedoch nur in einigen Schulen ausgeschöpft; allerdings macht professionelle Teamarbeit neben anderen Faktoren selbst in entwicklungsbedürftigen Schulen vielfach den Unterschied für Qualitätsentwicklungen aus.

- Professionelle Teamarbeit wird von Lehrkräften überwiegend als produktive und anregende Lernumgebung wahrgenommen, die durch reduzierte Isolation und Gelegenheiten des Weiterlernens davon profitieren und damit ihre Professionalität in Bezug auf den Unterricht steigern.

Dies führt zu einigen Schlussfolgerungen für die Schulentwicklung:

- Alignment in der Organisationskultur: Vielfach moderieren auch andere Faktoren der Organisationskultur die Effekte für Unterrichtsentwicklung und Unterrichtspraxis. Diese Faktoren sind zumeist Bedingungen für intensives Teamhandeln: Innovationsbereitschaft, unterrichtsbezogenes Führungshandeln der Schulleitung, förderliches Arbeitsklima und Selbstwirksamkeitsüberzeugungen der Lehrkräfte.
- Strukturen: Um substanzielle Wirkungen auf die Unterrichtsqualität zu erzielen, scheinen Organisationsstrukturen notwendig: Verbindliche Kooperationszeiten und feste Teambildungen, die einen ziel- und aufgabenbezogenen Rahmen für professionelle Arbeit und Organisationslernen bieten.
- Motivationale Faktoren wie Visionen und Ziele, herausfordernde Aufgaben (die zwingend professionelle Zusammenarbeit erfordern) und positive Nutzen- und Wirkungseinschätzung einerseits und individuelle Voraussetzungen wie Bereitschaft, Offenheit, Vertrauen, Kompetenzen und Commitment andererseits scheinen als Hintergrundfaktoren Bedeutung zu haben, müssten jedoch empirisch noch genauer nachgewiesen werden.
- Führung und Steuerung: Für effektive Unterrichtsentwicklung ist nicht nur Innovationsbereitschaft erforderlich, sondern ziel- und unterrichtsbezogene Führung der Schulleitung ebenso wie Steuerung und Koordination durch Middle Management. Bedeutung gewinnen hier Ansätze, die in der Führung der Schule (z. B. durch Stufen- oder Teamleitungen) gezielt auf die Entwicklung

von Teamstrukturen und die Praxis von professionellem Team-handeln, aber auch auf Professionalisierung der Lehrpersonen durch kollaboratives Weiterlernen und Entwicklung gerichtet sind (vgl. Sharatt & Planche, 2016).

- Für wirksame Schulentwicklung und professionelle Selbstent-wicklung scheint intensive Lehrkräftekooperation in Teams auf Fach- und Jahrgangsebene unverzichtbar. Professionelle Lernge-meinschaften können sich damit als Keimzellen für Organisa-tionslernen erweisen, die den Aufbau von Schulentwicklungs-kapazität und professioneller Entwicklung ermöglichen. Profes-sionelle Lerngemeinschaften bilden damit ein bedeutendes Ele-ment der Infrastruktur für Schulentwicklung.

Literatur

Backman, J. S. (2013). *A District-Wide Study Confirming the Relationship Between Professional Learning Communities and Student Achievement in Elementary Schools.* (Dissertation). Provo/Utah.

Bonsen, M. & Rolff, H.-G. (2006). Professional Learning Communities of Teachers. *Zeitschrift für Pädagogik 52*(2), 167–184.

Burkard, C. & Kanders, M. (2002). Schulprogrammarbeit aus der Sicht der Beteiligten. Ergeb-nisse der Schulprogrammevaluation in Nordrhein-Westfalen. In H.-G. Rolff, H. G. Hol-tappels, K. Klemm, H. Pfeiffer & R. Schulz-Zander (Hrsg.), *Jahrbuch der Schulentwicklung.* Band 12 (S. 233–259). Weinheim/München: Beltz.

Creemers, B. P. M., Kyriakides, L., Panayiotou, A., Bos, W., Holtappels, H. G., Pfeifer, M. et al. (2013). *Establishing a Knowledge Base for Quality in Education: Testing a Dynamic Theory for Education. Handbook on Designing Evidence-based Strategies and Actions to Promote Quality in Education.* Münster: Waxmann.

Dalin, P., Rolff, H.-G. & Buchen, H. (1995). *Institutioneller Schulentwicklungsprozess. Ein Handbuch.* Soest: Verlag für Schule und Weiterbildung.

Ditton, H. (2000). Qualitätskontrolle und Qualitätssicherung in Schule und Unterricht. *Zeit-schrift für Pädagogik, 41*(Beiheft), 73–92.

Dizinger, V., Fussangel, K. & Böhm-Kasper, O. (2011). Lehrer/in sein an der Ganztagsschule: Neue Kooperationsanforderungen – neue Belastungen? *Zeitschrift für Erziehungswissen-schaft,* Sonderheft 15, 43–61.

DuFour, R. (2004). What is a "Professional Learning Community"? *Educational Leadership, 61*(8), 75–123.

DuFour, R., DuFour, R., & Eaker, R. (2008). *Revisiting Professional Learning Communities at Work. New Insights for Improving Schools.* Bloomington: Solution Tree Press.

Feldhoff T., Kanders, M. & Rolff, H.-G. (2008). Schulleitung und innere Schulorganisation. In H. G. Holtappels, K. Klemm & H.-G. Rolff (2008), *Schulentwicklung durch Gestaltungsau-tonomie* (S. 146–173). Münster: Waxmann.

Feldhoff, T. & Rolff, H.-G. (2008). Einfluss von Schulleitungs- und Steuergruppenhandeln. In H. G. Holtappels, K. Klemm & H.-G. Rolff (2008). *Schulentwicklung durch Gestaltungsau-tonomie* (S. 293–303). Münster: Waxmann.

Fussangel, K. (2008). *Subjektive Theorien von Lehrkräften zur Kooperation. Eine Analyse der Zusammenarbeit von Lehrerinnen und Lehrern in Lerngemeinschaften.* (Dissertation). Wuppertal.

Gräsel, C., Fussangel, K. & Pröbstel, Ch. (2006). Lehrkräfte zur Kooperation anregen – eine Aufgabe für Sisyphos? *Zeitschrift für Pädagogik, 52*(2), 205–219.

Haenisch, H. (1993). *Wie sich Schulen entwickeln. Eine empirische Untersuchung zu Schlüsselfaktoren und Prinzipien der Entwicklung von Grundschulen.* Soest: Kettler.

Haenisch, H. (1998). *Wie Schulen ihr Schulprogramm entwickeln. Eine Erkundungsstudie an ausgewählten Schulen aller Schulformen.* Bönen: Verlag für Schule und Weiterbildung.

Hall, G. E. & Hord, S. M. (2001). *Implementing Changes. Patterns, Principles and Potholes.* Boston/Toronto: Allyn & Bacon.

Herzmann, P., Sparka, A. & Gräsel, C. (2006). Implementationsforschung zur Lesekompetenz. Wie Wissenschaftler und Lehrkräfte gemeinsam an der Leseförderung arbeiten. In S. Rahm, I. Mammes & M. Schratz (Hrsg.), *Schulpädagogische Forschung. 2. Organisations- und Bildungsprozessforschung. Perspektiven innovativer Ansätze* (S. 97–108). Innsbruck: Studien-Verlag.

Höhmann, K., Holtappels, H. G. & Schnetzer, T. (2004). Ganztagsschule – Konzeptionen, Forschungsbefunde, aktuelle Entwicklungen. In H. G. Holtappels, K. Klemm, H. Pfeiffer, H.-G. Rolff & R. Schulz-Zander (Hrsg.), *Jahrbuch der Schulentwicklung, Band 13. Daten, Beispiele und Perspektiven* (S. 253–289). Weinheim/München: Juventa.

Holtappels, H. G. (1997). *Grundschule bis mittags. Innovationsstudie über Zeitgestaltung und Lernkultur.* Weinheim, München: Juventa.

Holtappels, H. G. (2002). *Die Halbtagsgrundschule – Lernkultur und Innovation in Hamburger Grundschulen.* Weinheim/München: Juventa.

Holtappels, H. G. (2004). Schulprogrammwirkungen und Organisationskultur. Ergebnisse aus niedersächsischen Schulen über Bedingungen und Wirkungen. In H. G. Holtappels (Hrsg.), *Schulprogramme – Instrumente der Schulentwicklung. Konzeptionen, Forschungsergebnisse, Praxisempfehlungen* (S. 175–194). Weinheim/München: Juventa.

Holtappels, H. G. (2008). Methodentrainings und Unterrichtsgestaltung. In H. G. Holtappels, K. Klemm & H.-G. Rolff (Hrsg.), *Schulentwicklung durch Gestaltungsautonomie* (S. 307–313). Münster: Waxmann.

Holtappels, H. G. (2013). Schulentwicklung und Lehrerkooperation. In N. McElvany & H. G. Holtappels (Hrsg.), *Empirische Bildungsforschung. Theorien, Methoden, Befunde und Perspektiven* (S. 35–61). Münster: Waxmann.

Holtappels, H. G. (2019). Professionelle Lerngemeinschaften – Systematisierung und Forschungsbefunde zu Merkmalen (und Wirkungen von Teamhandeln. In K. Kansteiner, C. Stamann, C. Buhren, & P. Theurl (Hrsg.), *Professionelle Lerngemeinschaften als Entwicklungsinstrument im Bildungswesen* (S. 64–83). Weinheim: BeltzJuventa.

Holtappels, H. G. & Brücher, L. (2020). Qualitätsverbesserungen und Aufbau von Schulentwicklungskapazität in Schulen in herausfordernden Lagen – Entwicklungen in den Projektschulen. In I. Van Ackeren & H. G. Holtappels (Hrsg.), *Schulen in herausfordernden Lagen – Forschungsbefunde und Schulentwicklung in der Region Ruhr. Das Projekt „Potenziale entwickeln – Schulen stärken".* Beltz Juventa (im Erscheinen).

Holtappels, H. G. & Heerdegen, M. (2005). Schülerleistungen in unterschiedlichen Lernumwelten im Vergleich zweier Grundschulmodelle in Bremen. In W. Bos, E.-M. Lankes, M. Prenzel, K. Schwippert, R. Valtin & G. Walther (Hrsg.), *IGLU. Vertiefende Analysen zu Leseverständnis, Rahmenbedingungen und Zusatzstudien* (S. 361–397). Münster: Waxmann.

Holtappels, H. G., Lossen, K., Spillebeen, L. & Tillmann, K. (2011). Schulentwicklung und Lehrerkooperation in Ganztagsschulen – Konzeption und Schulentwicklungsprozess als förderliche Faktoren der Kooperationsentwicklung. *Zeitschrift für Erziehungswissenschaft,* 15, 25–42.

Holtappels, H. G. & Mai, T. (2013). *Impacts of professional learning communities on student achievement in primary schools.* Presentation on European Conference on Educational Research (ECER) of EERA, 11.09.2013, Istanbul/Türkei.

Holtappels, H. G., McElvany, N., Schwabe, F., Weischenberg, J., Averbeck, K. & Hartwig, S. J. (2017). *Wissenschaftliche Begleitung 2014–2016 zum Schulversuch „Längeres Gemeinsames Lernen – Gemeinschaftsschule". Abschlussbericht.* Dortmund: IFS-Eigendruck.

Holtappels, H. G., Pfeifer, M. & Scharenberg, K. (2014). Schulische Lernumgebung als Organisations- und Entwicklungsmilieu? Zur Bedeutung von Einflussfaktoren auf Schul- und Unterrichtsebene. In H. G. Holtappels, A. S. Willems, M. Pfeifer, W. Bos & N. McElvany (Hrsg.), *Jahrbuch der Schulentwicklung, Band 18. Daten, Beispiele und Perspektiven* (S. 143–182). Weinheim/Basel: Juventa.

Holtappels, H. G., Pfeiffer, H., Röhrich, T. & Voss, A. (2008). Einfluss von Prozessmerkmalen der Organisations- und Unterrichtsentwicklung auf die Lernleistungen. In H. G. Holtappels, K. Klemm & H.-G. Rolff (Hrsg.), *Schulentwicklung durch Gestaltungsautonomie* (S. 314–330). Münster: Waxmann.

Holtappels, H. G & Voss, A. (2006). Organisationskultur und Lernkultur. Über den Zusammenhang von Schulorganisation und Unterrichtsgestaltung am Beispiel selbstständiger Schulen. In W. Bos, H. G. Holtappels, H. Pfeiffer, H.-G. Rolff & R. Schulz-Zander (Hrsg.), *Jahrbuch der Schulentwicklung, Band 14. Daten, Beispiele und Perspektiven* (S. 247–275). Weinheim, München: Juventa.

Hord, S. M. (2004) (Hrsg.). *Learning Together, Leading Together. Changing Schools through Professional Learning Communities.* New York, London: Teachers College Press.

Huber, S. G. & Ahlgrimm, F. (2013). Gelingensbedingungen für Kooperation in der Schule. In Huber, S. G. (Hrsg.), *Führungskräfteentwicklung. Grundlagen und Handreichungen zur Qualifizierung und Personalentwicklung im Schulsystem* (S. 359–371). Köln: Carl Link.

Huffman, J. B. & Hipp, K. K. (Hrsg.). (2003). *Reculturing Schools as Professional Learning Communities.* Lanham, Toronto, Oxford: Scarecrow Education.

Kelchtermans, G. (2006). Teacher Collaboration and Collegiality as Workplace Conditions. A Review. *Zeitschrift für Pädagogik, 52*(2), 220–237.

Kruse, S., Louis, K. S. & Bryk, A. (1995). An Emerging Framework for Analyzing School-Based Professional Community. In K. S. Louis & S. Kruse (Hrsg.), *Professionalism and Community: Perspectives on Reforming Urban Schools* (S. 23–44). Thousand Oaks, CA: Corwin Press.

Leithwood, K. (2002). *Organizational Learning and School Improvement.* Greenwich/CT: JAI.

Levine, D. U. & Stark, J. (1981). *Extended Summary and Conclusions: Institutional and Organizational Arrangements and Processes for Improving Academic Achievement at Inner City Elementary Schools.* University of Missouri-Kansas City.

Louis, K., & Marks, H. (1998). Does Professional Learning Community affect the classroom? Teachers' work and student experiences in restructuring schools. *American Journal of Education, 33*(4), 532–575.

Marks, H. M. & Louis, K. S. (1999). Teacher Empowerment and the Capacity for Organizational Learning. *Education Administration Quarterly, 35*, 707–750.

Mortimore, P., Sammons, P., Ecob, R. & Stoll, L. (1988). *School matters. The junior years.* Salisbury: Open Books.

Mintzberg, H. (1979). *The Structuring of Organizations.* New York: Engelwood Cliffs.

Newmann, F. M. & Associates (1996). *Authentic Achievement – Restructuring Schools for Intellectual Quality.* San Francisco: Jossey-Bass Publishers.

Ostermeier, C. (2004). *Kooperative Qualitätsentwicklung in Schulnetzwerken: eine empirische Studie am Beispiel des BLK-Programms „Steigerung der Effizienz des mathematisch-naturwissenschaftlichen Unterrichts"* (SINUS). Münster: Waxmann.

Purkey, S. C. & Smith, M. S. (1983). Effective Schools: A Review. *The Elementary School Journal, 4*, 427–453.

Richter, D. & Pant, H. A. (2016). *Lehrerkooperation in Deutschland: Eine Studie zu kooperativen Arbeitsbeziehungen bei Lehrkräften der Sekundarstufe I.* Gütersloh, Stuttgart, Essen, Bonn: Eigendruck.

Rosenholtz, S. J. (1991). *Teachers' Workplace: The Social Organization of Schools*. New York: Longman.

Sammons, P., Hillmann, J. & Mortimore, P. (1995). *Key characteristics of effective schools: A review of school effectiveness research*. London: OFSTEDT.

Scheerens, J. & Bosker, R. (1997). *The Foundations of Educational Effectiveness*. Oxford: Pergamon.

Seashore Louis, K. & Kruse, S. (1995). *Professionalism and Community. Perspectives on Reforming Urban Schools*. Thousand Oaks/CA.

Senge, P. M. (2006). *Die fünfte Disziplin: Kunst und Praxis der lernenden Organisation*. Stuttgart: Klett-Cotta Verlag.

Senkbeil, M. (2005). Schulmerkmale und Schultypen im Vergleich der Länder. In M. Prenzel, J. Baumert, W. Blum, R. Lehmann, D. Leutner, M. Neubrand et al. (Hrsg.), *PISA 2003. Der zweite Vergleich der Länder in Deutschland – was wissen und können die Jugendlichen?* (S. 299–321). Münster: Waxmann.

Senkbeil, M. (2006). Die Bedeutung schulischer Faktoren für die Kompetenzentwicklung in Mathematik und in den Naturwissenschaften. In M. Prenzel, J. Baumert, W. Blum, R. Lehmann, D. Leutner, M. Neubrand et al. (Hrsg.), *PISA 2003. Untersuchungen zur Kompetenzentwicklung im Verlauf eines Schuljahres* (S. 277–308). Münster: Waxmann.

Sharatt, L. & Planche, B. (2016). *Leading Collaborative Learning. Empowering Excellence*. Thousand Oaks, California: Corwin.

Sigurdardottir, A. (2010). Professional Learning Communities in Relation to School Effectiveness. Scandinavian Journal of Educational Research, 54(5), 395–412.

Spieß, E. (2004). Kooperation und Konflikt. In H. Schuler (Hrsg.), *Organisationspsychologie – Gruppe und Organisation* (S. 193–247). Göttingen: Hogrefe.

Steinert, B., Klieme, E., Maag Merki, K., Döbrich, P., Halbheer, U. & Kunz. A. (2006). Lehrerkooperation in der Schule. Konzeption, Erfassung, Ergebnisse. *Zeitschrift für Pädagogik, 52*(2), 185–203.

Stoll L. & Fink, D. (1989). *Changing our Schools*. Maidenhead/Berkshire: Open University Press

Stoll, L. & Louis, K. R. (2007). *Professional Learning Communities. Divergence, Depth and Dilemmas*. Maidenhead/Berkshire: Open University Press.

Teddlie, C. & Stringfield, S. C. (1993). *Schools Make a Difference: Lessons Learned from a 10-year Study of School Effects*. New York: Teachers College Press.

Terhart, E. & Klieme, E. (2006). Kooperation im Lehrerberuf – Forschungsproblem und Gestaltungsaufgabe. Zur Einführung in den Thementeil. *Zeitschrift für Pädagogik, 52*(2), 163–166.

Tillmann, K. (2011). Innerschulische Kooperation und Schulprogramm. Kann das Schulprogramm als Schulentwicklungsinstrument die innerschulische Kooperation stärken? In N. Fischer, H. G. Holtappels, E. Klieme, T. Rauschenbach, L. Stecher & I. Züchner (Hrsg.), *Ganztagsschule: Entwicklung, Qualität, Wirkungen – Längsschnittliche Befunde der Studie zur Entwicklung von Ganztagsschulen (StEG) (S. 139–161)*. Weinheim: Juventa.

Tillmann, K. & Holtappels, H. G.: *Quality of extracurricular learning arrangements in German All-day schools: Do multi-professional cooperation and deployment of additional staff make a difference?* Presentation on European Conference on Educational Research (ECER) of EERA, 09.09.2015, Budapest/Ungarn.

Vangrieken, K., Dochy, F., Raes, E. & Kyndt, E. (2015). Teacher Teams and Collaboration: A Systematic Review, *Educational Research Review, 15*, 17–40.

Vescio, V., Ross, D., & Adams, A. (2008). A Review of Research on the Impact of Professional Learning Communities on Teaching Practice and Student Learning. *Teaching and Teacher Education, 24*(1), 80–91.

Webs, T. & Holtappels, H. G. (2018). School conditions of different forms of teacher collaboration and their effects on instructional development in schools facing challenging circumstances. *Journal of Professional Capital & Community, 3*(1), 39–58.

Kooperation von Lehrkräften und Qualität von Leseunterricht in der Grundschule

Annika Ohle-Peters

1 Einleitung

Lehrkräfte spielen eine zentrale Rolle für die Gestaltung qualitätvollen Unterrichts und damit auch für die Erreichung multikriterialer Lernziele (Darling-Hammond, 2000; Hattie & Anderman, 2013; Helmke, 2015). Sowohl aus theoretischer als auch aus empirischer Perspektive kann als gesichert angesehen werden, dass Professionswissen, motivationale Merkmale, Überzeugungen sowie selbstregulative Fähigkeiten von Lehrkräften wichtige Einflussfaktoren auf ihr professionelles Handeln und damit auch Lernerfolge bei Schülerinnen und Schülern sind (Baumert & Kunter, 2006; Darling-Hammond, 2000; Helmke, 2015; Lipowsky, 2006). Inwiefern Kooperationen innerhalb von Lehrkraftkollegien dazu beitragen können, das professionelle Handeln, die Qualität von Unterricht und als letzten Schritt in der Wirkungskette die Lernleistungen zu optimieren, ist Gegenstand verschiedener Studien, die zum einen das Verhalten von Lehrkräften fokussieren, einzelne Merkmale von Unterrichtsqualität in den Blick nehmen oder auch direkt Zusammenhänge zu Lernoutcomes untersuchen. Es gibt empirische Hinweise darauf, dass professionelle Lerngemeinschaften und Kooperation innerhalb von Schulkollegien in positivem Zusammenhang mit der Gestaltung von Unterricht und auch Schülerleistung stehen (allgemein: Darling-Hammond & Richardson, 2009; Goddard, Goddard & Tschannen-Moran, 2007; Effekte auf Mathematik- und Leseleistung: Ronfeldt, Farmer, McQueen & Grissom, 2015).

Vor dem Hintergrund der zentralen Bedeutung von Lesekompetenz für Bildungserfolg und gesellschaftliche Teilhabe (Burnett, 2005; Hußmann et al., 2017; McElvany & Artelt, 2009) kommt dem Leseunterricht in der Grundschule eine besondere Geltung zu. Wird zunächst das Lesen vorrangig im Grundschulunterricht erlernt, gewinnt Lesekompetenz auch zunehmend an Relevanz für das Lernen in allen Fächern (Chall, 1983). Der vorliegende Beitrag setzt an dieser Stelle an und untersucht auf der Datengrundlage einer bundesweiten Studie zur Evaluation von Maßnahmen der Leseförderung und -diagnostik in der Grundschule zunächst explorativ die Häufigkeit und faktorielle Struktur der Lehrkraftkooperation bezüglich des Leseunterrichts. Daran anschließend werden Zusammenhänge zwischen der Kooperationshäufigkeit und den Qualitätsmerkmalen a) Differenzierung, b) Umgang mit Störungen und c) dem Erleben psychologischer Grundbedürfnisse nach Deci und Ryan (1993) im Leseunterricht analysiert.

2 Theoretischer Hintergrund

2.1 Kooperation von Lehrkräften

Lehrkräfte sind in ihrem beruflichen Alltag mit einer Vielzahl an Aufgaben und Herausforderungen konfrontiert. In der Grundschule steht die Vermittlung zentraler Kompetenzen für zukünftige Bildungswege im Vordergrund, während sich die Schülerschaft durch große Heterogenität auszeichnet (Einsiedler, Martschinke & Kammermeyer, 2008; Martschinke, 2019). Darüber hinaus ist das Ende der Grundschulzeit eine entscheidende Schnittstelle für die weiteren Bildungskarrieren der Schülerinnen und Schüler, was hohe Anforderungen an das professionelle Handeln von Lehrerinnen und Lehrern stellt. Für erfolgreiches Arbeiten in komplexen Handlungsfeldern wie der Schule gilt die Kooperation unter Kolleginnen und Kollegen als unabdingbar (Terhart & Klieme, 2006). In der Forschung werden verschiedene Formen der professionellen Zusammenarbeit unterschieden, die spezifische Aufgaben und Zielsetzungen im System Schule erfüllen (Fussangel & Gräsel, 2010). In dem vorliegenden Beitrag wird die intraprofessionelle, innerschulische Kooperation zwischen Lehrkräften – in Abgrenzung zu anderen Formen wie beispielsweise der multiprofessionellen Kooperation oder der Zusammenarbeit zwischen Schulen – in den Blick genommen. In ihrem an organisationspsychologischer Forschung orientierten und in nationaler wie internationaler Forschung weit verbreiteten Modell unterscheiden Gräsel, Fußangel & Pröbstel, 2006 drei Formen der kollegialen Kooperation: *Austausch, arbeitsteilige Kooperation* und *Kokonstruktion*. Die niederschwelligste Art kollegialer Zusammenarbeit ist der Austausch, bei dem vorrangig der Informations- und Materialaustausch zwischen Kolleginnen und Kollegen im Fokus steht. Charakterisierend für diese Art der Kooperation ist ein gemeinsames übergeordnetes Ziel, welches durch weitgehend unabhängiges Agieren der einzelnen Individuen erreicht werden soll. In Abgrenzung dazu zeichnet sich die arbeitsteilige Kooperation durch Aufgaben aus, die eine gemeinsame Bearbeitung ermöglichen und auch erfordern mit dem Ziel der Effizienzsteigerung. Die Aufgaben werden im Kollegium gemeinsam geplant und Verantwortlichkeiten verteilt. Damit erfordert diese Form der Kooperation „keine gemeinsame Arbeit im engeren Sinne" (Gräsel et al., 2006, S. 210) aber präzise formulierte Ziele und gegenseitiges Vertrauen, beispielsweise dass Aufgaben erledigt werden. Die Kokonstruktion als dritte Form der Kooperation ist die mit dem höchsten Aufwand verbundene. Im Fokus steht hier die intensive Zusammenarbeit, aus der sich Wissen und Problemlösungen generieren. Im Gegensatz zu den vorher genannten Kooperationsformen arbeiten die Kolleginnen und Kollegen gemeinsam an Aufgaben, so dass sich die Abstimmung im Kollegium nicht nur auf gemeinsame Ziele beschränkt, sondern auch auf den Arbeitsprozess, allerdings zuungunsten der Autonomie des einzelnen Individuums. Insbesondere der Kokonstruktion wird ein großes Potenzial für die professionelle Entwicklung des Kollegiums und auch der Schule zugeschrieben (ebd.). Aufgrund des Arbeitsaufwandes, der zunehmenden Einschränkungen der eigenen Autonomie und der Anforderungen an kollegiales Vertrauen, finden insbesondere anspruchsvollere Kooperationsformen wie arbeitsteilige Kooperation und Kokonstruktion seltener statt (Gräsel et al., 2006; Webs & Holtappels, 2018). Kooperation bezüglich Austausch von Informationen und Materialien ist mit vergleichsweise geringem Aufwand verbunden und daher häufiger in Kollegien vorzufinden, als arbeitsteilige Kooperation oder Kokonstruktion, die neben dem Zeitaufwand auch kollegiales Vertrauen und gemeinsame Arbeitsziele voraussetzen. Die Unterscheidung von Kooperationsformen hinsichtlich ihrer Intensität und Kooperationstiefe findet sich auch in der internationalen Literatur wieder, wie der Überblickbeitrag von Vangrieken, Dochy, Raes und Kyndt (2015) zeigt. Einen Einblick in den aktuellen Stand der Häufigkeit von kollegialer Kooperation an Schulen gibt die 2018 von der Deutschen Schulakademie in Auftrag gegebene Forsa Umfrage von 1.016 Lehrkräften an allgemeinbildenden Schulen. Diese ergab, dass sich 51% der Befragten mindestens einmal pro Woche fachbezogen zu Unterrichtsthemen und -gestaltung absprachen, 30% mindestens einmal im Monat. Fachbezogene Kooperation in Teams fand nach Angaben der Befragten deutlich weniger häufig statt; 16% berichteten von wöchentlichen Treffen zur Unterrichtsplanung und 26% von monatlichen Teamsitzungen. Hier zeigen sich jedoch schulformspezifische Unterschiede; Grundschullehrkräfte gaben mit 29% an, sich wöchentlich in Teams zur fachbezogenen Unterrichtsplanung zu treffen und 32% mindestens einmal im Monat (Forsa, 2018). Die Häufigkeit von Kooperationen zwischen Lehrkräften gilt als Indikator für die Intensität der kollegialen Zusammenarbeit (Goddard, Goddard, Kim & Miller, 2015), die wiederum Einfluss auf die professionelle Entwicklung von Lehrerkollegien haben kann.

Bedeutung von Kooperation für professionelle Kompetenz und Lehrkrafthandeln

Theoretische Konzeptionen beschreiben Kooperation als einen Aspekt professioneller Lehrkraftkompetenz, der Wirkungen auf verschiedenste Bereiche des beruflichen Handelns hat (z. B. Baumert & Kunter, 2006). Steinert, Klieme, Maag Merki, Dobrich, Halbheer & Kunz, 2006 beschreiben die Unterrichtsorganisation als einen Aspekt der Lehrkraftkooperation und fassen darunter Bereiche wie Beratung und Diagnose in den Bereichen Lernentwicklung, Fachinhalte oder Förderung von Schülerinnen und Schülern. Die Kooperation von Lehrkräften in diesen zentralen Bereichen ihres Berufes kann verschiedene Effekte auf die professionelle Kompetenz und auch das unterrichtliche Handeln haben. Anspruchsvolle Kooperationsformen wie professionelle Lerngemeinschaften (Holtappels, 2013) oder Kokonstruktion nach Gräsel (et. Al, 2006) bedingen den Wissensaustausch und die Generierung neuen professionellen Wissens. Neben kognitiven Effekten, konnten auch Wirkungen von Lehrkraftkooperation auf motivational-emotionale Kompetenzaspekte wie beispielsweise die Selbstwirksamkeit von Lehrkräften gezeigt werden (Goddard, Hoy & Woolfolk-Hoy, 2000). Nach der Social Interdependency Theory steht individuelles Verhalten im Kontext von Wechselwirkungen mit anderen Individuen (Johnson & Johnson, 2008). So kann beispielsweise die gemeinsame Vor- und Nachbereitung von Unterricht zu einer Reduktion von Stress und negativen Gefühlen bei den Lehrkräften führen und dadurch ihre Performanz im Unterricht beeinflussen (Wolgast & Fischer, 2017). Neben Effekten auf die professionellen Kompetenzen von Lehrkräften konnten in einzelnen Studien auch direkte Zusammenhänge zwischen Kooperation und Unterrichtsqualität identifiziert werden. Für die Domänen Englisch und Mathematik konnten sowohl fachspezifische als auch fachunspezifische Zusammenhänge identifiziert werden; so hing im Englischunterricht die Häufigkeit der Lehrkraftkooperation mit der Unterstützung, als Aspekt der Lernerunterstützung zusammen, während im Bereich Mathematik die Kooperationshäufigkeit mit den fachlichen Anforderungen und der Strukturiertheit des Unterrichts Zusammenhänge aufwies (Steinert, Dohrmann & Schmid, 2019). Bezogen auf den Leseunterricht im Deutschen konnte gezeigt werden, dass die Häufigkeit der Kooperation bezüglich des Leseunterrichts in der Grundschule mit einer von den Lehrkräften höheren wahrgenommenen Motivation der Schülerinnen und Schüler im Unterricht einherging (Igler et al., 2018). Darüber hinaus konnten positive Zusammenhänge zwischen der Kooperation im Lehrerkollegium und Leistungen von Schülerinnen und Schülern identifiziert werden (für den Bereich Lesen: Taylor, Pearson, Clark & Walpole, 2000; für den Bereich Mathematik: Steinert et al., 2019). Außerdem wurden in dieser Studie auch positive Zusammenhänge zur Instruktion im Leseunterricht gezeigt. Inwieweit die Häufigkeit kollegialer Kooperation mit weiteren Qualitätsmerkmalen des Unterrichtsangebots zusammenhängt, ist für die Domäne Lesen bis dato nach aktuellem Kenntnisstand noch nicht erforscht.

2.2 Qualität von Leseunterricht

Die Qualität unterrichtlicher Lernangebote ist für erfolgreiche Lernprozesse und Kompetenzentwicklung entscheidend, wie in zahlreichen Studien und in verschiedenen Domänen gezeigt werden konnte (u. a. Kunter, Klusmann, Baumert, Richter, Voss & Hachfeld, 2013; Kyriakides, Christoforou & Charalambous, 2013; Seidel & Shavelson, 2007; für den Bereich Lesen: Kopp & Martschinke, 2011). In der deutschsprachigen Forschungslandschaft hat sich eine Kategorisierung von Unterrichtsqualitätsmerkmalen in drei Basisdimensionen etabliert, die in ähnlicher Form auch in der internationalen Forschung genutzt wird (Klieme & Rakoczy, 2008; Pianta, La Paro & Hamre, 2012): a) Kognitive Aktivierung, b) Klassenführung, Regelklarheit und Struktur und c) unterstützendes Unterrichtsklima. Zu der Dimension der kognitiven Aktivierung zählen Unterrichtsmerkmale, die auf eine tiefe kognitive Verarbeitung von Inhalten abzielen und im Sinne des konstruktivistischen Lernens an die Lernvoraussetzungen der Schülerinnen und Schüler anknüpfen und herausfordernde Denkprozesse anregen (Kunter, 2016; Praetorius, Klieme, Herbert & Pinger, 2018). *Differenzierung* kann dies leisten, indem auf das Vorwissen der Lernenden eingegangen wird und adaptiv Aufgaben gestellt werden, welche die Schülerinnen und Schüler zur kognitiven Auseinandersetzung mit dem Lerngegenstand anregen, aber nicht überfordern (Vygotskiĭ, Rieber & Carton, 1987–1999). Darüber hinaus bietet die innere Differenzierung – beispielsweise nach leistungsstarken und -schwachen Lernenden – Lehrkräften die Möglichkeit, die gesamte Schülerschaft zu fördern (Vogt & Rogalla, 2009). In der Domäne Lesen kann Differenzierung unter anderem durch Variation der Textschwierigkeit oder der Bearbeitungszeit realisiert und an die unterschiedlichen Leistungsvoraussetzungen der Lernenden angepasst werden (Hartwig & Schwabe, 2018). Für den Bereich der Leseflüssigkeit konnte in einem experimentellen

Setting die Überlegenheit von differenziertem Unterricht gegenüber regulärem Unterricht gezeigt werden (Little, McCoach & Reis, 2014). Die zweite Basisdimension der Unterrichtsqualität fokussiert auf eine effiziente Klassenführung und einen störungsarmen Unterrichtsablauf, der die aktive Lernzeit der Schülerinnen und Schüler maximiert (Klieme & Rakoczy, 2008; Kunter, Baumert & Köller, 2007). In Theorie und Forschung finden sich zahlreiche Definitionen des Konstrukts Klassenführung, wobei der präventiven Klassenführung große Bedeutung beigemessen wird (Kounin, 2006; Pianta et al., 2012). Zur Optimierung der time-on-task sollte die Lehrkraft den Unterricht gut strukturieren und präventive Maßnahmen zur Vermeidung von Disziplinproblemen einsetzen. Finden viele *Störungen im Unterricht* statt, so kann dies als Hinweis auf eine nicht optimale Klassenführung interpretiert werden. Studien in verschiedenen Domänen konnten positive Effekte von Klassenführung auf leistungsbezogene und motivationale Lernerfolge von Schülerinnen und Schülern nachweisen (u. a. Dijk, Gage & Grasley-Boy, 2019; Kunter et al., 2007). Die Dimension des unterstützenden Unterrichtsklimas zielt auf die Schaffung eines lernfreundlichen Klassenklimas ab (Deci & Ryan, 1993; Klieme & Rakoczy, 2008). Nach der Selbstbestimmungstheorie von Deci und Ryan (1993) sind das Erleben von Kompetenz, Autonomie und sozialer Eingebundenheit menschliche Grundbedürfnisse, die Grundlage sind für motiviertes Handeln. *Kompetenzerleben* bei Schülerinnen und Schülern kann im Unterricht beispielsweise über positives Feedback oder durch Aufgaben mit einem optimalen Anforderungsniveau realisiert werden. Durch die Ermöglichung selbstbestimmten Lernens und durch das Erleben von *Autonomie*, was beispielsweise durch die Bereitstellung von Wahlmöglichkeiten im Unterricht erreicht werden kann, wird nach Deci und Ryan (1993) die intrinsische Motivation von Lernenden für den Lernprozess genutzt, die für erfolgreiches Lernen essenziell ist. Unter der Annahme, dass Menschen die Tendenz besitzen, sich mit anderen Personen in ihrem sozialen Milieu verbunden zu fühlen und ich diesem sozialen Kontext zu agieren (vgl. Deci & Ryan, 1993, S. 229), ist das Erleben von *sozialer Eingebundenheit*, eine wichtige Voraussetzung für motiviertes Handeln und erfolgreiche Lernprozesse. Die theoretische Annahme, dass das Erleben psychologischer Grundbedürfnisse im Unterricht positive Effekte auf motivationale Merkmale von Lernenden hat (Klieme & Rakoczy, 2008) konnte auch empirisch gestützt werden (u. a. Chen, Elliot & Sheldon, 2019). Insgesamt liegen für den Bereich des Leseunterrichts allerdings nur wenige Studien vor, die auf die Beschreibung der Qualität unterrichtlicher Lernangebote fokussieren (Lotz, 2014).

3 Forschungsanliegen

Vor dem Hintergrund der zentralen Bedeutung von Lehrkräften für die Gestaltung qualitätvollen Leseunterrichts werden in diesem Beitrag zwei zentrale Fragestellungen (F) in den Blick genommen:

F 1a) Wie häufig kooperieren Grundschullehrkräfte bezüglich einzelner Aspekte des Leseunterrichts am Ende der Grundschulzeit?
Angesichts der Befunde der der Forsa-Umfrage der Deutschen Schulakademie (Forsa, 2018) wird angenommen, dass Grundschullehrkräfte insgesamt eher häufig kooperieren, dass es aber Häufigkeitsunterschiede bezüglich einzelner Kooperationsbereiche gibt (Hypothese H1a; Gräsel et al., 2006).

F 1b) Lassen sich unterschiedliche Kooperationsformen abbilden?
Bei dieser explorativen Fragestellung wird vor dem Hintergrund der unterschiedlichen Bereiche und Intensität von Kooperationsaspekten angenommen, dass ein mehrfaktorielles Modell besser auf die Daten passt, als ein Generalfaktormodell (Hypothese H1b; Gräsel et al., 2006).

F 2) Welche Zusammenhänge lassen sich zwischen der Häufigkeit professioneller Kooperation von Grundschullehrkräften hinsichtlich der Unterrichtsvorbereitung und Qualitätsmerkmalen des Leseunterrichts identifizieren?
Unter der Voraussetzung, dass die Kooperation über das Austauschen von Arbeitsmaterialien hinausgeht (Gräsel et al., 2006), werden positive gerichtete zusammenhänge zur Qualität des Leseunterrichts angenommen, vor allem im Bereich der Differenzierung, da dies eine stark inhaltlich geprägte Facette der Unterrichtsqualität darstellt (Hypothese H2).

4 Methode

4.1 Stichprobe

Die Datengrundlage stammte aus dem dritten Messzeitpunkt (MZP) des Projekts „Evaluation von Konzepten und Maßnahmen der fachübergreifenden Leseförderung im Primarbereich" (BiSS-EvalLesen). An dieser bundesweit durchgeführten Studie beteiligten sich zum dritten MZP $N = 59$ Lehrkräfte (Me_{Alter} = 40–49 Jahre[1]; 62.5% weiblich; 82.5% hatten das Fach Deutsch studiert) mit ihren vierten Klassen aus Berlin, Brandenburg, Hessen, Nordrhein-Westfalen, Rheinland-Pfalz und Thüringen[2]. Aus der Befragung der Schülerinnen und Schüler lagen Daten von N = 1,109 Kindern vor. Für die Analysen wurden nur die Klassen berücksichtigt, in denen die Beteiligungsquote bei mindestens 50% lag und für wenigstens zehn Schülerinnen und Schüler eine elterliche Einverständniserklärung vorlag. Das Analysesample umfasste daher 1,032 Kinder[3] (M_{Alter} = 9.70 [SD_{Alter} = 0.51]; 50.6% weiblich; M_{HISEI} = 51.40 [SD_{HISEI} = 20.37]; 37.7% mit sprachlichem Migrationshintergrund).

4.2 Instrumente

Kooperation Lehrkräfte

Die Lehrkraftkooperation wurde mit sieben Items, adaptiert nach IGLU 2011 (Wendt, Bos, Tarelli, Vaskova & Hussmann, 2016), auf einer vierstufigen Skala von 1 = „nie oder fast nie" bis 4 = „jeden Tag oder fast jeden Tag" erfasst (Übersicht der Items siehe Abbildung 1). Die Items erfragen verschiedene Aspekte der Kooperation, die nach Gräsel et al. (2006) unterschiedliche Anforderungen an Arbeitsaufwand, Autonomie und kollegiales Vertrauen stellen.

Qualität des Leseunterrichts

Qualitätsmerkmale des Leseunterrichts wurden mittels Fragebögen bei Lehrkräften sowie bei Schülerinnen und Schülern erfasst. Bei der Lehrkraftbefragung lag der Fokus auf Differenzierungsmaßnahmen (allgemein, bezüglich schwach lesender Kinder und stark lesender Kinder), die sie in ihrem Leseunterricht einsetzen, als Aspekt der Dimension kognitive Aktivierung. Bei Schülerinnen und Schülern wurden alle Merkmale aller drei Di-

---

1   Das Alter der Lehrkräfte wurde aus datenschutzrechtlichen Gründen kategorial erfasst, die Angaben basieren auf nicht imputierten Daten

2   An der Studie nahmen Schulen mit und ohne strukturiertes Leseförderprogramm teil. Die Lehrkräfte der beiden Substichproben unterschieden sich nicht signifikant hinsichtlich der Häufigkeit der Kooperation: $t(38)$ = .36, p > .05. Die folgenden Analysen beziehen sich daher auf die Gesamtstichprobe.

3   Die demographischen Hintergrundangaben der Schülerinnen und Schüler wurden zu zwei MZP im Projekt erfasst. Die Angaben zu sprachlichem Geschlecht, HISEI und sprachlichem Migrationshintergrund ergeben sich aus kombinierten Daten aus zwei MZP; für die Altersangaben der Kinder wurden Schüler- und Elternangaben zum dritten MZP kombiniert. Alle Angaben basieren auf nicht imputierten Daten.

mensionen der Unterrichtsqualität abgefragt. Tabelle 1 gibt einen Überblick der verwendeten Skalen.

Tabelle 1: Übersicht der Skalen zur Erfassung der Qualität des Leseunterrichts bei Schülerinnen und Schülern sowie Lehrkräften

	Beispielitem	Anzahl Items	M (SD)	Rel.	Quelle
Schülerinnen und Schüler[1]					
Differenzierung	Unsere Lehrerin/unser Lehrer gibt den Schülerinnen und Schülern unterschiedliche Aufgaben, je nach ihrem Können.	3	2.41 (0.89)	.66	QuaSSU (Ditton, 2000)
Störungen im Unterricht	Im Deutschunterricht wird der Unterricht oft sehr gestört	4	2.71 (0.79)	.79	Adaptiert aus PISA 2003 (Ramm et al., 2006)
Kompetenzerleben	Im Deutschunterricht hatte ich das Gefühl, für meine Leistungen Anerkennung zu bekommen	5	3.22 (0.63)	.78	Tsai, Kunter, Ludtke, Trautwein & Ryan, 2008
Autonomieerleben	Meine Lehrerin/mein Lehrer hörte sich an, auf welche Weise ich etwas gerne machen würde	3	2.68 (0.71)	.53	In Anlehnung an Williams & Deci, 1996
Soziale Eingebundenheit	Im Deutschunterricht förderte meine Lehrerin/mein Lehrer, dass ich mich zugehörig fühle.	3	3.10 (0.78)	.72	In Anlehnung an Kunter, 2004
Lehrkräfte[2]					
Differenzierung allgemein	Ich differenziere in meinem Leseunterricht für unterschiedliche Schülergruppen nach Lesefähigkeit die Leseinhalte.	5	2.76 (0.71)	.89	Eigenentwicklung
Differenzierung schwach Lesende	Schwächere Leser/-innen müssen in meiner Klasse mehr gezielte Wortschatzübungen machen.	4	2.69 (0.69)	.84	Eigenentwicklung
Differenzierung stark Lesende	Starke Leser/-innen müssen in meiner Klasse anspruchsvollere Texte lesen.	5	3.04 (0.71)	.89	Adaptiert aus DESI (Wagner, Helmke & Rösner, 2009)

Anmerkungen. [1] Skala von 1 = „stimmt gar nicht" – 4 = „stimmt genau"; [2] Skala von 1 = „nie oder fast nie" – 4 = „jeden oder fast jeden Tag"

4.3   Analysestrategie

Aufgrund der fehlenden Werte bei Lehrkraft- und Schülerdaten, die bis auf die Schülerdaten zur Differenzierung completely at random waren (Enders, 2010), wurde eine multiple hierarchische Imputation der fehlenden Werte in R durchgeführt (Robitzsch, Grund & Henke, 2019; van Buuren & Groothuis-Oudshoorn, 2011)[4]. In den Lehrkraftdaten lag die Missingrate bei den Kooperationsitems zwischen 30.50% und 32.20%, bei den Differenzierungsitems zwischen 32.20% und 35.60% (Differenzierung allgemein),

---

4   Herzlichen Dank an Karsten Wutschka für die Imputation der Daten

32.20% – 35.60% (Differenzierung schwach Lesende) und 32.20% – 35.60% (Differenzierung stark Lesende). In den Schülerdaten waren die Missingraten folgendermaßen: 11.60% – 11.80% (Differenzierung); 11.50% – 12.10% (Störungen im Unterricht); 11.60% – 13.10% (Kompetenzerleben); 12.70% – 13.20% (Autonomieerleben) und 11.50% – 12.10% (soziale Eingebundenheit).

Alle Analysen – mit Ausnahme der Bestimmung der internen Konsistenz der verwendeten Skalen mit SPSS 24 – wurden mit MPlus 8.1 (Muthén & Muthén, 1998–2018) auf Basis der imputierten Daten durchgeführt.

Zur Beantwortung der Forschungsfrage 1a wurden Mittelwerte und Standardabweichungen auf Einzelitembasis berechnet. Hierbei wurden die Items bezüglich der Anforderungen an Arbeitsaufwand, Autonomie und kollegiales Vertrauen gesichtet und explorativ zwei Faktoren zugeordnet. Die faktorielle Struktur der Skala (Forschungsfrage 1b) wurde durch konfirmatorische Faktorenanalysen überprüft. Die Zusammenhänge zwischen Lehrkraftkooperation (manifeste Modellierung) und den Qualitätsmerkmalen des Leseunterrichts (latente Modellierung) wurden mittels Strukturgleichungsmodellen untersucht (Forschungsfrage 2). Die ICCs für die Unterrichtsqualitätsmerkmale aus Schülersicht lagen zwischen $.12 < ICC < .29$. Die Clusterung der Daten in Schulklassen wurde mit dem Befehl type = complex (cluster = class) berücksichtigt. Außerdem wurden die Modelle einzeln spezifiziert.

5 Ergebnisse

5.1 Häufigkeit der Kooperation

Zur Beantwortung der ersten Forschungsfrage nach der Häufigkeit verschiedener Aspekte der Lehrkraftkooperation werden zunächst Ergebnisse auf Einzelitembasis berichtet. Die deskriptiven Analysen – dargestellt in Abbildung 1 – zeigten, dass die Lehrkräfte unterschiedlich häufig bezüglich der einzelnen Aspekte kooperierten. Die gemeinsame Planung und die gemeinsame Durchführung von Unterricht wurden dabei als häufigste Kooperationsaspekte genannt, am wenigsten gaben die Lehrkräfte an, bezüglich der Einführung und Erprobung von Diagnostikmethoden zu kooperieren und am seltensten wurden gegenseitige Unterrichtsbeobachtungen genannt.

Abbildung 1: Häufigkeit der Kooperation bezüglich des Leseunterrichts auf Einzelitembasis

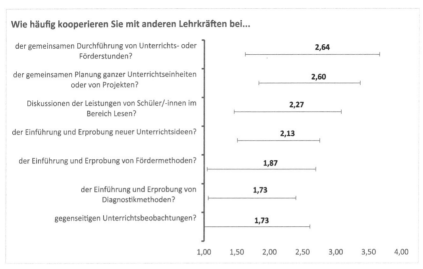

Skalierung von 1 = „nie oder fast nie" bis 4 = „jeden Tag oder fast jeden Tag"

5.2 Faktorielle Struktur der Lehrkraftkooperation

Zur Überprüfung der faktoriellen Struktur der Items wurde das Generalfaktormodell gegen ein explorativ zusammengestelltes 2-Faktorenmodell getestet. Die Modellfitwerte wiesen auf eine Überlegenheit 2-Faktorenmodells hin (Schermelleh-Engel, Moosbrugger & Müller, 2003) und sind in Tabelle 2 aufgeführt. Das Modell selbst ist in Abbildung 2 dargestellt.

Tabelle 2: Ergebnisse der konfirmatorischen Faktorenanalysen zur Überprüfung der faktoriellen Struktur der Skala zur Häufigkeit der Lehrkraftkooperation

	CFI	RMSEA	χ^2 (df)
Generalfaktormodell	.928	.019	20.24 (14)
2-Faktorenmodell	.971	.010	14.46 (13)

Abbildung 2: 2-Faktorenmodell der Lehrkraftkooperation; * p < .05

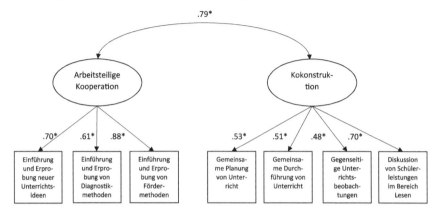

Die beiden Faktoren lassen sich inhaltlich den Formen *arbeitsteilige Koope-ration* und *Kokonstruktion* nach Gräsel et al., 2006 zuordnen. Die abgefragten Kooperationsbereiche gehen über den einfachen Informations- und Materialaustausch hinaus und verlangen Zugeständnisse der Lehrkräfte bezüglich ihrer Autonomie, weswegen die Kooperationsform Austausch nicht bei der Zuordnung berücksichtigt wurde. Für die weiterführenden Analysen wurde zunächst geprüft, ob Geschlecht und Alter der Lehrkräfte Zusammenhänge zu der Häufigkeit der beiden Kooperationsformen aufweisen. Es zeigten sich keine statistisch bedeutsamen Geschlechter- und Altersunterschiede weder in der Häufigkeit der arbeitsteiligen Kooperation, noch in der der Kokonstruktion. Für die folgenden Zusammenhangsanalysen wurden entsprechend die beiden oben beschriebenen Faktoren als unabhängige Variablen verwendet.

5.3 Zusammenhänge zur Qualität des Leseunterrichts

In den bivariaten Korrelationen zwischen den erhobenen Konstrukten zeigten sich kleine positive Zusammenhänge zwischen den Kooperationsfaktoren und der allgemeinen Differenzierung einerseits und der Differenzierung für schwach Lesende andererseits. Die Korrelationen sind in Tabelle 3 dargestellt.

Tabelle 3: Bivariate Korrelationen zwischen den (für Schülerangaben auf Klassenebene aggregierten) *Konstrukten*

	KA	KF	KE	AE	SE	Diff_a	Diff_sw	Diff_st	Koop_ak	Koop_kk
KA	1.00	.00	.13*	.19*	.18*	.13	.14*	.10	.03	.03
KF	-	1.00	.02	.03	-.05	-.02	-.04	.01	-.05	-.15
KE	-	-	1.00	.53*	.56*	.05	.03	.08	.05	-.04
AE	-	-	-	1.00	.42*	.05	.05	.11	.06	-.03
SE	-	-	-	-	1.00	.04	-.02	.05	.02	.02
Diff_a	-	-	-	-	-	1.00	.54*	.50*	.24*	.34*
Diff_sw	-	-	-	-	-	-	1.00	.67*	.32*	.37*
Diff_st	-	-	-	-	-	-	-	1.00	.20	.24
Koop_ak	-	-	-	-	-	-	-	-	1.00	.52*
Koop_kk	-	-	-	-	-	-	-	-	-	1.00

Anmerkungen. KA = Kognitive Aktivierung (Differenzierung aus Sicht der Lernenden), KF = Klassenführung (Störungen im Unterricht); KE = Kompetenzerleben; AE = Autonomieerleben; SE = Soziale Eingebundenheit; Diff_a = Differenzierung allgemein; Diff_sw = Differenzierung schwach Lesende; Diff_st = Differenzierung stark Lesende; Koop_ak = Arbeitsteilige Kooperation; Koop_kk = Kokonstruktion; * $p < .05$

Die berechneten Strukturgleichungsmodelle bestätigten die Ergebnisse der bivariaten Korrelationen. Es zeigten sich im Hinblick auf die Differenzierung im Leseunterricht anhand der Daten der Lehrkraftbefragung kleine positive gerichtete Zusammenhänge zwischen der Häufigkeit der Kokonstruktion und der allgemeinen Differenzierung sowie der Differenzierung für schwach lesende Schülerinnen und Schüler auf 10%-Signifikanzniveau (siehe Abbildungen 3 und 4). Für die arbeitsteilige Kooperation konnten keine statistisch bedeutsamen Zusammenhänge identifiziert werden.

Abbildung 3: Gerichtete Zusammenhänge zwischen der Häufigkeit arbeitsteiliger Kooperation und Kokonstruktion zur allgemeinen Differenzierung im Leseunterricht (Lehrkraftangaben)

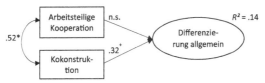

N = 59; +p < .10; χ^2 = 14.63, df = 13; CFI = .97; RMSEA = .01

Abbildung 4: Gerichtete Zusammenhänge zwischen der Häufigkeit arbeitsteiliger Kooperation und Kokonstruktion zur Differenzierung bei schwach lesenden Schülerinnen und Schülern (SuS) im Leseunterricht (Lehrkraftangaben)

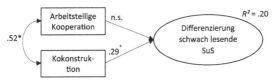

N = 59; +p < .10; χ^2 = 10.33, df = 8; CFI = .96; RMSEA = .01

Für die Differenzierung im Leseunterricht sowie die Häufigkeit von Unterrichtsstörungen zeigten sich keine signifikanten Zusammenhänge zu den Kooperationsformen. In der Dimension des unterstützenden Unterrichtsklimas konnte ein kleiner positiver gerichteter Zusammenhang zum Autonomieerleben der Schülerinnen und Schüler herausgestellt werden (siehe Abbildung 5).

Abbildung 5: Gerichtete Zusammenhänge zwischen der Häufigkeit arbeitsteiliger Kooperation und Kokonstruktion zum Autonomieerleben im Leseunterricht (Angaben von Schülerinnen und Schülern)

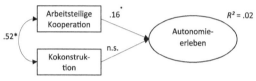

$N = 59$; $*p < .05$; $\chi^2 = 1.93$, $df = 4$; $CFI = .99$; $RMSEA = .00$

6 Diskussion

Die hier vorgestellte Untersuchung verfolgte zum einen das Ziel, die Kooperation von Grundschullehrkräften im Bereich des Leseunterrichts explorativ hinsichtlich Häufigkeit und Struktur zu untersuchen und zum anderen, Zusammenhänge zur Qualität des Unterrichts zu identifizieren. Hierbei wurden zunächst die Items des aus IGLU-2011 adaptierten Instruments zur Erfassung der Häufigkeit von Lehrkraftkooperation bezüglich der Anforderungen an Arbeitsaufwand, Autonomie und kollegiales Vertrauen gesichtet und explorativ zwei Faktoren zugeordnet. Anschließende konfirmatorische Faktorenanalysen bestätigten die Überlegenheit eines zweifaktoriellen Modells aus arbeitsteiliger Kooperation und Kokonstruktion gegenüber einem Generalfaktormodell. Analysen auf Einzelitemebene zeigten nominal hypothesenkonform, dass gegenseitige Unterrichtsbeobachtungen als Aspekt kokonstruktiver Kooperation am seltensten praktiziert wurden, während die gemeinsame Planung und Durchführung von Unterrichtsstunden häufiger genannt wurden, was unter anderem mit der Einschränkung der eigenen Autonomie und des erforderlichen kollegialen Vertrauens erklärt werden kann und sich auch mit Befunden anderer empirischer Studien, wie beispielsweise IGLU 2011 deckt (Gräsel et al., 2006; Tarelli, Lankes, Drossel & Gegenfurtner, 2012). Der Befund, dass die gemeinsame Durchführung und Planung von Unterricht als häufigste Kooperationsanlässe genannt wurden, obwohl diese Formen auch dem Bereich der Kokonstruktion zuzuordnen sind, deckt sich nicht mit der Annahme, dass Kooperationsformen höherer Komplexität seltener praktiziert werden. Hier wäre in weiteren Studien wünschenswert, die Qualität der Kooperation bezüglich der Durchführung und Planung mit zu erfassen um festzustellen, ob diese Aspekte der Kooperation über den Austausch nach Gräsel et al. (2006) hinausgehen. Unter der Annahme, dass Lehrkraftkooperation unter anderem das Ziel einer Verbesserung der Unterrichtspraxis verfolgt (Rothland, 2007), wurde untersucht, inwiefern direkte Zusammenhänge zwischen der Häufigkeit der Lehrkraftkooperation und der Qualität des Leseunterrichts hinsichtlich der drei Basisdimensionen kognitive Aktivierung (Differenzierung), Klassenführung, Regelklarheit und Struktur (Häufigkeit von Störungen im Deutschunterricht) sowie unterstützendes Unterrichtsklima (Erleben von Kompetenz, Autonomie und sozialer Eingebundenheit) bestehen. Hier konnten vor allem Zusammenhänge in den Lehrkraftdaten bezüglich verschiedener Differenzierungsmaßnahmen identifiziert werden. Erwartungskonform wies die Kokonstruktion positive gerichtete Zusammenhänge mit Differenzierungsmaßnahmen im Deutschunterricht auf, während die arbeitsteilige Kooperation das Signifikanzniveau von 10% verfehlte. Dieser Befund deckt sich unter anderem mit Ergebnissen der Begleitforschung des Modellvorhabens „Selbstständige Schule", in der ein Zusammenhang zwischen fachbezogener Teamarbeit und differenzierter Lernkultur festgestellt werden konnte (Holtappels, Pfeiffer, Röhrich & Voss, 2008; Überblick zu weiteren empirischen Befunden zum Zusammenhang von Kooperation und Unterricht: Holtappels, 2013). Darüber hinaus wurde ein kleiner positiver gerichteter Zusammenhang zwischen der Häufigkeit der arbeitsteiligen Kooperation und dem Autonomieerleben der Schülerinnen und Schüler identifiziert. Dieses Ergebnis ist zum einen aufgrund der relativ geringen internen Konsistenz der Autonomieskala und zum anderen auch inhaltlich nur eingeschränkt interpretierbar. Insgesamt zeigten sich Zusammenhänge zwischen Lehrkraftkooperation und Differenzierung im Unterricht in erwarteter Richtung, jedoch mit geringer Varianzaufklärung und ausschließlich in den Lehrkraftdaten. Bei der Interpretation der Ergebnisse ist daher eine mögliche Antworttendenz zur sozialen Erwünschtheit zu berücksichtigen ebenso wie die insgesamt niedrigen Regressionskoeffizienten. Eine weitere Einschränkung der Studie ist, dass ein Teil der Stichprobe an Schulen tätig war, die an einer bundesweiten Initiative zur Förderung von Lesekompetenzen teilnahmen, der andere Teil eine freiwillige Gelegenheitsstichprobe war. Die Möglichkeit einer Positivauswahl an Lehrkräften ist daher nicht auszuschließen und die Generalisierbarkeit der Ergebnisse dadurch eingeschränkt. Eine Replikation der Ergebnisse an einer repräsentativen Stichprobe wäre eine wünschenswerte Perspektive für zukünftige Forschung. Außerdem könnten in diesem Kontext weitere Faktoren wie die Qualität der Kooperation oder Merkmale der professionellen Kompetenz von Lehrkräften untersucht werden, um die Varianzaufklärung in der Qualität des Leseunterrichts zu verbessern. Darüber hinaus wäre die Untersuchung möglicher Mediatoren wünschenswert, da sich die Kooperation von Lehrkräften als positiver Prädiktor für weitere Merkmale professioneller Kompetenz erwiesen hat. So konnten Goddard et al. (2000) zeigen, dass Lehrkraftkooperationen die kollektive Selbstwirksamkeitserwartung eines Kollegiums positiv beeinflussen. Aufgrund der theoretisch und empirisch gestützten Annahme, dass Selbstwirksamkeitsüberzeugungen positiv auf professionelles Handeln und Unterrichtsqualität wirken (z. B. Helmke, 2015; Tschannen Moran & Hoy, 2001), ist ein Mediationseffekt plausibel. Ein weiterer Forschungsansatz wäre die Untersuchung einer stressreduzierenden Wirkung von Lehrkraftkooperation und deren Einfluss auf die Gestaltung von Unterricht.

Insgesamt bestätigt die vorliegende Untersuchung tendenziell Befunde, dass die Kooperationshäufigkeit bei Lehrkräften im Grundschulbereich optimierbar ist. Es konnten jedoch schwache direkte Zusammenhänge zwischen der Häufigkeit eher anspruchsvoller Kooperation und dem Einsatz von Differenzierungsmaßnahmen im Leseunterricht gezeigt werden. Wenn auch keine Aussagen über die konkrete Qualität der Kooperationsaktivitäten getroffen werden können, so unterstreichen die Ergebnisse zur reinen Quantität bereits die Bedeutung kollegialer Zusammenarbeit für die Qualität des Unterrichts.

Literatur

Baumert, J. & Kunter, M. (2006). Stichwort. Professionelle Kompetenz von Lehrkräften. *Zeitschrift für Erziehungswissenschaft, 9*(4), 469–520.

Burnett, N. (2005). *Education for All: Literacy for life.* Paris: UNESCO Publishing.

Chall, J. S. (1983). *Stages of reading development.* New York: NY: McGraw-Hill.

Chen, C., Elliot, A. J. & Sheldon, K. M. (2019). Psychological need support as a predictor of intrinsic and external motivation: The mediational role of achievement goals. *Educational Psychology, 39*(8), 1090–1113. https://doi.org/10.1080/01443410.2019.1618442

Darling-Hammond, L. (2000). Teacher quality and student achievement. *Education Policy Analysis Archives, 8*(0), 1. https://doi.org/10.14507/epaa.v8n1.2000

Darling-Hammond, L. & Richardson, N. (2009). Teacher learning: What matters. *Educational Leadership, 66*(5), 46–53.

Deci, E. L. & Ryan, R. M. (1993). Die Selbstbestimmungstheorie der Motivation und ihre Bedeutung für die Pädagogik. *Zeitschrift für Pädagogik, 39*(2), 223–238.

Dijk, W., Gage, N. A. & Grasley-Boy, N. (2019). The relation between classroom management and mathematics achievement: A multilevel structural equation model. *Psychology in the Schools, 56*(7), 1173–1186. https://doi.org/10.1002/pits.22254

Ditton, H. (2000). Qualitätskontrolle und Qualitätssicherung in Schule und Unterricht. Ein Überblick zum Stand der empirischen Forschung. *Qualität und Qualitätssicherung im Bildungsbereich: Schule, Sozialpädagogik, Hochschule*, 73–92.

Einsiedler, W., Martschinke, S. & Kammermeyer, G. (2008). Die Grundschule zwischen Heterogenität und gemeinsamer Bildung. In K. S. Cortina, J. Baumert, A. Leschinsky, K. U. Mayer & L. Trommer (Hrsg.), *Das Bildungswesen in der Bundesrepublik Deutschland. Strukturen und Entwicklungen im Überblick* (S. 325–374). Reinbek: Rowohlt.

Enders, C. K. (2010). *Applied missing data analysis* (Methodology in the social sciences). New York: Guilford Press.

Forsa. (2018, 28. August). *Fachbezogene Kooperation an Schulen – Ergebnisse einer Befragung von Lehrerinnen und Lehrern an allgemeinbildenden Schulen*, Die Deutsche Schulakademie. Verfügbar unter https://www.deutsche-schulakademie.de/files/user_upload/PDF/36657_Q8387_Kooperation_an_Schulen.pdf

Fussangel, K. & Gräsel, C. (2010). Kooperation von Lehrkräften. In T. Bohl, W. Helsper, H. G. Holtappels & C. Schelle (Hrsg.), *Handbuch Schulentwicklung. Theorie – Forschungsbefunde – Entwicklungsprozesse – Methodenrepertoire* (utb Schulpädagogik, Bd. 8443, 1. Aufl., S. 258–260). Bad Heilbrunn: Klinkhardt.

Goddard, R. D., Hoy, W. K. & Woolfolk-Hoy, A. (2000). Collective teacher efficacy: Its meaning, measure, and impact on student achievement. *American Educational Research Journal, 37*(2), 479–507. https://doi.org/10.3102/00028312037002479

Goddard, R., Goddard, Y., Kim, E. S. & Miller, R. (2015). A Theoretical and Empirical Analysis of the Roles of Instructional Leadership, Teacher Collaboration, and Collective Efficacy Beliefs in Support of Student Learning. *American Journal of Education, 121*(4), 501–530.

Goddard, Y., Goddard, R. & Tschannen-Moran, M. (2007). A Theoretical and Empirical Investigation of Teacher Collaboration for School Improvement and Student Achievement in Public Elementary Schools. *Teachers College Record, 109*(4), 877–896.

Gräsel, C., Fußangel, K. & Pröbstel, C. (2006). Lehrkräfte zur Kooperation anregen – eine Aufgabe für Sisyphos? *Zeitschrift für Pädagogik, 52*(2), 205–219.

Hartwig, S. J. & Schwabe, F. (2018). Teacher attitudes and motivation as mediators between teacher training, collaboration, and differentiated instruction. *Journal for educational research online, 10*(1), 100–122. Verfügbar unter https://nbn-resolving.org/urn:nbn:de:0111-pedocs-154150

Helmke, A. (2015). *Unterrichtsqualität und Lehrerprofessionalität. Diagnose, Evaluation und Verbesserung des Unterrichts* (6. Aufl.). Seelze-Velber: Kallmeyer in Verbindung mit Klett Friedrich.

Holtappels, H. G. (2013). Schulentwicklung und Lehrerkooperation. In N. McElvany & H. G. Holtappels (Hrsg.), *Empirische Bildungsforschung. Theorien, Methoden, Befunde und Perspektiven: Festschrift für Wilfried Bos* (S. 35–61). Münster: Waxmann.

Holtappels, H. G., Pfeiffer, H., Röhrich, T. & Voss, A. (2008). Einfluss von Prozessmerkmalen der organisations- und Unterrichtsentwicklung auf die Lernleistungen. In H. G. Holtappels, K. Klemm & H.-G. Rolff (Hrsg.), *Schulentwicklung durch Gestaltungsautonomie. Ergebnisse der Begleitforschung zum Modellvorhaben „Selbstständige Schule" in Nordrhein-Westfalen* (S. 314–330). Münster: Waxmann.

Hußmann, A., Wendt, H., Bos, W., Bremerich-Vos, A., Kasper, D., Lankes, E.-M. et al. (2017). *IGLU 2016. Lesekompetenzen von Grundschulkindern in Deutschland im internationalen Vergleich*. Münster: Waxmann. Verfügbar unter https://www.waxmann.com/?eID=texte&pdf=3700Volltext.pdf&typ=zusatztext

Igler, J., Ohle-Peters, A., Schlitter, T., Teerling, A., Asseburg, R., McElvany, N. et al. (2018). Bedeutung motivationaler Lehrkraftmerkmale und der Beteiligung an innovativen Programmen für die Qualität des Leseunterrichts. In F. Schwabe, N. McElvany, W. Bos & H. G. Holtappels (Hrsg.), *Schule und Unterricht in gesellschaftlicher Heterogenität* (Jahrbuch der Schulentwicklung, Bd. 20, 1. Auflage, S. 58–81). Weinheim: Beltz Juventa.

Johnson, D. W. & Johnson, R. T. (2008). Training for Cooperative group Work. In M. A. West, D. Tjosvold & K. G. Smith (Eds.), *International handbook of organizational teamwork and cooperative working* (pp. 167–183). Hoboken, N.J.: Wiley.

Klieme, E. & Rakoczy, K. (2008). Empirische Unterrichtsforschung und Fachdidaktik. Outcome-orientierte Messung und Prozessqualität des Unterrichts. *Zeitschrift für Pädagogik*, (54), 222–237.

Kopp, B. & Martschinke, S. (2011). Kinder mit deutscher und nicht-deutscher Familiensprache. Ergebnisse aus der CHARLIE-Studie zum Umgang mit migrationsbedingten Disparitäten. *Zeitschrift für Grundschulforschung*, 4(2), 46–59.

Kounin, J. S. (2006). *Techniken der Klassenführung* (Standardwerke aus Psychologie und Pädagogik, Reprints, Bd. 3). Münster: Waxmann.

Kunter, M. (2004). *Multiple Ziele im Mathematikunterricht* (Pädagogische Psychologie und Entwicklungspsychologie, Bd. 51).

Kunter, M. (2016). Bedingungen und Effekte von Unterricht: Aktuelle Forschungsperspektiven aus der pädagogischen Psychologie. In N. McElvany, W. Bos, H. G. Holtappels, M. Gebauer & F. Schwabe (Hrsg.), *Bedingungen und Effekte guten Unterrichts* (Dortmunder Symposium der Empirischen Bildungsforschung, Bd. 1). Münster, New York, München, Berlin: Waxmann.

Kunter, M., Baumert, J. & Köller, O. (2007). Effective classroom management and the development of subject-related interest. *Learning and Instruction*, 17(5), 494–509. https://doi.org/10.1016/j.learninstruc.2007.09.002

Kunter, M., Klusmann, U., Baumert, J., Richter, D., Voss, T. & Hachfeld, A. (2013). Professional competence of teachers: Effects on instructional quality and student development. *Journal of Educational Psychology*, 105(3), 805–820. https://doi.org/10.1037/a0032583

Kyriakides, L., Christoforou, C. & Charalambous, C. Y. (2013). What matters for student learning outcomes: A meta-analysis of studies exploring factors of effective teaching. *Teaching and Teacher Education: An International Journal of Research and Studies*, 36, 143–152. https://doi.org/10.1016/j.tate.2013.07.010

Lipowsky, F. (2006). Auf den Lehrer kommt es an. Empirische Evidenzen für Zusammenhänge zwischen Lehrerkompetenzen, Lehrerhandeln und dem Lernen der Schüler. In C. Allemann-Ghionda & E. Terhart (Hrsg.), *Kompetenzen und Kompetenzentwicklung von Lehrerinnen und Lehrern: Ausbildung und Beruf. Zeitschrift für Pädagogik, 51. Beiheft* (S. 47–70). Weinheim: Beltz.

Little, C. A., McCoach, D. B. & Reis, S. M. (2014). Effects of Differentiated Reading Instruction on Student Achievement in Middle School. *Journal of Advanced Academics*, 25(4), 384–402. https://doi.org/10.1177/1932202X14549250

Lotz, M. (2014). *Kognitive Aktivierung im Leseunterricht der Grundschule. Eine Videostudie zur Gestaltung und Qualität von Leseübungen im ersten Schuljahr.* Wiesbaden: VS Verlag für Sozialwissenschaften.

Martschinke, S. (2019). Bildungsdisparitäten und Bildungspotenziale in der Grundschule. In O. Köller, M. Hasselhorn, F. W. Hesse, K. Maaz, J. Schrader, H. Solga et al. (Hrsg.), *Das Bildungswesen in Deutschland. Bestand und Potenziale* (S. 471–501). Bad Heilbrunn: Verlag Julius Klinkhardt.

McElvany, N. & Artelt, C. (2009). Systematic reading training in the family. Development, implementation, and evaluation of the Berlin Parent-Child Reading Program. *Learning and Instruction*, 19, 79–95.

Muthén, L. K. & Muthén, B. O. (1998–2018). Mplus Verion 8.1. Base Program ans Combination Add-On [Computer software].

Pianta, R. C., La Paro, K. M. & Hamre, B. K. (2012). *Classroom Assessment Scoring System (CLASS) manual PRE-K* (8. print). Baltimore: Paul H. Brookes Publishing Co.

Praetorius, A.-K., Klieme, E., Herbert, B. & Pinger, P. (2018). Generic dimensions of teaching quality. The German framework of Three Basic Dimensions. *ZDM, 50*(3), 407–426. https://doi.org/10.1007/s11858-018-0918-4

Ramm, G., Prenzel, M., Baumert, J., Blum, W., Lehmann, R., Leutner, D. et al. (Hrsg.). (2006). *PISA 2003 – Dokumentation der Erhebungsinstrumente*. Münster, Westfalen: Waxmann.

Robitzsch, A., Grund, S. & Henke, T. (2019). miceadds: Some additional multiple imputation functions, especially for mice. R package version 3.4-17 [Computer software]. Verfügbar unter https://CRAN.R-project.org/package=miceadds

Ronfeldt, M., Farmer, S. O., McQueen, K. & Grissom, J. A. (2015). Teacher Collaboration in Instructional Teams and Student Achievement. *American Educational Research Journal, 52*(3), 475–514. https://doi.org/10.3102/0002831215585562

Rothland, M. (2007). Wann gelingen Unterrichtsentwicklung und Kooperation? Rahmenbedingungen und Perspektiven. *Friedrich-Jahresheft*, (25), 90–94.

Schermelleh-Engel, K., Moosbrugger, H. & Müller, H. (2003). Evaluating the fit of structural equation models. Tests of significance and descriptive goodness-of-fit measures. *Methods of Psychological Research Online, 8*(2), 23–74.

Seidel, T. & Shavelson, R. J. (2007). Teaching effectiveness research in the past decade: The role of theory and research design in disentangling meta-analysis results. *Review of Educational Research, 77*(4), 454–499. https://doi.org/10.3102/0034654307310317

Steinert, B., Dohrmann, J. & Schmid, C. (2019). Lehrerkooperation, Unterrichtsqualität und fachliche und überfachliche Ergebnisse von Schüler*innen in Englisch und Mathematik. Eine Re-Analyse der Drei-Länder-Studie von Helmut Fend. *Zeitschrift für Pädagogik, 65*(1), 40–54.

Steinert, B., Klieme, E., Maag Merki, K., Dobrich, P., Halbheer, U. & Kunz, A. (2006). Lehrerkooperation in der Schule: Konzeption, Erfassung, Ergebnisse. *Zeitschrift für Pädagogik, 52*(2), 185–204.

Tarelli, I., Lankes, E.-M., Drossel, K. & Gegenfurtner, A. (2012). Lehr- und Lernbedingungen an Grundschulen im internationalen Vergleich. In W. Bos, I. Tarelli, A. Bremerich Vos & K. Schwippert (Hrsg.), *IGLU 2011. Lesekompetenzen von Grundschulkindern in Deutschland im internationalen Vergleich* (S. 137–174).

Taylor, B. M., Pearson, P. D., Clark, K. & Walpole, S. (2000). Effective Schools and Accomplished Teachers: Lessons about Primary-Grade Reading Instruction in Low-Income Schools. *The Elementary School Journal, 101*(2), 121–165. https://doi.org/10.1086/499662

Terhart, E. & Klieme, E. (2006). Kooperation im Lehrerberuf – Forschungsproblem und Gestaltungsaufgabe. Zur Einführung in den Thementeil. *Zeitschrift für Pädagogik, 52*(2), 163–166. Verfügbar unter https://nbn-resolving.org/urn:nbn:de:0111-opus-44505

Tsai, Y. M., Kunter, M., Ludtke, O., Trautwein, U. & Ryan, R. M. (2008). What makes lessons interesting? The role of situational and individual factors in three school subjects. *Journal of Educational Psychology, 100*(2), 460–472. https://doi.org/10.1037/0022-0663.100.2.460

Tschannen Moran, M. & Hoy, A. W. (2001). Teacher Efficacy: Capturing an Elusive Construct. *Teaching and Teacher Education, 17*(7), 783–805.

Van Buuren, S. & Groothuis-Oudshoorn, K. (2011). mice : Multivariate Imputation by Chained Equations in R. *Journal of Statistical Software, 45*(3). https://doi.org/10.18637/jss.v045.i03

Vangrieken, K., Dochy, F., Raes, E. & Kyndt, E. (2015). Teacher collaboration: A systematic review. *Educational Research Review, 15*, 17–40. https://doi.org/10.1016/j.edurev.2015.04.002

Vogt, F. & Rogalla, M. (2009). Developing Adaptive Teaching Competency through coaching. *Teaching and Teacher Education, 25*(8), 1051–1060. https://doi.org/10.1016/j.tate.2009.04.002

Vygotskiĭ, L. S., Rieber, R. W. & Carton, A. S. (1987–1999). *The collected works of L. S. Vygotsky* (Cognition and language). New York: Plenum press.

Wagner, W., Helmke, A. & Rösner, E. (2009). *Deutsch Englisch Schülerleistungen international. Dokumentation der Erhebungsinstrumente für Schülerinnen und Schüler, Eltern und Lehrkräfte* (Materialien zur Bildungsforschung, 25,1). Frankfurt am Main: GFPF [u. a.].

Webs, T. & Holtappels, H. G. (2018). School conditions of different forms of teacher collaboration and their effects on instructional development in schools facing challenging circumstances. *Journal of Professional Capital and Community, 3*(1), 39–58. https://doi.org/10.1108/JPCC-03-2017-0006

Wendt, H., Bos, W., Tarelli, I., Vaskova, A. & Hussmann, A. (Hrsg.). (2016). *IGLU & TIMSS 2011. Skalenhandbuch zur Dokumentation der Erhebungsinstrumente und Arbeit mit den Datensätzen*. Münster: Waxmann. Verfügbar unter http://www.content-select.com/index.php?id=bib_view&ean=9783830985112

Williams, G. C. & Deci, E. L. (1996). Internalization of biopsychosocial values by medical students: A test of self-determination theory. *Journal of personality and social psychology, 70*(4), 767–779. https://doi.org/10.1037/0022-3514.70.4.767

Wolgast, A. & Fischer, N. (2017). You are not alone: colleague support and goal-oriented cooperation as resources to reduce teachers' stress. *Social Psychology of Education, 20* (1), 97–114. https://doi.org/10.1007/s11218-017-9366-1

Kooperation und unterrichtsbezogene Einstellungen in Bezug auf heterogene Lerngruppen als Indikatoren für Professionalität von Lehrkräften

Miriam M. Gebauer

1 Einleitung

Vor dem Hintergrund zunehmender Heterogenität von Schülerinnen und Schülern an Schulen, zum Beispiel aufgrund demographischer Entwicklungen durch Migration (vgl. BAMF, 2019; Statistisches Bundesamt, 2019), aber auch aufgrund systemischer Veränderungen und Schaffung neuer Schulformen, wie beispielsweise die Gemeinschaftsschulen in Nordrhein-Westfalen (Holtappels & McElvany, 2017), ist ein positiver und konstruktiver Umgang mit Vielfalt von zentraler Bedeutung für die Konzertierung von individualisiertem und schülerorientiertem Unterricht (Karakaşoğlu, 2012; Klieme & Warwas, 2011). Lehrkräfte gelten dabei als zentrale Akteure, die das Initiieren, Gestalten, Begleiten und Steuern der individuellen Wissenserwerbsprozesse von Schülerinnen und Schülern zur Entfaltung ihrer Talente und Begabungen, unter Berücksichtigung ihrer individuellen Voraussetzungen im Rahmen des Unterrichts, verantworten (Baumert & Kunter, 2006; Lipowsky, 2006). Aktuelle theoretische Modelle und empirische Befunde, die das professionelle Handeln von Lehrkräften erklären, beschreiben eine Reihe an lehrkraftseitigen Voraussetzungen, die auf direkte und indirekte Weise von Bedeutung sind für die Qualität von Unterricht (z. B. Fussangel & Gräsel, 2012; Holtappels, Lossen, Spillebeen & Tillmann, 2011). Unterrichtsbezogene Einstellungen und Motivation von Lehrkräften in Bezug auf den Umgang mit heterogenen Schülergruppen im Kontext des schulischen Lernens sind dabei bedeutsam für eine positive, schülerorientierte und heterogenitätssensible Gestaltung des Unterrichts (Gebauer & McElavny, 2017; Hartwig & Schwabe, 2018). Weitgehend ungeklärt sind konkrete Determinanten, welche im Rahmen des beruflichen Alltags identifiziert werden können, die eine positive unterrichtsbezogene Einstellung und Motivation der Lehrkräfte begünstigen. Vor diesem Hintergrund soll im vorliegenden Beitrag ein Aspekt des beruflichen Alltags in den Fokus gerückt werden, hinsichtlich dessen theoretisch davon ausgegangen werden kann, dass dieser die Einstellungen und Motivation von Lehrkräften begünstigt: die innerschulische unterrichtsbezogene Kooperation zwischen Lehrkräften im schulischen Alltag. Der Beitrag beginnt mit Darstellungen zu Einstellungen und Motivation von Lehrkräften und deren Relevanz für die Gestaltung von Unterricht. Daran anknüpfend wird die Kooperation von Lehrkräften in Bezug auf das Unterrichten als mögliche Determinante für unterrichtsbezogene Einstellungen und Motivation vorgestellt. Im Anschluss an die theoriegeleitete Darlegung der Forschungsfrage erfolgt die Beschreibung der durchgeführten Untersuchung, die Darstellung der Ergebnisse sowie abschließend eine Diskussion zur Bedeutung der Resultate vor dem Hintergrund des wissenschaftlichen Erkenntnisgewinns und des praktischen Nutzens.

2 Einstellungen und Motivation von Lehrkräften

2.1 Qualitätsvoller Unterricht und Kompetenzen von Lehrkräften

In den letzten Dekaden sind eine Reihe an schülerseitigen Merkmalen und Eigenschaften als lern- und leistungsrelevante Merkmale identifiziert worden, die im Unterrichtsgeschehen integrativ berücksichtigt werden sollten, um qualitätsvollen Unterricht schülerorientiert und effektiv zu gestalten (Gomolla, 2009; Tillmann, 2008). So sind unter anderem kognitive Voraussetzungen der Schülerinnen und Schüler relevant für eine erfolgreiche Teilnahme am Unterricht. Beispielsweise ist das Vorwissen über das Schülerinnen und Schüler verfügen, und mit dem der Unterrichtsgegenstand verknüpft werden sollte, relevant für Wissenserwerbsprozesse, die im Rahmen des Unterrichts stattfinden (Scheider & Stefanek, 2004). Befunde zu Leistungsdifferenzen zwischen Schülerinnen und Schülern zeigen, dass trotz leistungshomogenisierenden Schulformen, leistungsbezogene Unterschiede zwischen Schülerinnen und Schülern über jegliche Schulformen hinweg auf Schul- und Klassenebene zu finden sind (Syring, Merk & Bohl, 2019). Ebenso ist die soziale Herkunft von Schülerinnen und Schülern bedeutsam für schulischen Erfolg (Kuhl, Haag, Federlein, Weirich & Schipolowski, 2016). Es ist wiederholt ein enger Zusammenhang zwischen der sozialen Herkunft der Familie und den schulischen Kompetenzen festgestellt worden, wobei dieser Zusammenhang mit differenziellen soziokulturellen und ökonomischen Verhältnissen erklärt wird, in denen die Schülerinnen und Schüler aufwachsen (Kuhl et al., 2016). Dabei erlauben zum Beispiel finanzielle Ressourcen Zugang zu bildenden Freizeitaktivitäten oder die Möglichkeit der Wahrnehmung von Nachhilfeangeboten und führen zu sozialen Disparitäten über den gesamten Bildungsverlauf (Watermann & Baumert, 2006; Maaz, Baumert, Gresch & McElvany, 2010). Ein weiteres lern- und leistungsrelevantes Merkmal ist der Migrationshintergrund von Schülerinnen und Schüler, der auf die eigene oder die Migrationsgeschichte einzelner und mehrerer Familienmitglieder zurückzuführen ist (Gogolin, 2006). Dabei können zum Beispiel ungleiche sprachliche Kompetenzen der Schülerinnen und Schüler zu ungleichen Voraussetzungen im Unterricht führen, die es bei der Gestaltung von Unterricht zu berücksichtigen gilt (Karakaşoğlu, 2012). Aktuelle Befunde weisen darauf hin, dass rund 30 Prozent der Schülerinnen und Schüler in Deutschland einen Migrationshintergrund haben und ein Großteil dieser Schülerinnen und Schüler vergleichsweise geringere Leistungen erzielen (Henschel, Heppt, Weirich, Edele, Schipolowski & Stanat, 2019).

Ziel eines qualitätsvollen Unterrichts ist es, diese, zu differenziellen Leistungen führenden, schülerseitigen Merkmale zu berücksichtigen (Baumert & Kunter, 2006; Klieme & Warwas, 2011). Kernelemente eines qualitätsvollen Unterrichts sind dabei kognitiv aktivierende Aufgabenstellungen, eine konstruktive Unterstützung durch die Lehrkraft und die effiziente Klassenführung (Baumert & Kunter, 2006; Lipowsky, 2006). Aufgaben sollen dabei herausfordernd und kognitiv aktivierend sein, um mentale Verstehensprozesse bei den Schülerinnen und Schüler zu initiieren (Leuders & Holzäpfel, 2011). Darüber hinaus müssen Lehrkräfte die schülerseitigen Lernprozesse konstruktiv unterstützen, was unter anderem durch eine positive Lehrer-Schüler-Beziehung geprägt sein sollte (Minnameier, Hermkes & Mach, 2015), und die Erhöhung von Lernzeiten, Reduzierung von Unterrichtsstörung und klare Strukturierung des Unterrichtsgeschehens soll anhand einer effizienten Klassenführung umgesetzt werden (Thiel, Richter & Ophardt, 2012). Neben diesen drei etablierten Merkmalen der Unterrichtsqualität müssen Lehrkräfte die schülerseitigen Lernprozesse fortwährend orientiert an den individuellen Voraussetzungen, Talenten und Begabungen der Schülerinnen und Schüler gestalten (Lipowsky, 2006). Eine weitere wichtige Anforderung an Unterricht, die sich hinsichtlich der Diversität der Schülerinnen und Schülern ableiten lässt, ist, dass die Vielfalt von Schülerinnen und Schülern durch einen diversitätssensiblen Unterricht auf wertschätzende Weise berücksichtigt werden muss (Karakaşoğlu, 2012; Scheunpflug & Affolderbach, 2019). Unterrichtskonzepte, die soziokulturelle oder leistungsbezogene Unterschiede auf wertschätzende Weise in den Unterricht integrieren, sind zum Beispiel das *culturally responsive teaching* (Gay, 2015) oder *differentiated instruction* (Tomlinson, 2000). Vor dem Hintergrund einer zunehmend diversen Schülerschaft (vgl. BAMF 2019; Statistisches Bundesamt 2019) gewinnen solche Unterrichtskonzepte an Bedeutung und unterstreichen die Wichtigkeit, differenzielle Schülermerkmale im Unterricht zu beachten (Klieme & Warwas, 2011).

Lehrkraftseitige Voraussetzungen, die für die Gestaltung eines qualitätsvollen und diversitätssensiblen Unterrichts wichtig sind, werden in professionellen Kompetenzmodellen beschrieben. Sie umfassen das Professionswissen, welches das Fachwissen, das fachdidaktische Wissen und das erziehungswissenschaftliche Wissen umfasst, Überzeugungen, Werthaltungen, motivationale Orientierungen und selbstregulative Fähigkeiten von Lehrkräften (Baumert & Kunter, 2006; Blömeke, Gustafson & Shavelson, 2015). Dabei bildet das Fachwissen einer Lehrkraft das tiefe fachbezogene Verständnis des zu unterrichtenden Faches ab, welches bereits im Studium erworben wird (Baumert & Kunter, 2006). Das fachdidaktische Wissen beschreibt Kenntnisse beispielsweise über eine angemessene Konzertierung der Unterrichtsinhalte, wobei hier Wissen über das Leistungsniveau der Schülerinnen und Schüler einerseits und Aufgabenschwierigkeiten andererseits Voraussetzungen sind für eine adäquate Aufgabenauswahl und schülerorientierte Unterrichtsgestaltung (Lang, Kleickmann, Tröbst & Möller, 2012). Beide Wissenskomponenten haben sich als bedeutsam für eine erfolgreiche Gestaltung von Unterricht erwiesen, in dem Schülerinnen und Schüler unter anderem hinsichtlich ihrer Leistungen profitieren (z. B. Lange, Ohle, Kleickamnn, Kauertz, Möller & Fischer, 2015). Das erziehungswissenschaftliche Wissen ist die dritte Komponente des Professionswissens von Lehrkräften und beinhaltet beispielsweise Wissen über pädagogische Konzepte oder Funktionsweisen von motivationalen Orientierungen der Schülerinnen und Schüler (König et al., 2018). Weitere Komponenten des professionellen Handelns von Lehrkräften sind unter anderem lehrlerntheoretische Einstellungen, die Vorstellungen darüber zusammenfassen, wie Wissen angeeignet und vermittelt werden kann (Merk, Schneider, Bohl, Kelava & Syring, 2017), oder auch motivationale Orientierungen, wie der Lehrkraftenthusiasmus und die berufsbezogene Selbstwirksamkeitsüberzeugung (Chambers & Hardy, 2005; Patrick, Hisley & Kempler, 2000). Weitere Aspekte, die den Bereichen Einstellungen und Motivation zugeordnet werden können, sollen im Nachstehenden in den Fokus genommen werden.

2.2 Einstellungen und Motivation

Einstellungen und Motivation sind verhaltenserklärende Konstrukte und können in Bezug auf unterschiedliche Objekte und Ziele von differenzieller Bedeutung für Handlungen sein. (Ajzen, 2001; Heckhausen & Heckhausen, 2010). Dabei sind Einstellungen und motivationale Orientierungen von Lehrkräften bedeutsam für die Unterrichtsgestaltung. So fanden beispielsweise Studien heraus, dass konstruktivistische Vorstellungen in Bezug auf das Lehren und Lernen zu einer eher konstruktivistischen Unterrichtsgestaltung führt (z. B. Staub & Stern, 2002). Zudem scheint die Motivation von Lehrkräften zu erklären, inwieweit Lehrkräfte Leistungsdifferenzen der Schülerinnen und Schüler in ihrem Unterricht berücksichtigen (Hartwig & Schwabe, 2018).

2.2.1 Einstellungen

Einstellungen können Eagly und Chaiken (1993) zufolge als objektbezogene psychische Tendenzen beschrieben werden, die sich durch negative oder positive Bewertungen ausdrücken. Mit Blick in die Literatur kann festgestellt werden, dass es eine Vielzahl an Definitionen für Einstellungen gibt, die sich unter anderem hinsichtlich ihrer Annahme bezogen auf die Konstanz von Einstellungen über Kontext und Zeit hinweg unterscheiden (Bohner & Dickel, 2011). Es wird angenommen, dass Einstellungen sich aufgrund von Assoziationen mit vorangegangenen Erfahrungen oder anderen Einstellungen objektbezogen herausbilden (Fazio, 2008). Darüber hinaus können Einstellungen in kognitive, affektive und behaviorale Wahrnehmungskomponenten unterschieden werden, die wiederum in kognitive, affektive und behaviorale Reaktionskomponenten differenziert werden (Eagly & Chaiken, 1993; Fazio, 2007). Die Einschätzung der Nützlichkeit im Sinne eines Mehrwerts in Bezug auf zum Beispiel die Unterrichtung kulturell-ethnisch diverser Schülergruppen oder die Einschätzung der zusätzlichen, negativ bewerteten Kosten im Sinne eines zusätzlichen Arbeitsaufwandes können der kognitiven Komponente zugeordnet werden. Negative Emotionen, im Sinne eines negativen Stresserlebens, können beispielsweise der affektiven Komponente zugeordnet werden. Von Bedeutung für die Formung oder Veränderung von Einstellungen sind unter anderem Wissensaneignung und Erfahrungsaustausch. Wenn Wissen über das Einstellungsobjekt erworben wird, kann es infolge einer Revidierung des objektbezogenen Bewertungsvorgangs zu einer Einstellungsveränderung kommen (Eagly & Chaiken, 1993; Fazio, 2007). Zum Beispiel kann Wissen darüber, wie andere Lehrkräfte ihren Unterricht im Hinblick auf Leistungsdifferenzen zwischen den Schülerinnen und Schülern vorbereiten, dazu führen, dass alternative Strategien zu Unterrichtsvorbereitung kennengelernt werden, die die wahrgenommenen Kosten in Bezug auf den eigenen Arbeitsaufwand relativieren. Rezente Forschungsbefunde weisen darauf hin, dass Einstellungen von Lehrkräften heterogenitätsspezifisch sind, das heißt Lehrkräfte bewerten das Unterrichten in Abhängigkeit der schülerseitigen lern- und leistungsrelevanten Merkmale (Merk et al., 2018) und von Bedeutung für eine leistungsdifferenzierende und diversitätssensible Unterrichtsgestaltung sind (Gebauer & McElvany, 2017; Hartwig & Schwabe, 2018). In Abhängigkeit von Vorstellungen darüber, inwieweit Einstellungen über Situationen und Kontexte hinweg stabil und über die Zeit konstant sind, werden unterschiedliche Verfahren zur Erfassung von Einstellungen befürwortet (Fazio, 2007). So können Einstellungen über implizite Messverfahren oder aber über explizite Messverfahren ermittelt werden (Bohner & Dickel, 2011). Dabei können bei der Erfassung von Einstellungen in Bezug auf Schülermerkmale mittels impliziter Testverfahren generelle Ab- oder Zuneigungen ermittelt werden (Kessels, Erbring & Heiermann, 2014). Explizite Verfahren zur Messung von Einstellungen erlauben eine differenzielle Betrachtung der Einstellungskomponenten, wobei unterschiedliche Einstellungskomponenten differenziell bewertet werden können und nicht kongruent positiv oder negativ bewertet werden müssen (Merk et al., 2018). So können Lehrkräfte beispielsweise eine positive Nützlichkeit bei der Unterrichtung heterogener Schülergruppen erkennen, aber gleichzeitig dies mit einem höheren Arbeitsaufwand und Kosten verbinden (Gebauer & McElvany, 2017).

2.2.2 Motivation

Motivationale Orientierungen dienen der Erklärung von Handlungen und Verhalten (Heckhausen & Heckhausen, 2010). Zwei motivationale Konzepte, die sich als bedeutsam insbesondere für Lehrkräfte im schulischen Bereich erwiesen haben (Neves de Jesus & Lens, 2005), sind die intrinsische Motivation und der erwartete Erfolg (Deci & Ryan, 1989; Heckhausen, 1989). Die intrinsische Motivation beschreibt dabei die Freude an einer Tätigkeit, um ihrer selbst willen (Deci & Ryan, 1985). Determinanten, die eine intrinsische Motivation begünstigen, sind die *basic human needs* (Deci & Ryan, 1985). Die basic human needs umfassen die soziale Eingebundenheit, das Kompetenzerleben und das Autonomieerleben (Deci & Ryan, 2002). Rezente Evidenzen weisen darauf hin, dass Lehrkräfte in ihrem beruflichen Alltag soziale Eingebundenheit und Kompetenz erleben können und dies ihre intrinsische Motivation positiv beeinflusst (Zwart, Korthagen & Attema-Noordewier, 2015). Weitere empirische Befunde weisen auf die

Bedeutung der intrinsischen Motivation von Lehrkräften für die Gestaltung von lern- und motivationsfördernden Lernumgebungen hin. So gelingt es höher intrinsisch motivierten Lehrkräften im Rahmen ihres Unterrichts häufiger motivierende Lerngelegenheiten zu schaffen, von denen Schülerinnen und Schüler profitieren (z. B. Lam, Cheng & Ma, 2009).

Der erwartete Erfolg ist ein weiterer Aspekt der motivationalen Orientierung (Heckhausen, 1989). Es beschreibt das antizipierte Handlungsergebnis vor dem Hintergrund der Erwartung, ob eine bestimmte Handlung zu einem Erfolg oder Misserfolg führt (Wigfield & Eccles, 2002). In Bezug auf das Unterrichten heterogener Schülergruppen ist das beispielsweise die Einschätzung darüber, ob eine leistungsdifferenzierende Unterrichtsmaßnahme gelingt. Dabei hat sich die Erfolgserwartung als relevant für die Differenzierung des Unterrichts hinsichtlich lern- und leistungsrelevanter Schülermerkmale erwiesen. Rezente Forschungsbefunde weisen darauf hin, dass die Erfolgserwartung in Bezug auf das Unterrichten heterogener Schülergruppen von Bedeutung für die Differenzierung im unterrichtlichen Kontext zu sein scheint (Hartwig & Schwabe, 2018). Darüber hinaus haben sich Erfolgserwartungen bezogen auf kulturell-ethnische Differenzen als bedeutsam für cultural responsive teaching erwiesen (Siwatu, 2007).

3 Kooperation von Lehrkräften an Schulen

Kooperation von Lehrkräften beschreibt die professionsbezogene Zusammenarbeit im Kontext des schulischen beruflichen Alltags. Kooperation von Lehrkräften kann in unterschiedlichen Formen stattfinden (Idel, Ullrich & Baum, 2012). So findet Kooperation von Lehrkräften an Schulen zwischen Lehrkräften statt (z. B. Bonsen & Rolff, 2006; Idel et al., 2012), zwischen Lehrkräften und anderen pädagogischen Professionsgruppen (z. B. Breuer & Reh, 2010; Idel et al., 2012) oder zwischen Lehrkräften an unterschiedlichen Schulen im Rahmen von Netzwerkarbeit, wie zum Beispiel regionalen Bildungslandschaften (z. B. Dedering, 2007; Horstkemper et al., 2009; Idel et al., 2012). Die innerschulische, unterrichtsbezogene Kooperation unter Lehrkräften wird als zentraler Bestandteil des professionellen Handelns von Lehrkräften in Schulen beschrieben (Bonsen & Rolff, 2006) und hat sich darüber hinaus als relevant für schulische Qualität erwiesen (Holtappels, 2013). Forschungsbefunde weisen auf eine Vielzahl an unterschiedlichen Ausprägungen von Kooperation von Lehrkräften hin und eine damit verbundene differenzielle Qualität von Kooperation von Lehrkräften (siehe Massenkeil & Rothland, 2016 für einen Überblick). Weitgehender Konsens besteht in Bezug auf die Gelingensbedingungen, die für eine erfolgreiche qualitätsvolle Kooperation von Lehrkräften wichtig sind. So haben sich die zielorientierte Gestaltung der Zusammenarbeit, die Fokussierung auf die Unterrichtsgestaltung, die regelmäßige Durchführung von Zusammenarbeit und gemeinsame Reflexion als zielführend erwiesen (Bonsen & Rolff, 2006). Theoretische Ausführungen und empirische Evidenzen heben die Bedeutung von Kooperation für den Umgang mit Heterogenität im Klassenzimmer hervor (Bender-Symanski, 2002; Edelmann, 2007; Hirschauer & Kullmann, 2010). Ebenso werden diesbezüglich, der im Rahmen der Kooperation stattfindende Wissensaustausch zwischen Lehrkräften in Bezug auf den Umgang mit Heterogenität beschrieben und die Reflexionsmöglichkeit im Kontext der Kommunikation mit anderen Lehrkräften betont (Bender-Symanski, 2002).

Mit Blick auf die Einstellungen und intrinsische Motivation von Lehrkräften bieten sich im Rahmen von professionellen Kooperationen im schulischen Kontext zwischen den Lehrkräften Gelegenheiten, Einstellungen zu reflektieren und eventuell zu revidieren (Hirschauer & Kullmann, 2010). Darüber hinaus kann das Erleben von sozialer Eingebundenheit und das mögliche Kompetenzerleben im Rahmen der Kooperation unter Lehrkräften begünstigend für die intrinsische Motivation sein (z. B. Zwart et al., 2015). Zudem kann eine Zusammenarbeit für die Erfolgserwartungen positiv sein, zum Beispiel kann es durch stellvertretende Erfahrungen oder verbale Überzeugungen im Rahmen der Kooperation zu einer positiveren Bewertung der eigenen Fähigkeiten kommt (Siwatu, 2007), dies scheint von Bedeutung für die Unterrichtsgestaltung zu sein, insbesondere in Kontexten mit heterogenen Schülergruppen (Shachar & Shmuelevitz, 1997).

4   Theoretische Herleitung der Fragestellung

Einstellungen und motivationale Orientierung sind als Teil der professionellen Kompetenz relevant für eine diversitätssensible Unterrichtsgestaltung, in der differenzielle Leistungsmerkmale, kulturell-ethnische Diversität und soziale Unterschiede zwischen den Schülerinnen und Schülern wertschätzend berücksichtigt werden (z. B. Hartwig & Schwabe, 2018). Vor dem Hintergrund ansteigender Heterogenität von Schülerinnen und Schülern (vgl. BAMF 2019; Statistisches Bundesamt, 2019) ist es von zentralem Interesse Determinanten zu identifizieren, die die Einstellungen und motivationalen Orientierungen von Lehrkräften in Bezug auf das Unterrichten heterogener Schülergruppen positiv unterstützen. Dabei scheint die innerschulische unterrichtsbezogene Kooperation zwischen Lehrkräften, die zielorientiert den Fokus auf die Unterrichtsentwicklung legt, ein vielversprechender Faktor zu sein, der mit diesem Beitrag in den Blick genommen werden soll. Zielführende qualitätsvolle und regelmäßig stattfindende innerschulische Kooperationen von Lehrkräften (Holtappels, 2013) bieten die Möglichkeit heterogenitätsspezifische unterrichtsbezogene Einstellungen gemeinsam zu reflektieren und möglicherweise zu revidieren (Hirschauer & Kullmann, 2010). Darüber hinaus kann davon ausgegangen werden, dass durch diese Form der Kooperation zwischen den Lehrkräften die intrinsische Motivation und die Erfolgserwartungen positiv begünstigt werden können (Shachar & Shmulevitz, 1997; Zwart et al., 2015), da anzunehmen ist, dass es im Rahmen der Kooperation zum Erleben der sozialen Eingebundenheit kommt und durch gemeinsames Reflektieren Kompetenzerleben stattfinden kann. Infolgedessen soll im Rahmen des vorliegenden Beitrags die Bedeutung der innerschulischen, unterrichtsbezogenen Kooperation zwischen Lehrkräften für heterogenitätsspezifische, unterrichtsbezogene Einstellungen und motivationalen Orientierung untersucht werden. Die im Folgenden untersuchten Fragestellungen lauten wie folgt:

1. Ist die innerschulische, unterrichtsbezogene Kooperation zwischen Lehrkräften von Bedeutung für die unterrichtsbezogenen Einstellungen in Bezug auf das Unterrichten kulturell-ethnisch diverser Schülergruppen?
2. Ist die innerschulische, unterrichtsbezogene Kooperation zwischen Lehrkräften von Bedeutung für die unterrichtsbezogenen Einstellungen in Bezug auf das Unterrichten leistungsheterogener Schülergruppen?
3. Ist die innerschulische, unterrichtsbezogene Kooperation zwischen Lehrkräften von Bedeutung für die unterrichtsbezogenen Einstellungen in Bezug auf das Unterrichten sozialheterogener Schülergruppen?
4. Bleiben die gefundenen Zusammenhänge nach Kontrolle von Kovariaten (Alter, Geschlecht und Lehrerfahrung) stabil?

5   Methode

5.1   Stichprobe

Die Analysen wurden anhand von Daten $N = 250$ nordrhein-westfälischer Lehrkräfte der Sekundarstufe I, die an Gemeinschaftsschulen tätig waren, durchgeführt. Das mittlere Alter der befragten Lehrkräfte lag bei $M = 39,32$ Jahren ($SD = 9,62$ Jahre). Dies entspricht einem vergleichsweise unterdurchschnittlichen Wert, da Lehrkräfte an allgemeinbildenden Schulen in NRW $M = 46,1$ und an Gemeinschaftsschulen $M = 41,0$ Jahre alt sind (vgl. Statistisches Landesamt NRW, 2018). Die Stichprobe umfasste Angaben von 68,4 % weiblichen Lehrkräften. Die durchschnittliche Lehrerfahrung in Jahren betrug $M = 9,31$ Jahre ($SD = 8,71$ Jahre).

5.2   Instrumente

Einstellungen. Zur Erfassung der Einstellungen wurden neun Skalen eingesetzt. Die Nützlichkeit wurde anhand von drei Skalen, je Heterogenitätsform eine Skala, mittels des folgenden Beispielitems erfasst „Die Schüler/innen profitieren durch Unterricht in kulturell-ethnisch (bzw. leistungs-, sozial-) heterogenen Lerngruppen hinsichtlich ihrer Persönlichkeitsentwicklung". Die heterogenitätsspezifischen Kosten wurden mit drei Skalen gemessen unter anderem mit einem wie folgt lautenden Beispielitem „Die kulturell-ethnische (bzw. leistungsbezogene, sozialbezogene) Heterogenität in unseren Schulklassen erfordert von den Lehrkräften einen zusätzlichen Arbeitsaufwand". Die negativen Emotionen wurde ebenfalls mit drei Skalen anhand des Beispielitems „Ich fühle mich angespannt bei dem Gedanken daran, die Kinder entsprechend ihrer kulturell-ethnischen (bzw. leistungsbezogenen, sozialen) Voraussetzungen zu unterrichten" erfasst. Die neun Skalen wurden jeweils anhand von fünf Items mit vierstufigen Antwortformaten von 1 = *trifft überhaupt nicht zu* bis 4 = *trifft voll und ganz zu* erfasst. Die Skalen zur Erfassung der Einstellungen haben sich als valide Messinstrumente erwiesen und kamen bereits in anderen Studien zum Einsatz (Gebauer & McElvany 2017; Merk et al., 2018). Die Skalenmittelwerte, Standardabweichungen und Reliabilität werden in Tabelle 1 illustriert.

Tabelle 1: Korrelationen, Mittelwerte, Standardabweichungen und Reliabilität der heterogenitätsspezifischen Einstellungsskalen

	1	2	3	4	5	6	K-E H M (SD)	α	L H M (SD)	α	S H M (SD)	α	L K M (SD)	α
1 Nützlichkeit		-,30**/ -,52**	-,27**/ -,48**	,46**/ ,61**	,30**/ ,44**	,04/ ,14*	3,07 (0,52)	,80	3,02 (0,48)	,79	3,06 (0,51)	,8		
2 Kosten	-,44**		,60**/ ,71**	-,30**/ -,48	-,36**/ -,50	-,04/ -,07	2,29 (0,64)	,84	2,40 (0,67)	,81	2,33 (0,65)	,83		
3 negative Emotion	-,42**	,62**		-,31**/ -,55**	-,46**/ -,62**	-,08/ -,18**	1,74 (0,61)	,87	1,73 (0,55)	,84	1,74 (0,59)	,86		
4 Intrinsische Motivation	,62**	-,35	-,40**		,43**/ ,55**	,22**/ ,23**	2,98 (0,51)	,83	2,84 (0,50)	,83	2,94 (0,51)	,83		
5 Erfolgserwartung	,25**	-,25**	-,26**	,30**		,24**/ ,18**	3,07 (0,44)	,8	2,96 (0,41)	,71	3,03 (0,43)	,77		
6 Lehrkraftkooperation	,13*	-,01	-,10	,15*	,20**								3,21 (0,73)	,78

Anmerkung: Unterhalb der Diagonalen sind die Korrelationen der auf soziale Heterogenität bezogenen Einstellungs- und Motivationsskalen abgetragen und oberhalb, die bezugnehmend auf kulturell-ethnische Diversität (zuerst genannt) und der leistungsbezogenen Heterogenität (zuletzt genannt); K-E H = Einstellungsskalen bezugnehmend auf kulturell-ethnische Diversität; L H = Einstellungsskalen bezugnehmend auf leistungsbezogenen Heterogenität; S H = Einstellungsskalen bezugnehmend auf soziale Heterogenität; L K = Lehrkraftkooperation.
** p <,01; * p <,05

Motivationsfacetten: Zur Erfassung der Motivation wurden je Heterogenitätsform zwei Skalen eingesetzt: drei Skalen, je Heterogenitätsform eine Skala, für die intrinsische Motivation und drei, je eine Skala pro Heterogenitätsform, zur Messung des erwarteten Erfolgs. Mit jeweils fünf Items je Skala wurde die intrinsische Motivation und der erwartete Erfolg mit einem vierstufigen Antwortformat von 1 = *trifft überhaupt nicht zu* bis 4 = *trifft voll und ganz zu* gemessen (vgl. Gebauer & McElvany, 2013) und kamen bereits in anderen Untersuchungen zum Einsatz (Merk et al., 2018). Beispielitems für die intrinsische Motivation lauten „Die kulturell-ethnische (bzw. leistungsbezogene, soziale) Heterogenität in unseren Schulklassen zu berücksichtigen macht mir beim Unterrichten Spaß" und für den erwarteten Erfolg lautet „Ich bin ziemlich gut darin, den Unterricht entsprechend den kulturell-ethnischen (bzw. leistungsbezogenen, sozialen) Unterschieden meiner Schüler/innen zu gestalten". Die deskriptiven Kennwerte können der Tabelle 1 entnommen werden.

Lehrerkooperation: Die innerschulische, unterrichtsbezogene Kooperation zwischen Lehrkräften an Schulen wurde anhand von sechs Items mit einem sechsstufigen Antwortformat von 1 = *nie* bis 5 = *fast täglich* erfasst. Die valide Skala wurde bereits in einer Reihe an Studien eingesetzt (Bos, Bonsen, Kummer, Lintorf & Frey, 2009) und ein Beispielitem lautet „Wie häufig kooperieren Sie mit anderen Lehrkräften in Bezug auf die Vorbereitung einzelner Unterrichtsstunden?".

Kovariaten: Im Rahmen der Fragebogenerhebung wurde das Geschlecht der Lehrkräfte anhand der zwei prädominanten Geschlechtskategorien *weiblich* = 1 und *männlich* = 2 erfasst. Das Alter der Lehrkräfte und die Lehrerfahrungen insgesamt, exklusive des Referendariats wurden als metrische Werte in die Analysen aufgenommen. Die Dauer der Lehrtätigkeit wurde dabei als Indikator für die beruflichen Erfahrungen der befragten Lehrkräfte genutzt.

5.3 Analyseverfahren

Anhand der Statistiksoftware IBM SPSS Statistics 22 wurden die üblichen deskriptiven Auswertungen ermittelt (Mittelwerte, Standardabweichungen, Reliabilität). Für bivariate korrelative Zusammenhänge zwischen den Skalen wurde der Pearsons Korrelationskoeffizienten berechnet (Thorndike, 1982). Zur Beantwortung der Forschungsfragen eins bis vier wurden Strukturgleichungsmodelle mittels der Statistiksoftware *Mplus* 8 (Byrne 2014; Muthén & Muthén, 1998–2018) geschätzt. Bei der Prüfung von fehlenden Werten konnte für sämtliche Skalen weniger als 5% fehlende Werte festgestellt werden, bis auf zwei Items bei der Skala erwarteter Erfolg bezogen auf den Umgang mit kulturell-ethnischer Heterogenität (6,8% und 11,6% fehlende Werte). Zur Prüfung der Zufälligkeit der fehlenden Werte wurde der Test von Little (Little's Test, 1988) herangezogen, wobei für sämtliche Skalen *missing completely at random* (MCAR, Rubin, 1976) angenommen werden kann (Enders, 2011). Infolgedessen wurden die fehlenden Werte für die Zusammenhangsanalysen mittels der Einstellung full information maximum likelihood (FIML) in Mplus berücksichtigt (Muthén & Muthén, 1998–2012; Little et al., 2013). Aufgrund der geringen Intraklassenkorrelationen (ICC =,03 bis,08) konnte von einer geringen Varianz zwischen den Schulen (N = 12) ausgegangen werden. Die Mehrebenenstruktur der Lehrkräfte in unterschiedlichen Schulen wurde aufgrund dessen in den Analysen vernachlässigt (Maas & Hox, 2005).

6 Ergebnisse

6.1 Deskriptive Auswertungen

Die deskriptiven Ergebnisse zeigen für alle drei Heterogenitätsbereiche moderate signifikante Korrelationen zwischen den Einstellungsskalen, mit den zu erwartenden negativen Zusammenhängen zwischen den negativ konnotierten Skalen Kosten, negative Emotionen und der Nützlichkeit. Ebenso sind bedeutsame Zusammenhänge zwischen den Motivationsfacetten intrinsische Motivation und erwarteter Erfolg selbst und zwischen den Einstellungsskalen und den Motivationsfacetten zu beobachten. Signifikante Korrelationen zwischen der Kooperation von Lehrkräften und den Einstellungsskalen kann nur für die leistungsbezogene und soziale Heterogenität festgestellt werden. Zwischen den Motivationsfacetten und der Kooperation von Lehrkräften sind für alle drei Heterogenitätsformen signifikante Korrelationen zu beobachten.

6.2 Ergebnisse Forschungsfragen 1–3

Die Ergebnisse zu den ersten Forschungsfragen 1–3 werden in Abbildung 1 illustriert. Dabei zeigt sich, dass die Kooperation zwischen den Lehrkräften keine Bedeutung für die unterrichtsbezogenen Einstellungen mit Bezug auf kulturell-ethnische Diversität hat. Dafür sind statistisch signifikante Pfadkoeffizienten zwischen der Kooperation von Lehrkräften und den Motivationsfacetten zu beobachten. Hier können zwischen erwartetem Erfolg und Kooperation von Lehrkräften als auch zwischen intrinsischer Motivation und Kooperation von Lehrkräften positive statistisch signifikante Zusammenhänge festgestellt werden.

Abbildung 1: Ergebnisse der Analysen zur Beantwortung der Forschungsfragen 1–3

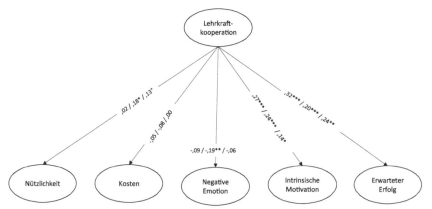

Anmerkung: Die erstgenannten Koeffizienten berichten die Ergebnisse für die Einstellungen bezogen auf kulturell-ethnische Heterogenität, die zweitgenannten die bezogen auf Leistungsheterogenität und die letztgenannten die Einstellungen bezogen auf soziale Heterogenität, in dieser Reihenfolge werden die Kriterien der Modelgüte berichtet:
CFI = ,95 / ,92 / ,95; TLI = ,94 / ,92 / ,94; RMSEA = ,03 / ,05 / ,04; SRMR = ,06 / ,06 / ,05.
+*p* < .1. **p* < .05. ***p* < .01. ****p* < .001.

Für den Bereich der unterrichtsbezogenen Einstellungen mit Bezug auf die Leistungsheterogenität ist die Kooperation von Lehrkräften bedeutsam für die Nützlichkeit und die negativen Emotionen. Dabei können positive statistisch signifikante Zusammenhänge zwischen der Nützlichkeit und der Kooperation von Lehrkräften beobachtet werden und negative statistisch signifikante Zusammenhänge zwischen Kooperation von Lehrkräften und negativen Emotionen. Hinsichtlich der beiden Motivationsfacetten erwarteter Erfolg und intrinsische Motivation sind zwischen der Kooperation von Lehrkräften und jeweils beiden Facetten positive statistisch signifikante Pfadkoeffizienten festzustellen.

In Bezug auf die soziale Heterogenität im unterrichtlichen Kontext können positive statistisch signifikante Zusammenhänge zwischen Kooperation von Lehrkräften und Nützlichkeit beobachtet werden. Bei den Motivationsfacetten ist die Kooperation von Lehrkräften von Bedeutung für beide Facetten. Dabei können positive statistisch signifikante Zusammenhänge zwischen der Kooperation von Lehrkräften und dem erwarteten Erfolg und der intrinsischen Motivation festgestellt werden.

6.3 Ergebnisse Forschungsfrage 4

Die Ergebnisse der Analysen zur Beantwortung der vierten Forschungsfrage werden in Abbildung 2 berichtet. Dabei zeigt sich, dass die Pfadkoeffizienten nach Berücksichtigung weitgehend stabil bleiben. Lediglich die Zusammenhänge zwischen der Kooperation von Lehrkräften und der Nützlichkeit bezogen auf soziale Heterogenität und den negativen Emotionen bezogen auf Leistungsheterogenität verlieren an Signifikanzniveau.

Abbildung 2: Ergebnisse der Analysen zur Beantwortung der Forschungsfrage 4

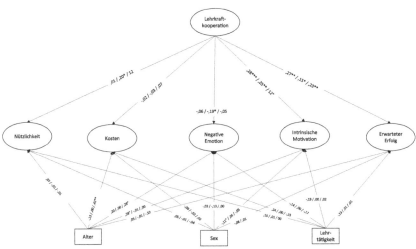

Anmerkung: Die erstgenannten Koeffizienten berichten die Ergebnisse für die Einstellungen bezogen auf kulturell-ethnische Heterogenität, die zweitgenannten die bezogen auf Leistungsheterogenität und die letztgenannten die Einstellungen bezogen auf soziale Heterogenität, in dieser Reihenfolge werden die Kriterien der Modelgüte berichtet:
CFI = ,92 / ,92 / ,94; TLI = ,91 / ,91 / ,94; RMSEA = ,04 / ,05 / ,04; SRMR = ,06 / ,06 / ,06.
+p < .1. *p < .05. **p < .01. ***p < .001.

Bei den Motivationsfacetten erwarteter Erfolg und intrinsische Motivation ist bei der Bedeutung der Kooperation von Lehrkräften für die intrinsische Motivation in Bezug auf das Unterrichten sozial heterogener Lerngruppen ein verringertes Signifikanzniveau zu beobachten. Und es sind geringere Pfadkoeffizienten zwischen der Kooperation von Lehrkräften und dem erwarteten Erfolg für die Heterogenitätsbereiche kulturell-ethnisch und Leistung festzustellen.

Bis auf zwei Ausnahmen sind die Kovariaten nicht von Bedeutung für die Einstellungen: So ist das Alter von Bedeutung für die Kosten und negativen Emotionen des Bereichs soziale Heterogenität. Je geringer das Alter desto geringer ist die Bedeutung für diese negativ konnotierten Einstellungen, demnach scheinen jüngere Lehrkräfte die Arbeitsbelastungen im Sinne von Kosten geringer einzuschätzen und weniger stark ausgeprägte negative Emotionen zu empfinden.

7 Diskussion

Ziel des vorliegenden Beitrages war es die Bedeutung der innerschulischen unterrichtsbezogenen Kooperation zwischen Lehrkräften für unterrichtsbezogene heterogenitätsspezifische Einstellungen und Motivation zu untersuchen. Dabei wurden die Einstellungen anhand eines Messinstruments erfasst, welches eine heterogenitätsspezifische Erfassung der Einstellungen und Motivation im Umgang mit Diversität von Schülerinnen und Schülern erlaubt. Vor dem Hintergrund theoretischer Ausführungen und empirischer Evidenzen wurde davon ausgegangen, dass im Rahmen der unterrichtsbezogenen, innerschulischen Kooperation unter Lehrkräften Reflexionsprozesse und gegenseitige Unterstützung stattfinden, die zu einer positiveren Sichtweise auf den Umgang mit Diversität im Unterricht führen. Auch konnte davon ausgegangen werden, dass in den Kooperationsgruppen soziale Eingebundenheit und Kompetenzerleben durch Reflexionsprozesse stattfinden, so dass auch der erwartete Erfolg und die intrinsische Motivation von einer intensiven Kooperation profitieren.

Die Ergebnisse weisen darauf hin, dass die innerschulische unterrichtsbezogene Kooperation zwischen Lehrkräften durchaus wichtig ist für die Einstellungen von Lehrkräften bezogen auf das Unterrichten heterogener Lerngruppen. Jedoch trifft das nicht für jede Heterogenitätsform zu. Einstellungen bezogen auf den Umgang mit kulturell-ethnisch diversen Schülergruppen scheinen unabhängig von der innerschulischen unterrichtsbezogenen Kooperation zwischen Lehrkräften zu sein, wohingegen die Kooperation schon bedeutsam für die Heterogenitätsformen Leistungen und soziale Herkunft zu sein scheint. Bemerkenswert ist, dass Lehrkräfte hinsichtlich ihrer Motivation von der innerschulischen unterrichtsbezogenen Kooperation zwischen Lehrkräften profitieren, und dies hinsichtlich des unterrichtsbezogenen Umgangs für alle drei Heterogenitätsformen. Diese Ergebnisse stehen in Einklang mit Befunden anderer Untersuchungen, in denen der Zusammenhang zu Lehrerkooperation oder unterrichtsbezogenen Intentionen untersucht wurde und in denen zwischen den Kosten und den weiteren betrachteten Konstrukten keine bedeutsamen Zusammenhänge gefunden wurden (Gebauer & McElvany, 2017; Hartwig & Schwabe, 2018). Rezente Untersuchungen zur Validität des Kostenkonstrukts weisen auf eine differenziertere Erfassungsweise hin, die in anschließenden Untersuchungen berücksichtigt werden sollte (Flake et al., 2015).

Die Ergebnisse unterstreichen die Bedeutung der innerschulischen unterrichtsbezogenen Kooperation zwischen Lehrkräften für den Umgang mit Diversität und Heterogenität von Schülerinnen und Schülern im Kontext des Unterrichts (vgl. Hirschauer & Kullmann, 2010). Darüber hinaus scheint der unterrichtsbezogene Austausch für Lehrkräfte wichtig für die motivationale Orientierung zu sein, mit dem sie der Heterogenität von Schülerinnen und Schülern im Unterricht begegnen. Gleichzeitig heben die Ergebnisse die Bedeutung von Kooperation zwischen Lehrkräften für professionelle Handlungskompetenz hervor (Bonsen & Rolff, 2006). Gründe dafür, dass die innerschulische unterrichtsbezogene Kooperation zwischen Lehrkräften für Einstellungen bezogen leistungs- und soziale Heterogenitätsberücksichtigung von Bedeutung ist, jedoch nicht für die kulturell-ethnische Diversität, kann mit Blick auf die Formulierung der Items zur Erfassung, damit erklärt werden, dass kein direkter Bezug zum Umgang mit unterschiedlichen Heterogenitätsformen hergestellt wird, sondern nach eher allgemeiner Zusammenarbeit gefragt wird. Darüber hinaus kann vermutet werden, dass Lehrkräfte zur Thematik der kulturell-ethnischen Heterogenität im Rahmen der Kooperationsgespräche nicht kommunizieren, aus welchen Gründen sie dieses Thema nicht besprechen, müssen ebenfalls anschließende Untersuchungen fokussieren.

Relativierend muss bei der Interpretation der Ergebnisse berücksichtigt werden, dass es sich bei diesen Lehrkräften um Lehrende an einer neu gegründeten Schulform, respektive Modellversuch handelt. Darüber hinaus konnte bei den Lehrkräften ein unterdurchschnittliches Alter im Vergleich zu anderen Lehrkräften in Nordrhein-Westfalen festgestellt werden. Die Analysen basieren auf einer querschnittlichen Stichprobe mit $N = 12$ Schulen, infolgedessen ist eine Übertragbarkeit und Generalisierung der Ergebnisse nicht möglich. Zudem ist an dieser Stelle anzumerken, dass, da es sich um ein Modelvorhaben handelte, an dem Schulen freiwillig teilnahmen, es sich bei der Stichprobe um möglicherweise besonders engagierte Kollegien handelt.

Desiderate, die anhand der hier festgestellten Analysen identifiziert werden konnten und in weiterführenden Analysen überprüft werden sollten, sind die Untersuchung der Aktivitäten innerhalb der unterrichtsbezogenen, innerschulischen Kooperation zwischen Lehrkräften und, inwieweit diese einen direkten Bezug nehmen auf die Berücksichtigung unterschiedlicher Heterogenitätsformen. Dabei könnten beispielsweise qualitative Untersuchungen genauen Aufschluss darüber geben, in welcher Form zum Umgang mit unterschiedlichen Heterogenitätsformen kooperiert wird. Zudem könnten anschließende quantitative und qualitative Untersuchungen die Annahme prüfen inwieweit im Rahmen von unterrichtsbezogener innerschulischer Kooperation unter Lehrkräften soziale Eingebundenheit und Kompetenz erlebt wird, und inwieweit diese Aspekte tatsächlich von Bedeutung für die untersuchten Motivationsfacetten sind. Dabei könnten zum Beispiel Reflexionsprozesse untersucht werden, die Aufschluss darüber geben, inwieweit diese Aspekte heterogenitätsspezifisch wahrgenommen werden.

Abschließend kann festgehalten werden, dass diese Untersuchung zum Erkenntnisgewinn im Bereich der Forschung zur Lehrerkooperation beiträgt und die Bedeutung der unterrichtsbezogenen, innerschulischen Kooperation zwischen Lehrkräften für Merkmale der professionellen Handlungskompetenz von Lehrkräften betont. Dabei muss hervorgehoben werden, dass ein Merkmal professionellen Handelns von Lehrkräften im Rahmen des schulischen beruflichen Alltags Aspekte der professionellen Kompetenz von Lehrkräften auf positive Weise unterstützt. Insbesondere vor dem Hintergrund der Bedeutung von Einstellungen und Motivation für die erfolgreiche Gestaltung von Unterricht ist dieses Ergebnis von Wichtigkeit und sollte Lehrkräfte im schulischen Dienst ermutigen zielorientiert, regelmäßig und unterrichtsbezogen zu kooperieren.

Literatur

Ajzen, I. (2001). Nature and operation of attitudes. *Annual Review of Psychology, 52* (1), 27–58.

Baumert, J. & Kunter, M. (2006). *Stichwort: Professionelle Kompetenz von Lehrkräften. Zeitschrift für Erziehungswissenschaft, 9(4)*, 469–520.

Bender-Szymanski, D. (2002). Kulturkonflikte in der Schule: Die Bewältigungs- und Rechtfertigungsstrategien von Lehrern. *Erinnerungen-Perspektiven, 50*, 118–134.

Berry, T. R. & Candis, M. R. (2013). Cultural Identity and Education: A Critical Race Perspective. *Educational Foundations, 27*, 43–64.

Blömeke, S., Gustafsson, J. E. & Shavelson, R. J. (2015). Beyond dichotomies. *Zeitschrift für Psychologie, 223*(1), 3–13.

Bohner, G. & Dickel, N. (2011). Attitudes and attitude change. *Annual Review of Psychology, 62*, 391–417.

Bonsen, M. & Rolff, H. G. (2006). Professionelle Lerngemeinschaften von Lehrerinnen und Lehrern. *Zeitschrift für Pädagogik, 52*(2), 167–184.

Bos, W., Bonsen, M., Kummer, N., Lintorf, K. & Frey, K. (2009). *TIMSS 2007. Dokumentation der Erhebungsinstrumente zur Trends in International Mathematics and Science Study.* Münster u. a.: Waxmann.

Breuer, A. & Reh, S. (2010). Zwei ungleiche Professionen? *Soziale Passagen, 2* (1), 29–46.

Bundesamt für Migration und Flüchtlinge (2019). Migrationsbericht 2016/2017. Verfügbar unter: http://www.bamf.de/SharedDocs/Anlagen/DE/Publikationen/Migrationsberichte/migrationsbericht-2016-2017.html?nn=1367528.

Byrne, B. M. (2013). *Structural equation modeling with Mplus: Basic concepts, applications, and programming.* New York: Routledge.

Chambers, S. M. & Hardy, J. C. (2005). Length of Time in Student Teaching: Effects on Classroom Control Orientation and Self-Efficacy Beliefs. *Educational Research Quarterly, 28*(3), 3–9.

Deci, E. L. & Ryan, R. M. (1985). The general causality orientations scale: Self-determination in personality. *Journal of Research in Personality*, 19(2), 109–134.

Deci, E. L. & Ryan, R. M. (2002). Overview of self-determination theory: An organismic dialectical perspective. *Handbook of self-determination research*, 3–33.

Dedering, K. (2007). Schulische Qualitätsentwicklung durch Netzwerke. Wiesbaden: Springer Fachmedien.

Eagly, A. H. & Chaiken, S. (1993). *The Psychology of Attitudes.* Fort Worth, TX: Harcourt Brace Jovanovich College Publishers.

Edelmann, D. (2007). *Pädagogische Professionalität im transnationalen sozialen Raum: Eine qualitative Untersuchung über den Umgang von Lehrpersonen mit der migrationsbedingten Heterogenität ihrer Klassen* (Vol. 4). Wien; Zürich; Berlin: LIT.

Enders, C. K. (2010). Applied missing data analysis. New York, NY: Guilford press.

Fazio, R. H. (2007). Attitudes as object-evaluation associations of varying strength. Social Cognition 25(5), 603–637.

Fussangel, K. & Gräsel, C. (2012). Lehrerkooperation aus der Sicht der Bildungsforschung. In E. Baum, T.-S. Idel & H. Ullrich (Hrsg.), *Kollegialität und Kooperation in der Schule* (S. 29–40). Wiesbaden: VS Verlag für Sozialwissenschaften.

Gay, G. (2015). The what, why, and how of culturally responsive teaching: International mandates, challenges, and opportunities. *Multicultural Education Review*, 7(3), 123–139.

Gebauer, M. M. & McElvany, N. (2013). Einstellungen von Lehramtsanwärtern gegenüber heterogenen Schülergruppen – Skalenhandbuch. Dortmund: Institut für Schulentwicklungsforschung.

Gebauer, M. M. & McElvany, N. (2017). Zur Bedeutsamkeit unterrichtsbezogener heterogenitätsspezifischer Einstellungen angehender Lehrkräfte für intendiertes Unterrichtsverhalten. *Psychologie in Erziehung und Unterricht*, 64(3), 163–180.

Gogolin, I. (2006). Bilingualität und die Bildungssprache der Schule. In P. Mecheril & T. Quehl (Hrsg.), *Die Macht der Sprachen. Englische Perspektiven auf die mehrsprachige Schule* (S. 79–85). Münster: Waxmann.

Gomolla, M. (2009). Heterogenität, Unterrichtsqualität und Inklusion. In S. Fürstenau & M. Gomolla (Hrsg.), *Migration und schulischer Wandel: Unterricht* (S. 21–43). Wiesbaden: VS Verlag für Sozialwissenschaften.

Hartwig, S. J. & Schwabe, F. (2018). Teacher attitudes and motivation as mediators between teacher training, collaboration, and differentiated instruction. *Journal for Educational Research Online, 10(1),* 100–122.

Heckhausen, H. (1989). Leistungsmotivation. In H. Heckhausen (Hrsg.), *Motivation und Handeln* (S. 231–278). Berlin: Springer.

Heckhausen, J. & Heckhausen, H. (2010). Motivation und Handeln. 4., überarbeitete und erweiterte Auflage. Berlin: Springer.

Henschel, S., Heppt, B., Weirich, S., Edele, A., Schipolowski, S., & Stanat, P. (2019). Kapitel 9 Zuwanderungsbezogene Disparitäten. In P. Stanat, S. Schipolowski, N. Mahler, S. Weirich & S. Henschel (Hrsg.), *IQB-Bildungstrend 2018* (S. 295–332). Münster: Waxmann.

Hirschauer, M. & Kullmann, H. (2010). Lehrerprofessionalität im Zeichen von Heterogenität-Stereotype bei Lehrkräften als kollegial zu bearbeitende Herausforderung. In J. Hagedorn, V. Schurt, C. Steber & W. Waburg (Hrsg.), *Ethnizität, Geschlecht, Familie und Schule* (S. 351–373). Wiesbaden: VS Verlag für Sozialwissenschaften.

Hofstede, G. J. (2015). Culture's causes: The next challenge. *Cross Cultural Management*, 22(4), 545–569.

Holtappels, H. G. (2013). Schulentwicklung und Lehrerkooperation. In N. McElvany & H. G. Holtappels (Hrsg.), *Empirische Bildungsforschung. Theorien, Methoden, Befunde und Perspektiven* (S. 35–62). Münster: Waxmann.

Holtappels, H. G., Lossen, K., Spillebeen, L. & Tillmann, K. (2011). Schulentwicklung und Lehrerkooperation in Ganztagsschulen – Konzeption und Entwicklungsprozess als förderliche Faktoren der Kooperationsentwicklung? In L. Stecher, H.-H. Krüger & T. Rauschenbach (Hrsg.), *Ganztagsschule – Neue Schule? Eine Forschungsbilanz* (S. 25–42), ZfE-Sonderheft 15.

Holtappels, H. G. & McElvany (2017). Wissenschaftliche Begleitung 2014–2016 zum Schulversuch „Längeres Gemeinsames Lernen – Gemeinschaftsschule" Unveröffentlichter Abschlussbericht. Dortmund: Institut für Schulentwicklungsforschung.

Horstkemper, M., Killus, D. & Gottmann, C. (2009). Reformzeit – Schulentwicklung in Partnerschaft. *Abschlussbericht zur ersten Phase der Programmarbeit.* Potsdam.

Idel, T. S., Ullrich, H. & Baum, E. (2012). Kollegialität und Kooperation in der Schule – Zur Einleitung in diesen Band. In E. Baum, T.-S. Idel & H. Ullrich (Hrsg.), *Kollegialität und Kooperation in der Schule* (S. 9–25). Wiesbaden: VS Verlag für Sozialwissenschaften.

Karakaşoğlu, Y. (2012). Interkulturelle Öffnung von Schulen und Hochschulen. In C. Griese & H. Marburger (Hrsg.), *Interkulturelle Öffnung. Ein Lehrbuch* (S. 93–117). München: Oldenbourg.

Kessels, U., Erbring, S. & Heierman, L. (2014). Implizite Einstellungen von Lehramtsstudierenden zur Inklusion. *Psychologie in Erziehung und Unterricht, 61(3)*, 189–202.

Klieme, E. & Warwas, J. (2011). Konzepte der individuellen Förderung. *Zeitschrift für Pädagogik, 57(6)*, 805–818.

König, J., Doll, J., Buchholtz, N., Förster, S., Kaspar, K., Rühl, A. M., … & Kaiser, G. (2018). Pädagogisches Wissen versus fachdidaktisches Wissen?. *Zeitschrift für Erziehungswissenschaft, 21(3)*, 1–38.

Kuhl, P., Haag, N., Federlein, F., Weirich, S. & Schipolowski, S. (2016). Soziale Disparitäten. In P. Stanat, K. Böhme, S. Schipolowski & N. Haag (Hrsg.), *IQB-Bildungstrend 2015. Sprachliche Kompetenzen am Ende der 9. Jahrgangsstufe im zweiten Ländervergleich* (S. 409–430). Münster: Waxmann.

Lam, S. F., Cheng, R. W. Y. & Ma, W. Y. (2009). Teacher and student intrinsic motivation in project-based learning. *Instructional Science, 37(6)*, 565–578.

Lange, K., Kleickmann, T., Tröbst, S. & Möller, K. (2012). Fachdidaktisches Wissen von Lehrkräften und multiple Ziele im naturwissenschaftlichen Sachunterricht. *Zeitschrift für Erziehungswissenschaft, 15(1)*, 55–75.

Lange, K., Ohle, A., Kleickmann, T., Kauertz, A., Möller, K., & Fischer, H. (2015). Zur Bedeutung von Fachwissen und fachdidaktischem Wissen für Lernfortschritte von Grundschülerinnen und Grundschülern im naturwissenschaftlichen Sachunterricht. *Zeitschrift für Grundschulforschung, 8(1)*, 23–38.

Leuders, T. & Holzäpfel, L. (2011). Kognitive Aktivierung im Mathematikunterricht. *Unterrichtswissenschaft, 39(3)*, 213–230.

Lipowsky, F. (2006). Auf den Lehrer kommt es an. Empirische Evidenzen für Zusammenhänge zwischen Lehrerkompetenzen, Lehrerhandeln und dem Lernen der Schüler. In C. Allemann-Ghionda & E. Terhart (Hrsg.), *Kompetenz und Kompetenzentwicklung von Lehrerinnen und Lehrern* (S. 47–70). Beiheft der Zeitschrift für Pädagogik, Weinheim und Basel: Beltz Verlag.

Little, R. J. (1988). A test of missing completely at random for multivariate data with missing values. *Journal of the American Statistical Association, 83(404)*, 1198–1202.

Little, T. D., Jorgensen, T. D., Lang, K. M. & Moore, E. W. G. (2013). On the joys of missing data. *Journal of Pediatric Psychology, 39(2)*, 151–162.

Maas, C. J. & Hox, J. J. (2005). Sufficient sample sizes for multilevel modeling. *Methodology, 1(3)*, 86–92.

Maaz, K., Baumert, J., Gresch, C. & McElvany, N. (Hrsg.). (2010). Der Übergang von der Grundschule in die weiterführende Schule. Leistungsgerechtigkeit und regionale, soziale und ethnisch-kulturelle Disparitäten. Berlin: Bundesministerium für Bildung und Forschung.

Massenkeil, J. & Rothland, M. (2016). Kollegiale Kooperation im Lehrerberuf. Überblick und Systematisierung aktueller Forschung. *Schulpädagogik heute, 7(13)*, 1–28.

Merk, S., Cramer, C., Dai, N., Bohl, T. & Syring, M. (2018). Faktorielle Validität der Einstellungen von Lehrkräften zu heterogenen Lerngruppen. *Journal for Educational Research Online, 10(2)*, 34–53.

Minnameier, G., Hermkes, R. & Mach, H. (2015). Kognitive Aktivierung und Konstruktive Unterstützung als Prozessqualitäten des Lehrens und Lernens. *Zeitschrift für Pädagogik, 61(6)*, 837–856.

Muthén, L. K. & Muthén, B. O. (1998–2018). Mplus User's Guide. Eighth Edition. Los Angeles: Muthén & Muthén.

Neves de Jesus, S., & Lens, W. (2005). An integrated model for the study of teacher motivation. *Applied Psychology, 54(1)*, 119–134.

Patrick, B. C., Hisley, J. & Kempler, T. (2000). "What's everybody so excited about?": The effects of teacher enthusiasm on student intrinsic motivation and vitality. *The Journal of Experimental Education, 68(3)*, 217–236.

Phinney, J. S., Berry, J. W., Vedder, P., & Liebkind, K. (2006). The Acculturation Experience: Attitudes, Identities and Behaviors of Immigrant Youth. In J. W. Berry, J. S. Phinney, D. L. Sam, & P. Vedder (Hrsg.), *Immigrant youth in cultural transition: Acculturation, identity, and adaptation across national contexts* (S. 71–116). Mahwah, NJ, US: Lawrence Erlbaum Associates Publishers.

Schneider, W. & Stefanek, J. (2004). Entwicklungsveränderungen allgemeiner kognitiver Fähigkeiten und schulbezogener Fertigkeiten im Kindes- und Jugendalter. *Zeitschrift für Entwicklungspsychologie und Pädagogische Psychologie, 36(3)*, 147–159.

Scheunpflug, A. (2003). Stichwort: Globalisierung und Erziehungswissenschaft. *Zeitschrift für Erziehungswissenschaft, 6(2)*, 159–172.

Scheunpflug, A. & Affolderbach, M. (2019). Bildung im Kontext von Migration und Diversität. In V. Klomann, N. Frieters-Reermann, M. Genenger-Stricker, & N. Sylla (Hrsg.), *Forschung im Kontext von Bildung und Migration* (S. 11–24). Wiesbaden: Springer VS Verlag.

Shachar, H. & Shmuelevitz, H. (1997). Implementing cooperative learning, teacher collaboration and teachers' sense of efficacy in heterogeneous junior high schools. *Contemporary educational psychology, 22(1)*, 53–72.

Siwatu, K. O. (2007). Preservice teachers' culturally responsive teaching self-efficacy and outcome expectancy beliefs. *Teaching and teacher education, 23(7)*, 1086–1101.

Statistisches Bundesamt (2019). Bevölkerung und Erwerbstätigkeit Bevölkerung mit Migrationshintergrund – Ergebnisse des Mikrozensus 2018. Fachserie 1 Reihe 2.2. Verfügbar unter: https://www.destatis.de/DE/Themen/Gesellschaft-Umwelt/Bevoelkerung/Migration-Integration/Publikationen/Downloads-Migration/migrationshintergrund-2010220187004.html.

Statistisches Landesamt NRW (2016). Hauptamtliche und hauptberufliche Lehrkräfte an allgemeinbildenden Schulen in NRW – Schuljahr 2017/2018. Verfügbar unter: https://www.it.nrw/sites/default/files/atoms/files/259_18.pdf [9.12.2019].

Staub, F. C. & Stern, E. (2002). The nature of teachers' pedagogical content beliefs matters for students' achievement gains: Quasi-experimental evidence from elementary mathematics. *Journal of educational psychology, 94(2)*, 344–355.

Syring, M., Merk, S., & Bohl, T. (2019). Sind Lehrkräfte an integrativen Schulen anders? Ein Vergleich von Einstellungen zur Leistungsheterogenität von Lehrkräften an weiterführenden Schulen. In T. Ehmke, P. Kuhl & M. Pietsch (Hrsg.), *Lehrer. Bildung. Gestalten. Beiträge zur empirischen Forschung in der Lehrerbildung* (S. 85–96). Weinheim: Beltz Verlag.

Tajfel, H. (1979). Individuals and groups in social psychology. *British Journal of Social and Clinical Psychology, 18(2)*, 183–190.

Thiel, F., Richter, S. G. & Ophardt, D. (2012). Steuerung von Übergängen im Unterricht. *Zeitschrift für Erziehungswissenschaft, 15(4)*, 727–752.

Tillmann, K. J. (2008). Viel Selektion – wenig Leistung: Erfolg und Scheitern in deutschen Schulen. In R. Lehberger & U. Sandfuchs (Hrsg.), *Schüler fallen auf. Heterogene Lerngruppen in Schule und Unterricht* (S. 62–78). Bad Heilbrunn: Klinkhardt.

Tomlinson, C. A. (2000). Reconcilable differences: Standards-based teaching and differentiation. Educational Leadership, 58(1), 6–13.

Turner, J. C. (1982). Towards a cognitive redefinition of the social group. In H. Tajfel (Hrsg.), *Social identity and Intergroup Relations* (S. 15–40). Cambridge: Cambridge University Press.

Watermann, R. & Baumert, J. (2006). Entwicklung eines Strukturmodells zum Zusammenhang zwischen sozialer Herkunft und fachlichen und überfachlichen Kompetenzen: Befunde national und international vergleichender Analysen. In J. Baumert, P. Stanat, & R. Watermann (Hrsg.), *Herkunftsbedingte Disparitäten im Bildungswesen: Differenzielle Bildungsprozesse und Probleme der Verteilungsgerechtigkeit* (S. 61–94). Wiesbaden: VS Verlag für Sozialwissenschaften.

Wiater, W. (2012). Kulturdifferenz verstehen – Bedingungen – Möglichkeiten – Grenzen. In W. Wiater & D. Manschke (Hrsg.), *Verstehen und Kultur Mentale Modelle und kulturelle Prägungen* (S. 15–30). Wiesbaden: VS Verlag für Sozialwissenschaften.

Eccles, J. S. & Wigfield, A. (2002). Motivational beliefs, values, and goals. *Annual review of psychology, 53(1)*, 109–132.

Zwart, R. C. Korthagen, F. A. & Attema-Noordewier, S. (2015). A strength-based approach to teacher professional development. *Professional development in education, 41(3)*, 579–596.

Support als Kooperationsaufgabe im Kontext der Digitalisierung in der Schule

Melanie Heldt & Ramona Lorenz

1 Einleitung

In Zeiten zunehmender Digitalisierung in Schulen ergeben sich neben umfassenden Chancen ebenso multiple Herausforderungen in Bezug auf den Einsatz digitaler Medien. Zur gezielten Nutzung der Chancen und um den Herausforderungen sinnvoll zu begegnen, bedarf es umfassender medienbezogener Schulentwicklungsprozesse. Die Notwendigkeit derartiger Schulentwicklungsprozesse geht unter anderem aus den Ergebnissen der *International Computer and Information Literacy Study (ICILS)* hervor, im Rahmen derer den Lernenden der Jahrgangsstufe acht in Deutschland im internationalen Vergleich unzureichende medienbezogene Kompetenzen attestiert wurden (Eickelmann, Bos & Labusch, 2018; Eickelmann, Gerick & Bos, 2014). Zur Entwicklung derartiger Kompetenzen, die für die Teilhabe an der Gesellschaft im 21. Jahrhundert essentiell erscheinen, formuliert die Kultusministerkonferenz daher in ihrer Strategie *Bildung in der digitalen Welt*, „dass möglichst bis 2021 jede Schülerin und jeder Schüler jederzeit, wenn es aus pädagogischer Sicht im Unterrichtsverlauf sinnvoll ist, eine digitale Lernumgebung und einen Zugang zum Internet nutzen können sollte" (KMK, 2017, S. 6). Für den Einsatz digitaler Medien im Unterricht stellen eine funktionierende IT-Ausstattung einschließlich sinnvoller Supportlösungen grundlegende Voraussetzungen dar. Dabei umfasst der Support im Idealfall eine sowohl technische als auch pädagogische Unterstützung der Lehrpersonen beim Einsatz digitaler Medien (Lorenz & Bos, 2017). So wird auch in der KMK-Strategie betont, dass „medientechnischer Support für Schulen […] das Zusammenwirken unterschiedlicher Akteure" (KMK, 2017, S. 32) erfordert. Support ist dabei im Kontext der Digitalisierung in der Schule als Kooperationsaufgabe anzusehen (Strudler & Hearrington, 2008), wobei unklar bleibt, wie diese sinnvoll auszugestalten ist.

Allgemeinhin stellt Kooperation ein zentrales Merkmal von Schulqualität dar (u. a. Ditton, 2000), welches jedoch bislang noch nicht eingehender im Zusammenhang mit dem Support im Kontext der Digitalisierung untersucht wurde. Dieses Forschungsdesiderat soll im Rahmen des vorliegenden Beitrags aufgegriffen werden. Spezifischer soll beleuchtet werden, welche schulischen Akteure im Supportkontext zusammenarbeiten und welcher Mehrwert damit einhergeht. Außerdem soll herausgestellt werden, welche Gelingensbedingungen und Herausforderungen für derartige Kooperationen zentral sind. Datengrundlage bilden qualitative Interviews, die im Rahmen der Untersuchung des technischen und pädagogischen Supports an Schulen der Sekundarstufe I in Deutschland mit Schulleitungen und Schulträgern durchgeführt wurden.

2 Einordnung von Support und Kooperation in Theorie und Forschung

Die erfolgreiche Implementation digitaler Medien und die damit einhergehende Gewährleistung ihrer Funktionsfähigkeit erfordern zielführende Prozesse der Schulentwicklung in der Einzelschule. Im Zeitalter der Digitalisierung umfassen gelingende Schulentwicklungsprozesse im Wesentlichen Merkmale in den Dimensionen der Organisations-, Personal-, Unterrichts-, Technologie- und Kooperationsentwicklung (Eickelmann & Gerick, 2018; Schulz-Zander, 2001). Die aus dem Zusammenspiel der Merkmale in diesen Dimensionen entstehende Komplexität verdeutlicht die Notwendigkeit von „Koordination, Management und Steuerung" (Holtappels, 2007, S. 12) von Schulentwicklung. Zu diesem Zweck erscheint gezieltes Change Management sinnvoll. Change Management, als ein kontinuierlicher Prozess, ist zu verstehen als „das Management von Veränderungsprozessen […]. Change Management soll helfen, Kompetenzen zu erwerben sowie Strategien und Strukturen zum Umgang mit Veränderungen zu entwickeln. Change Management verlangt zielgerichtete, planvolle und umfassende Organisations-, Koordinierungs- und Steuerungsaktivitäten, die bei Veränderungen auf die inhaltliche Sache, Strukturen, Energien und Kontexte zielen" (Holtappels & Feldhoff, 2010, S. 160).

Im vorliegenden Fall betrifft der Veränderungsprozess die Digitalisierung und den damit verbundenen Support in der Schule, der professionellen Managements bedarf. Die Koordination und Organisation erforderlicher Strukturen umfassen den technischen Support, auf die Unterstützung eines pädagogisch sinnvollen Einsatzes digitaler Medien im Unterricht geht der pädagogische Support ein.

Die herangezogenen Konstrukte des Supports und der Kooperation lassen sich spezifischer im *Modell der Qualitätsdimensionen schulischer Medienbildung* nach Lorenz und Bos (2017) verorten. Die medienbezogene Schulqualität wird darin auf Basis einer klassischen Differenzierung nach Input-, Prozess- und Outputvariablen betrachtet (vgl. Abbildung 1). Im Rahmen dessen sind sowohl der technische und pädagogische Support als auch die Kooperationsentwicklung auf der schulischen Prozessebene zu verorten. Der ergänzende externe Support, der beispielsweise durch eine Kooperation mit IT-Firmen oder dem Schulträger gewährleistet werden kann, ist der Inputebene zuzuordnen.

Abbildung 1: Qualitätsdimensionen schulischer Medienbildung (nach Lorenz & Bos, 2017)

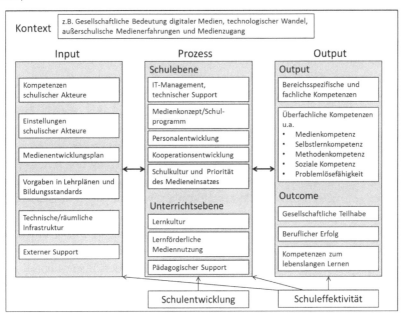

Support und Kooperation werden dabei durch weitere Inputfaktoren, wie den im Rahmen der Lehrerausbildung erlangten Kompetenzen, der Medienentwicklungsplanung oder den zur Verfügung gestellten Ressourcen, beeinflusst. Übergeordnet werden die Input-, Prozess- und Outputebene zudem durch Kontextfaktoren, beispielsweise durch den technologischen Wandel, bedingt. Auf Grund der damit einhergehenden Dynamik ist insbesondere eine stetige Weiterentwicklung der Prozessebene erforderlich

(Lorenz & Bos, 2017). Dementsprechend ist davon auszugehen, dass ebenso Support- und Kooperationsbemühungen eine kontinuierliche Weiterentwicklung erfordern. Beide Konstrukte werden nachfolgend eingehender beleuchtet.

2.1 Support

Allgemeinhin besteht Konsens darüber, dass der Support ein zentrales Merkmal einer nachhaltig gelingenden Medienintegration in der Schule darstellt (u. a. Breiter, Welling & Stolpmann, 2010; Eickelmann, 2010; Law & Chow, 2008; Lorenz & Endberg, 2017; Pelgrum, 2008; Strudler & Hearrington, 2008). Zentrale Ziele des schulintern organisierten technischen Supports, der auch als *First-Level-Support* zu bezeichnen ist, sind die umgehende Behebung simpler technischer Probleme sowie die Einführung der Lehrpersonen in den Umgang mit Hard- und Software (Lorenz & Bos, 2017). Größere Probleme werden dagegen an den durch den Schulträger koordinierten *Second-Level-Support* weitergeleitet (Bos & Lorenz, 2015). Eickelmann und Gerick (2018) merken dazu an, dass insbesondere durch den Schulträger langfristige Unterstützungsangebote im Kontext von Digitalisierungsprozessen erforderlich werden. Des Weiteren weisen sie darauf hin, dass bislang lediglich regionale und keine bundeslandweiten Konzepte für den technischen Support existieren. Dementsprechend kann die Umsetzung des Supports durch den Schulträger in vielfältiger Weise erfolgen. So können beispielsweise kommunale IT-Dienstleister eingesetzt, externe Unternehmen beauftragt oder die komplette Verantwortung der Schule übertragen werden. Den Support gilt es dabei bedarfsgerecht auf die IT-Ausstattung der jeweiligen Schule abzustimmen, weshalb standardisierte Supportsysteme weniger sinnvoll erscheinen (Breiter et al., 2010).

Der technische Support sollte darüberhinausgehend durch einen bedarfsgerechten pädagogischen Support ergänzt werden (Pelgrum & Doornekamp, 2009). Dieser soll die Lehrpersonen dazu befähigen, digitale Medien lernförderlich im Unterricht einzusetzen (Lorenz & Bos, 2017). Die Umsetzung des technischen und pädagogischen Supports sollte ineinander verzahnt erfolgen (ebd.), sodass der pädagogische Mehrwert der eingesetzten Technik zielführend genutzt werden kann.

Bei Betrachtung der Supportsituation in Deutschland wird auf Basis von Daten aus *ICILS 2018* ersichtlich, dass insgesamt 44.7% der Achtklässlerinnen und Achtklässler nach Angaben der befragten IT-Koordinatorinnen und IT-Koordinatoren eine Schule besuchen, an der die Nutzung digitaler Medien auf Grund eines mangelnden technischen Supports teilweise oder stark beeinträchtigt wird. Im Hinblick auf den pädagogischen Support lag dieser Anteil bei 67.9%. Andersherum stimmten 46.7% der Lehrpersonen voll oder eher zu, dass es ausreichend technische Unterstützung bei der Wartung der IT-Ausstattung ihrer Schule gab (Eickelmann, Gerick, Labusch & Vennemann, 2019). Die Supportsituation in Schulen untersuchte auch die bundesweite Studie *Schule digital – der Länderindikator* anhand einer repräsentativen Lehrkräftebefragung im Jahr 2017. Hier zeigte sich, dass 55.3% der Lehrpersonen angaben, ihre Schule verfüge über ausreichend technischen Support. Für den pädagogischen Support lag der Anteil bei 42.5%. Im Trend-Vergleich zu früheren Erhebungszeitpunkten zeigten sich für den technischen Support keine signifikanten Unterschiede (2015: 51.0%; 2016: 51.9%). Im Hinblick auf den pädagogischen Support ließ sich jedoch bezogen auf einen ausreichenden Support ein signifikanter Anstieg von 2015 (35.6%) auf 2016 (41.4%) verzeichnen (Lorenz & Endberg, 2017). Ähnliche Ergebnisse konnten im Kontext der Studie *Lernen mit digitalen Medien* für das Bundesland Schleswig-Holstein identifiziert werden (Gerick & Eickelmann, 2017). Ein nicht vorhandener IT-Support wurde durch Lehrpersonen im Rahmen des *Monitors Digitale Bildung* der Bertelsmann Stiftung nach hohen Ausstattungskosten und der mangelnden Zuverlässigkeit der IT-Ausstattung, als größte Hürde bei der Nutzung digitaler Medien identifiziert (Schmid, Goertz & Behrens, 2017). Dabei kann davon ausgegangen werden, dass die Unzuverlässigkeit der IT-Ausstattung auch durch den mangelnden IT-Support bedingt wird. Ebenso werden Entwicklungsbedarfe hinsichtlich der Qualität des technischen Supports ersichtlich: So schätzte knapp die Hälfte der Schulleitungen (49%) und etwas mehr als die Hälfte der Lehrpersonen (54%) die Qualität des technischen Supports als nicht gut ein (ebd.). Die Notwendigkeit von Entwicklungsbedarfen geht ebenso aus der Studie von Breiter, Welling und Stolpmann (2010) hervor: Zwar gaben im Rahmen der Untersuchung 80% der befragten Lehrpersonen an, eine Ansprechperson im Falle von technischen Unterstützungsbedarfen zu haben, jedoch erfolgte die qualitative Beurteilung des Supports eher mittelmäßig: Der technische Support wurde dabei durchschnittlich mit der Schulnote 3.2 bewertet, die medienpädagogische Unterstützung mit einer 3.8. Ferner konnte im Rahmen von *ICILS 2018* gezeigt werden, dass der technische und pädagogische Support primär von IT-Koordinator(inn)en erbracht wurden (vgl. Eickelmann, Gerick et al., 2019).

Aufgrund der ersichtlich werdenden wesentlichen Relevanz eines geregelten Supports und der vielfältigen Herausforderungen im Kontext der Digitalisierung stellt sich die Frage, wie mit diesen Herausforderungen umgegangen und der Supportprozess zielführend koordiniert und realisiert werden kann. Heinen und Kerres (2017) weisen darauf hin, dass der Einsatz digitaler Medien, und demnach auch der Support, entsprechende Rahmenbedingungen erfordern, die „nur im Zusammenspielen der Akteure" (ebd., S. 134) zielführend umzusetzen sind. Somit erscheint im Zuge dessen der Kooperation der an der schulischen Digitalisierung respektive der am Support beteiligten Akteure eine wesentliche Bedeutung zuzukommen, was im folgenden Abschnitt vertiefend betrachtet wird.

2.2 Support als Kooperationsaufgabe

Kooperationsentwicklung stellt wie aufgezeigt eine zentrale Dimension der Schulentwicklung im Kontext digitaler Medien dar (Eickelmann & Gerick, 2018; Schulz-Zander, 2001). Die Diskussion um Kooperation im Allgemeinen weist vielfältige Kooperationsformen und Begriffsdefinitionen auf (Ahlgrimm, Krey & Huber, 2012). Der vorliegende Beitrag folgt dem Verständnis kooperativer Schulentwicklung nach Rahm (2010), da dieses konkret im Kontext von Schulentwicklung zu verorten ist. Kooperative Schulentwicklung gilt demnach als eine zentrale Voraussetzung für das Gelingen von Schulentwicklungsprozessen und die damit einhergehende Entwicklung von Schulqualität. Im Sinne kooperativer Schulentwicklung „bedarf es eines Zusammenwirkens aller am Bildungsprozess Beteiligten, um eine Optimierung des Bildungsangebotes zu erreichen" (ebd., S. 83). Durch ressourcenorientiertes Handeln der involvierten Akteure können sodann Synergieeffekte genutzt werden (ebd.). Kooperationen können im Kontext dessen sowohl innerhalb der Einzelschule, beispielsweise zwischen Lehrpersonen, als auch zwischen Schulen und weiteren externen Akteuren erfolgen (Eickelmann & Gerick, 2018). Im Folgenden werden Befunde zur Kooperation auf Einzelschulebene sowie auf regionaler Ebene eingehender betrachtet.

2.2.1 Kooperation auf Einzelschulebene

Der Kooperation zwischen Lehrpersonen wird eine hohe Relevanz für den gelingenden Einsatz digitaler Medien im Unterricht zugesprochen (u. a. Eickelmann, 2010; Law & Chow, 2008; Strudler & Hearrington, 2008). Im Rahmen dessen wird das Ziel der gemeinsamen Weiterentwicklung medienbezogener technischer und pädagogischer Kompetenzen der Lehrpersonen verfolgt (Eickelmann, 2011).

Gräsel, Fußangel und Pröbstel (2006) differenzieren allgemeinhin drei Formen von Kooperation in Abhängigkeit ihrer Intensität. Eine erste Form umfasst den *Austausch*, der am häufigsten praktiziert wird. Dieser ist gekennzeichnet durch die gegenseitige Weitergabe von Informationen und

Material. Eine zweite Form stellt die *arbeitsteilige Kooperation* respektive *Synchronisation* dar, im Rahmen derer Arbeitsaufträge mit dem Ziel der Effizienzsteigerung zunächst separiert bearbeitet und anschließend zusammengeführt werden. Die dritte und seltenste praktizierte Form beschreibt die *Kokonstruktion*, im Kontext derer Lösungsstrategien mit den Zielen der Maximierung von Schulqualität und Professionalisierung durch eine gemeinsame Wissenskonstruktion erarbeitet werden.

Die benannten Formen wurden im Rahmen der Studie *Schule digital – der Länderindikator* auf die Arbeit mit digitalen Medien bezogen (Welling, Lorenz & Eickelmann, 2016). So ist im Hinblick auf den Austausch als Beispiel die Weitergabe medienbezogener Unterrichtsmaterialien zu benennen, was 37.1% der Lehrpersonen der Sekundarstufe I in Deutschland mindestens einmal im Monat praktizierten. Im Kontext der arbeitsteiligen Kooperation gaben beispielsweise 20.5% der Lehrpersonen an, mindestens einmal im Monat gemeinsame Absprachen über eine arbeitsteilige Vermittlung computerbezogener Fähigkeiten der Lernenden zu treffen. Im Rahmen von Kokonstruktion benannten unter anderem 7.3% der Lehrpersonen, mindestens einmal im Monat an Unterrichtshospitationen teilzunehmen (vgl. ebd.). Insgesamt gehen die Befunde des *Länderindikators* mit den Ausführungen von Gräsel et al. (2006) einher, wonach der Austausch die am häufigsten und die Kokonstruktion die am seltensten praktizierte Kooperationsform darstellt (Welling et al., 2016).

Dass das Potenzial medienbezogener Kooperation an vielen Schulen bislang offenbar noch nicht umfassend genutzt wird (u. a. Breiter et al., 2010; Eickelmann & Lorenz, 2014; Welling et al., 2016), spiegelt sich auch in den Ergebnissen aus *ICILS 2018* wider: Demnach besuchten 38.7% der Schülerinnen und Schüler eine Schule, an der viele bzw. alle oder fast alle Lehrpersonen regelmäßig an Diskussionen über den Einsatz von digitalen Medien im Unterricht in Form schulinterner Arbeitstreffen oder Lehrerkonferenzen teilnahmen. Auf Gruppendiskussionen (22.4%), die Teilnahme an Arbeitsgruppen (11.3%) sowie Unterrichtshospitationen (5.7%) zum Einsatz digitaler Medien im Unterricht traf dies in geringerem Maße zu. Ergänzend ist hier anzuführen, dass der Anteil der Lehrkräfte in Deutschland im Hinblick auf alle untersuchten Indikatoren der Kooperation von Lehrpersonen zum Einsatz digitaler Medien im Unterricht signifikant unter dem internationalen Mittelwert lag (Gerick, Eickelmann & Labusch, 2019).

Nachdem ersichtlich wurde, dass Kooperationspotentiale im Kontext digitaler Medien bisher häufig ungenutzt bleiben, stellt sich die Frage, welche Faktoren zum Gelingen von Kooperationen beitragen können. Als wesentliche Voraussetzungen für eine gewinnbringende Kooperation benennen Fußangel und Gräsel (2010) die Verfolgung eines gemeinsamen Ziels, eine klare Aufgabenteilung sowie das Autonomieerleben der Lehrpersonen während der Kooperation. Damit einhergehend sind zwischenmenschliche Faktoren (z. B. Vertrauen) sowie zeitliche und räumliche Ressourcen von Bedeutung. Als Gelingensbedingung medienbezogener Kooperation wurde auf Grundlage von *ICILS-2013*-Daten unter anderem die Maßnahmen der Schulleitung zur Initiierung kooperativer Koordinationsformen von Innovationen benannt (Drossel, Schulz-Zander, Lorenz & Eickelmann, 2016). Des Weiteren identifizierten Eickelmann und Schulz-Zander (2008) als kooperationsförderliche Faktoren im Medienkontext sinnvolle schulinterne und schulexterne medienbezogene Fortbildungsangebote, Unterstützungsangebote seitens des Schulträgers sowie die schulinterne Initiierung schulexterner Kooperationen beispielsweise in Schulnetzwerken. Im Gegensatz dazu stellten sie als Hürden unzureichende zeitliche, personelle und materielle Ressourcen sowie mangelnde Akzeptanz und Medienkompetenz der Lehrpersonen heraus (vgl. ebd.).

Neben der Kooperation von Lehrpersonen sind außerdem Steuergruppen von Relevanz, die grundlegend für die zielführende Durchführung von Schulentwicklungsbemühungen erscheinen. In theoretischer Hinsicht sind Steuergruppen im Kontext von Change Management zu verorten (Holtappels, 2007). Die Steuergruppe ist für Prozessentscheidungen zum Beispiel im Hinblick auf Schulentwicklungsprojekte verantwortlich und unterstützt das Kollegium bei deren Umsetzung der Vorhaben. Ihr übergeordnetes Ziel ist demnach die „Steuerung eines Schulentwicklungsprozesses durch die Mitglieder der Schule selbst" (Rolff, 2016, S. 42). Als wesentliche Voraussetzungen für den Erfolg der Steuergruppenarbeit sind ein klar definierter Auftrag einschließlich transparenter Handlungsweisen, die Mitarbeit auf freiwilliger Basis sowie eine gemeinsame Verantwortungsübernahme aller Mitglieder, die ohne hierarchische Strukturen erfolgt, zu benennen (ebd.).

Bereits im Jahr 2007 verwies Holtappels auf die seltene internationale Diskussion und Forschung im Kontext von Steuergruppen, woran sich zwischenzeitlich nach Einsicht in die Forschungslage scheinbar wenig verändert hat. Er begründete dies damit, dass Steuergruppen „ein spezielles Phänomen im deutschsprachigen Raum zu sein" (Holtappels, 2007, S. 11) scheinen. Obgleich Steuergruppen Forschungsgegenstand unterschiedlicher Studien waren (u. a. Berkemeyer, Feldhoff & Brüsemeister, 2008; Feldhoff, Kanders & Rolff, 2008; Feldhoff, 2011; Schröck, 2009), erscheint auch der nationale Forschungsstand nach wie vor sehr gering. So hat sich herausgestellt, dass Steuergruppen bei der Umsetzung des Schulprogramms eine hohe Bedeutung zugeschrieben wurde (Berkemeyer & Holtappels, 2007).

Auch wurde sie als verantwortlich für die Maximierung von Unterrichts-
methoden und Unterrichtsqualität sowie die stärkere Transparenz und
Verbindlichkeit von Vereinbarungen angesehen. Des Weiteren konnten
Zusammenhänge zwischen Aspekten der Schulqualität, wie zum Beispiel
Unterrichtskooperation und Zielkonsens im Kollegium sowie der Akzeptanz und Wirksamkeit der Steuergruppe aufgezeigt werden (vgl. ebd.). Des
Weiteren lieferte die Studie Hinweise darauf, dass Steuergruppen als
Change Agents angesehen werden können, da sich das Steuergruppenhandeln auf die Innovationsbereitschaft sowie die unterrichtsbezogene Kooperation des Kollegiums auswirkte (Feldhoff & Rolff, 2008; s. auch Feldhoff,
2011). Insgesamt erscheint der Forschungsstand zu Steuergruppen nach wie
vor rudimentär. So kam auch Feldhoff (2019) zu dem Schluss, dass Steuergruppen bislang primär im Kontext von Modellprojekten aufgegriffen wurden und ausschließlich querschnittlich untersucht wurden. Studien, die
Steuergruppen im Kontext von Digitalisierung und insbesondere Support
betrachten, liegen nicht vor. Berkemeyer und Holtappels (2007) resümier-
ten, dass sich Steuergruppen „durchaus als bedeutsame Form des Change
Managements in Schulen erwiesen haben" (ebd., S. 136), weshalb die These
aufgestellt werden kann, dass Steuergruppen auch hilfreich für die Organisation des Supports sein könnten, und um damit einhergehenden Herausforderungen gemeinsam zu begegnen.

2.2.2 Kooperation auf regionaler Ebene

Neben der Kooperation auf Einzelschulebene erscheint ebenso die Koope-
ration mit externen Partnerinnen und Partnern auf regionaler Ebene im
Kontext des Supports und des Digitalisierungsprozesses in Schulen relevant.
Eickelmann und Gerick (2018) weisen diesbezüglich darauf hin, dass „[d]ie
Vernetzung von Schulen und Kooperationen mit weiteren schulischen Akteuren […] zielführend für schulische Entwicklungsprozesse zu sein" (ebd.,
S. 115) scheinen. Hier ist zunächst auf den auf der Input-Ebene im Rahmen
der *Qualitätsdimensionen schulischer Medienbildung* verorteten technischen
Support, der durch externe Partnerinnen und Partner wie den Schulträger
erbracht wird, zu verweisen (Lorenz & Bos, 2017). Diese Form der Ko-
operation erscheint bislang nicht näher empirisch untersucht.
  Auf regionaler Ebene ist die Zusammenarbeit von Schulen in Netzwerken seit Beginn der 1990er-Jahre Gegenstand empirischer Forschung. Der
Netzwerk-Begriff ist dabei nach wie vor durch heterogene Definitionen und
Ausprägungsformen geprägt (Berkemeyer, Manitius, Müthing & Bos, 2009;
Gruber, Hirschmann & Rehrl, 2018; Muijs, West & Ainscow, 2010). Allgemeinhin ist davon auszugehen, dass Schulnetzwerke Gelegenheiten zu Ko-

operationen eröffnen (Berkemeyer, Järvinen, Otto & Bos, 2011). Spezifischer können Netzwerke definiert werden als „Unterstützungssysteme auf Gegenseitigkeit. Die Beteiligten tauschen sich aus, kooperieren im Rahmen gemeinsamer Angelegenheiten, Ziele, Schwerpunkte oder Projekte. Sie lernen voneinander und miteinander" (Czerwanski, 2003, S. 14). In lerntheoretischer Hinsicht besteht der Nutzen von Netzwerken somit darin, dass die Involvierung in Netzwerke und der Zugang zu darin enthaltenen Ressourcen zur Entwicklung individueller Kompetenzen beitragen (Gruber et al., 2018).

Im Kontext erziehungswissenschaftlicher Forschung lassen sich drei Arten von Netzwerken identifizieren, die jedoch nicht trennscharf sind (Berkemeyer & Bos, 2010): Zunächst sind Schulnetzwerke immer soziale Netzwerke, im Rahmen derer Interaktion zwischen Organisationen in Form zwischenmenschlicher Beziehungen erfolgt. Die Arbeit in sozialen Netzwerken, in die Organisationsmitglieder involviert sind, erfolgt im Gegensatz zu klassischen sozialen Netzwerken grundsätzlich planvoll und intentional. Weitere Arten stellen Netzwerke als Koordinationsmechanismus, insbesondere zur Verbesserung von Abstimmungsprozessen sowie Netzwerke als Reformstrategie zur Realisierung schulischer Innovationen dar (ebd.). Schulnetzwerke können dabei weiterhin in zwei Formen differenziert werden, die auch in Kombination vorzufinden sind (Dedering, 2007): Einerseits existieren Netzwerke, innerhalb derer ausschließlich Schulen untereinander kooperieren. Andererseits sind Netzwerke vorzufinden, in welchen Schulen gemeinsam mit außerschulischen Partnerinnen und Partnern wie Kommunen oder Betrieben zusammenwirken (ebd.). Im Kontext der letzteren Form haben sich auf regionaler Ebene außerdem Netzwerke bestehend aus Schulen und Bildungsakteuren entwickelt, die in multiprofessioneller Kooperation mit lokalen Potenzialen auf spezifische Entwicklungsbedarfe reagieren sollen (Manitius, Berkemeyer, Brüsemeister & Bos, 2015).

Die Arbeit in Schulnetzwerken ist mit vielfältigen Potenzialen verbunden. So kann beispielsweise die gemeinsame Nutzung von Ressourcen zu einer Effizienzsteigerung der eigenen Arbeit beitragen (Jungermann, Pfänder & Berkemeyer, 2018). Zudem werden ein gegenseitiger Austausch und Transfer von Ideen initiiert sowie damit einhergehend das Kennenlernen der beteiligten Akteure ermöglicht (ebd.). Forschungsbefunde zu Schulnetzwerken zeigen weiterhin auf, dass die Kooperation in Netzwerken die beteiligten Akteure bei der Lösung bestehender Probleme unterstützen kann (Muijs et al., 2010). Damit einhergehend bieten Netzwerke Gelegenheiten zur professionellen Entwicklung der Akteure und ermöglichen ihnen den Zugang zu regionaler und (inter-)nationaler Expertise (Chapman &

Hadfield, 2010). Im Rahmen einer Analyse der Netzwerkarbeit der 31 beteiligten Gymnasien im Projekt *Ganz In* konnte herausgestellt werden, dass in den untersuchten Netzwerken ähnlich wie innerschulisch primär der Austausch praktiziert wurde, wohingegen Kokonstruktionsprozesse selten stattfanden (Glesemann & Järvinen, 2015). Positive Wirkungen von Netzwerken konnten zudem in unterschiedlichen Studien herausgestellt werden (u. a. Berkemeyer et al., 2009; Dedering, 2007). Somit werden vielfältige Potenziale von Schulnetzwerken ersichtlich, die auch für den Umgang mit Herausforderungen im Kontext der Digitalisierung gewinnbringend genutzt werden können (Endberg et al., 2020). Derartige Potenziale können jedoch nur zielführend realisiert werden, wenn sich die beteiligten Akteure auf die Arbeit im Schulnetzwerk einlassen sowie entsprechende Ressourcen, unter anderem personelle und zeitliche, zur Verfügung stehen. Zudem erfordert es eine aktive Gestaltung des Transfers zwischen dem Netzwerk und der Einzelschule, um die Nachhaltigkeit der Netzwerkarbeit sicherzustellen (ebd.). Als Gelingensbedingungen sind ferner eine klare Definition von Zielen der Netzwerkarbeit, die Unterstützung durch die Schulleitung sowie das individuelle Engagement der Teilnehmenden zu benennen (Berkemeyer et al., 2009).

Mögliche thematische Schwerpunkte von Schulnetzwerken im Kontext der Digitalisierung können im Sinne gelingender Schulentwicklung die Themenfelder Organisations-, Personal-, Unterrichts- und Technikentwicklung betreffen. Dazu könnten beispielsweise schulübergreifend gemeinsame Lösungen für den *First-Level-Support* erarbeitet werden (Endberg et al., 2020) oder Strategien für die Umsetzung des pädagogischen Supports. Endberg et al. (2020) kommen sodann zu dem Schluss, dass „[w]enn die Vorteile von Schulnetzwerken gemeinsam mit den Möglichkeiten der Digitalisierung gedacht werden, […] Schulentwicklungsprozesse erfolgreich initiiert und implementiert werden" (ebd.) können.

3   Forschungsanliegen

Nach Einsicht in die Literatur werden das Potenzial sowie Gelingensbedingungen von Kooperationen auf Einzelschulebene und regionaler Ebene ersichtlich. Obschon die Kooperationsentwicklung eine zentrale Dimension der medienbezogenen Schulentwicklung darstellt (Eickelmann & Gerick, 2018; Schulz-Zander, 2001), wurde die Kooperation im Kontext digitaler Medien bislang lediglich zwischen Lehrpersonen untersucht (u. a. Drossel, Eickelmann & Lorenz, 2018; Drossel et al., 2016; Welling et al., 2016). Die

Kooperation auf Einzelschulebene in Form von Steuergruppen sowie auf regionaler Ebene insbesondere in Form von Netzwerken wurde bislang noch nicht im Zusammenhang mit den Herausforderungen der Digitalisierung systematisch betrachtet, wenngleich im Hinblick auf Schulnetzwerke erste Ansätze vorzufinden sind (u. a. Endberg et al., 2020; Heinen, 2017). Offen bleibt zudem, mit welchen Akteuren Schulen überhaupt in Bezug auf den Support zusammenarbeiten. Der Mehrwert und die Gelingensbedingungen von Kooperation im Kontext des Supports wurde bislang weder auf Ebene der Einzelschule noch auf regionaler Ebene empirisch beleuchtet. Anliegen des vorliegenden Beitrags ist es daher, dieses Forschungsdesiderat aufzugreifen und der Frage nachzugehen, inwiefern Kooperationen im Rahmen des Supports, sowohl innerschulisch als auch auf regionaler Ebene, die zielführende Gestaltung von Supportprozessen auf schulischer und unterrichtlicher Ebene erleichtern können. Konkret ergeben sich damit die folgenden zugrundeliegenden Forschungsfragen, die auf Grund des bislang rudimentären Forschungsstandes einen explorativen Charakter aufweisen:

1. Welche Kooperationspartnerinnen und -partner arbeiten in Bezug auf den Support von Schulen im Kontext der Digitalisierung zusammen?
2. Welcher Mehrwert ergibt sich hinsichtlich des technischen und pädagogischen Supports an Schulen durch Kooperationen?
3. Welche Gelingensbedingungen und Herausforderungen ergeben sich aus Sicht der beteiligten Akteure für Kooperationen im Kontext des Supports?

4   Methodisches Vorgehen

Den Fragen wird auf Basis leitfadengestützter qualitativer Interviews mit Schulleitungen (N=8) und Schulträgern (N=14) aus verschiedenen Bundesländern nachgegangen. Kennzeichnend für die Interviewpartnerinnen und -partner ist, dass diese im Kontext schulischer Digitalisierungsprozesse bereits umfangreiche Expertise gesammelt haben, sodass sie über entsprechende Erfahrungen im Supportkontext berichten können. Die Interviewpartnerinnen und -partner wurden aufgrund visibler Aktivitäten im Digitalisierungskontext ausgewählt, die beispielsweise in der Beteiligung in medienbezogenen Forschungsprojekten, Netzwerkarbeit mit entsprechendem Schwerpunkt oder medialer Berichterstattung deutlich wurde. Die Interviews wurden im Jahr 2018 im Kontext der durch die Deutsche Telekom

Stiftung geförderten *Untersuchung des technischen und pädagogischen Supports an Schulen der Sekundarstufe I in Deutschland* (Bos, Lorenz, Heldt & Eickelmann, 2019) durchgeführt. Der Interviewleitfaden bestand unter anderem aus Fragen zur Rolle von Kooperationen im Supportkontext sowie zu Gelingensbedingungen und Herausforderungen im Kontext des technischen und pädagogischen Supports. Im Kontext der befragten Schulträger beziehungsweise Sachaufwandsträger[1] ist anzumerken, dass in Abhängigkeit der Organisation des Second-Level-Supports und insbesondere des pädagogischen Supports gegebenenfalls weitere Akteure, beispielsweise Medienzentren, interviewt wurden. Diese werden im Folgenden der Lesbarkeit halber ebenfalls unter der Bezeichnung ‚Schulträger' zusammengefasst, da sie die Perspektive des Second-Level-Supports vertreten. Die transkribierten Interviews wurden im Sinne der qualitativen Inhaltsanalyse nach Mayring (2015) ausgewertet. Im Rahmen dessen erfolgte die Kategorienbildung im Hinblick auf die erste Forschungsfrage primär deduktiv auf Basis der in Theorie und Forschungsstand erarbeiteten Kooperationsformen. So ergeben sich zunächst die Oberkategorien schulinterne und -externe Kooperationspartnerinnen und -partner (u. a. Eickelmann & Gerick, 2018). Die schulinternen Kooperationspartnerinnen und -partner können weiterhin ausdifferenziert werden in die Kategorien Kooperation von Lehrpersonen (u. a. Gräsel et al., 2006; Welling et al., 2016), schulintern gestaltete Fortbildungen (Eickelmann & Schulz-Zander, 2008), Steuergruppen (u. a. Feldhoff, 2019; Holtappels, 2007) sowie medienbeauftragten Lehrpersonen (Eickelmann, Gerick et al., 2019). Die Kategorie Schülerinnen und Schüler wurde induktiv ergänzt. Die Kategorien im Hinblick auf schulexterne Kooperationspartnerinnen und -partner betreffen die Zusammenarbeit von Schulen und Schulträger (u. a. Eickelmann & Schulz-Zander, 2008), die im weiteren Verlauf induktiv um die Zusammenarbeit zwischen Schulträgern ergänzt wurde. Weitere Kategorien stellen Netzwerke, differenziert in Schulnetzwerke und regionale Netzwerke (u. a. Dedering, 2007; Manitius et al., 2015), externe Expertinnen und Experten für schulinterne Fortbildungen (Eickelmann & Schulz-Zander, 2008) sowie IT-Firmen (Lorenz & Bos, 2017) dar. Die Kategorienbildung im Zuge der zweiten und dritten Forschungsfrage erfolgte indessen induktiv. Die Kodierung erfolgte computergestützt mit Hilfe der Software MAXQDA.

---

1   Aufgaben der äußeren Schulangelegenheiten und damit verbunden auch der Support werden je nach Bundesland durch Schulträger oder Sachaufwandsträger geleistet. Für eine bessere Lesbarkeit wird im weiteren Verlauf die Bezeichnung ‚Schulträger' verwendet.

5   Ergebnisse der eigenen Untersuchung

Nachfolgend werden die Ergebnisse der eigenen qualitativen Untersuchung berichtet, die entlang der drei abgeleiteten Forschungsfragen vorgestellt werden.

5.1   Kooperationspartnerinnen und -partner im Kontext des Supports

Im Hinblick auf die erste Forschungsfrage, die beleuchtet, welche Kooperationspartnerinnen und -partner in Bezug auf den Support im Kontext der Digitalisierung in Schulen zusammenarbeiten, wird ersichtlich, dass unterschiedliche Partnerinnen und Partner zu diesem Zweck kooperieren. Nachfolgend werden diese Akteure differenziert nach internen und externen Kooperationspartnerinnen und -partnern vorgestellt. Werden beide Gruppen zunächst rein quantitativ betrachtet, fällt auf, dass Akteure interner Kooperation von deutlich weniger Interviewpartnerinnen und -partnern benannt werden (s. Tabelle 1). So verweisen die interviewten Schulleitungen auf insgesamt 20 interne Kooperationspartnerinnen und -partner, wohingegen Interviewpassagen von Schulträgern auf schulinterner Ebene mit zwei Nennungen selten vertreten sind. Im Hinblick auf Akteure externer Kooperation benennen die Schulleitungen mit 23 Nennungen nahezu gleich viele interne und externe Kooperationspartnerinnen und -partner, Schulträger benennen sogar 36 externe Akteure (s. Tabelle 2).

Tabelle 1: Anzahl der Nennungen schulinterner Kooperationspartnerinnen und -partner

Kategorie	schulinterne Kooperationspartnerinnen und -partner	
	Schulleitungen (N=8)	Schulträger (N=14)
Kooperation von Lehrpersonen	4	-
Schulintern gestaltete Fortbildungen	7	-
Medienbeauftragte Lehrpersonen	3	2
Schülerinnen und Schüler	3	-
Steuergruppe	3	-
Insgesamt:	20	2

Bei differenzierterer Betrachtung der Akteure interner Kooperation ergeben sich die fünf Unterkategorien Kooperation von Lehrpersonen, schulintern gestaltete Fortbildungen, medienbeauftragte Lehrpersonen, Schülerinnen und Schüler sowie Steuergruppen (s. Tabelle 1). Von medienbezogener Kooperation von Lehrpersonen insbesondere im Bereich des pädagogischen Supports berichten vier Schulleitungen. Hier werden beispielsweise Möglichkeiten zur Unterrichtshospitation, Teamteaching von erfahrenen und weniger erfahrenen Lehrpersonen oder kollegialer Beratung benannt. Ein konkretes Beispiel zur Ausgestaltung des pädagogischen Supports auf Basis medienbezogener Kooperation von Lehrpersonen im fächerübergreifenden Unterricht bietet der folgende Auszug aus einem Schulleitungsinterview:

> „Wir haben alle Lehrpläne sozusagen auf ihre Kompetenzen hin untersucht […] und haben […] uns dann konstituierend zusammengesetzt als Team und gesagt: So, der Geschichtslehrer hat eine Idee, der sagt ‚Römer ist mein Thema. Wer hat denn Lust bei Römern dabei zu sein?‘ […] dann kommt der Mathelehrer und sagt ‚Römische Zahlen – da bin ich dabei‘ […] und so weiter […]. Die [Lehrpersonen] nehmen dann sozusagen immer die passenden Kompetenzen dazu raus und dann gibt das am Ende des Tages ein Bündel unter dem Kontextthema ‚Römer‘. Und dann setzt sich ein Lehrerteam hin und fängt an, diese Lernumgebung zu schreiben. Also das kann ein Gamification-Ansatz sein, ein Brettspiel ist es in dem Fall bei den Römern geworden, wir haben aber auch schon Hörspiele produziert" (Schulleitung 05).

Auf Grundlage der Interviewpassage wird somit ersichtlich, dass der pädagogische Support in Prozessen der Kokonstruktion erbracht werden kann. Insbesondere durch die gemeinsame vertiefte Reflexion der zu vermittelnden Kompetenzen werden die Lehrpersonen zu einem lernförderlichen Einsatz digitaler Medien im Unterricht befähigt.

Des Weiteren zeigen mit sieben Schulleitungen im Kontext interner Kooperation fast alle befragten Schulleitungen Möglichkeiten schulintern gestalteter Fortbildungen im Hinblick auf den technischen und pädagogischen Support auf. Hier wird insbesondere auf schulinterne Fortbildungstage oder Mikrofortbildungen im Schneeballsystem verwiesen. So führt eine Schulleitung aus:

> „Wir [haben] so Schneeballsystemfortbildungen, also nach dem Prinzip Train-The-Trainer. Ich habe also Leute, die arbeiten mit den Systemen und die bilden wieder weitere Kollegen und Kolleginnen hausintern zunächst erstmal fort. Wir haben ganz gezielt gesetzte, oft sehr kurze Fortbildungen am Nachmittag, mal eine halbe Stunde, also wie lade ich Dokumente in eine Bibliothek hoch oder jetzt gerade ist das Thema, wie erstelle ich Material für Vertretungsunterricht. Also sehr kleinschrittige Dinge und mit denen führen wir so langsam die Kollegen und Kolleginnen an das System ran" (Schulleitung 06).

Hier wird somit deutlich, dass derartige Mikrofortbildungen mit Multiplikatorenkonzept sowohl für den technischen Support (zum Hochladen von Dokumenten) als auch für den pädagogischen Support (zur Erstellung von lernförderlichem Unterrichtsmaterial) genutzt werden können. Weiterhin verweisen drei Schulleitungen sowie zwei Schulträger auf die Zusammenarbeit von medienbeauftragten Lehrpersonen untereinander, aber auch auf deren Kooperation mit anderen Lehrpersonen. Zudem berichten drei Schulleitungen im Hinblick auf den technischen Support von der Zusammenarbeit von Lehrpersonen und Schülerinnen und Schülern, die beispielsweise als Medienscouts ausgebildet sind. Ferner weisen drei Schulleitungen auf das Vorhandensein schulinterner Steuergruppen im Supportkontext hin. Der inhaltliche Fokus der Steuergruppen liegt dabei an zwei Schulen auf dem technischen Support sowie an einer Schule auf dem pädagogischen Support.

Tabelle 2: Anzahl der Nennungen schulexterner Kooperationspartnerinnen und -partner

Kategorie	schulexterne Kooperationspartnerinnen und -partner	
	Schulleitungen (N=8)	Schulträger (N=14)
Schulträger		
Schule und Schulträger	8	14
Zwischen Schulträgern	-	7
Netzwerke		
Schulnetzwerke	2	2
Regionale Netzwerke	2	4
Externe Expertinnen und Experten für schulinterne Fortbildungen	3	-
IT-Firmen	4	5
Sonstige Akteure	4	4
Insgesamt:	23	36

Im Hinblick auf Akteure externer Kooperation ergeben sich die Unterkategorien Schulträger, Netzwerke, externe Expertinnen und Experten für schulinterne Fortbildungen, IT-Firmen und sonstige Akteure (s. Tabelle 2). Alle befragten Schulleitungen berichten im Rahmen des Supports mit dem Schulträger und andersherum alle Schulträger mit den Schulen zusammenzuarbeiten, wobei der technische Support hier von zentraler Bedeutung erscheint und weniger der pädagogische Support. Sieben Schulträger berichten zudem von einem regelmäßigen Austausch mit anderen Schulträgern.

Darüberhinausgehend berichten die interviewten Personen über die Zusammenarbeit in Netzwerken: So geben zwei Schulleitungen an, in Schulnetzwerken zum Thema Digitalisierung zusammenzuarbeiten. Zudem berichten zwei Schulträger, dass sich Schulen aus ihrer Trägerschaft zu Netzwerken zusammengeschlossen haben. Weiterhin geben zwei Schulleitungen sowie vier Schulträger an, sich in Netzwerken mit anderen Akteuren wie beispielsweise der Schulaufsicht oder dem Medienzentrum auf regionaler Ebene sowohl mit dem technischen als auch mit dem pädagogischen Support auseinanderzusetzen. Zum Beispiel weisen je eine Schulleitung und ein

Schulträger im Rahmen dessen auf das Vorhandensein eines medienbezogenen regionalen Steuergremiums hin.

Drei Schulleitungen berichten zudem davon, externe Expertinnen und Experten für schulinterne Fortbildungen einzuladen. Außerdem geben im Kontext der Kategorie IT-Firmen vier Schulleitungen und fünf Schulträger an, im Hinblick auf den technischen Support mit entsprechenden Firmen zusammenzuarbeiten.

Ferner benennen vier Schulleitungen und vier Schulträger Kooperationen in der Kategorie sonstige Akteure, wie die Zusammenarbeit von Schulen im technischen Support mit Studierenden. Eine Schulleitung beschreibt außerdem, zur Umsetzung der Digitalisierung und damit auch des Supports auf die Expertise anderer Schulen zurückgegriffen zu haben, indem sie entsprechend in der Digitalisierung vorangeschrittene Schulen hospitiert haben. Andersherum weist eine weitere Schulleitung auf die Bereitstellung entsprechender Hospitationsmöglichkeiten hin. Zwei Schulträger berichten hier zudem von einer Zusammenarbeit mit Akteuren der Lehreraus- und -fortbildung, um Lehrpersonen gezielt auf den Support vorzubereiten.

Insgesamt werden somit vielfältige schulinterne und -externe Kooperationspartnerinnen und -partner im Supportkontext ersichtlich. Im Rahmen dessen berichten Schulleitungen gleichermaßen von Kooperationen mit internen und externen Akteuren, wohingegen der Schwerpunkt auf Seiten der Schulträger erwartungskonform auf der Zusammenarbeit mit externen Akteuren liegt. Welcher Mehrwert mit derartigen Kooperationen einhergehen kann, soll nachfolgend beleuchtet werden.

5.2 Mehrwert von Kooperationen im Kontext des Supports

Hinsichtlich der zweiten Forschungsfrage, die den Mehrwert von Kooperationen im Supportkontext untersucht, ergaben sich insgesamt 51 Nennungen differenziert in fünf Unterkategorien. Folgende Unterkategorien wurden induktiv aus dem Interviewmaterial gebildet: positive Erfahrungen, Inspiration für die eigene Arbeit, Unterstützung, Nutzung von Synergien sowie Abstimmungsprozesse.

Die eher allgemeine Kategorie positive Erfahrungen enthält insgesamt zehn Nennungen von zwei Schulleitungen und sieben Schulträgern. Die Interviewpartnerinnen und -partner berichten darin von den durchweg positiven Erfahrungen, die sie im Rahmen von Kooperationen, unter anderem zwischen Schule und Schulträger sowie zwischen Schulträgern, gesammelt haben. Spezifischer besteht der Mehrwert beispielsweise darin, dass die schulischen Akteure durch die Kooperationen Inspiration für die eigene Arbeit erhalten. Dies zeigen zwei Schulleitungen und zwei Schulträger in insgesamt sechs Interviewpassagen auf. Exemplarisch beschreibt eine Schulleitung:

> „Wir haben faszinierende Beispiele gesehen, was kann man mit der Technik machen, wenn die Kinder eben iPads benutzen und im Rahmen des Unterrichts, so wie Deutsch und Englisch machen, dann haben wir uns was abgeguckt, dann sind wir zum nächsten, dann haben wir da Kontakte bekommen, dann haben wir Firmen kennen gelernt, die haben so Vorträge gehalten, dann haben wir durch die Firmen wieder Kontakte gekriegt, die sind zu uns in die Schule gekommen und haben uns vorgestellt was es gibt, wir hatten von nichts gewusst. Nach zwei Jahren waren viele fasziniert und auch da ist ein Schneeballeffekt, der eine kennt das und dann schauen wir uns das an und dann fährt man immer wieder auf Kongresse, ganz wichtig, ich habe meine Lehrer immer weggeschickt, ihr fahrt hier hin, schaut euch das an und so wie wir das gemacht haben also so über sechs Jahre, innerhalb von einem Jahr kann man nichts ändern, aber von innen raus wird es nicht passieren" (Schulleitung 01).

Aus dem Zitat geht hervor, dass Hospitationen an anderen Schulen und der allgemeine Kontakt zu Partnerinnen und Partnern außerhalb der Schule gewinnbringend für die eigene Arbeit sein können, indem diese als Vorbilder fungieren und neue Möglichkeiten für die eigene Arbeit eröffnen.

Ein weiterer Mehrwert der Kooperation ergibt sich aus der Unterstützung, die die Schulen durch die Kooperationspartnerinnen und -partnern erfahren. So berichten sieben Schulträger und zwei Schulleitungen in insgesamt 12 Nennungen von der unterstützenden Funktion, die sich insbesondere für die Schulen aus der Kooperation mit dem Schulträger ergibt. Dieser ist im Wesentlichen für einen reibungslosen Ablauf des technischen Supports zuständig, was zugleich mit einer Entlastung für die Schulen einhergeht. Diese ergibt sich ebenso, wenn Schulen sich gegenseitig bei eventuell auftretenden Problemen mit dem Schulträger unterstützen.

Des Weiteren werden im Rahmen von Kooperationen im Supportkontext Abstimmungsprozesse ermöglicht, worauf eine Schulleitung und zwei Schulträger in zehn Interviewausschnitten verweisen. Diese können zum einen die Generierung von regionalen Standards für den Support ermöglichen. Zum anderen kann zugleich Transparenz im Hinblick auf die Situation des jeweils anderen gebracht werden:

> „Ich halte es für eine sehr wirkungsvolle Art und Weise, weil auch Verständnis und Vertrauen erzeugt wird. Weil Schulleiter verstehen nicht, dass ein Schulverwaltungsamtsleiter nicht einfach 100 Tafeln bestellen kann. Sie müssen auch ein Verständnis dafür kriegen, welche politischen Prozesse, wie funktioniert das eigentlich in der Stadtverwaltung? […] Und genauso müssen aber die

Verwaltungsleute lernen, dass die Schulleitung jetzt nicht einfach nur durch das Gebäude geht und Striche macht, wenn da eine Tafel hängt, sondern da gibt es Lehrer und Lehrerinnen, die fragen den Schulleiter ‚Warum ist die Tafel nicht da?' […] und dass man einmal voneinander [ein] stückweit lernt, in welchen Prozessen man selber überall drin ist" (Schulleitung 05).

Abstimmungsprozesse können demnach auch gegenseitiges Verständnis für eventuell auftretende Verzögerungen im Support erzeugen. Verständnis wird ebenfalls in den Abstimmungsprozessen evoziert, wenn technische Erfordernisse und didaktische Einsatzmöglichkeiten kokonstruktiv erarbeitet werden. Hierzu berichtet ein Schulträger:

„Das heißt, Technik macht nur dann Sinn, wenn sie pädagogisch integriert werden kann. Die Schulen können hier zu uns kommen, wir stellen die Technik vor, wir gehen aber auch in die Schulen selbst einfach, um zu gucken, wo kann man welche Technik da installieren, was ist sinnvoll und wie arbeiten die Lehrkräfte in den einzelnen Räumen eigentlich. Gibt es noch den klassischen Frontalunterricht, möchte man eine individuelle Schüleraktivierung haben, das sind alles Fragen, die wir eben uns vor Ort auch stellen, gemeinsam mit den Lehrkräften uns das anschauen und auch da wieder Hand in Hand mit dem Land […], die Medienberater sind genauso daran beteiligt. Von uns gibt es dann die technische Einweisung, von den Medienberatern gibt es dann noch eine pädagogische Einweisung, um Unterrichtsszenarien an den Geräten aufzuzeigen" (Schulträger 06).

So wird insbesondere eine Abstimmung des pädagogischen und technischen Supports aufeinander möglich, indem Menschen unterschiedlicher Professionen mit entsprechenden Kompetenzen zusammenarbeiten.

Als letzte Kategorie im Hinblick auf den Mehrwert ergibt sich die Nutzung von Synergieeffekten. Sie setzt sich zusammen aus 13 Zuordnungen von zwei Schulleitungen und fünf Schulträgern. Die Notwendigkeit der Nutzung von Synergien im Rahmen von Kooperationen erklärt ein Schulträger damit, dass die Technik und der Support „einen Komplexitätsgrad erreicht [haben], den eine Schule alleine gar nicht schaffen kann, wir alleine aber auch nicht, das kann man nämlich nur gemeinsam mit den Schulen" (Schulträger 12) schaffen. Daher erscheint nicht nur eine Kooperation zwischen Schulen und Schulträgern gewinnbringend, sondern auch eine Kooperation mit weiteren regionalen Akteuren. Eine Schulleitung beschreibt dazu:

„Ich halte den bildungsregionalen Ansatz in dem Thema für unerlässlich, weil
sie in den Bildungsbüros und in den Bildungsregionen ein Zusammenwirken
haben von Wirtschaft, von Pädagogik, von Schulträgern, äußerer, innerer Angelegenheiten, der sehr viel stärker nochmal auf Wirksamkeit des Ganzen aus
ist, als wenn wir das nur von der Einzelschule aus betrachten oder vom Einzel-
schulträger und da unterscheiden sich eben die Kreise. Wenn Sie jetzt in Stadt
X Digitalisierung betreiben, dann wird dort eine andere Wirksamkeit vom Bil-
dungsangebot erwartet als wenn Sie in Stadt Y digitalisieren. Alleine welche Be-
rufsbilder die Kinder vorfinden, wenn sie rausgehen und so weiter" (Schulleitung 05).

Aus dem Zitat geht hervor, dass Synergieeffekte auch förderlich sein können, um auf die regionalen Bedarfe passgenau zu reagieren. So können gemeinsame Kompetenzen genutzt und gleichzeitig ressourcenschonend ge-
arbeitet werden. Zudem erscheint die Nutzung von Synergien aus der Kooperation zwischen Schulträgern zielführend, „da [...] alle Kommunen vor
ähnlichen Herausforderungen stehen" (Schulträger 04).

Insgesamt ergibt sich somit ein facettenreicher Mehrwert durch eine
Kooperation im Supportkontext. Welche Gelingensbedingungen mit einer
solchen Kooperation einhergehen, soll nachfolgend dargestellt werden.

5.3 Gelingensbedingungen und Herausforderungen von Kooperationen im Kontext des Supports

Im Hinblick auf mögliche Gelingensbedingungen für die Kooperation im
Supportkontext erfolgten in Bezug auf die dritte Forschungsfrage 76 Kodierungen in den sechs induktiv gebildeten Unterkategorien Schaffung von
Kooperationsmöglichkeiten, Rahmenbedingungen, Kommunikation, Transparenz, kooperationsförderliches Klima und Ressourcen.

Die mit 18 Kodierungen größte Unterkategorie stellt die Kategorie
Schaffung von Kooperationsmöglichkeiten dar. Darin weisen fünf Schulleitungen sowie vier Schulträger darauf hin, dass es zunächst grundlegend
erscheint, Möglichkeiten zum Austausch und zur Kooperation der beteiligten Akteure zu schaffen, sodass eine „Zusammenarbeit aller Ebenen"
(Schulleitung 06) ermöglicht wird. Die seitens der Interviewpartnerinnen
und -partner benannten zu initiierenden Möglichkeiten reichen von schulinternen Mikrofortbildungen, über die Bildung medienbezogener Steuergruppen bis hin zu Schulnetzwerken.

Neben der Eröffnung von Kooperationsmöglichkeiten, erscheinen Rahmenbedingungen, die für das Gelingen von Kooperation im Supportkontext
zentral sind, wichtig. Entsprechende Nennungen gehen aus 14 Kodierungen

von fünf Schulträgern und zwei Schulleitungen hervor. So betont ein Schulträger, dass der Support „als eine grundlegende Gemeinschaftsaufgabe von Schulträger und Schule verstanden" (Schulträger 03) wird. Dabei sollten die Bedürfnisse jeder Kooperationspartnerin und jedes Kooperationspartners Berücksichtigung finden und „Offenheit, Ehrlichkeit sowie Verlässlichkeit auf beiden Seiten" (Schulträger 08) von zentraler Relevanz sein. Zudem bedarf es einer geregelten Organisation des Supports aber auch der Kooperation in diesem Kontext, sowohl innerschulisch als auch auf regionaler Ebene beispielsweise in Form einer Koordinierungsstelle. Dabei erscheint die Haltung des Schulträgers im Hinblick auf die Kooperation, „dass man das wirklich möchte, dass einem das wichtig ist" (Schulträger 05), relevant. Die Schulleitung merkt außerdem dazu an, dass sie es als zielführend erachtet, Kooperationsmöglichkeiten im Schulprogramm respektive im Medienkonzept zu verankern, um eine gewisse Verbindlichkeit zu erzeugen:

> „Also wenn ich in meinem Schulprogramm oder meinem Jahresterminplan nicht Teamstrukturen verbindlich vorgebe, dann werden sie sich durch Digitalisierung alleine nicht einstellen. Wenn ich allerdings die Teamstruktur als gesetzt ansehe und dann ein digitales System biete, was jedem zeigt, dass das mit der Teamstruktur hier einfacher ist, dann habe ich eine gute Einflugschneise, um Dinge zu etablieren" (Schulleitung 05).

Des Weiteren erscheint ein kooperationsförderliches Klima, das sich wesentlich auf das Kooperationsverhalten der Lehrpersonen auswirken kann, wichtig. Diese Kategorie enthält 13 Kodierungen aus sechs Schulleitungsinterviews und einem Schulträgerinterview. Hier nimmt die Schulleitung eine wichtige Rolle ein, indem sie Lehrpersonen die Teilnahme an Kooperationen ermöglicht und selbst eine Vorbildfunktion im Kontext von Kooperation einnimmt. Das kooperationsförderliche Klima sollte dabei durch persönliches Engagement und Offenheit geprägt sein sowie durch „das Wissen – hier wird geholfen! – [dieses] hilft jedem keine Hemmungen bei Problemen, wie auch Neuerungen zu haben" (Schulleitung 06). Zudem sollte zunächst Akzeptanz geschaffen werden, was insbesondere begünstigt werden kann, indem Kooperationen freiwillig erfolgen.

Damit einhergehend erscheint die Kommunikation zwischen allen involvierten Akteursgruppen von zentraler Bedeutung. Darauf verweisen drei Schulleitungen und vier Schulträger in 15 Kodierungen. Innerschulisch betrachtet wird die Kommunikation insbesondere auf Grund dessen erforderlich, da

„es […] keine Einzelkämpfer mehr [gibt], es gibt ein Team. Man muss sich austauschen, um das ganze gewährleisten zu können und dann letztendlich ja
auch den First-Level-Support, der ja in der Schule selbst stattfindet, auch ir-
gendwo gewährleisten zu können" (Schulleitung 06).

Aber auch auf regionaler Ebene ist „die Kommunikation […] das A und O"
(Schulträger 06), um gegenseitiges Verständnis für Rahmenbedingungen
und Herausforderungen im Kontext des technischen und pädagogischen
Supports zu erzeugen. Die Kommunikation sollte dabei immer auf Augenhöhe erfolgen, so betonen zwei Schulträger.

Weiterhin benennen vier Schulträger und eine Schulleitung in sieben
Kodierungen Transparenz als Gelingensbedingung. „Transparente Support-
und Entscheidungsprozesse" (Schulträger 02) können unter anderem durch
die Zusammenarbeit aller Supportebenen in Steuergruppen erreicht werden. Im Rahmen dessen können beispielsweise Regeln zur Durchführung
des technischen Supports erarbeitet werden, sodass alle Akteure wissen,
„verläuft der [technische] Support schlecht, verläuft er gut, dass also jede
Schule weiß, nach x Stunden brauche ich eine Antwort und dann krieg ich
eine Antwort und wenn ich die nicht kriege, ist irgendwas schief gegangen"
(Schulträger 12).

Schließlich setzt sich die Unterkategorie Ressourcen aus 10 Kodierungen
von fünf Schulleitungen und drei Schulträgern zusammen. Hier wird insbesondere auf die Bereitstellung entsprechender Zeitkontingente und Räumen für Kooperationen hingewiesen, aber auch auf die Bereitstellung entsprechend qualifizierter personaler Ressourcen, sowohl auf Seiten der
Schulträger als auch auf Seiten der Schule, zur Durchführung von Kooperationen im Kontext des technischen und pädagogischen Supports.

Neben den herausgestellten Gelingensbedingungen ergeben sich für die
Schulleitungen und Schulträger auch immer wieder Herausforderungen im
Hinblick auf die Kooperation im Supportkontext. Dies zeigen die insgesamt
29 Kodierungen in den vier Unterkategorien Ressourcen, Heterogenität,
Kompetenzen und sonstige Herausforderungen auf. Die mit 11 meisten
Kodierungen entfallen auf die Unterkategorie Ressourcen. Hier weisen
sechs Schulleitungen und zwei Schulträger auf mangelnde Ressourcen hin.
Im Wesentlichen fehlen neben Fortbildungsangeboten zeitliche Ressourcen
zur Kooperation, aber auch personelle Ressourcen, die über entsprechende
Kompetenzen verfügen, um an Kooperationen zu partizipieren. Über man-
gelnde technische und pädagogische Kompetenzen zur Ausgestaltung der
Kooperation im Supportkontext berichten drei Schulträger und zwei
Schulleitungen in sechs Kodierungen. Dies geht einher mit der Heterogenität der Qualifikationen und Einstellungen der involvierten Akteure, die

sich herausfordernd auf Kooperationen auswirken können. Darauf weisen die insgesamt vier Kodierungen von zwei Schulleitungen und einem Schulträger hin. Ferner wurden acht sonstige Herausforderungen durch vier Schulleitungen und drei Schulträger benannt. Diese betreffen im Wesentlichen die Abhängigkeit der Kooperation vom individuellen Engagement der involvierten Akteure, der technologische Wandel, der eine stetige Anpassung der Supportkonzepte erforderlich macht oder tradierte Denkweisen, die den Einbezug des Schulträgers in den pädagogischen Support nicht wünschen und damit Kooperationen erschweren.

6   Diskussion und Fazit

Der vorliegende Beitrag verfolgt das Ziel, Kooperationen im Kontext des technischen und pädagogischen Supports näher zu untersuchen. Die bisherige Forschung konnte die Potenziale der Kooperation im schulischen Kontext, wie zum Beispiel die Nutzung von Synergieeffekten, bereits deutlich aufzeigen (u. a. Jungermann et al., 2018; Rahm, 2010). Der Support im Kontext der Digitalisierung wurde hier erstmals hinsichtlich der Potenziale von Kooperationen näher untersucht. Auf Basis qualitativer Interviews mit Schulleitungen und Schulträgern liefert der Beitrag Hinweise darauf, welche Kooperationspartnerinnen und -partner im Kontext des Supports in der schulischen Realität vorzufinden sind, welcher Mehrwert mit diesen Kooperationen einhergehen kann und welche Gelingensbedingungen und Herausforderungen mit derartigen Kooperationen verbunden sind. So konnte aufgezeigt werden, dass sowohl interne als auch externe Kooperationspartnerinnen und -partner im Kontext des Supports vorzufinden sind. Im Hinblick auf interne Kooperationspartnerinnen und -partner werden in nahezu allen untersuchten Schulen schulintern gestaltete Fortbildungen im Supportkontext angeboten, wohingegen andere Formen seltener praktiziert werden. Somit wird konform mit dem Forschungsstand (u. a. Breiter et al., 2010; Drossel et al., 2016; Eickelmann & Lorenz, 2014; Welling et al., 2016) ersichtlich, dass die Potenziale von Kooperationen mit anderen schulinternen Akteuren an einigen Schulen noch ungenutzt bleiben. Anzumerken ist hier, dass die befragten Schulleitungen und Schulträger bereits weit im Digitalisierungsprozess fortgeschritten sind, weshalb vermutet werden kann, dass die Potenziale an anderen Schulen bislang noch weitaus weniger genutzt werden.

Im Hinblick auf Akteure externer Kooperation wird ebenso deutlich, dass vielfältige Kooperationspartnerinnen und -partner vorhanden sind.

Erwartungsgemäß geben alle Schulleitungen und Schulträger an, zusammenzuarbeiten. Diese Zusammenarbeit stellt eine besondere Form dar, da sie durch die schuladministrative Tradition vorgegeben ist und weniger durch Freiwilligkeit geprägt ist: Wenngleich die klassischen Aufgaben des Schulträgers im Bereich äußerer Schulentwicklung mittlerweile durch Aufgaben im Bereich qualitativer Schulentwicklung ergänzt werden (Manitius et al., 2015), ist es fraglich, inwiefern eine Kooperation auf Augenhöhe stattfindet oder ob die Zusammenarbeit eher durch beispielsweise auf Seiten des Schulträgers initiierte Beratungsangebote geprägt ist. Lediglich ein Schulträger berichtet explizit von kokonstruktiven Prozessen im Hinblick auf den Support.

Weiterhin gilt es, die Zusammenarbeit der Akteure mit IT-Firmen kritisch zu hinterfragen: Hier ist es fraglich, ob tatsächlich eine Kooperation, beispielsweise zur gemeinsamen Erarbeitung von Supportkonzepten, stattfindet oder ob die Interaktion vielmehr durch einen Dienstleistungscharakter geprägt ist, den Schulen sowie Schulträger in Anspruch nehmen. Zudem konnte herausgestellt werden, dass auch das Potenzial externer Kooperationsformen bislang in vielen Kommunen ungenutzt bleibt, was beispielsweise auf Basis der geringen Anzahl an Netzwerken im Supportkontext deutlich wird.

Zusammenfassend kann hervorgehoben werden, dass vielfältige interne und externe Kooperationspartnerinnen und -partner im Supportkontext zusammenarbeiten, deren Potenzial vielerorts bisher nicht ausgeschöpft zu werden scheint. Offen bleibt an dieser Stelle, wie häufig die genannten Akteure tatsächlich kooperieren und in welcher Intensität die Zusammenarbeit stattfindet. Die Interviews deuten darauf hin, dass erwartungsgemäß der Austausch im Vordergrund steht, wohingegen nur vereinzelte Interviewausschnitte auf Synchronisation und Kokonstruktion hinweisen. Diese Hinweise gehen einher mit dem Forschungsstand (Gräsel et al., 2006; Welling et al., 2016). Die Häufigkeit der Kooperationen mit einzelnen schulinternen und -externen Akteuren sowie die Intensität dieser gilt es in zukünftigen quantitativen und qualitativen Untersuchungen vertiefend zu eruieren.

Im Hinblick auf den Mehrwert von Kooperationen im Supportkontext berichten die Befragten von positiven Erfahrungen, die sie in der Zusammenarbeit mit unterschiedlichen Akteuren sammeln konnten. Zudem konnte aufgezeigt werden, dass Kooperationen Inspiration für die eigene Arbeit liefern und eine Unterstützungsfunktion einnehmen (Berkemeyer et al., 2009; Muijs et al., 2010). Auch konnte die Nutzung von Synergieeffekten als ein wesentlicher Mehrwert herausgestellt werden. Diese erscheinen von besonderer Relevanz, da sich alle beteiligten Akteure ähnlichen Herausforderungen gegenübersehen. Ferner werden Abstimmungsprozesse zwischen schulischen Akteuren ermöglicht, die implizit ebenfalls mit der Nutzung von Synergien einhergehen können. Auf diese Weise wird insbesondere eine Verschränkung des technischen und pädagogischen Supports ermöglicht, indem zugleich technische und pädagogische Kompetenzen in den Support eingebracht und in Kokonstruktion aufeinander abgestimmt werden. Somit kann die These aufgestellt werden, dass Kooperationen im Supportkontext eine Umsetzung des Supports im Sinne des Leitgedankens „Pädagogik vor Technik" (Eickelmann, 2018, S. 18) befördern können, was es in weiteren Untersuchungen umfassender zu prüfen gilt.

Im Hinblick auf Gelingensbedingungen zeigen die Ergebnisse, dass es zunächst zentral erscheint, Kooperationsmöglichkeiten zu schaffen. Auf die Schaffung von Fortbildungsangeboten sowie die Zusammenarbeit mit dem Schulträger verwiesen auch Eickelmann und Schulz-Zander (2008). Damit einhergehend erscheint eine klare Aufgabenverteilung im Supportprozess mit transparenten Regeln zielführend, die durch zwischenmenschliche Faktoren geprägt ist (Fußangel & Gräsel, 2010). Die im Rahmen dieser Untersuchung identifizierten zwischenmenschlichen Faktoren betreffen primär ein kooperationsförderliches Klima, das sich im Kooperationsverhalten widerspiegelt: kennzeichnend sind das individuelle Engagement, Offenheit und Freiwilligkeit, aber auch eine Kommunikation auf Augenhöhe. Ebenso konnte auf Basis der Interviews herausgestellt werden, dass die Schulleitung wie in allen Digitalisierungsaufgaben (u. a. Drossel et al., 2016; Heldt & Drossel, 2020) eine zentrale Rolle einnimmt. Zudem wurde die Notwendigkeit der Bereitstellung entsprechender vorwiegend zeitlicher und personeller Ressourcen als Gelingensbedingung identifiziert. Andersherum konnten mangelnde Ressourcen, aber auch unzureichende Kompetenzen, ähnlich wie bei Eickelmann und Schulz-Zander (2008), als Hürden im Kooperationskontext herausgestellt werden. Damit einhergehend erscheint die Heterogenität im Hinblick auf Einstellungen und Kompetenzen im Kontext der Digitalisierung eine weitere Hürde darzustellen, die die Konsensfindung in Supportprozessen teilweise erschweren kann.

In der schulischen Praxis gilt es demnach, das Potential von Kooperationen im Supportkontext zu nutzen und je nach schulindividueller und regionaler Situation auszuweiten. Dazu bedarf es insbesondere der Schaffung entsprechender Kooperationsmöglichkeiten einschließlich der Bereitstellung entsprechender Ressourcen. Kooperationen im Supportkontext können zudem für die Supportplanung genutzt werden, die grundlegend für die Beantragung von Mitteln aus dem DigitalPakt Schule erscheint (BMBF,

2019). Anzumerken ist, dass das Potenzial von Kooperationen, zum Beispiel die Zusammenarbeit in Netzwerken, nicht nur für den Support genutzt, sondern auch in anderen Bereichen der Schulentwicklung im Kontext der Digitalisierung zielführend eingesetzt werden kann, beispielsweise im Kontext von Unterrichtsentwicklung (s. u. a. Endberg et al., 2020). In Zeiten der Digitalisierung können die Herausforderungen nicht von Einzelschulen alleine bewältigt werden: Auf Grundlage der Interviews wird Kooperation aus Sicht erfahrener Schulleitungen und Schulträger als sehr hilfreich und positiv bewertet. Daher scheint ein Kulturwandel hin zu kooperierenden multiprofessionellen Netzwerken auf regionaler Ebene zur Bewältigung der Digitalisierungsanforderungen unverzichtbar.

Limitierend kann angemerkt werden, dass die für diese Untersuchung genutzten Interviews nicht ausschließlich das Thema Kooperation im Supportkontext beleuchtet haben. Aus diesem Umstand resultiert ebenso, dass eine Differenzierung der Kooperation hinsichtlich des technischen und pädagogischen Supports nicht durchweg erfolgen konnte. Dennoch scheinen sehr häufig Kooperationen im Bereich des technischen Supports zu erfolgen, insbesondere in der Zusammenarbeit zwischen Schule und Schulträger. Demnach bedarf es weiterer Untersuchungen, die den Mehrwert sowie Gelingensbedingungen eingehender untersuchen und herausstellen, inwiefern sich Unterschiede in der Kooperation für den technischen und pädagogischen Support ergeben. Zu diesem Zweck wäre es außerdem wünschenswert, weitere involvierte schulische Akteure wie zum Beispiel die Lehrpersonen oder regionale Akteure wie Bildungsbüros in die Untersuchung miteinzubeziehen und in Form von Längsschnittuntersuchungen Wirkungen der Kooperation zu identifizieren.

Abschließend bleibt zu konstatieren, dass Kooperationen im Rahmen des schulischen Supports hilfreich sein können, um Herausforderungen im Kontext der Digitalisierung gemeinsam zu begegnen, da alle schulischen Akteure vor ähnlichen Aufgaben stehen und seitens der Befragten deutliche Synergieeffekte hervorgehoben wurden.

Literatur

Ahlgrimm, F., Krey, J. & Huber, S. G. (2012). Kooperation – was ist das? Implikationen unterschiedlicher Begriffsverständnisse. In S. G. Huber & F. Ahlgrimm (Hrsg.), *Kooperation. Aktuelle Forschung zur Kooperation in und zwischen Schulen sowie mit anderen Partnern* (S. 17–29). Münster: Waxmann.

Berkemeyer, N. & Bos, W. (2010). Netzwerke als Gegenstand erziehungswissenschaftlicher Forschung. In C. Stegbauer & R. Häußling (Hrsg.), *Handbuch Netzwerkforschung* (S. 755–770). Wiesbaden: VS Verlag für Sozialwissenschaften.

Berkemeyer, N., Feldhoff, T. & Brüsemeister, T. (2008). Schulische Steuergruppen – ein intermediärer Akteur zur Bearbeitung des Organisationsdefizits der Schule? In R. Langer (Hrsg.), ‚Warum tun die das?'. Governanceanalysen zum Steuerungshandeln in der Schulentwicklung (S. 149–172). Wiesbaden: VS Verlag für Sozialwissenschaften.

Berkemeyer, N. & Holtappels, H. G. (2007). Arbeitsweisen und Wirkungen schulischer Steuergruppen. Empirische Studie zur Steuerung der Schulentwicklungsarbeit im niedersächsischen Projekt „Qualitätsentwicklung in Netzwerken". In N. Berkemeyer & H. G. Holtappels (Hrsg.), Schulische Steuergruppen und Change Management. Theoretische Ansätze und empirische Befunde zur schulinternen Schulentwicklung (S. 99–138). Weinheim, München: Juventa.

Berkemeyer, N., Järvinen, H., Otto, J. & Bos, W. (2011). Kooperation und Reflexion als Strategien der Professionalisierung in schulischen Netzwerken. In W. Helsper & R. Tippelt (Hrsg.), Pädagogische Professionalität (Zeitschrift für Pädagogik. Beiheft, Bd. 57, S. 225–247). Weinheim: Beltz.

Berkemeyer, N., Manitius, V., Müthing, K. & Bos, W. (2009). Ergebnisse nationaler und internationaler Forschung zu schulischen Innovationsnetzwerken. Eine Literaturübersicht. Zeitschrift für Erziehungswissenschaft, 12(4), 667–689.

BMBF – Bundesministerium für Bildung und Forschung. (2019). Verwaltungsvereinbarung. DigitalPakt Schule 2019 bis 2024. Zugriff am 13.05.2019 unter https://www.bmbf.de/files/VV_DigitalPaktSchule_Web.pdf

Bos, W. & Lorenz, R. (2015). Schule digital – der Länderindikator 2015. Überblick und zentrale Ergebnisse. In W. Bos, R. Lorenz, M. Endberg, H. Schaumburg, R. Schulz-Zander & M. Senkbeil (Hrsg.), Schule digital – der Länderindikator 2015. Vertiefende Analysen zur schulischen Nutzung digitaler Medien im Bundesländervergleich (S. 9–19). Münster: Waxmann.

Bos, W., Lorenz, R., Heldt, M. & Eickelmann, B. (2019). Untersuchung des technischen und pädagogischen Supports an Schulen der Sekundarstufe I in Deutschland. Eine vertiefende Untersuchung zur Studie „Schule digital – der Länderindikator 2017". Ergebnisbericht der qualitativen Vertiefung mit Perspektiven von Schulleitungen, Schulträgern und Fachdidaktiken. Zugriff am 28.03.2019 unter https://www.telekom-stiftung.de/sites/default/files/files/media/publications/Support-Ergebnisbericht%20qualitative%20Vertiefung%20und%20Handlungsempfehlungen.pdf

Breiter, A., Welling, S. & Stolpmann, B. E. (2010). Medienkompetenz in der Schule. Integration von Medien in weiterführenden Schulen in Nordrhein-Westfalen. Verfügbar unter: www.medienanstalt-nrw.de/fileadmin/lfm-nrw/Forschung/LfM-Band-64.pdf [18.12.2018].

Chapman, C. & Hadfield, M. (2010). Realising the potential of school-based networks. Educational Research, 52(3), 309–323.

Czerwanski, A. (2003). Netzwerke als Praxisgemeinschaften. In A. Czerwanski (Hrsg.), Schulentwicklung durch Netzwerkarbeit. Erfahrungen aus dem Lernnetzwerken im „Netzwerk innovativer Schulen in Deutschland" (S. 9–18). Gütersloh: Verlag Bertelsmann-Stiftung.

Dedering, K. (2007). Schulische Qualitätsentwicklung durch Netzwerke. Das Internationale Netzwerk Innovativer Schulsysteme (INIS) der Bertelsmann Stiftung als Beispiel. Wiesbaden: VS Verlag für Sozialwissenschaften.

Ditton, H. (2000). Qualitätskontrolle und Qualitätssicherung in Schule und Unterricht. Ein Überblick zum Stand der empirischen Forschung. In A. Helmke, W. Hornstein & E. Terhart (Hrsg.), Qualität und Qualitätssicherung im Bildungsbereich (Zeitschrift für Pädagogik, 41. Beiheft, S. 73–92). Weinheim: Beltz.

Drossel, K., Eickelmann, B. & Lorenz, R. (2018). Determinanten der unterrichtlichen Computernutzungshäufigkeit und der medienbezogenen Kooperation. Eine Analyse auf Grundlage des Länderindikators 2016. Unterrichtswissenschaft, 46(4), 481–498.

Drossel, K., Schulz-Zander, R., Lorenz, R. & Eickelmann, B. (2016). Gelingensbedingungen IT-bezogener Lehrerkooperation als Merkmal von Schulqualität. In B. Eickelmann, J. Gerick, K. Drossel & W. Bos (Hrsg.), *ICILS 2013. Vertiefende Analysen zu computer- und informationsbezogenen Kompetenzen von Jugendlichen* (S. 143–167). Münster: Waxmann.

Eickelmann, B. (2010). *Digitale Medien in Schule und Unterricht erfolgreich implementieren.* Münster: Waxmann.

Eickelmann, B. (2011). Supportive and hindering factors to a sustainable implementation of ICT in schools. *Journal for educational research online, 3(1),* 75–103.

Eickelmann, B. (2018). Digitalisierung in der schulischen Bildung. Entwicklungen, Befunde und Perspektiven für die Schulentwicklung und die Bildungsforschung. In N. McElvany, F. Schwabe, W. Bos & H. G. Holtappels (Hrsg.), *Digitalisierung in der schulischen Bildung. Chancen und Herausforderungen* (S. 11–25). Münster: Waxmann.

Eickelmann, B., Bos, W. & Labusch, A. (2019). Die Studie ICILS 2018 im Überblick – Zentrale Ergebnisse und mögliche Entwicklungsperspektiven. In B. Eickelmann, W. Bos, J. Gerick, F. Goldhammer, H. Schaumburg, K. Schwippert et al. (Hrsg.), *ICILS 2018 #Deutschland. Computer- und informationsbezogene Kompetenzen von Schülerinnen und Schülern im zweiten internationalen Vergleich und Kompetenzen im Bereich Computational Thinking* (S. 7–31). Münster: Waxmann.

Eickelmann, B., Gerick, J., Labusch, A. & Vennemann, M. (2019). Schulische Voraussetzungen als Lern- und Lehrbedingungen in den ICILS-2018-Teilnehmerländern. In B. Eickelmann, W. Bos, J. Gerick, F. Goldhammer, H. Schaumburg, K. Schwippert et al. (Hrsg.), *ICILS 2018 #Deutschland. Computer- und informationsbezogene Kompetenzen von Schülerinnen und Schülern im zweiten internationalen Vergleich und Kompetenzen im Bereich Computational Thinking* (S. 137–171). Münster: Waxmann.

Eickelmann, B. & Gerick, J. (2018). Herausforderungen und Zielsetzungen der Digitalisierung von Schule und Unterricht (II). Fünf Dimensionen der Schulentwicklung zur erfolgreichen Integration digitaler Medien. Schulverwaltung NRW, 29(4), 111–115.

Eickelmann, B., Gerick, J. & Bos, W. (2014). Die Studie ICILS 2013 im Überblick – Zentrale Ergebnisse und Entwicklungsperspektiven. In W. Bos, B. Eickelmann, J. Gerick, F. Goldhammer, H. Schaumburg, K. Schwippert et al. (Hrsg.), *ICILS 2013. Computer- und informationsbezogene Kompetenzen von Schülerinnen und Schülern in der 8. Jahrgangsstufe im internationalen Vergleich* (S. 9–31). Münster: Waxmann.

Eickelmann, B. & Lorenz, R. (2014). Wie schätzen Grundschullehrerinnen und -lehrer den Stellenwert digitaler Medien ein? In B. Eickelmann, R. Lorenz, M. Vennemann, J. Gerick & W. Bos (Hrsg.), *Grundschule in der digitalen Gesellschaft. Befunde aus den Schulleistungsstudien IGLU und TIMSS 2011* (S. 49–57). Münster: Waxmann.

Eickelmann, B. & Schulz-Zander, R. (2008). Schuleffektivität, Schulentwicklung und digitale Medien. In W. Bos, H. G. Holtappels, H. Pfeiffer, H.-G. Rolff & R. Schulz-Zander (Hrsg.), *Jahrbuch der Schulentwicklung Band 15. Daten, Beispiele und Perspektiven* (S. 157–193). Weinheim: Juventa.

Endberg, M., Gageik, L., Hasselkuß, M., van Ackeren, I., Kerres, M., Bremm, N. et al. (2020). Netzwerke(n) in einer digitalisierten Welt – warum und wie? Schulentwicklung gemeinsam in einer digitalisierten Welt gestalten. Friedrich Jahresheft #schuleDIGITAL, 38, 42–45.

Feldhoff, T. (2019). Schulische Steuergruppen – Konzept, theoretische Grundlagen, Befunde und Forschungsbedarf. In M. Gläser-Zikuda, M. Harring & C. Rohlfs (Hrsg.), *Handbuch Schulpädagogik* (S. 720–730). Münster: Waxmann.

Feldhoff, T. (2011). *Schule organisieren. Der Beitrag von Steuergruppen und Organisationalem Lernen zur Schulentwicklung.* Wiesbaden: VS Verlag für Sozialwissenschaften.

Feldhoff, T., Kanders, M. & Rolff, H.-G. (2008). Schulleitung und innere Schulorganisation. In H. G. Holtappels, K. Klemm & H.-G. Rolff (Hrsg.), *Schulentwicklung durch Gestaltungsautonomie. Ergebnisse der Begleitforschung zum Modellvorhaben ‚Selbstständige Schule‘ in Nordrhein-Westfalen* (S. 146–173). Münster: Waxmann.

Feldhoff, T. & Rolff, H.-G. (2008). Einfluss von Schulleitungs- und Steuergruppenhandeln. In H. G. Holtappels, K. Klemm & H.-G. Rolff (Hrsg.), *Schulentwicklung durch Gestaltungsautonomie. Ergebnisse der Begleitforschung zum Modellvorhaben ‚Selbstständige Schule' in Nordrhein-Westfalen* (S. 293–303). Münster: Waxmann.

Fußangel, K. & Gräsel, C. (2010). Kooperation von Lehrkräften. In T. Bohl, W. Helsper, H. G. Holtappels & C. Schelle (Hrsg.), *Handbuch Schulentwicklung* (S. 258–260). Bad Heilbrunn: Klinkhardt.

Gerick, J. & Eickelmann, B. (2017). Abschlussbericht im Rahmen der wissenschaftlichen Begleitung der Evaluation des Projekts „Lernen mit digitalen Medien" in Schleswig-Holstein. Verfügbar unter: https://www.ew.uni-hamburg.de/ueber-die-fakultaet/personen/gerick/_files/abschlussbericht-evaluation-modellschulen-gerick-eickelmann-feb2017.pdf [6.02.2019].

Gerick, J., Eickelmann, B. & Labusch, A. (2019). Schulische Prozesse als Lern- und Lehrbedingungen in den ICILS-2018-Teilnehmerländern. In B. Eickelmann, W. Bos, J. Gerick, F. Goldhammer, H. Schaumburg, K. Schwippert et al. (Hrsg.), *ICILS 2018 #Deutschland. Computer- und informationsbezogene Kompetenzen von Schülerinnen und Schülern im zweiten internationalen Vergleich und Kompetenzen im Bereich Computational Thinking* (S. 173–203). Münster: Waxmann.

Glesemann, B. & Järvinen, H. (2015). Schulische Netzwerke zur Unterstützung der Einführung und Konzeption des Ganztags an Gymnasien. In H. Wendt & W. Bos (Hrsg.), *Auf dem Weg zum Ganztagsgymnasium. Erste Ergebnisse der wissenschaftlichen Begleitforschung zum Projekt Ganz In* (S. 129–151). Münster: Waxmann.

Gräsel, C., Fußangel, K. & Pröbstel, C. (2006). Lehrkräfte zur Kooperation anregen – eine Aufgabe für Sisyphos? *Zeitschrift für Pädagogik, 52(2)*, 205–219.

Gruber, H., Hirschmann, M. & Rehrl, M. (2018). Bildungsbezogene Netzwerkforschung. In R. Tippelt & B. Schmidt-Hertha (Hrsg.), *Handbuch Bildungsforschung* (4. Aufl., S. 1339–1356). Wiesbaden: Springer VS.

Heinen, R. (2017). BYOD in der Stadt. Regionale Schulnetzwerke zum Aufbau hybrider Lerninfrastrukturen in Schulen. In J. Bastian & S. Aufenanger (Hrsg.), *Tablets in Schule und Unterricht. Forschungsmethoden und -perspektiven zum Einsatz digitaler Medien* (S. 191–208). Wiesbaden: Springer VS.

Heinen, R. & Kerres, M. (2017). „Bildung in der digitalen Welt" als Herausforderung für Schule. *Die Deutsche Schule, 109(2)*, 128–145.

Heldt, M. & Drossel, K. (2020): Schulleitungshandeln heute. Die Rolle der Schulleitung in Kooperationsprozessen im Zeitalter der Digitalisierung. *Schulmanagement. Fachzeitschrift für Schul- und Unterrichtsentwicklung*, 51 (2), 36–39.

Holtappels, H. G. (2007). Schulentwicklungsprozesse und Change Management. Innovationstheoretische Reflexionen und Forschungsbefunde über Steuergruppen. In N. Berkemeyer & H. G. Holtappels (Hrsg.), *Schulische Steuergruppen und Change Management. Theoretische Ansätze und empirische Befunde zur schulinternen Schulentwicklung* (S. 11–39). Weinheim, München: Juventa.

Holtappels, H. G. & Feldhoff, T. (2010). Einführung: Change Management. In T. Bohl, W. Helsper, H. G. Holtappels & C. Schelle (Hrsg.), *Handbuch Schulentwicklung* (S. 159–166). Bad Heilbrunn: Klinkhardt.

Jungermann, A., Pfänder, H. & Berkemeyer, N. (2018). *Schulische Vernetzung in der Praxis. Wie Schulen Unterricht gemeinsam entwickeln können.* Münster: Waxmann.

KMK – Sekretariat der Ständigen Konferenz der Kultusminister der Länder in der Bundesrepublik Deutschland. (2017). Bildung in der digitalen Welt. Strategie der Kultusministerkonferenz. Verfügbar unter: https://www.kmk.org/fileadmin/Dateien/pdf/PresseUnd Aktuelles/2018/Digitalstrategie_2017_mit_Weiterbildung.pdf [7.01.2019].

Law, N. & Chow, A. (2008). Teacher characteristics, contextual factors, and how these affect the pedagogical use of ICT. In N. Law, W. Pelgrum & T. Plomp (Hrsg.), *Pedagogy and ICT use in schools around the world. Findings from the IEA SITES 2006 study* (S. 181–219). Hong Kong: CERC-Springer.

Lorenz, R. & Bos, W. (2017). Schule digital – der Länderindikator 2017. Theoretisches Rahmenmodell, Überblick über die Befunde des Länderindikators 2017 und Einordnung zentraler Ergebnisse der Erhebungszyklen 2015, 2016 und 2017. In R. Lorenz, W. Bos, M. Endberg, B. Eickelmann, S. Grafe & J. Vahrenhold (Hrsg.), *Schule digital – der Länderindikator 2017. Schulische Medienbildung in der Sekundarstufe I mit besonderem Fokus auf MINT-Fächer im Bundesländervergleich und Trends von 2015–2017* (S. 11–35). Münster: Waxmann.

Lorenz, R. & Endberg, M. (2017). IT-Ausstattung der Schulen der Sekundarstufe I im Bundesländervergleich und im Trend von 2015 bis 2017. In R. Lorenz, W. Bos, M. Endberg, B. Eickelmann, S. Grafe & J. Vahrenhold (Hrsg.), *Schule digital – der Länderindikator 2017. Schulische Medienbildung in der Sekundarstufe I mit besonderem Fokus auf MINT-Fächer im Bundesländervergleich und Trends von 2015–2017* (S. 49–83). Münster: Waxmann.

Manitius, V., Berkemeyer, N., Brüsemeister, T. & Bos, W. (2015). Regionalisierung im Bildungsbereich. Editorial. *Journal for educational research online, 7(1)*, 7–13.

Mayring, P. (2015). Qualitative Inhaltsanalyse. Grundlagen und Techniken (12., überarbeitete Auflage). Weinheim: Beltz.

Muijs, D., West, M. & Ainscow, M. (2010). Why network? Theoretical perspectives on networking. *School Effectivness and School Improvement, 21(1)*, 5–26.

Pelgrum, W. (2008). School practices and conditions for pedagogy and ICT. In N. Law, W. Pelgrum & T. Plomp (Hrsg.), *Pedagogy and ICT use in schools around the world. Findings from the IEA SITES 2006 study* (S. 67–120). Hong Kong: CERC-Springer.

Pelgrum, W. & Doornekamp, B. G. (2009). *Indicators on ICT in primary and secondary education*. European Commission: EACEA.

Rahm, S. (2010). Kooperative Schulentwicklung. In T. Bohl, W. Helsper, H. G. Holtappels & C. Schelle (Hrsg.), *Handbuch Schulentwicklung* (S. 83–86). Bad Heilbrunn: Klinkhardt.

Rolff, H.-G. (2016). Schulentwicklung kompakt. Modelle, Instrumente, Perspektiven (3. Aufl.). Weinheim, Basel: Beltz.

Schmid, U., Goertz, L. & Behrens, J. (2017). *Monitor digitale Bildung. Die Schulen im digitalen Zeitalter*. Gütersloh: Bertelsmann Stiftung.

Schröck, N. (2009). *Change Agents im strukturellen Dilemma. Eine qualitativ-rekonstruktive Studie zu Orientierungen schulischer Steuergruppen*. Wiesbaden: VS Verlag für Sozialwissenschaften.

Schulz-Zander, R. (2001). Neue Medien als Bestandteil von Schulentwicklung. In S. Aufenanger, R. Schulz-Zander & D. Spanhel (Hrsg.), *Jahrbuch der Medienpädagogik* (S. 263–281). Opladen: Leske + Budrich.

Strudler, N. & Hearrington, D. (2008). Quality Support for ICT in Schools. In J. Voogt & G. Knezek (Hrsg.), *International handbook of information technology in primary and secondary education* (S. 579–596). New York: Springer.

Welling, S., Lorenz, R. & Eickelmann, B. (2016). Kooperation von Lehrkräften der Sekundarstufe I zum Einsatz digitaler Medien in Lehr- und Lernprozessen in Deutschland und im Bundesländervergleich. In W. Bos, R. Lorenz, M. Endberg, B. Eickelmann, R. Kammerl & S. Welling (Hrsg.), *Schule digital – der Länderindikator 2016. Kompetenzen von Lehrpersonen der Sekundarstufe I im Umgang mit digitalen Medien im Bundesländervergleich* (S. 236–263). Münster: Waxmann.

Beratungskonzepte in der Lehrer*innenbildung: Potentiale und Grenzen im Hinblick auf Stress, Ressourcen und Resilienz

Michael Evers & Fani Lauermann

1 Einleitung

Der Lehrberuf weist insgesamt ein hohes und komplexes Belastungsprofil auf (Cramer, Friedrich & Merk, 2018). Belastungsquellen sind zum Beispiel ein hoher Arbeitsaufwand (Richards et al., 2018), zunehmend kontrollierende politische Vorgaben (Boldrini et al., 2019) oder der Umgang mit der Heterogenität der Lernenden (Glock, Kleen & Morgenroth, 2019). Darüber hinaus können geringe Berufserfahrung und geringe Selbstwirksamkeit im Unterricht (Dicke et al., 2015) sowie Konflikte bezüglich ihrer Lehreridentität eine Belastungsquelle für Lehrkräfte darstellen (Gu & Li, 2013). Eine hohe Belastung im Lehrberuf kann sich negativ auf die Berufszufriedenheit (Drüge, Schleider & Rosati, 2014), die psychische Gesundheit (Kyriacou, 1987), das berufliche Engagement (Klusmann, Kunter, Trautwein, Ludtke & Baumert, 2008) und die Unterrichtsqualität (Klusmann, Kunter, Trautwein & Baumert, 2006) der Lehrperson auswirken. Mögliche gesellschaftliche Konsequenzen sind hohe Berufsabbruchquoten im Lehrberuf und Lehrkräftemangel (Cochran-Smith, 2004). Dementsprechend stellt die Frage, wie Lehrkräfte konstruktiv mit solchen beruflichen Belastungen umgehen können, ein wichtiges Forschungsziel für die empirische Bildungsforschung dar.

Ein zentrales Konzept in diesem Forschungsfeld ist Resilienz, das heißt der „Prozess des effektiven Umgangs mit, Anpassung an oder Bewältigung von signifikanten Quellen von Stress oder Trauma [the process of effectively negotiating, adapting to, or managing significant sources of stress or trauma]." (Windle, 2011, S. 163). Die Resileinzforschung beschreibt die komplexe und vielschichtige Natur der Belastungsbewältigung im Lehrberuf in Form von Wechselwirkungen zwischen Belastungen und widrigen Umständen (sog. „Risikofaktoren") und bewältigungsförderlichen Aspekten (sog. „Schutzfaktoren"; Cicchetti, 2010). Darüber hinaus vollzieht sich Resilienz als dynamischer und manchmal iterativer Prozess (Beltman, Mansfield & Price, 2011), sodass nicht nur kurzfristige, sondern auch langfristige Veränderungsvorgänge (z. B. bei chronischer beruflicher Belastung) nachvollzogen werden können. Schließlich geht die Resilienzforschung davon aus, dass Resilienzprozesse stets in soziale Kontexte eingebettet sind (Bobek, 2002), sodass auch kooperative Formen der Belastungsbewältigung untersucht werden können.

Allerdings steht die Resilienzforschung insbesondere vor der Herausforderung, dass bisher sehr heterogene und teilweise unklare Definitionen von Resilienz vorliegen, was eine systematische, theoriegeleitete Untersuchung von Resilienzprozessen erschwert (Luthar, Cicchetti & Becker, 2000). Dies gilt auch für die Forschung zu Lehrerresilienz (Beltman et al., 2011). Ein zentrales Ziel dieses Beitrags ist es daher, die bestehende Forschung zu Resilienz im Lehrberuf systematisch zu erfassen, verschiedene Definitionsversuche zu analysieren und die vorliegende Evidenz zu Schutz- und Risikofaktoren in diesem Kontext zu sichten. Auf Basis einer systematischen Literaturübersicht sollen dabei die folgenden Fragen beantwortet werden:

(1) Welche Ansätze gibt es zur Konzeptualisierung von Resilienz und was sind die untersuchten Kernelemente von Resilienz im Lehrberuf?
(2) Welche Schutz- und Risikofaktoren lassen sich mit diesen Kernelementen verbinden?
(3) Welche methodischen Ansätze zur Erfassung von Resilienz sind prävalent?

Bisherige systematische Literaturübersichten in der internationalen Forschung (z. B. Mansfield, Beltman, Broadley & Weatherby-Fell, 2016) werden im vorliegenden Beitrag um die folgenden Aspekte ergänzt: Verschiedene Definitionsansätze werden analysiert, um Kernelemente von Resilienz im Lehrberuf zu identifizieren. Darüber hinaus werden Schutz- und Risikofaktoren mit den ermittelten Kernelementen von Lehrerresilienz in Verbindung gebracht. Schließlich werden methodische Herausforderungen der bestehenden Resilienzforschung im Lehrberuf diskutiert.

2   Methodisches Vorgehen bei der Literatursichtung

Um relevante Forschungsergebnisse zu Lehrerresilienz zu identifizieren, wurde die folgende Suchstrategie angewandt:

Datenbankauswahl: Zunächst wurden die Datenbanken „FIS Bildung", „ERIC", „PsycINFO" und „Web of Science" ausgewählt, um sowohl deutschsprachige als auch internationale englischsprachige Literatur zu erhalten. In diesen Datenbanken wurde mithilfe der Schlagwortsuche nach den in Tabelle 1 dargestellten Suchbegriffen und Begriffskombinationen gesucht. Insgesamt ergaben sich 1.806 einzigartige Treffer.

Tabelle 1: Verwendete Suchbegriffe

Deutsch	
Lehrer* (Lehrer, Lehrerin, Lehrerinnen)	UND Resilien* (Resilienz, resilient) ODER
Lehrkraft* (Lehrkräfte, Lehrkraft)	UND Resilien* (Resilienz, resilient) ODER
Lehrende* (Lehrender, Lehrende)	UND Resilien* (Resilienz, resilient)
Englisch	
teacher (teacher, teachers)	AND resilien* (resilience, resilient, resiliency) OR
instructor	AND resilien* (resilience, resilient, resiliency) OR
educator	AND resilien* (resilience, resilient, resiliency)

Auswahlkriterien: Um aus den 1.806 Treffern Studien zu identifizieren, die typische Umstände im Lehrberuf berücksichtigen und der aktuellen Forschungsstand möglichst umfassend repräsentieren, wurden die folgenden Auswahlkriterien definiert:

- Titel und Abstract enthalten einen Verweis auf Resilienz ODER Resilienz wird in der Einleitung, Theorie oder Diskussion definiert,
- Studie beschreibt eine empirische Primärstudie,
- die Stichprobe besteht aus angehenden oder erfahrenen Lehrkräften (dazu gehören Lehrkräfte aus allen Schulformen, inkl. frühkindlicher Bildung und Hochschulen),
- Einflussfaktoren, Bedingungen oder Voraussetzungen von Resilienz werden untersucht (und nicht Resilienz lediglich als Prädiktor für andere Variablen konzeptualisiert, da aus solchen Studien keine Schutz- und Risikofaktoren herausgearbeitet werden können),
- der Fokus liegt auf lehrspezifischen Tätigkeiten (und nicht z. B. auf Traumabewältigung oder Umgang mit Rassismus) und

- Lehrkräfte befinden sich nicht in extremen Lebenslagen (z. B. in Gebieten extremer Armut, in extremer Abgeschiedenheit oder in Krisengebieten).

Nach Anwendung dieser Auswahlkriterien verblieben 78 Studien für die weitere Analyse.

Analyse der Artikel: Aus den Studien wurden methodische Informationen (Studiendesign, Stichprobe und Operationalisierung von Resilienz), Resilienzdefinition, untersuchte Ergebnisse von Resilienzprozessen, Kontext der Studie sowie Schutz- und Risikofaktoren extrahiert. Die verwendeten Kategoriensysteme sowie eine vollständige Übersicht können auf Anfrage bei dem Erstautor bezogen werden.

3 Ansätze zur Konzeptualisierung von Resilienz und zentrale Kernelemente im Lehrberuf

Insgesamt liegen relativ heterogene Definitionen von Resilienz vor. Die identifizierten Definitionen haben jedoch zwei Aspekte gemeinsam: a) die Anwesenheit von widrigen Umständen, die das Fortbestehen eines wünschenswerten Zustands erschweren (sog. „Risikofaktoren") und b) eine dennoch positive Reaktion eines Individuums auf die widrigen Umstände unter Rückgriff auf persönliche und kontextuelle Ressourcen (sog. „Schutzfaktoren"; Luthar et al., 2000). Weiterhin kommen Beltman et al. (2011) zu dem Schluss, dass Resilienz als Prozess verläuft und aus der Wechselwirkung zwischen Individuum und Umgebung erwächst. Allerdings existieren in den gesichteten Studien unterschiedliche und teilweise inkonsistente Konzeptualisierungen von Resilienzprozessen und Wechselwirkungen. Daher werden im Folgenden einzelne Ausprägungen dargestellt und hinsichtlich möglicher Kernelemente von Resilienz analysiert.

Tabelle 2 zeigt eine Übersicht der typischen Definitionen von Resilienz, die sich aufgrund der Sichtung der 78 Studien zum Lehrberuf ergeben haben. Auf dieser Grundlage werden die Kernelemente von Lehrerresilienz erarbeitet.

Tabelle 2: Identifizierte Kernelemente von Resilienz und Definitionen

Merkmal		Beschreibung	Zitat
Kernelemente des Resilienzprozesses	Wiederaufrichten	Prozess einer Regeneration nach Fehlschlägen oder angesichts von Widrigkeiten	„Resilience, which is the ability to recover from stressful situations quickly" (Richards, Gaudreault, & Mays-Woods, 2017, S. 15)
	Bewältigung	Erfolgreiche Bewältigung von konkreten Herausforderungen	„Our view of resilience as a process relies on a model of resilience in which individuals employ specific strategies when they experience disruption and anxiety as a result of an adverse situation" (Castro et al., 2010, S. 623)
	Verbesserung	Verbesserung im Vergleich zum vorherigen Status	„Resilience, or the ability to increase competence and thrive in the face of adversity" (Maring & Koblinsky, 2013, S. 380)
	Anpassung	Anpassung oder das Angepasstsein an widrige Umstände	„Teacher resilience is a quality that is developmental and dynamic, connoting the positive adaptation and development of teachers in the presence of challenging circumstances" (Day & Gu, 2007a, S. 431)
	Erhaltung	Erhaltung eines wünschenswerten Zustands trotz widriger Umstände	„the capacity to maintain equilibrium and a sense of commitment and agency" (Gu & Day, 2013, S. 26)
Wechselwirkung zwischen Individuum und Umfeld		Interaktion zwischen verschiedenen Charakteristika von Person und Umgebung	„resilience involves dynamic processes that are the result of interaction over time between a person and the environment" (Mansfield et al., 2012, S. 364)

3.1 Prozesselemente von Resilienz

Insgesamt wurden fünf Kernelemente des Resilienzprozesses im Lehrberuf identifiziert, die im Folgenden beschrieben werden.

Wiederaufrichten: Die Metapher des Wiederaufrichtens (engl. „bounce back") beschreibt den Prozess einer Lehrkraft, die zunächst durch eine Belastung einen wünschenswerten Zustand verlässt, diesen dann aber durch Rückgriff auf Schutzfaktoren wiedererlangen kann (Price, Mansfield & McConney, 2012). Dieser Prozess wird zum Beispiel von W. Ng und Nicholas (2015) untersucht: In videobasierten Geschichten erzählen angehende Lehrkräfte von konkreten Erfahrungen während Praktika (z. B. emotionale Ausbrüche von Lernenden). Daraus resultierten zunächst negative Zustände, wie schwindendes Selbstvertrauen oder Gefühle von Hilflosigkeit. Dennoch konnten die angehenden Lehrkräfte ihr Selbstvertrauen wiederherstellen, indem sie beispielsweise positive Beziehungen mit den Lernenden entwickelten.

Bewältigung: Das Wiederherstellen eines positiven Zustands vollzieht sich durch die produktive Aufwendung von Energie, um konkrete Herausforderungen zu bewältigen (Patterson, Collins & Abbott, 2004). So beschreiben Castro et al. (2010) wie einzelne Novizen-Lehrkräfte konkrete Herausforderungen in ihrem Berufsalltag lösen: Beispielsweise erhielten einige Novizen-Lehrkräfte nur unzureichende Unterstützung von den ihnen zugewiesenen Mentorinnen und Mentoren und suchten daher Hilfe bei anderen Kolleginnen und Kollegen.

Verbesserung: Mit jeder Bewältigung kann sich eine über die Situation anhaltende positive Veränderung im Individuum vollziehen, zum Beispiel durch das Festigen von Ressourcen oder erfolgreichen Strategien (Richardson, 2002). So berichten Crosswell und Beutel (2017), wie angehende Lehrkräfte im Laufe eines Praktikums ihre Belastungstoleranz gesteigert hatten, und daher eine höhere Wahrscheinlichkeit angaben, den Lehrberuf anzustreben als vor dem Praktikum.

Anpassung: Durch inkrementelle Verbesserung über die Zeit hinweg entsteht ein Zustand des Angepasstseins. Dabei entwickelt das Individuum ein Repertoire an Schutzfaktoren, mit denen es den widrigen Umständen standhalten kann (Bobek, 2002). So vergleicht Hong (2012) Lehrkräfte, die nach den ersten fünf Jahren den Beruf quittiert hatten, mit Lehrkräften, die im Beruf verblieben waren. Dabei zeichneten sich die im Beruf verbliebenen Lehrkräfte dadurch aus, dass sie beispielsweise gelernt hatten, sich von besonders belastenden Situationen zu distanzieren.

Erhaltung: Dadurch, dass sich eine Lehrkraft an widrige Umstände anpasst, ist sie in der Lage, einen wünschenswerten Zustand langfristig zu erhalten (Gu & Day, 2013). Diese Fähigkeit zur Erhaltung von wünschenswerten Zuständen über einen langen Zeitraum stellt für viele Studien das endgültige Ergebnis von Resilienzprozessen dar, wie zum Beispiel im Rahmen der VITAE-Studie: Dort zeichnen Day und Gu (2009) das Porträt einer Lehrkraft, die selbst nach über 30 Jahren ihr berufliches Engagement aufrechterhalten konnte. Ausschlaggebend war vor allem ihr Bedürfnis, die gesellschaftlichen Chancen von Lernenden in herausfordernden Lebenslagen zu steigern.

Diese Prozesselemente stellen keine unabhängigen oder sequenziellen Phasen dar, sondern greifen ineinander. Darüber hinaus unterscheiden sie sich darin, ob sie den Umgang mit einer spezifischen Situation (z. B. Wiederaufrichtung nach einem spezifischen Ereignis) oder globale und über die Zeit anhaltende Prozesse beschreiben (z. B. durchgängige Erhaltung von Motivation). Insgesamt zeigte die Literaturübersicht, dass einzelne Studien mehrere Prozesselemente miteinander verbinden und untersuchen (z. B. Bewältigung und Verbesserung bei Brouskeli, Kaltsi & Loumakou, 2018), aber es konnte keine Studie identifiziert werden, die alle Prozesselemente und somit den gesamten Resilienzprozess beschreibt. Diese Forschungslücke erschwert Schlussfolgerungen bezüglich der typischen (iterativen) Abläufe im gesamten Resilienzprozess. Nur durch eine integrative Untersuchung aller Prozesselemente könnten Resilienzprozesse in ihrer Gänze modelliert werden, was es beispielsweise ermöglicht, die Wirkungsmechanismen von persönlichen und kontextuellen Faktoren während Resilienzprozessen zu ermitteln (z. B. inwiefern Lehrkräfte soziale Beziehungen nutzen können, um sich nach belastenden Herausforderungen wiederaufzurichten oder um ihre Motivation langfristig zu erhalten).

3.2 Wechselwirkungen zwischen Person und Umfeld im Lehrberuf

In nahezu allen Studien werden Wechselwirkungen zwischen Lehrkräften und ihrer beruflichen Umgebung berücksichtigt. Unterschiede zeigen sich darin, wie aktiv die Lehrkraft jeweils in ihrer Auseinandersetzung mit der Umwelt gesehen wird: von einer eher rezeptiven zu einer (pro-)aktiv gestaltenden Rolle. In einem beachtlichen Teil der gesichteten Studien wird eine relativ geringe Aktivität der Lehrkraft in Bezug auf ihre Umwelt beschrieben. Dabei besitzt das berufliche Umfeld (z. B. Lernende, Kollegium oder berufliche Anforderungen) resilienzförderliche oder -hemmende Charakteristika, die einen Einfluss auf die Lehrperson ausüben. Gu und Li (2013) beschreiben beispielsweise, wie die Arbeitsbedingungen von 568 chinesischen Lehrkräften – vor allem ein hohes Arbeitspensum, lange Arbeitszeiten und Leistungsdruck – ihr berufliches Commitment beeinträchtigen. Im Gegensatz dazu wird ein Klima des Vertrauens in der Schule als förderlich für das Commitment von Lehrkräften identifiziert. Alternativ konzeptualisieren einige Studien die Wechselwirkung zwischen Lehrkräften und deren Umwelt als Vorhandensein von und Rückgriff auf kontextuelle Ressourcen. So dokumentieren Castro et al. (2010), wie Lehrkräfte bei beruflichen Herausforderungen (z. B. Konflikte mit Eltern von Lernenden) soziale Ressourcen mobilisieren, um die Herausforderung zu überwinden (z. B. Einbezug der Schulleitung für Rückhalt).

Andere Studien skizzieren eine aktive Einflussnahme durch die Lehrkräfte auf ihr berufliches Umfeld, wobei die Evidenzlage jedoch keine eindeutigen Schlüsse bezüglich der Effektivität dieser Einflussnahme zulässt: So berichten McKay und Barton (2018), wie Lehrkräfte bewusst an positiven Beziehungen mit ihren Lernenden und im Kollegium arbeiten und sich dadurch Unterstützungsstrukturen schaffen. Allerdings konnte die Intervention von van Wingerden et al. (2017), in der Lehrkräfte Strategien zur aktiven Erschließung beruflicher Ressourcen erlernten, die selbsteingeschätzte Resilienz von Lehrkräften nicht signifikant beeinflussen. Daher besteht in diesem Bereich weiterer Forschungsbedarf. In diesem Kontext ist es wichtig zu betonen, dass Lehrkräfte nicht nur individuell sondern auch kooperativ ihr Umfeld (mit)gestalten können: So dokumentieren Fisher et al. (2000), wie Lehrkräfte einer Schule durch gemeinsame Arbeit an einem

Inklusionskonzept Strukturen schufen (z. B. die Verteilung von spezialisierten Aufgaben im Kollegium), mit denen sie die besonderen Herausforderungen von neu eingeführtem inklusivem Unterricht bewältigen konnten.

Insgesamt zeigt sich also, dass Wechselwirkungen zwischen Lehrkräften und ihrer Umwelt unterschiedlich konzeptualisiert werden können. Besonders die kooperative Gestaltung des Umfelds als resilienzförderlich könnte eine nachhaltige Form von Resilienz darstellen, da Lehrkräfte aktiv Belastungsquellen verändern (z. B. Verringerung der Arbeitslast durch Aufgabenteilung) und neue Ressourcen zu Bewältigung erschließen können (z. B. Erstellen von gemeinsamen Arbeitsmaterialien). Daher könnten bestehende Konzepte zur Kooperation unter Lehrkräften genutzt werden (z. B. Gräsel, Fußangel & Pröbstel, 2006), um systematisch zu ermitteln, welche Formen von Kooperation besonders resilienzförderlich wirken.

4 Persönliche, strategiebezogene und kontextuelle Schutz- und Risikofaktoren im Lehrberuf

Neben den zuvor geschilderten Elementen von Resilienz untersuchen die gesichteten Studien, welche Schutz- und Risikofaktoren in Resilienzprozessen von Lehrkräften eine Rolle spielen. Um den recht breiten Begriff der Schutzfaktoren zu systematisieren, schlagen Mansfield et al. (2016) die Unterteilung in persönliche Schutzfaktoren (z. B. Persönlichkeitsmerkmale, Motivationen), strategiebezogene Schutzfaktoren (z. B. konkrete Handlungen und dafür notwendige Fähigkeiten) und kontextuelle Ressourcen (z. B. soziales Umfeld, Schulstruktur) vor. Obwohl ähnliche Kategorien für Risikofaktoren bisher nicht gebildet wurden, zeigt die Analyse der gesichteten Studien, dass Schutz- und Risikofaktoren oft konzeptuell verwandt sind (z. B. niedrige Selbstwirksamkeitserwartung als Risikofaktor, hohe Selbstwirksamkeitserwartung als Schutzfaktor). Entsprechend fassen die folgenden Abschnitte die verfügbare Evidenz zu Schutz- und Risikofaktoren im Lehrberuf anhand der oben beschriebenen Unterteilung in persönliche, strategiebezogene und kontextuelle Schutz- und Risikofaktoren zusammen. Aufgrund der großen Bandbreite solcher Faktoren wird in diesem Beitrag lediglich eine Auswahl näher beschrieben.

4.1 Persönliche Schutz- und Risikofaktoren im Lehrberuf

In Bezug auf *persönliche Schutz- und Risikofaktoren* von Lehrkräften identifizierten die gesichteten Studien recht unterschiedliche theoretische Konstrukte als resilienzförderlich oder -hemmend (vgl. Tabelle 3). Dabei fällt auf, dass persönliche Risikofaktoren in den gesichteten Studien insgesamt seltener thematisiert wurden als Schutzfaktoren. Entsprechend liegt in der folgenden Darstellung der Fokus auf Schutzfaktoren.

Tabelle 3: Persönliche Schutz- und Risikofaktoren und Anzahl an Studien

persönliche Schutzfaktoren	Anz. Studien	persönliche Risikofaktoren	Anz. Studien
Berufungsempfinden	23	Lehrerkarriere als Verlegenheitswahl	1
hohe Selbstwirksamkeit	19	niedrige Selbstwirksamkeit	6
positive Grundeinstellung	13	negative Grundeinstellung	1
hohe Flexibilität	9	niedrige Flexibilität/Perfektionismus	9
Interesse am Fach oder Lehren	8		
berufsethische Überzeugungen	7		
Mitgefühl	7		
Kreativität	4		
Glaube	4		
		hohes Berufsalter	2

Anmerkungen: Konzeptuell verwandte persönliche Schutz- und Risikofaktoren stehen in derselben Zeile. Falls keine Studien zu potenziellen kontextuell verwandten Faktoren vorlagen, wurde die entsprechende Zelle freigelassen.

Unter den beruflichen Motivationsquellen wurde vor allem ein Berufungsempfinden als schützend identifiziert, also das Bestreben, für andere (z. B. die eigenen Lernenden) nützlich und wertvoll zu sein (Richards et al., 2017). Diese wurde in quantitativen Studien mit positiver Stressbewältigung bei Rollenkonflikten, geringeren Burnout-Werten und höherer Berufszufriedenheit in Zusammenhang gebracht (z. B. Richards et al., 2017). Dieser Befund wird durch zahlreiche qualitative Studien illustriert (z. B. Day & Hong, 2016; Ellison & Mays-Woods, 2019). Beispielsweise berichten Gu und Li (2013), dass die interviewten Lehrkräfte sich ihren Beitrag zum Erfolg ihrer Lernenden vergegenwärtigen, um angesichts einschneidender politischer Reformen ihre Motivation zu erhalten.

Als bedeutsamer Schutzfaktor wurden darüber hinaus hohe *Selbstwirksamkeitsüberzeugungen*, das heißt die Überzeugung, wünschenswerte Ergebnisse selbst angesichts widriger Umstände herbeiführen zu können (vgl. Bandura, 1997) identifiziert. In den gesichteten Studien konnten Lehrkräfte mit hohen Selbstwirksamkeitsüberzeugungen in Bezug auf Lehren ihr berufliches Commitment in schwierigen Phasen wie dem Berufseintritt (z. B. Mansfield et al., 2014), in hohem Berufsalter (z. B. Meister & Ahrens, 2011) oder in der Auseinandersetzung mit einschneidenden politischen Reformen (Gu & Li, 2013) erhalten. Ähnlich bringen quantitative Studien hohe Selbstwirksamkeitsüberzeugungen mit niedrigem Belastungserleben (Klusmann et al., 2009; Ngui & Lay, 2018) und hohem Engagement (Gu & Li, 2013) in Verbindung. Geringe Selbstwirksamkeitsüberzeugungen hingegen, die sich zum Beispiel in Gefühle von Inkompetenz oder einem negativen Selbstbild in Bezug auf Lehren äußern, können eine emotionale Belastung für Lehrkräfte darstellen und werden daher als Risikofaktor gesehen. Beispielsweise berichten die angehenden Lehrkräfte bei W. Ng und Nicholas (2015) von intensiven Gefühlen von Inkompetenz während unterrichtspraktischer Erfahrungen (z. B. aufgrund von Konflikten mit Lernenden oder Klassenführungsproblemen) und wie diese Gefühle sich negativ auf ihren Enthusiasmus auswirkten.

Darüber hinaus identifizierten einige Studien eine *allgemeine positive Einstellung* als potenziellen Schutzfaktor. Eine positive Einstellung beinhaltet verschiedene Facetten wie Optimismus (z. B. Ellison & Mays-Woods, 2019), Hoffnung (z. B. Mansfield et al., 2014) und eine allgemein positive Lebenseinstellung (z. B. Ainsworth & Oldfield, 2019). Aus der qualitativen Untersuchung von Ellison und Mays-Woods (2019) wird die potenzielle Wirkungsweise einer positiven Einstellung ersichtlich: Eine der befragten Lehrkräfte sah sich mit einem Konflikt über knappe Unterrichtsressourcen konfrontiert. Sie war dank ihrer positiven Einstellung und ihres Optimismus in der Lage, sich mit der unzulänglichen Lage abzufinden und ihren Lernenden dennoch den bestmöglichen Unterricht anzubieten.

Weiterhin arbeiteten einige Studien eine *flexible Einstellung* als potenziellen Schutzfaktor heraus. Lehrkräfte mit einer flexiblen Einstellung lassen sich auf Herausforderungen zunächst ein, anstatt sie von vornherein abzuwehren, und passen ihre Erwartungen an sich selbst gegebenenfalls an (siehe dazu auch „adaptive change" bei Bowles, 2006). Beispielsweise ermittelten Bowles und Arnup (2016), dass Novizen-Lehrkräfte mit hoher Offenheit gegenüber neuen Herausforderungen höhere selbsteingeschätzte Resilienz aufwiesen als diejenigen, die eher den Status Quo erhalten wollen. Qualitative Studien illustrieren diesen Befund: So präsentiert Doney (2013) Fallbeispiele von Lehrkräften, die sich aufgrund ihrer Flexibilität auf Herausforderungen (z. B. Unterricht für Lernende mit heterogenem sprachlichen Hintergrund) einließen und die Herausforderung zu ihrem Vorteil wandten (z. B. selbstständige Fortbildung und Teilnahme an Trainingsangeboten). Im Gegensatz dazu können *Perfektionismus* und *unflexible Erwartungen* an sich selbst bei schwer erfüllbaren Anforderungen einen Risikofaktor im Lehrberuf darstellen. So zeigt sich im Rahmen des AVEM-Ansatzes („Arbeitsbezogene Verhaltens- und Erlebnismuster"; Schaarschmidt & Fischer, 1997; Schaarschmidt & Fischer, 2001), dass ausgeprägter Perfektionismus bei Lehrkräften oft mit geringer psychischer Gesundheit und

Berufszufriedenheit einhergeht (Klusmann et al., 2009; Klusmann et al., 2008). In ihrer qualitativen Studie dokumentieren McKay und Barton (2018) mögliche emotionale Folgen von Perfektionismus: So betreibt eine Lehrkraft hohen Aufwand, um die Lernprozesse der Lernenden zu strukturieren, und macht sich bei Abweichungen selbst verantwortlich. Als Resultat davon werden Frustration und Sorge berichtet.

Grundsätzlich zeigt sich eine recht große Vielfalt an unterschiedlichen persönlichen Schutzfaktoren. Zusammenfassend scheint jedoch die Anwesenheit von (verschiedenen) Motivationsquellen einen konsistenten Schutzfaktor für Resilienz darzustellen. Besonders soziale Motivationsquellen (z. B. Bedeutung der Tätigkeit und Einfluss auf Lernende) scheinen Lehrkräften dabei zu helfen, Rückschläge zu verarbeiten, ihr Engagement wiederherzustellen und langfristig zu erhalten. Persönliche Risikofaktoren hingegen wurden nur in wenigen Studien explizit untersucht.

4.2 Strategiebezogene Schutz- und Risikofaktoren im Lehrberuf

Neben persönlichen Merkmalen griffen Lehrkräfte in den gesichteten Studien auf *konkrete Strategien und Fähigkeiten* zurück, um auf Herausforderungen zu reagieren (vgl. Tabelle 4). Auch an dieser Stelle zeigt sich, dass Risikofaktoren in den gesichteten Studien weniger Aufmerksamkeit erfuhren als Schutzfaktoren.

Tabelle 4: Strategiebezogene Schutz- und Risikofaktoren und Anzahl an Studien

strategiebezogene Schutzfaktoren	Anz. Studien	strategiebezogene Risikofaktoren	Anz. Studien
Emotionsregulation	27		
(Pro-)Aktive Auseinandersetzung mit Herausforderungen	19	Vermeidungsorientierte Auseinandersetzung mit Herausforderungen	4
Regulation von beruflichem Engagement	16	Selbstvernachlässigung	2
Achtsamkeitspraxis	11		
Gesundheitsorientierte Praktiken	9		
Metawissen zu Resilienz und Belastungsbewältigung	9		
Selbstreflexion	9		
Hilfesuchen	6		

Anmerkungen: Konzeptuell verwandte strategiebezogene Schutz- und Risikofaktoren stehen in derselben Zeile. Falls keine Studien zu potenziellen kontextuell verwandten Faktoren vorlagen, wurde die entsprechende Zelle freigelassen.

Aus der Perspektive der gesichteten Studien stellen Strategien zur *Emotionsregulation*, das heißt der Prozess der Einflussnahme auf das eigene emotionale Erleben (z. B. nach Gross & Thompson, 2007), einen potenziellen Schutzfaktor im Lehrerberuf dar, da Lehrkräfte in ihrem Berufsalltag mit einer Vielzahl von verschiedenen Emotionen konfrontiert sind (siehe kontextuelle Schutz- und Risikofaktoren – Arbeitsbelastung). Daher werden Strategien zur Emotionsregulation häufig im Rahmen von Interventionscurricula zur Reduktion von Stressempfinden bei Lehrkräften vermittelt (z. B. Cook et al., 2017; Iizuka, Barrett, Gillies, Cook & Marinovic, 2014; Jennings et al., 2017; Schussler et al., 2016). So werden Lehrkräfte beispielsweise im Rahmen der CARE-Intervention („Cultivating Awareness and Resilience in Education"; z. B. Jennings et al., 2013) angeleitet, eigene emotionale Muster zu identifizieren und positive Emotionen selbstgesteuert hervorzurufen. Resultate solcher Interventionen sind vornehmlich ein verringertes Stressempfinden (Cook et al., 2017; Jennings et al., 2017; Jennings et al., 2013; Tyson et al., 2009), aber auch beispielsweise erhöhte Selbstwirksamkeitsüberzeugungen bei Lehrkräften (Jennings et al., 2013).

In ähnlicher Weise wird *Achtsamkeit*, das heißt die Fähigkeit, sich urteilsfrei auf den momentanen Augenblick zu konzentrieren (nach Bishop et al., 2004), in einigen Experimentalstudien an Lehrkräfte vermittelt und unter anderem mit geringerem Stressempfinden in Verbindung gebracht (Cook et al., 2017; Jennings et al., 2017). Qualitative Untersuchungen dokumentieren ein breites Spektrum an potenziellen resilienzförderlichen Ergebnissen von Achtsamkeitspraxis für Lehrkräfte: gesteigertes Potenzial, Emotionen wahrzunehmen und zu beeinflussen, bevor diese in Handlungen münden, sowie gesteigerter Gemeinschaftssinn (Schussler et al., 2016), gesteigerte Aufmerksamkeit im Unterricht und Arbeitsgedächtniskapazität (Roeser et al., 2013) oder gestärkte Fürsorge für das eigene Wohlergehen (Schussler et al., 2018). Insgesamt ergibt sich daraus das Bild, dass Achtsamkeitspraxis eine Bandbreite von anderen Schutzfaktoren wie Emotionsregulation oder soziale Beziehungen (s. u.) unterstützen kann.

Darüber hinaus wurde das schützende Potenzial von *beruflicher Regulation* untersucht, das heißt die Fähigkeit, berufliche Aufgaben einzugrenzen, sich gegebenenfalls davon zu distanzieren und eine Balance zwischen Arbeitsbelastung und Erholungsphasen herzustellen (Schaarschmidt & Fischer, 2001). Einige qualitative Studien dokumentieren, wie Lehrkräfte ihr berufliches Engagement regulieren: So setzen sich einige Lehrkräfte beispielsweise zeitliche Grenzen für die tägliche Arbeit (z. B. Day & Hong, 2016) oder definieren bestimmte Probleme (z. B. die Nicht-Anwesenheit von Lernenden im Unterricht) als außerhalb ihrer beruflichen Verantwortung (z. B. Day & Hong, 2016). Eine geringe Fähigkeit zur beruflichen Regulation wurde hingegen als Risikofaktor in Resilienzprozessen identifiziert. So berichten einige interviewte Lehrkräfte bei Boldrini et al. (2019) große Belastung als Konsequenz eines übersteigerten Pflichtgefühls. Die Regulation von beruflicher Aktivität allein muss jedoch nicht zwangsweise resilienzförderlich sein, wie sich im Rahmen der bereits beschriebenen Studien zum AVEM-Modell zeigt: Die verfügbare Evidenz deutet an, dass Lehrkräfte tendenziell nur dann eine besonders niedrige Belastung empfinden und gute psychische Gesundheit aufweisen, wenn sowohl berufliche Regulation (zusammen mit weiteren Aspekten wie aktiver Auseinandersetzung mit Herausforderungen, s. u.) als auch Bereitschaft für berufliches Engagement stark ausgeprägt sind (Celebi et al., 2014; Klusmann et al., 2008).

Weiterhin wurden in der Auseinandersetzung mit konkreten Herausforderungen *aktive Auseinandersetzung* als Schutzfaktor und *vermeidensorientierte Auseinandersetzung* als Risikofaktor identifiziert. So zeigen beispielsweise Parker und Martin (2009), dass die Nutzung von „direkten" Coping-Strategien (hohe Bereitschaft für Engagement, Planung) positiv mit selbsteingeschätzter Resilienz, beruflichem Engagement und Wohlbefinden bei den befragten Lehrkräften zusammenhingen, „palliative" Coping-Strategien (Self-Handicapping, Vermeiden von Misserfolg) hingegen negativ. Qualitative Studien illustrieren, wie durch eine aktive Auseinandersetzung Belastungsquellen eliminiert werden können: So berichten Castro et al. (2010), wie zwei Lehrkräfte jeweils eine Herausforderung in ihrem beruflichen Alltag (Klassenführungsschwierigkeiten und Anpassung von Unterrichtsmaterialien an inklusive Kontexte) dadurch lösten, dass sie auf Basis von eigenen Recherchen verschiedene Lösungsansätze generierten und erprobten.

Zusammenfassend zeigten sich vielfältige Strategien, die Lehrkräfte im Rahmen von Resilienzprozessen nutzen können, wobei überwiegend resilienzförderliche (statt resilienzhemmende) Strategien in den gesichteten Studien Aufmerksamkeit erfuhren.

4.3 Kontextuelle Schutz- und Risikofaktoren

Im Gegensatz zu den teilweise sehr unterschiedlichen persönlichen und strategiebezogenen Faktoren ließen sich recht homogene *kontextuelle Schutz- und Risikofaktoren* aus den gesichteten Studien identifizieren. Eine Übersicht über kontextuelle Schutz- und Risikofaktoren findet sich in Tabelle 5.

Tabelle 5: Kontextuelle Schutz- und Risikofaktoren und Anzahl an Studien.

persönliche Schutzfaktoren	Anz. Studien	persönliche Risikofaktoren	Anz. Studien
positive Beziehungen mit / Unterstützung durch Kolleginnen und Kollegen	30	belastende Beziehungen mit / mangelnde Unterstützung durch Kolleginnen und Kollegen	7
positive Beziehungen mit		belastende Beziehungen mit	
Lernenden	22	Lernenden	15
Familie und Freunden	11	Familie und Freunden	3
Eltern der Lernenden	6	Eltern der Lernenden	5
Unterstützung durch		mangelnde Unterstützung durch	
Schulleitung	25	Schulleitung	9
Mentorin oder Mentor	13	Mentorin oder Mentor	7
schulisches Unterstützungspersonal	6	schulisches Unterstützungspersonal	1
berufliche Fort- und Weiterbildung	9		
Lerngemeinschaften	2		
		hohe Arbeitsbelastung	24
		sozioökonomisch niedriggestellte Schule	18
		politische Eingriffe	12
		anstrengende Lehrsituationen	5
		geringe berufliche Sicherheit	5
		mangelnde Anerkennung	5
		Rollenkonflikte	5

Anmerkungen: Konzeptuell verwandte kontextuelle Schutz- und Risikofaktoren stehen in derselben Zeile. Falls keine Studien zu potenziellen kontextuell verwandten Faktoren vorlagen, wurde die entsprechende Zelle freigelassen.

Zunächst fällt auf, dass in den gesichteten Studien einige kontextuelle Faktoren identifiziert wurden, die ausschließlich Belastungsquellen und damit Risikofaktoren für Lehrkräfte darstellen. Dazu gehört vor allem die *allgemeine Arbeitsbelastung* der Lehrkräfte, die häufig als bedeutendster Risikofaktor im Lehrberuf identifiziert wird. So ermittelten Ainsworth und Oldfield (2019), dass die Arbeitsbelastung den stärksten Prädiktor für das wahrgenommene Wohlbefinden von Lehrkräften darstellt. Durch zahlreiche qualitative Studien wird ersichtlich, wie komplex die Arbeitsbelastung im Lehrberuf ist: Dazu gehören das hohe Arbeitspensum und die geringe Freizeit (z. B. McKay & Barton, 2018), die Verarbeitung von starken und häufigen emotionalen Episoden (z. B. in der Konfrontation mit schlimmen Lernendenschicksalen; Acevedo & Hernandez-Wolfe, 2014; Hong, 2012) oder die zunehmende Verpflichtung, Verwaltungsaufgaben zu übernehmen (z. B. Schulaktivitäten organisieren, Berichte verfassen; Ballantyne & Zhukov, 2017).

Eine besonders hohe Belastung berichten zudem Studien mit Lehrkräften an *problematischen Schulen*, also beispielsweise Schulen in sozioökonomisch weniger privilegierten Gebieten oder mit mangelnden Ressourcen (z. B. Castro et al., 2010). Im Rahmen der VITAE-Studie, einer longitudinalen Studie zur Resilienz von 300 Lehrkräften in Großbritannien, dokumentieren beispielsweise Day und Gu (2007, 2009), dass Lehrkräfte an Schulen in sozioökonomisch weniger privilegierten Gebieten oft mit besonders belastenden Herausforderungen umgehen müssen, wie zum Beispiel schulischer Gewalt, geringer Motivation der Lernenden oder fehlenden Unterrichtsmaterialien.

Nicht nur der schulische Alltag scheint für viele Lehrkräfte bedeutende Risikofaktoren zu bergen, sondern auch einschneidende *politische Reformen* im Bildungssystem. In den gesichteten Studien zeigt sich über verschiedene Kulturen hinweg, dass Lehrkräfte es als belastend empfinden, wenn politische Reformen ihr Handeln bestimmen, insbesondere wenn dadurch Konflikte zwischen den eigenen Prinzipien und dem vorgeschriebenen Handeln entstehen (z. B. Boldrini et al., 2019; Gu & Li, 2013). Beispielsweise berichten Lehrkräfte bei Wilcox und Lawson (2018) von intensiven Gefühlen emotionaler Erschöpfung und Frustration als Reaktion auf eine politisch verordnete Einführung jährlicher Leistungsevaluationen für Lehrkräfte.

Das soziale Umfeld von Lehrkräften hingegen kann den gesichteten Studien zufolge sowohl schützend als auch belastend wirken. So wurden *Beziehungen* zu unterschiedlichen Personen im beruflichen und privaten Umfeld von Lehrkräften als besonders relevant für Resilienzprozesse identifiziert. Zu diesen Personen gehören in den gesichteten Studien Kolleginnen und Kollegen (z. B. Day & Gu, 2009; Papatraianou & Le Cornu, 2014), die eigenen Schülerinnen und Schüler (z. B. Gu, 2014), Schulleitungen (z. B. Peters & Pearce, 2012), Mentorinnen und Mentoren (Mansfield et al., 2014; Papatraianou & Le Cornu, 2014), und die Eltern der Lernenden (z. B. Ballantyne & Zhukov, 2017). Darüber hinaus stellen einige Studien heraus, dass auch Freunde und die eigene Familie eine Rolle in Resilienzprozessen von Lehrkräften darstellen können (Day & Hong, 2016; Doney, 2013; Maring & Koblinsky, 2013). All diese Beziehungen können sowohl positiv (und damit resilienzförderlich) oder negativ (und damit belastend) sein, wie im Folgenden gezeigt wird.

Besonders bedeutsam werden *Beziehung und Kooperation mit Kolleginnen und Kollegen* gesehen. Anhand der VITAE-Studie arbeitet Gu (2014) heraus, wie wichtig positive Beziehungen mit Kolleginnen und Kollegen für Lehrkräfte sind: Sie können ein Gefühl von Zusammenhalt vermitteln und durch die positive Zusammenarbeit können Enthusiasmus und Freude aufrechterhalten werden. Darüber hinaus können positive Beziehungen zu Kolleginnen und Kollegen auch die Möglichkeit zur kooperativen Problemlösung öffnen. So dokumentieren einige qualitative Studien, wie Lehr-kräfte Materialien und Wissen miteinander teilen (z. B. Gu, 2014) oder sich in sog. „learning communities" zusammenfinden, um gemeinsam neue Kenntnisse zu erwerben oder um konkrete Probleme zu lösen (z. B. Yone-zawa et al., 2011). Fehlen jedoch positive Beziehungen und Kooperation im Kollegium, kann dies für Lehrkräfte einen Risikofaktor darstellen. So do-kumentieren beispielsweise Nehmeh und Kelly (2018), wie sich zwei Lehr-kräfte im Kollegium ausgegrenzt und isoliert fühlten und schließlich die Schule wechselten.

Ebenso heben die gesichteten Studien hervor, dass *Beziehungen zu Ler-nenden* für die Resilienz von Lehrkräften bedeutsam sein können. Einerseits bilden positive Beziehungen zu Lernenden die Grundlage für einige bereits beschriebene persönliche Schutzfaktoren, wie das Berufungsempfinden gegenüber Lernenden (z. B. Gu, 2014). Andererseits können Lehrkräfte ein Gefühl von Wertschätzung aus der positiven Interaktion mit ihren Lernen-den ziehen (z. B. Gu, 2014). So beschreiben alle interviewten Lehrkräfte bei Gu und Li (2013) intensive Gefühle von Freude und Stolz, wenn ihre Ler-nenden Erfolge zeigen. Negative Beziehungen zu Schülerinnen und Schü-lern hingegen können eine große Belastung für Lehrkräfte darstellen: Boldrini et al. (2019) berichten beispielsweise, dass die befragten Lehrkräfte Konflikte mit Lernenden (z. B. in Form von Unterrichtsstörungen, Bullying gegenüber der Lehrkraft oder aggressivem Verhalten) als eine bedeutsame Belastungsquelle in ihrem Beruf ansehen.

Weiterhin spielt die *Kooperation mit der Schulleitu*ng eine bedeutsame Rolle. So stellen Ainsworth und Oldfield (2019) anhand einer Befragung von 226 Lehrkräften heraus, dass wahrgenommene Unterstützung durch die Schulleitung den stärksten Prädiktor von Berufszufriedenheit und Burn-out darstellt (im Vergleich zu beispielsweise Arbeitsbelastung oder Selbst-wirksamkeit). Diesen Zusammenhang illustrieren einige qualitative Studien. Beispielsweise beschreiben bei Brunetti (2006) und Day und Hong (2016) Lehrkräfte wahrgenommene Wertschätzung und Zufriedenheit, wenn sie von ihren Schulleitungen an schulischen Entscheidungen beteiligt werden. Allerdings kann die Zusammenarbeit mit der Schulleitung für Lehrkräfte auch eine Belastung darstellen: So berichten beispielsweise Chaaban und Du (2017) von Lehrkräften, die sich durch ihre Schulleitungen je nach wahrgenommenem Führungsstil in ihrer Autonomie beschnitten oder nicht wertgeschätzt fühlten. Somit deutet sich ein großes Potenzial für Schullei-tungen an, Resilienzprozesse bei ihren Lehrkräften zu unterstützen oder zu hemmen.

Neben individuellen Beziehungen erwies sich in den gesichteten Studien auch das *Schulklima* als potenzieller Schutzfaktor, wenn es positiv ausgeprägt ist. In der quantitativen Studie von Ainsworth und Oldfield (2019) hatte das Schulklima den zweitstärksten prädiktiven Effekt auf Berufszufriedenheit und Burnout von Lehrkräften. Illustriert wird dies beispielsweise in der qualitativen Studie von Ellison und Mays-Woods (2019): Dort wird beschrieben, wie eine Lehrkraft aufgrund eines positiven Schulmottos, das in der gesamten Schule vertreten wurde, trotz eines Mangels an Ressourcen ihren beruflichen Enthusiasmus für ihre Lernenden erhalten konnte.

Schließlich können berufliche *Fort- und Weiterbildungen* Lehrkräften ermöglichen, neue Fähigkeiten zu erlangen und sich weiterzuentwickeln. Beispielsweise berichten erfahrene Lehrkräfte mit mehr als 15 Jahren im Lehrberuf bei Fransson und Frelin (2016), dass sie im Laufe ihrer Karriere oft auf Fort- und Weiterbildungsangebote zurückgriffen, um Informationen zu konkreten beruflichen Herausforderungen zu erhalten. Besonders hervorzuheben ist in diesem Kontext die Möglichkeit zur Kooperation zwischen Schulen und der universitären Forschung: So lernten Lehrkräfte beispielsweise in den Forschungsprojekten von Jennings und Kollegen (z. B. Jennings et al., 2013) verschiedene Achtsamkeitspraktiken und Strategien zur Emotionsregulation kennen, was zu einer Abnahme von Belastungsempfinden und einer Zunahme von Selbstwirksamkeitsüberzeugungen im Vergleich zur Kontrollgruppe führte.

Es zeigt sich also, dass kontextuelle Schutz- und Risikofaktoren – darunter insbesondere Charakteristika des Arbeitsumfelds, persönliche Beziehungen und Unterstützung durch das Umfeld – in vielen Studien Aufmerksamkeit fanden. Besonders hervorzuheben sind dabei positive Beziehungen als Schutzfaktoren, da sie potenziell eine recht breite Wirkungsweise in Bezug auf Resilienzprozesse aufweisen: So liefern positive Beziehungen (z. B. mit Kolleginnen und Kollegen oder Schülerinnen und Schülern) Lehrkräften den meisten Studien zufolge vor allem emotionalen Rückhalt bei Widrigkeiten und ein allgemeines positives Gefühl von Eingebundenheit, aber auch konkrete Unterstützung wie Wissen oder Feedback und die Möglichkeit zur kooperativen Bewältigung von Herausforderungen (für eine detaillierte Analyse der potenziellen Schutzfunktionen von positiven Beziehungen, siehe Papatraianou & Le Cornu, 2014). Auf Grund dieser potenziell breiten Wirkungsweise scheint die systematische Erforschung von sozialen Schutzfaktoren im Rahmen von Resilienzprozessen von Lehrkräften besonders vielversprechend.

4.4 Bedeutung von Schutz- und Risikofaktoren für die Kernelemente von Resilienz

Welche Bedeutung kommt Schutz- und Risikofaktoren in Bezug auf die oben beschriebenen Kernelemente von Resilienz zu? In Bezug auf die ermittelten *Prozesselemente von Resilienz* fällt zunächst auf, dass *strategische Schutzfaktoren* eher im Kontext spezifischer Herausforderungen und deren Bewältigung untersucht wurden. So berichten Castro et al. (2010) stets konkrete Herausforderungen (z. B. Ratlosigkeit im Umgang mit problematischen Lernenden) und die von Lehrkräften eingesetzten Strategien (z. B. Hilfesuchen bei Kolleginnen und Kollegen). *Kontextuelle* Schutzfaktoren wie positive Beziehungen (z. B. mit Kolleginnen und Kollegen) werden hingegen über unterschiedliche Prozesselemente hinweg als resilienzförderlich berichtet: Beispielsweise schildern Ellison und Mays-Woods (2019), wie eine Lehrkraft ihre Motivation nach Konflikten um Unterrichtsmaterialien aufgrund des positiven Schulklimas wiederherstellen kann. Bei Castro et al. (2010) kontaktieren Lehrkräfte Kolleginnen und Kollegen, um konkrete Probleme zu bewältigen. Hong (2012) dokumentiert, wie die wahrgenommene Unterstützung durch die Schulleitung Novizen-Lehrkräften helfen kann, sich an die hohe Arbeitsbelastung in ihrem Beruf anzupassen. Bei Fransson und Frelin (2016) führen erfahrene Lehrkräfte die langfristige Erhaltung ihrer Motivation auf positive Beziehungen zu ihren Lernenden zurück. Die Frage, welche Rolle persönliche Schutzfaktoren (z. B. Selbstwirksamkeit oder Berufungsempfinden) in Bezug auf die Prozesselemente spielen, ist jedoch aufgrund der Heterogenität der identifizierten Faktoren nicht eindeutig zu beantworten.

Risikofaktoren (sowohl persönliche, strategiebezogene oder kontextuelle) können entweder die Rolle von konkreten Herausforderungen einnehmen, die situationsspezifische Resilienzprozesse auslösen, oder globale Belastungen darstellen, die eher mit langfristigen Resilienzprozessen in Zusammenhang stehen. So stellen W. Ng und Nicholas (2015) beispielsweise dar, wie einmaliges, aggressives Verhalten von Lernenden Selbstzweifel und negative Emotionen in angehenden Lehrkräften während Praktika auslösen können. Bei Gu und Day (2007) hingegen werden eher globale Charakteristika des Lehrberufs wie allgemeine Arbeitsbelastung oder ein negatives Schulklima als Hürden für die Erhaltung des Commitments von Lehrkräften herausgearbeitet.

In Bezug auf *Wechselwirkung zwischen Merkmalen der Lehrkraft und ihrem Umfeld* lässt sich festhalten, dass viele Schutzfaktoren vom Umfeld der Lehrkraft abhängen. Einerseits wird in den gesichteten Studien oft die potenziell resilienzförderliche Wirkung des Umfelds selbst betont: So beschreiben Papatraianou und Le Cornu (2014), wie Lehrkräfte Unterstützung im Kollegium oder von den Lernenden beziehen können. Andererseits hängt die Wirkweise vieler persönlicher Schutzfaktoren vom Umfeld der Lehrkräfte ab: So illustrieren Gu und Li (2013), dass das Berufungsempfinden von Lehrkräften durch positive Rückmeldungen von den Lernenden erfüllt und verstärkt wird. Auch strategiebezogene Schutzfaktoren hängen oft vom Kontext der Lehrkräfte ab: Bei Castro et al. (2010) wird ersichtlich, dass ein Großteil der Strategien, die die befragten Lehrkräfte zur Belastungsbewältigung einsetzten, soziale Ressourcen nutzten, zum Beispiel Ratsuche bei Kolleginnen und Kollegen oder Einschalten der Schulleitung bei Konflikten mit Eltern von Lernenden.

Kontextuelle Risikofaktoren können von Lehrkräften – als Form einer Interaktion mit dem Umfeld – entweder direkt bewältigt werden (z. B. durch aktive Problemlösung) oder Lehrkräfte können lernen, mit diesen Risikofaktoren umzugehen. Beispielsweise beschreiben Doney (2013), wie eine Lehrkraft störendes Verhalten im Unterricht dadurch minimierte, dass sie Humor im Unterricht einsetzte und klare Unterrichtsstrukturen etablierte. Im Gegensatz dazu beschreiben P. T. Ng et al. (2018), wie angehende Lehrkräfte durch Unterrichtspraktika lernten, mit der hohen Arbeitsbelastung umzugehen und sich so an diese anzupassen.

5 Methodische Herangehensweisen zur Erfassung von Resilienz im Lehrberuf

Nachdem die gesichtete Forschung inhaltlich analysiert und dargestellt wurde, soll im Folgenden ein kurzer Überblick über die in den Studien verwendeten Methoden gegeben werden, um die Ergebnisse kritisch einordnen zu können. Dabei liegt der Fokus auf Stichproben, Studiendesigns und Operationalisierungen von Resilienz.

Stichproben: Die Stichprobengrößen der gesichteten Studien (vgl. Tabelle 6) reichten von einer einzelnen Lehrkraft im Rahmen einer Fallstudie (Sumsion, 2003) zu einer großangelegten Umfragestudie mit 1.429 Lehrkräften (Feng, 2016).

Tabelle 6: Stichprobengrößen der gesichteten Studien nach Studiendesign

Design	Anz. Studien	M	Median	SD	Min.	Max.
				Stichprobengröße		
Qualitative Studien	49	62.35	19	98.01	1	300
Fragebogenstudien	30	348.97	300	297.18	30	1429
(davon hypothesenprüfende)	(17)	(442.47)	(318)	(352.80)	(51)	(1429)
Experimentelle und Quasi-experimentelle Feldstudien	12	117.25	72.5	139.93	4	544

Anmerkung: M = Mittelwert, SD = Standardabweichung, $Min.$ = Minimum, $Max.$ = Maximum; Studien mit einer Kombination aus qualitativen (z. B. Interviews) und quantitativen (z. B. Fragebögen) Instrumenten werden in mehreren Kategorien gelistet.

Hinsichtlich der Nationalität stammten Stichproben insbesondere aus den USA, Australien, Großbritannien und Deutschland (siehe Tabelle 7). Diese Auswahl ist jedoch durch die bei der Literatursuche angewandten Ausschlusskriterien beeinflusst. So wurde beispielsweise Forschung aus Nationen wie Südafrika oder Israel dadurch ausgeschlossen, dass entsprechende Publikationen sich häufig mit den dortigen Extremzuständen von Armut (z. B. Ebersohn, 2012) oder Krieg befassen (z. B. Shacham, 2015).

Tabelle 7: Nationale Herkunft der Stichproben

Nationalität d. Stichprobe	Anzahl Studien
USA	32
Australien	18
Großbritannien	9
Deutschland	5
Kanada	4
China	2
Griechenland	1
Irland	1
Kolumbien	1
Malaysia	1
Neuseeland	1
Katar	1
Schweden	1
Schweiz	1
Singapur	1
Spanien	1
Taiwan	1
Vietnam	1

Anmerkung: Gesamtzahl der Studien ist aufgrund multinationaler Stichproben größer als Gesamtzahl der gesichteten Studien.

Die Stichproben umfassten Lehrkräfte aller Berufsphasen, von angehenden Lehrkräften in Praktika (z. B. P. T. Ng et al., 2018) bis hin zu erfahrenen Lehrkräften mit über 30 Jahren Berufserfahrung (z. B. Day & Gu, 2009).

Dabei stellen angehende und Novizen-Lehrkräfte eine besonders häufig untersuchte Altersgruppe dar (k=28), vermutlich weil diese Gruppe als besonders risikobelastet identifiziert wurde (z. B. Mansfield et al., 2014). Allerdings zeigen Day und Gu (2007b), dass Lehrkräfte unterschiedlichen Berufsalters jeweils eigenen Herausforderungen gegenüberstehen: So müssen beispielsweise Novizen-Lehrkräfte in ihren ersten drei Berufsjahren neue Fähigkeiten erlernen, um bisher unbekannte Herausforderungen zu bewältigen. Erfahrene Lehrkräfte mit 24 oder mehr Jahren im Beruf hingegen stehen vor der Herausforderung, Veränderungen im Schulalltag zu verarbeiten und ihr Commitment trotz beispielsweise abnehmender Gesundheit zu erhalten. Aus dieser Vielfalt an unterschiedlichen Stichproben ergibt sich, dass Resilienz ein Thema mit Relevanz für ein breites Spektrum an Lehrkräften in vielen beruflichen Kontexten darstellt.

Studiendesigns: Hinsichtlich der verwendeten Studiendesigns fällt zunächst auf, dass der Großteil der Studien eher qualitative oder qualitativ-quantitativ gemischte Designs nutzt (k=49). Dies wird beispielsweise dadurch begründet, dass Resilienzfaktoren oft von subjektiver Wahrnehmung abhängen (Mansfield et al., 2014), oder mit dem Anspruch, ein möglichst holistisches Bild von Resilienz zu ermitteln (z. B. Day & Gu, 2009). Dadurch liegen Informationen über eine Vielzahl von verschiedenen Schutz- und Risikofaktoren vor. Allerdings sind aufgrund des stark subjekt-zentrierten Fokus dieser Studien kaum Rückschlüsse auf die relative Wirkung verschiedener Faktoren oder deren Generalisierbarkeit möglich. Hypothesenprüfende quantitative Fragebogenstudien (k=16) und (quasi-)experimentelle Feldstudien (k=12) liefern zwar Hinweise auf verallgemeinerbare Effekte einzelner Faktoren, wie beispielsweise Achtsamkeit (Jennings et al., 2013) und Berufungsempfinden (Richards et al., 2018), aber andere, in der qualitativen Forschung häufig ermittelte Faktoren, wurden bisher kaum berücksichtigt, insbesondere kontextuelle Faktoren wie positive Beziehungen. Zukünftige quantitative Studien könnten daher kontextuelle Schutzfaktoren stärker berücksichtigen, um eine Überbewertung der Effekte von persönlichen und strategiebezogenen Schutzfaktoren im Vergleich zu kontextuellen Bedingungen zu vermeiden (vgl. auch Ainsworth & Oldfield, 2019).

Darüber hinaus liegen trotz des postulierten Prozesscharakters verhältnismäßig wenige (und ausschließlich qualitative) longitudinale Studien vor, die Resilienzprozesse in einem natürlichen Setting untersuchen (k=14). Diese Studien begleiten Lehrkräfte oft über lange Zeiträume hinweg mit relativ weit auseinanderliegenden Messzeitpunkten (z. B. halbjährlich) und legen den Fokus eher auf globale Entwicklungen (z. B. Gu & Day, 2007). Intensivere Längsschnittstudien (z. B. wöchentliche Erhebungen) könnten daher die bestehende Befundlage ergänzen, indem sie Aufschlüsse über situationsspezifische Resilienzprozesse liefern, wie sie sich im Alltag von Lehrkräften möglicherweise vollziehen.

Operationalisierungen: Hinsichtlich der Operationalisierung von Resilienz zeigen sich bei qualitativen Studien drei Trends: die Erfassung von Resilienz in Zusammenhang mit konkreten herausfordernden Situationen (z. B. Hong, 2012), in Zusammenhang mit allgemeinen beruflichen Herausforderungen (z. B. Fransson & Frelin, 2016) und auf Basis von persönlichen (Selbst-)Wahrnehmung der Lehrperson (z. B. Mansfield et al., 2012). Dies spiegelt einerseits situationsspezifische Prozesselemente (z. B. Wiederaufrichten nach konkreter Belastung), andererseits globale Prozesselemente (z. B. langfristige Erhaltung von Commitment) sowie eine allgemeine, subjektive Vorstellung von Resilienz wider, die im Individuum verankert ist.

Unter den gesichteten quantitativen Fragebogen- und (quasi-)experimentellen Studien zeigen sich ebenfalls unterschiedliche Trends hinsichtlich der Operationalisierung von Resilienz. Einige Studien operationalisieren Resilienz durch die wünschenswerte Ausprägung verschiedener abhängiger Variablen wie niedrige Burnoutwerte (z. B. Ainsworth & Oldfield, 2019) oder hohe Berufszufriedenheit (z. B. Cameron & Lovett, 2015). Andere Studien nutzen spezielle Resilienz-Skalen, die jedoch konzeptuell unterschiedliche Konstrukte messen: So misst beispielsweise die „Resilience Scale for Adults" (Friborg, Barlaug, Martinussen, Rosenvinge & Hjemdal, 2005) verschiedene *persönliche und soziale Kompetenzen* sowie *kontextuelle Ressourcen.* Die „Resilience Scale" von Wagnild und Young (1993) misst hingegen *Persönlichkeitsmerkmale* wie Gleichmütigkeit („equanimity") oder Beständigkeit („perseverance"), und die „Brief Resilience Scale" (Smith et al., 2008) beschränkt sich auf den *selbsteingeschätzten Umgang mit Stress und Rückschlägen.*

Zusammenfassend zeigt sich in Bezug auf die Methoden, mit denen Resilienz untersucht wird, dass vornehmlich qualitative Studien durchgeführt wurden, die eine relativ breite Informationslage zu potenziellen Schutz- und Risikofaktoren von Lehrkräften bieten. Quantitative Fragebogenstudien und (quasi-)experimentelle Feldstudien hingegen sind eher selten und weisen sehr unterschiedliche Operationalisierungen von Resilienz auf. Dies erschwert systematische Meta-Analysen der relativen Effektivität von einzelnen Schutz- und Risikofaktoren.

6 Schlussbetrachtung

Im Folgenden werden die zentralen Erkenntnisse aus der Sichtung der Studien zusammengefasst und Perspektiven für die weitere Erforschung von Lehrerresilienz vorgeschlagen.

Konzeptualisierungen von Resilienz: Aus der Analyse der gesichteten Resilienzdefinitionen ergaben sich fünf *Prozesselemente* des Resilienzprozesses: Diese sind ein Wiederaufrichten nach Rückschlägen (z. B. Wiedererlangen von Motivation nach problematischen Erfahrungen bei der Klassenführung; W. Ng & Nicholas, 2015), eine Bewältigung von Herausforderungen (z. B. das Lösen von Konflikten mit Eltern von Lernenden; Castro et al., 2010), eine Verbesserung nach erfolgreicher Bewältigung (z. B. gesteigerter Stresswiderstand durch Unterrichtspraktika; Crosswell & Beutel, 2017), eine Anpassung an widrige Umstände (z. B. Einstellung auf berufliche Belastung in den ersten fünf Berufsjahren; Hong, 2012) und eine Erhaltung von wünschenswerten Zuständen über lange Zeiträume (z. B. Erhaltung von Commitment bis ins hohe Berufsalter; Day & Gu, 2009). Diese Prozesselemente können genutzt werden, um sowohl situationsspezifische als auch globale Resilienzprozesse über verschiedene Situationen hinweg zu beschreiben.

Darüber hinaus stellten die gesichteten Studien die Wechselwirkungen zwischen *Lehrkraft und ihrem Umfeld* entweder als eher rezeptiv oder als (pro)aktiv gestaltend dar. So beschrieben einige Studien resilienzförderliche Charakteristika des beruflichen Umfelds von Lehrkräften (z. B. ein positives Schulklima; Gu & Li, 2013). In anderen Studien griffen Lehrkräfte auf Ressourcen aus dem Umfeld zurück, um Belastungen zu bewältigen (z. B. Ratschläge im Kollegium einholen; Castro et al., 2010). Eine (pro)aktive Gestaltung hingegen zeigte sich dadurch, dass Lehrkräfte ihr Umfeld resilienzförderlich gestalten. Diese erwies sich vor allem dann als wirksam, wenn die Lehrkräfte in Kooperation mit anderen ihr Umfeld beeinflussten (z. B. die kooperative Entwicklung eines Inklusionskonzepts; Fisher et al., 2000). In weiterer Forschung könnten daher in Rückgriff auf existierende Modelle zur Lehrerkooperation (z. B. Gräsel et al., 2006) Konzepte entwickelt werden, wie Lehrkräfte ihr Umfeld gemeinsam und in Kooperation mit der Schulleitung resilienzförderlich gestalten können.

Schutz- und Risikofaktoren: Darüber hinaus wurde die Evidenz zu Schutz- und Risikofaktoren gesichtet. Insgesamt findet sich umfangreiche qualitative Evidenz sowohl zu verschiedenen persönlichen Ressourcen (z. B. Selbstwirksamkeitsüberzeugungen; Day & Gu, 2007a), strategiebezogenen Schutzfaktoren (z. B. Emotionsregulation; Castro et al., 2010) als auch kontextuellen Schutz- und Risikofaktoren (insb. persönliche Beziehungen und

Unterstützung; Papatraianou & Le Cornu, 2014). Persönliche und strategiebezogene Risikofaktoren hingegen wurden nur selten explizit untersucht. In Bezug auf die erarbeiteten Kernelemente von Resilienz zeigte sich, dass vor allem die Unterscheidung zwischen situationsspezifischen (z. B. Bewältigung konkreter Herausforderungen) und globalen Resilienzprozessen (z. B. Erhaltung von Motivation über lange Zeit) sich in der Identifikation unterschiedlicher Schutzfaktoren niederschlägt (z. B. strategiebezogene Schutzfaktoren hauptsächlich bei der Untersuchung situationsspezifischer Elemente).

Bei der Analyse der Schutz- und Risikofaktoren zeigte sich eine besonders große Bedeutung von schulischer Kooperation: So stellten der kollegiale Austausch und emotionale Beistand zwischen Lehrkräften untereinander, positive Verhältnisse zwischen Schulleitung und Kollegium sowie Fort- und Weiterbildungsangebote (z. B. Kooperationen mit Forschungseinrichtungen im Rahmen von Interventionsstudien) bedeutsame Schutzfaktoren dar. Somit bietet Kooperation nicht nur eine potenzielle Möglichkeit für Lehrkräfte, ihr Umfeld resilienzförderlich zu gestalten (s. o.), sondern kann auch per se als bedeutsamer Schutzfaktor wirken.

Methoden in der Forschung zu Lehrerresilienz: Schließlich zeigte sich in einer Betrachtung der in den gesichteten Studien verwendeten Methoden, dass bisherige Evidenz hauptsächlich aus qualitativen Studien stammt. Daher liegt zwar eine große Breite an Evidenz zu verschiedenen potenziellen Schutzfaktoren vor, Rückschlüsse auf die Effektivität und die Generalisierbarkeit der Effekte einzelner Faktoren im Vergleich zueinander sind nur bedingt möglich. Darüber hinaus zeigte sich, dass quantitative Studien sehr unterschiedliche Operationalisierungen von Resilienz nutzen, beispielsweise wünschenswerte Ausprägungen von Zielvariablen (z. B. niedrige Burnout-Werte, hohe berufliche Zufriedenheit; Ainsworth & Oldfield, 2019) als Indikator für Resilienz oder teilweise konzeptuell sehr unterschiedliche Resilienz-Skalen. Schließlich zeigte sich, dass keine Längsschnittstudien mit kleinen Zeitabständen (z. B. tägliche oder wöchentliche Befragungen und Beobachtungen) vorliegen, weshalb situations- und kontextspezifische Resilienzprozesse von Lehrkräften derzeit nur schwer in ihrer Gänze rekonstruiert werden können.

Insgesamt zeigt sich also ein großes Potenzial für die Erforschung von Resilienz, nicht zuletzt aufgrund der hohen Relevanz der Frage, wie Lehrkräfte produktiv mit der hohen Belastung in ihrem Beruf umgehen können. Besonders vielversprechend zeigte sich dabei die Kooperation von Lehrkräften untereinander oder mit der Schulleitung (z. B. in Form von gemeinsamer resilienzförderlicher Gestaltung des Arbeitsumfelds). Der Mangel an integrativen Resilienzmodellen, die sowohl zeitliche Prozesselemente, Interaktionen zwischen Lehrkräften und deren Umfeld als auch unterschiedliche Operationalisierungen integrieren stellt jedoch eine zentrale Herausforderung für die weitere Resilienzforschung dar.

Literatur

Acevedo, V. E. & Hernandez-Wolfe, P. (2014). Vicarious resilience: An exploration of teachers and children's resilience in highly challenging social contexts. *Journal of Aggression, Maltreatment & Trauma, 23(5)*, 473–493.

Ainsworth, S. & Oldfield, J. (2019). Quantifying teacher resilience: Context matters. *Teaching and Teacher Education*, 82, 117–128.

Albrecht, S. F., Johns, B. H., Mounsteven, J. & Olorunda, O. (2009). Working conditions as risk or resiliency factors for teachers of students with emotional and behavioral disabilities. *Psychology in the Schools, 46(10)*, 1006–1022.

Ballantyne, J. & Zhukov, K. (2017). A good news story: Early-career music teachers' accounts of their "flourishing" professional identities. *Teaching and Teacher Education, 68*, 241–251.

Bandura, A. (1997). Self-efficacy: The exercise of control. New York, NY, US: W H Freeman/ Times Books/Henry Holt & Co.

Beltman, S., Mansfield, C. & Harris, A. (2016). Quietly sharing the load? The role of school psychologists in enabling teacher resilience. *School Psychology International, 37(2)*, 172–188.

Beltman, S., Mansfield, C. & Price, A. (2011). Thriving not just surviving: A review of research on teacher resilience. *Educational Research Review, 6(3)*, 185–207.

Bishop, S. R., Lau, M., Shapiro, S., Carlson, L., Anderson, N. D., Carmody, J., … Velting, D. (2004). Mindfulness: A proposed operational definition. *Clinical psychology: Science and practice, 11(3)*, 230–241.

Bobek, B. L. (2002). Teacher resiliency: A key to career longevity. The Clearing House: A Journal of Educational Strategies, *Issues and Ideas, 75(4)*, 202–205.

Boldrini, E., Sappa, V. & Aprea, C. (2019). Which difficulties and resources do vocational teachers perceive? An exploratory study setting the stage for investigating teachers' resilience in Switzerland. *Teachers and Teaching, 25(1)*, 125–141.

Bowles, T. (2006). The adaptive change model: An advance on the transtheoretical model of change. *The Journal of Psychology, 140(5)*, 439–457.

Bowles, T. & Arnup, J. L. (2016). Early career teachers' resilience and positive adaptive change capabilities. *Australian Educational Researcher, 43(2)*, 147–164.

Bräunig, M., Pfeifer, R., Schaarschmidt, U., Lahmann, C. & Bauer, J. (2018). Factors influencing mental health improvements in school teachers. *PloS one, 13(10)*.

Brouskeli, V., Kaltsi, V. & Loumakou, M. (2018). Resilience and occupational well-being of secondary education teachers in Greece. *Issues in Educational Research, 28(1)*, 43–60.

Brunetti, G. J. (2006). Resilience under fire: Perspectives on the work of experienced, inner city high school teachers in the United States. *Teaching and Teacher Education, 22(7)*, 812–825.

Cameron, M. & Lovett, S. (2015). Sustaining the commitment and realising the potential of highly promising teachers. *Teachers and Teaching, 21(2)*, 150–163.

Castro, A. J., Kelly, J. & Shih, M. (2010). Resilience strategies for new teachers in high-needs areas. *Teaching and Teacher Education, 26(3)*, 622–629.

Celebi, C., Spörer, N. & Krahé, B. (2014). Förderung professionsbezogener Selbstregulation im Umgang mit Beanspruchung bei Lehramtsstudierenden im Vergleich mit einer alternativen Intervention. *Empirische Pädagogik, 28(4)*, 283–301.

Chaaban, Y. & Du, X. Y. (2017). Novice teachers' job satisfaction and coping strategies: Overcoming contextual challenges at Qatari government schools. *Teaching and Teacher Education, 67*, 340–350.

Cicchetti, D. (2010). Resilience under conditions of extreme stress: A multilevel perspective. *World Psychiatry, 9(3)*, 145–154.

Clara, M. (2017). Teacher resilience and meaning transformation: How teachers reappraise situations of adversity. *Teaching and Teacher Education, 63*, 82–91.

Cochran-Smith, M. (2004). Stayers, leavers, lovers, and dreamers: Insights about teacher retention. *Journal of Teacher education, 55(5)*, 387–392.

Cook, C. R., Miller, F. G., Fiat, A., Renshaw, T., Frye, M., Joseph, G. & Decano, P. (2017). Promoting secondary teacehrs' well-being and intentions to implement evidence-based practices: Randomized evaluation of the achiever resilience curriculum. *Psychology in the Schools, 54(1)*, 13–28.

Cramer, C., Friedrich, A. & Merk, S. (2018). Belastung und Beanspruchung im Lehrerinnen- und Lehrerberuf: Übersicht zu Theorien, Variablen und Ergebnissen in einem integrativen Rahmenmodell. *Bildungsforschung*, 1–23.

Crosswell, L. & Beutel, D. (2017). 21(st) century teachers: How non-traditional pre-service teachers navigate their initial experiences of contemporary classrooms. *Asia-Pacific Journal of Teacher Education, 45(4)*, 416–431.

Dawson, V. & Shand, J. (2019). Impact of support for preservice teachers placed in disadvantaged schools. *Issues in Educational Research, 29(1)*, 19–37.

Day, C. & Gu, Q. (2007). Variations in the conditions for teachers' professional learning and development: sustaining commitment and effectiveness over a career. *Oxford Review of Education, 33(4)*, 423–443.

Day, C. & Gu, Q. (2009). Veteran teachers: Commitment, resilience and quality retention. *Teachers and Teaching, 15(4)*, 441–457.

Day, C. & Hong, J. (2016). Influences on the capacities for emotional resilience of teachers in schools serving disadvantaged urban communities: Challenges of living on the edge. *Teaching and Teacher Education, 59*, 115–125.

Dicke, T., Parker, P. D., Holzberger, D., Kunina-Habenicht, O., Kunter, M. & Leutner, D. (2015). Beginning teachers' efficacy and emotional exhaustion: Latent changes, reciprocity, and the influence of professional knowledge. *Contemporary Educational Psychology, 41*, 62–72.

Doney, P. A. (2013). Fostering resilience: A necessary skill for teacher retention. *Journal of Science Teacher Education, 24(4)*, 645–664.

Drüge, M., Schleider, K. & Rosati, A.-S. (2014). Psychosoziale Belastungen im Referendariat – Merkmale, Ausprägungen, Folgen. *Die Deutsche Schule, 106(4)*, 358–372.

Ebersöhn, L. (2012). Adding 'flock' to 'fight and flight': A honeycomb of resilience where supply of relationships meets demand for support. *Journal of Psychology in Africa, 22(1)*, 29–42.

Ellison, D. W. & Mays-Woods, A. (2019). In the face of adversity: Four physical educator's experiences of resilience in high-poverty schools. *Physical Education and Sport Pedagogy, 24(1)*, 59–72.

Feng, F.-I. (2016). School principals' authentic leadership and teachers' psychological capital: Teachers' perspectives. *International Education Studies, 9(10)*, 245–255.

Fisher, D., Sax, C. & Grove, K. A. (2000). The resilience of changes promoting inclusiveness in an urban elementary school. *Elementary School Journal, 100(3)*, 213–227.

Fransson, G. & Frelin, A. (2016). Highly committed teachers: What makes them tick? A study of sustained commitment. *Teachers and Teaching, 22(8)*, 896–912.

Friborg, O., Barlaug, D., Martinussen, M., Rosenvinge, J. H. & Hjemdal, O. (2005). Resilience in relation to personality and intelligence. *International journal of methods in psychiatric research, 14(1),* 29–42.

Glock, S., Kleen, H. & Morgenroth, S. (2019). Stress among teachers: Exploring the role of cultural diversity in schools. *The Journal of Experimental Education,* 1–18.

Gloria, C. T., Faulk, K. E. & Steinhardt, M. A. (2013). Positive affectivity predicts successful and unsuccessful adaptation to stress. *Motivation and Emotion, 37(1),* 185–193.

Grant, A. M., Green, L. S. & Rynsaardt, J. (2010). Developmental coaching for high school teachers: Executive coaching goes to school. *Consulting Psychology Journal: Practice and Research, 62(3),* 151–168.

Gräsel, C., Fußangel, K. & Pröbstel, C. (2006). Lehrkräfte zur Kooperation anregen – eine Aufgabe für Sisyphos? *Zeitschrift für Pädagogik, 52(2),* 205–219.

Gross, J. J. & Thompson, R. A. (2007). Emotion regulation: Conceptual foundations. Handbook of emotion regulation (S. 3–24). New York, NY, US: The Guilford Press.

Gu, Q. (2014). The role of relational resilience in teachers' career-long commitment and effectiveness. *Teachers and Teaching, 20(5),* 502–529.

Gu, Q. & Day, C. (2007). Teachers resilience: A necessary condition for effectiveness. Teaching and Teacher Education, 23(8), 1302–1316.

Gu, Q. & Day, C. (2013). Challenges to teacher resilience: conditions count. *British Educational Research Journal, 39(1),* 22–44.

Gu, Q. & Li, Q. (2013). Sustaining resilience in times of change: stories from Chinese teachers. *Asia-Pacific Journal of Teacher Education, 41(3),* 288–303.

Hirsch, M. (2018). Emotions in charter school teaching: Three stories from year one. *LEARNning Landscapes, 11(2),* 167–178.

Hong, J. (2012). Why do some beginning teachers leave the school, and others stay? Understanding teacher resilience through psychological lenses. *Teachers and Teaching, 18(4),* 417–440.

Hong, J., Greene, B., Roberson, R., Francis, D. C. & Keenan, L. R. (2018). Variations in pre-service teachers' career exploration and commitment to teaching. *Teacher Development, 22(3),* 408–426.

Iizuka, C. A., Barrett, P. M., Gillies, R., Cook, C. R. & Marinovic, W. (2014). A combined intervention targeting both zeachers' and students' social-emotional skills: Preliminary evaluation of students' outcomes. *Australian Journal of Guidance and Counselling, 24(2),* 152–166.

Iizuka, C. A., Barrett, P. M., Gillies, R., Cook, C. R. & Marinovic, W. (2015). Preliminary evaluation of the FRIENDS for Life program on students' and teachers' emotional states for a school in a low socio-economic status area. *Australian Journal of Teacher Education, 40(3),* 1–20.

Jennings, P. A., Brown, J. L., Frank, J. L., Doyle, S., Oh, Y., Davis, R., … Greenberg, M. T. (2017). Impacts of the CARE for Teachers program on teachers' social and emotional competence and classroom interactions. *Journal of Educational Psychology, 109(7),* 1010–1028.

Jennings, P. A., Frank, J. L., Snowberg, K. E., Coccia, M. A. & Greenberg, M. T. (2013). Improving classroom learning environments by Cultivating Awareness and Resilience in Education (CARE): Results of a randomized controlled trial. *School Psychology Quarterly, 28(4),* 374–390.

Jennings, P. A., Snowberg, K. E., Coccia, M. A. & Greenberg, M. T. (2011). Improving classroom learning environments by Cultivating Awareness and Resilience in Education (CARE): Results of two pilot studies. *Journal of Classroom Interaction, 46(1),* 37–48.

Johnson, B., Down, B., Le Cornu, R., Peters, J., Sullivan, A., Pearce, J. & Hunter, J. (2014). Promoting early career teacher resilience: a framework for understanding and acting. *Teachers and Teaching, 20(5),* 530–546.

Kadi-Hanifi, K. & Keenan, J. (2016). Finding the 'a-ha' moment: An exploration into HE in FE teacher self-concept. *Research in Post-Compulsory Education, 21*(1–2), 73–85.

Klusmann, U., Kunter, M. & Trautwein, U. (2009). Die Entwicklung des Beanspruchungserlebens bei Lehrerinnen und Lehrern in Abhängigkeit beruflicher Verhaltensstile. *Psychologie in Erziehung und Unterricht, 56*(3), 200–212.

Klusmann, U., Kunter, M., Trautwein, U. & Baumert, J. (2006). Lehrerbelastung und Unterrichtsqualität aus der Perspektive von Lehrenden und Lernenden. *Zeitschrift für pädagogische Psychologie, 20*(3), 161–173.

Klusmann, U., Kunter, M., Trautwein, U., Ludtke, O. & Baumert, J. (2008). Teachers' occupational well-being and quality of instruction: The important role of self-regulatory patterns. *Journal of Educational Psychology, 100*(3), 702–715.

Kyriacou, C. (1987). Teacher stress and burnout: An international review. *Educational Research, 29*(2), 146–152.

Larson, M., Cook, C. R., Fiat, A. & Lyon, A. R. (2018). Stressed teachers don't make good implementers: Examining the interplay between stress reduction and intervention fidelity. *School Mental Health, 10*(1), 61–76.

Leroux, M., Beaudoin, C., Grenier, J., Turcotte, S. & Rivard, M. C. (2016). Similarities and differences in risk and protective factors in teacher induction for prospective elementary and physical and health education teachers. *McGill Journal of Education, 51*(2), 807–831.

Luthar, S. S., Cicchetti, D. & Becker, B. (2000). The construct of resilience: A critical evaluation and guidelines for future work. *Child Development, 71*(3), 543–562.

Mansfield, C., Beltman, S., Broadley, T. & Weatherby-Fell, N. (2016). Building resilience in teacher education: An evidenced informed framework. *Teaching and Teacher Education, 54*, 77–87.

Mansfield, C., Beltman, S. & Price, A. (2014). 'I'm coming back again!' The resilience process of early career teachers. *Teachers and Teaching, 20*(5), 547–567.

Mansfield, C., Beltman, S., Price, A. & McConney, A. (2012). "Don't sweat the small stuff": Understanding teacher resilience at the chalkface. *Teaching and Teacher Education, 28*(3), 357–367.

Maring, E. F. & Koblinsky, S. A. (2013). Teachers' challenges, strategies, and support needs in schools affected by community violence: A qualitative study. *Journal of School Health, 83*(6), 379–388.

McKay, L. & Barton, G. (2018). Exploring how arts-based reflection can support teachers' resilience and well-being. *Teaching and Teacher Education, 75*, 356–365.

Meister, D. G. & Ahrens, P. (2011). Resisting plateauing: Four veteran teachers' stories. *Teaching and Teacher Education, 27*(4), 770–778.

Morgan, M., Ludlow, L., Kitching, K., O'Leary, M. & Clarke, A. (2010). What makes teachers tick? Sustaining events in new teachers' lives. *British Educational Research Journal, 36*(2), 191–208.

Nehmeh, G. & Kelly, A. M. (2018). Urban science teachers in isolation: Challenges, resilience, and adaptive action. *Journal of Science Teacher Education, 29*(6), 527–549.

Ng, P. T., Lim, K. M., Low, E. L. & Hui, C. R. (2018). Provision of early field experiences for teacher candidates in Singapore and how it can contribute to teacher resilience and retention. *Teacher Development, 22*(5), 632–650.

Ng, W. & Nicholas, H. (2015). iResilience of science pre-service teachers through digital storytelling. *Australasian Journal of Educational Technology, 31*(6), 736–751.

Ngui, G. K. & Lay, Y. F. (2018). Investigating the effect of stress-coping abilities on stress in practicum training. *Asia-Pacific Education Researcher, 27*(4), 335–343.

Papatraianou, L. H. & Le Cornu, R. (2014). Problematising the role of personal and professional relationships in early career teacher resilience. *Australian Journal of Teacher Education, 39*(1), 100–116.

Paquette, K. R. & Rieg, S. A. (2016). Stressors and coping strategies through the lens of early childhood/special education pre-service teachers. *Teaching and Teacher Education, 57*, 51–58.

Parker, P. D. & Martin, A. J. (2009). Coping and buoyancy in the workplace: Understanding their effects on teachers' work-related well-being and engagement. *Teaching and Teacher Education, 25*(1), 68–75.

Patterson, J. H., Collins, L. & Abbott, G. (2004). A study of teacher resilience in urban schools. *Journal of Instructional Psychology, 31*(1), 3–11.

Peters, J. & Pearce, J. (2012). Relationships and early career teacher resilience: a role for school principals. *Teachers and Teaching, 18*(2), 249–262.

Price, A., Mansfield, C. & McConney, A. (2012). Considering 'teacher resilience' from critical discourse and labour process theory perspectives. *British Journal of Sociology of Education, 33*(1), 81–95.

Ragoonaden, K. (2017). smartEducation: Developing Stress Management and Resiliency Techniques. *Learning Landscapes, 10*(2), 241–255.

Richards, K. A. R., Gaudreault, K. L. & Mays-Woods, A. (2017). Understanding physical educators' perceptions of mattering. Validation of the Perceived Mattering Questionnaire – Physical Education. *European Physical Education Review, 23*(1), 73–90.

Richards, K. A. R., Gaudreault, K. L. & Mays-Woods, A. (2018). Personal accomplishment, resilience, and perceived mattering as inhibitors of physical educators' perceptions of marginalization and isolation. *Journal of Teaching in Physical Education, 37*(1), 78–90.

Richards, K. A. R., Hemphill, M. A. & Templin, T. J. (2018). Personal and contextual factors related to teachers' experience with stress and burnout. *Teachers and Teaching, 24*(7), 768–787.

Richards, K. A. R., Levesque-Bristol, C., Templin, T. J. & Graber, K. C. (2016). The impact of resilience on role stressors and burnout in elementary and secondary teachers. *Social Psychology of Education, 19*(3), 511–536.

Richardson, G. E. (2002). The metatheory of resilience and resiliency. *Journal of Clinical Psychology, 58*(3), 307–321.

Roeser, R. W., Schonert-Reichl, K. A., Jha, A., Cullen, M., Wallace, L., Wilensky, R., … Harrison, J. (2013). Mindfulness training and reductions in teacher stress and burnout: Results from two randomized, waitlist-control field trials. *Journal of Educational Psychology, 105*(3), 787–804.

Sammons, P., Day, C., Kington, A., Gu, Q., Stobart, G. & Smees, R. (2007). Exploring variations in teachers' work, lives and their effects on pupils: key findings and implications from a longitudinal mixed-method study. *British Educational Research Journal, 33*(5), 681–701.

Schaarschmidt, U. & Fischer, A. W. (1997). AVEM – Ein diagnostisches Instrument zur Differenzierung von Typen gesundheitsrelevanten Verhaltens und Erlebens gegenüber der Arbeit. *Zeitschrift für Differenzielle und Diagnostische Psychologie, 18*, 151–163.

Schaarschmidt, U. & Fischer, A. W. (2001). *Bewältigungsmuster im Beruf. Persönlichkeitsunterschiede in der Auseinandersetzung mit der Arbeitsbelastung.* Göttingen: Vandenhoeck u. Ruprecht.

Schussler, D. L., Deweese, A., Rasheed, D., Demauro, A., Brown, J., Greenberg, M. & Jennings, P. A. (2018). Stress and release: Case studies of teacher resilience following a mindfulness-based intervention. *American Journal of Education, 125*(1), 1–28.

Schussler, D. L., Jennings, P. A., Sharp, J. E. & Frank, J. L. (2016). Improving teacher awareness and well-being through CARE: A qualitative analysis of the underlying mechanisms. *Mindfulness, 7*(1), 130–142.

Shacham, M. (2015). Suddenly – War. Intervention program for enhancing teachers and children's resilience following war. *Revista De Cercetare Si Interventie Sociala, (48)*, 60–68.

Sharp, J. E. & Jennings, P. A. (2016). Strengthening teacher presence through mindfulness: What educators say about the Cultivating Awareness and Resilience in Education (CARE) program. *Mindfulness, 7*(1), 209–218.

Smith, B. W., Dalen, J., Wiggins, K., Tooley, E., Christopher, P. & Bernard, J. (2008). The brief resilience scale: assessing the ability to bounce back. *International Journal of Behavioral Medicine, 15*(3), 194–200.

Stahl, G., Sharplin, E. & Kehrwald, B. (2016). Developing pre-service teachers' confidence: real-time coaching in teacher education. *Reflective Practice, 17*(6), 724–738.

Stanley, N., Nguyen, K., Wilson, H., Stanley, L., Rank, A. & Wang, Y. (2015). Storytelling, values and perceived resilience among Chinese, Vietnamese, American and German prospective teachers. *Universal Journal of Educational Research, 3*(8), 520–529.

Sullivan, A. M. & Morrison, C. (2014). Enacting policy: The capacity of school leaders to support early career teachers through policy work. *Australian Educational Researcher, 41*(5), 603–620.

Sumsion, J. (2003). "Bad days don't kill you; they just make you stronger": A case study of an early childhood educator's resilience. *International Journal of Early Years Education, 11*(2), 141–154.

Tricarico, K. M., Jacobs, J. & Yendol-Hoppey, D. (2015). Reflection on their first five years of teaching: Understanding staying and impact power. *Teachers and Teaching, 21*(3), 237–259.

Tyson, O., Roberts, C. M. & Kane, R. (2009). Can implementation of a resilience program for primary school children enhance the mental health of teachers? *Journal of Psychologists and Counsellors in Schools, 19*(2), 116–130.

van Wingerden, J., Bakker, A. B. & Derks, D. (2017). The longitudinal impact of a job crafting intervention. *European Journal of Work and Organizational Psychology, 26*(1), 107–119.

Wagnild, G. M. & Young, H. M. (1993). Development and psychometric evaluation of the resilience scale. *Journal of Nursing Measurement, 1*(2), 165–178.

Wilcox, K. C. & Lawson, H. A. (2018). Teachers' agency, efficacy, engagement, and emotional resilience during policy innovation implementation. *Journal of Educational Change, 19*(2), 181–204.

Windle, G. (2011). What is resilience? A review and concept analysis. *Reviews in Clinical Gerontology, 21*(2), 152–169.

Yonezawa, S., Jones, M. & Singer, N. R. (2011). Teacher resilience in urban schools: The importance of technical knowledge, professional community, and leadership opportunities. *Urban Education, 46*(5), 913–931.

Impulse für die Schulentwicklung?

Das Berliner Bonus-Programm zur Förderung von Schulen in „schwieriger" Lage – Befunde zur Akzeptanz, Umsetzung und den Auswirkungen des Programms aus der wissenschaftlichen Begleituntersuchung[1]

Susanne Böse, Marko Neumann, Theresè Gesswein, Eunji Lee und Kai Maaz

1 Einleitung

Die Frage nach einem fairen Bildungssystem und einer Schule, die einer immer heterogener werdenden Schülerschaft gerecht wird, ist eine bereits seit vielen Jahren geführte Debatte in Deutschland. Gerade Schülerinnen und Schüler in sozial deprivierten Kontexten in stark segregierten Ballungsräumen stehen hier besonders im Fokus (Sachverständigenrat deutscher Stiftungen für Integration und Migration [SVR], 2013). Die Ansatzpunkte, dieser „Problematik" zu begegnen, sind denkbar vielfältig und reichen von Programmen und Maßnahmen auf der unterrichtlichen wie außerunterrichtlichen Ebene bis hin zur Schul- und administrativen Ebene. Dies drückt sich beispielsweise darin aus, dass zunehmend Unterstützungsprogramme, Projekte und Maßnahmen initiiert werden – z. B. Schulentwicklung im System (Herrmann, 2013) oder Potenziale entwickeln – Schulen stärken (Hillebrand & Bremm, 2015) – die sich gezielt der Schulentwicklungsarbeit in herausfordernden Lagen widmen (Manitius & Dobbelstein, 2017b).

---

[1] Wesentliche Teile des Beitrags basieren auf den beiden Forschungsberichten der Bonus-Studie zur wissenschaftlichen Begleitung des Berliner Bonus-Programms (Maaz, Böse & Neumann, 2016; Böse, Neumann & Maaz, 2018), wobei insbesondere die Ergebnisdarstellung in Abschnitt 4 stark an die Zusammenfassung der Befunde des zweiten Ergebnisberichts (Böse, Neumann & Maaz, 2018) angelehnt ist.

Unter dem Schlagwort Ungleiches ungleich behandeln (Sachverständigenrat deutscher Stiftungen für Integration und Migration [SVR], 2016) firmiert im deutsch-sprachigen Kontext in jüngerer Zeit der Ansatz einer gezielten Ressourcensteuerung auf (Einzel-)Schulebene mit dem Ziel, den ungleichen Bedingungen, denen sich Schulen an unterschiedlichen Standorten konfrontiert sehen, angemessen zu begegnen. Gerade Schulen in sozial deprivierter Lage – so die Annahme – könnten von dieser Form der Ressourcenallokation in besonderem Maße profitieren. Insbesondere die Frage, in welcher Weise bei der Ressourcenausstattung Merkmale der Zusammensetzung der Schülerschaft zu berücksichtigen sind, wird in diesem Zusammenhang aktuell verstärkt diskutiert (Schulte, Hartig, & Pietsch, 2014; Tillmann & Weishaupt, 2015), denn die passgenaue Allokation personeller, finanzieller und sächlicher Ressourcen in Abhängigkeit schulischer Besonderheiten, Bedarfe und Belastungsfaktoren stellt seit jeher eine große Herausforderung für die wirksame, effiziente und chancengerechte Steuerung des Schulsystems dar.

Dass der Bildungserfolg maßgeblich vom familiären Hintergrund beeinflusst wird, steht außer Frage und wurde in zahlreichen Studien hinlänglich belegt (Maaz, Neumann & Baumert, 2014). Zudem ist auch bekannt, dass potentiell belastende Merkmale der Schülerzusammensetzung (z. B. hohe Anteile von Schülerinnen und Schülern aus sozial schwächeren Familien und Familien mit Migrationshintergrund) negative Einflüsse auf den Lernerfolg von Schülerinnen und Schülern haben können (Baumert, Stanat & Watermann, 2006; Dumont, Neumann, Maaz & Trautwein, 2013). Vor diesem Hintergrund wird häufig von einer doppelten Belastung von Schülerinnen und Schülern mit weniger privilegiertem familiären Hintergrund gesprochen, da sowohl der individuelle familiäre Hintergrund (Bourdieu, 1983) als auch der schulische Lernkontext nachteilig auf den Lernerfolg wirken können (Sachverständigenrat deutscher Stiftungen für Integration und Migration [SVR], 2013; Solga & Wagner, 2001). Insofern ist es naheliegend, auch auf Ebene der schulischen Ressourcenallokation, nach Möglichkeiten der Kompensation von Bildungsnachteilen aufgrund der familiären Herkunft zu suchen.

In dem Maße, in dem Schulen Freiräume für den Einsatz finanzieller und sächlicher Ressourcen eingeräumt werden, rücken unmittelbar Fragen zu den schulentwicklungsbezogenen Rahmenbedingungen und Prozessen an den Schulen vor Ort in den Vordergrund. Gerade mit Blick auf die Implementation von Projekten oder Programmen, in deren Fokus die Ermöglichung von Unterrichts- und Schulentwicklung steht, stellt sich immer wieder die Frage, ob und wie diese Vorhaben erfolgreich umgesetzt werden können. In diesem Zusammenhang sind Schulen, die sich an Standorten in „schwierigen" bzw. „herausfordernden" sozialen Kontexten befinden, zunehmend in den Fokus der politischen, öffentlichen und wissenschaftlichen Debatte gerückt, nicht zuletzt aufgrund der Befundlage, dass das Lernen an Schulen an benachteiligen Standorten in besonderem Maße durch Merkmale der schulischen Qualität beeinflusst ist (Baumert, Stanat & Watermann, 2006; Holtappels, Webs, Kamarianakis & van Ackeren, 2017; Palardy, 2008).

Im Kontext der (vor allem internationalen) Forschung zu *improving schools in challenging circumstances* (Harris, 2010; Muijs, Harris, Chapman, Stoll & Russ, 2004) richtet sich der Blick insbesondere darauf, durch welche Merkmale erfolgreiche Schulen in „schwieriger" Lage gekennzeichnet sind. Dabei konnten als Qualitätsmerkmale dieser Schulen unter anderem die Nutzung interner und externer Evaluationsdaten im Sinne einer systematischen und evidenzbasierten Schulentwicklung, die Entwicklung einer positiven Schul- und Unterrichtskultur sowie die Förderung interner Kooperationen identifiziert werden (Manitius & Dobbelstein, 2017a; Racherbäumer, Funke, van Ackeren & Clausen, 2013). In Bezug auf diese Charakteristika kommt der Schulleitung eine zentrale Bedeutung zu, da sie durch ihre Vermittlungsposition zwischen der Einzelschule und der Systemebene (Bonsen, 2016; Brauckmann & Pashiardis, 2016; Hallinger, Taraseina & Miller, 1994; Huber, 2016; Klein, 2017; Wissinger, 2014) in besonderem Maße Einfluss auf diese Qualitätsdimensionen nehmen kann.

Mit Blick auf die gegenwärtigen Veränderungen des deutschen Bildungssystems, die verstärkt auf Qualitätssteigerungen durch die Stärkung der Eigenverantwortung der Einzelschule abzielen (Altrichter, Brauckmann, Lassnigg, Moosbrugger & Gartmann, 2016; Berkemeyer, 2010; Holtappels, Klemm & Rolff, 2008; Oelkers & Reusser, 2008; Rürup, 2007), ist auch von einem zunehmenden Wandel in der Rolle und den Aufgaben der Schulleiterinnen und Schulleiter auszugehen. Sahen sich diese bislang verstärkt in der Rolle als pädagogische Führungskraft (Brauckmann, Geißler, Feldhoff & Pashiardis, 2016; Wissinger, 2014), so rückt „Leadership" im Sinne einer strategischen Führung gegenüber dem operativen Management in Form administrativer und pädagogischer Aufgaben immer stärker in den Vordergrund (Brauckmann & Schwarz, 2015). Im Zuge des Schulautonomiediskurses kommen neue Gestaltungsmöglichkeiten, beispielsweise hinsichtlich erweiterter Möglichkeiten bei der Einstellung von Lehrkräften, mehr Handlungsspielräume bezüglich des Curriculums und bei der Gestaltung schulorganisatorischer Entscheidungsprozesse, hinzu. Ein weiteres wesentliches Merkmal dieser zunehmenden Eigenverantwortung der Schulen liegt in der eigenständigen Verwaltung finanzieller Mittel (Altrichter et al., 2016; Böse, Neumann, Gesswein et al., 2018; Böse, Neumann, Gesswein & Maaz, 2017; Brauckmann & Böse, 2017). Hinsichtlich des schulentwicklungsbezogenen Ressourceneinsatzes kommt der Schulleitung somit eine Schlüsselrolle zu. Entscheidend scheint dabei weniger ob, sondern insbesondere wie die Ressourcen eingesetzt werden und welche Rahmenbedingungen die eigenständige Mittelverwendung in einer Art und Weise befördern können, sodass sie einer effizienten Zielerreichung förderlich sind (Dubs, 2002; Hanushek & Wößmann, 2007).

Im Kontext dieser Entwicklungen ist das dem vorliegenden Beitrag zugrunde liegende Berliner Bonus-Programm angesiedelt, das auf Beschluss der Berliner Landesregierung (Abgeordnetenhaus Berlin, 2013) diejenigen Schulen finanziell unterstützt, die durch eine hohe soziale Belastung aufgrund der Zusammensetzung der Schülerschaft oder des Sozialraumes ihres Standortes gekennzeichnet sind. Im Folgenden sollen zunächst das Bonus-Programm (vgl. Abschnitt 2) sowie die wissenschaftliche Begleituntersuchung zum Programm, die BONUS-Studie, näher vorgestellt werden (vgl. Abschnitt 3). Anschließend erfolgt die Darstellung ausgewählter zentraler Befunde aus dem vorliegenden Abschlussbericht der Studie (Böse, Neumann & Maaz, 2018, vgl. Abschnitt 4). Schließlich wird in einem zusammenfassenden Fazit (vgl. Abschnitt 5) auf die Implikationen der Ergebnisse für die Weiterführung und Optimierung des Bonus-Programms eingegangen.

2 Das Berliner Bonus-Programm

Das Bonus-Programm ist ein seit dem 1. Februar 2014 laufendes Förderprogramm in Berlin, mit dessen Hilfe Schulen in „schwieriger" Lage zusätzliche finanzielle Unterstützung erhalten (Senatsverwaltung für Bildung, Jugend und Wissenschaft, 2013a). Die zusätzlichen finanziellen Mittel des Bonus-Programms sollen vor allem dazu verwendet werden, die Benachteiligungen von Schülerinnen und Schülern an Schulen in „schwieriger" Lage im Bereich der Bildung und der emotional-sozialen Entwicklung auszugleichen. Dabei können die Schulen weitgehend eigenständig über die ihnen zur Verfügung gestellten Mittel entscheiden, müssen jedoch mit der zuständigen Schulaufsicht eine Zielvereinbarung darüber treffen, was genau mit den von der Schule angestrebten Maßnahmen in welchem Zeitraum erreicht werden soll. Grundsätzlich können dabei Vorhaben in Angriff genommen werden, für die bisher keine oder nicht ausreichend Mittel vorhanden waren. Die Einstellung von Lehrkräften sowie bauliche Maßnahmen sind jedoch ausgeschlossen, um für die Schulen negative Kompensationseffekte[2] zu vermeiden (Senatsverwaltung für Bildung, Jugend und Wissenschaft, 2013a).

2.1 Auswahl der Programmschulen

Das ausschlaggebende Merkmal für die Aufnahme einer Schule in das Bonus-Programm ist ein sozioökonomischer Faktor. Die am Programm teilnehmenden Schulen werden nach dem Anteil derjenigen Schülerinnen und Schüler ausgewählt, deren Eltern aufgrund des Erhalts von staatlichen Transferleistungen von der Zuzahlung zu Lernmitteln befreit sind: dem sogenannten lmb-Faktor. Liegt dieser Anteil an einer Schule über 50 Prozent, ist diese berechtigt, Fördermittel aus dem Bonus-Programm zu beziehen. Die Aufnahme in das Programm erfolgt unabhängig von der Anzahl der Schülerinnen und Schüler, wobei es für Schulen mit weniger als 100 Schülerinnen und Schülern Sonderregelungen mit abgesenkten Zuweisungen gibt (Abgeordnetenhaus Berlin, 2015; Senatsverwaltung für Bildung, Jugend und Wissenschaft, 2013a). Die Startkohorte des Bonus-Programms umfasste insgesamt 220[3] Berliner Grund- und weiterführende Schulen (darunter 123 Grundschulen, 40 Förderschulen, 40 Integrierte Sekundarschulen, 12 Gemeinschaftsschulen und 5 Gymnasien), und damit etwa ein Drittel aller öffentlichen Berliner allgemeinbildenden Schulen (Böse et al., 2017).

2.2 Zusammensetzung der Bonus-Mittel

Die pro Schule zur Verfügung stehende Fördersumme kann je nach lmb-Anteil der Schule zwischen 50.000 EUR und 100.000 EUR pro Jahr betragen. Die konkrete finanzielle Unterstützung ergibt sich dabei aus einer festen Basiszuweisung, einer Kooperationszulage, der Zulage Aktionsraum-Plus/Soziale Stadt[4] und einem erfolgsabhängigen Leistungsbonus (vgl. Tab. 1).

---

2 Laut dem Schulgesetz für das Land Berlin (2004) in der Fassung vom 24. Januar 2004 obliegt den Bezirken die Verwaltung und Unterhaltung der äußeren Angelegenheiten der allgemein bildenden Schulen sowie die Bereitstellung des für den ordnungsgemäßen Betrieb der Schulen notwendigen Personals (§ 109 Abs. 1 SchulG). Aus diesem Grund soll auf die Verwendung von Bonus-Mitteln in diesen beiden Punkten verzichtet werden.

3 Stand April 2014.

4 „Aktionsräume plus" war eine Pilotinitiative zur Förderung von fünf großräumigen Gebieten in Berlin mit komplexen Problemlagen. Ziel der Initiative war es, den Bewohnerinnen und Bewohnern der benachteiligten Gebiete bessere Zukunftschancen zu ermöglichen. Im

Tabelle 1: Basisfinanzierung je Schule zu Beginn des Bonus-Programms

	75%-Schulen	50%-Schulen in Aktionsraum	50%-Schulen außerhalb Aktionsraum
Basiszuweisung	75.000 EUR	25.000 EUR	25.000 EUR
Kooperationszulage	10.000 EUR	10.000 EUR	15.000 EUR
Aktionsraum plus-Zulage	(alle erfasst)[2]	12.500,- EUR	0,- EUR
Erfolgsunabhängige Zahlung (Strukturbonus)	85.000 EUR	47.500,- EUR	35.000,- EUR
Erfolgsabhängige Zahlung (Leistungsbonus)[1]	15.000 EUR	15.000 EUR	15.000 EUR
Summe je Schule	100.000 EUR	62.500 EUR	50.000 EUR

Quelle: Senatsverwaltung für Bildung, Jugend und Wissenschaft (2013a, S. 2)
[1] Der Leistungsbonus wurde in den ersten beiden Jahren nach Programmstart (2014 und 2015) pauschal in voller Höhe von 15.000,- EUR ausgezahlt. In den Folgejahren steigt sein Anteil am Finanzierungsmodell bei einer gleichzeitig zurückgehenden Basiszuweisung.
[2] Alle 75%-Schulen liegen im Aktionsraum/Soziale Stadt.

2.3 Prozess der Zielerreichung

Der Evaluation der Zielerreichung liegt eine schulspezifische Zielvereinbarung mit der regionalen Schulaufsicht zugrunde. Der Zielvereinbarungsprozess im Bonus-Programm orientiert sich dabei am standardisierten Qualitätszyklus der Schulentwicklung im Land Berlin (Senatsverwaltung für Bildung, Jugend und Wissenschaft, 2013b). Dieser sieht vor, dass die Schulen im Schulprogramm bestimmte Entwicklungsvorhaben in verschiedenen Qualitätsbereichen festhalten, diese anhand gezielter Maßnahmen umsetzen und anschließend intern evaluieren (Abgeordnetenhaus Berlin, 2015; Senatsverwaltung für Bildung, Jugend und Wissenschaft, 2014). Eine externe Evaluation des Qualitätszyklus erfolgt zudem über die Schulinspektion (Senatsverwaltung für Bildung, Jugend und Wissenschaft, 2013b). Der Zielvereinbarungsprozess im Bonus-Programm stellt somit keine isolierte Maßnahme dar, sondern hält die Schulen dazu an, an ihre bisherige Schulentwicklungsarbeit im Rahmen des Qualitätszyklus und der Schulprogramme anzuknüpfen (Senatsverwaltung für Bildung, Jugend und Wissenschaft, 2014).

Die Zielvereinbarungen, die die Schulen jährlich mit den Schulaufsichten treffen, werden standardisiert dokumentiert. Diese Vereinbarungen sind Gegenstand jährlicher Gespräche zwischen Schulen und Schulaufsichten, in denen die Erreichung der Ziele ausgewertet wird. Das Ergebnis dieser Zielerreichungsgespräche ist für die Schulen von entscheidender Bedeutung, da sich nach dem Grad der Zielerreichung die anteilige Auszah-

---

Jahr 2013 wurde die Initiative beendet (Senatsverwaltung für Stadtentwicklung und Umwelt, 2013).

lung des Leistungsbonus für die nächste Förderphase richtet (vgl. Tab. 1). Um die Einheitlichkeit beim Ausfüllen und Bewerten der Zielvereinbarungen zu gewährleisten, hat die Senatsverwaltung eine Handreichung erstellt, in der insbesondere Hinweise zur Formulierung der strategischen Ziele und Teilziele gegeben werden. So sollen die Ziele möglichst konkret und eindeutig verfasst werden, um sie überprüfbar zu machen. Auch eine Terminierung der Ziele soll vorgenommen werden. Die Ausfüllhinweise richten sich damit explizit nach den sogenannten „SMART"-Kriterien zur Zielformulierung (Senatsverwaltung für Bildung, Jugend und Wissenschaft, 2014).

3 Die BONUS-Studie

Die wissenschaftliche Begleitung des Bonus-Programms erfolgt durch das DIPF | Leibniz-Institut für Bildungsforschung und Bildungsinformation (Frankfurt am Main/Berlin) in Kooperation mit der Universität Klagenfurt (Prof. Dr. Stefan Brauckmann) im Rahmen der BONUS-Studie. Die BONUS-Studie untersucht die Umsetzung und die Auswirkungen des Bonus-Programms und nimmt damit sowohl eine prozessbegleitende als auch ergebnisbezogene Perspektive ein.

Das Erhebungsdesgin der BONUS-Studie erstreckt sich über einen Zeitraum von drei Jahren und umfasst mehrere Teilbestandteile. Dazu zählen einerseits Befragungen von Schulleitungen und Lehrkräften mittels standardisierter Fragebögen und vertiefender Interviews (vgl. Abb. 1) zur Akzeptanz, Umsetzung und Erfolgsbewertung des Programms. Andererseits wird auf weitere Datenquellen zurückgegriffen, die zum einen vertiefende Betrachtungen der Zusammensetzung der Schülerschaft von besonders belasteten Schulen ermöglichen und zum anderen Hinweise auf die konkrete Nutzung und mögliche Auswirkungen des Bonus-Programms liefern können. Im Folgenden soll jeweils kurz auf die einzelnen Teilbestandteile eingegangen werden.

Abbildung 1: Erhebungsdesign der BONUS-Studie

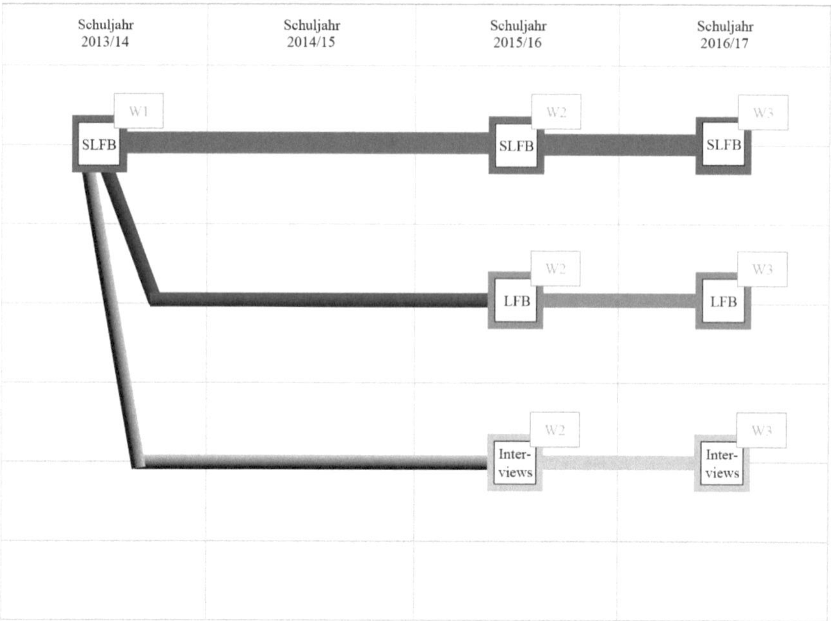

Anmerkung: SLFB = Schulleiterfragebogen, LFB = Lehrkräftefragebogen, Interviews = leitfadengestützte vertiefende Interviews mit Schulleiterinnen und Schulleitern, Lehrkräften sowie Vertreterinnen und Vertretern der regionalen Schulaufsicht und der Berliner Senatsverwaltung, W1 = Welle 1, W2 = Welle 2, W3 = Welle 3.

3.1 Befragungen von Schulleitungen und Lehrkräften sowie von Akteuren der Bildungsadministration

Bei der Implementation und Umsetzung des Bonus-Programms an den Schulen vor Ort spielen die Schulleitungen eine zentrale Rolle. Sie besitzen die letztliche Entscheidungshoheit über die Verwendung der zur Verfügung stehenden Mittel (Abgeordnetenhaus Berlin, 2015). Aus diesem Grund wurden zu drei Zeitpunkten in den Schuljahren 2013/14 (Schuljahresende, wenige Monate nach Programmbeginn, Welle 1), 2015/16 (Schuljahresbeginn, Welle 2) und 2016/17 (Schuljahresende, Welle 3) schriftliche Befragungen der Schulleitungen der am Programm teilnehmenden Schulen durchgeführt (vgl. Abb. 1). Dabei standen Fragestellungen im Zentrum, die sich einerseits auf die Bewertung und Umsetzung des Bonus-Programms und andererseits auf die mit dem Programm gemachten Erfahrungen und dessen Auswirkungen bezogen, nicht zuletzt mit dem Ziel, mögliche Optimierungsbedarfe des Programms zu identifizieren. Neben den Schulleitungen wurden an rund einem Viertel der Schulen in den Schuljahren 2015/16 (Welle 2) und 2016/17 (Welle 3) auch Lehrkräfte mittels eines standardi-

154

sierten Fragebogens zu ihren Einschätzungen bezüglich des Bonus-Programms befragt, um ihre Sicht auf das Bonus-Programm und dessen Umsetzung in den Blick zu nehmen. Die Auswahl der Schulen für die Lehrkräftebefragung erfolgte randomisiert. Neben den standardisierten schriftlichen Befragungen wurden an ausgewählten Schulen leitfadengestützte Interviews mit den Schulleitungen sowie weiteren mit dem Bonus-Programm vertrauten Lehrkräften durchgeführt. Um ein möglichst umfangreiches Bild der Einschätzung und Umsetzung des Bonus-Programms zu erhalten, wurden zudem Vertreter der Bildungsadministration und der regionalen Schulaufsicht mittels leitfadengestützter Interviews befragt. Eine ausführliche Darstellung der eingesetzten Befragungsinstrumente findet sich in Böse, Neumann und Maaz (2018).

3.2 Schulstatistische Erhebungsdaten

Um weitere Hinweise auf die Auswirkungen des Bonus-Programms zu erhalten, wurden neben den Befragungsdaten auch einzelschulbezogene Daten der allgemeinen Berliner Schulstatistik herangezogen – hier insbesondere die Schuldistanz (unentschuldigte Fehltage), die Abbrecherquoten (Anteil derjenigen Schülerinnen und Schüler, die die Schule ohne einen Abschluss verlassen haben) sowie die Förderprognosen (Übergangsempfehlung seitens der Grundschulen) (vgl. Abschnitt 4.3) – deren Entwicklung im Trendverlauf in Abhängigkeit der Teilnahme am Bonus-Programm über einen längeren Zeitraum hinweg betrachtet wurde, um möglichen differierenden Entwicklungsverläufen nachzugehen.

3.3 Zielvereinbarungen

Zur Frage, welche konkreten Vorhaben die am Bonus-Programm teilnehmenden Schulen mit den ihnen zur Verfügung gestellten Mitteln verfolgen, wurden zudem die offiziellen Zielvereinbarungen zur Verfügung gestellt.

3.4 Stichprobe und Analysen

Im Verlauf der BONUS-Studie wurden die *Schulleiterinnen und Schulleiter* zu insgesamt drei und die *Lehrkräfte* zu zwei Erhebungszeitpunkten mittels Fragebögen bezüglich unterschiedlicher Aspekte zum Bonus-Programm sowie zur eigenen Schule im Allgemeinen befragt (vgl. Abb. 1). Im Rahmen der dritten Erhebungswelle wurde für die *Schulleiterbefragung* angestrebt, alle Schulen, die bereits in der Ausgangserhebung und der zweiten Erhebungswelle befragt wurden, erneut zu erreichen. An der Befragung zum dritten Erhebungszeitpunkt nahmen N = 186 (Durchschnittsalter zum Befragungszeitpunkt 55,8 Jahre; 57,9% weiblich) der insgesamt anvisierten N = 213 Schulleiterinnen und Schulleiter teil, was einem Rücklauf von 87 Prozent entspricht. Für die erste *Lehrkräftebefragung* im Schuljahr 2015/16 wurde angestrebt, aus einem zufällig gezogenen Subsample von N = 55 der am Bonus-Programm teilnehmenden Schule jeweils zehn zufällig gezogene Lehrkräfte zu befragen. An der Befragung im Schuljahr 2015/16 nahmen N = 487 Lehrerinnen und Lehrer (Durchschnittsalter zum Befragungszeitpunkt 47,7 Jahr; 79,6% weiblich) teil, wodurch sich eine Rücklaufquote von 89 Prozent ergibt. An der zweiten Befragung der Lehrkräfte im Schuljahr 2016/17 beteiligten sich N = 333 Personen (Durchschnittsalter zum Befragungszeitpunkt 48,0 Jahre; 78,5% weiblich), was einer Rücklaufquote von 62 Prozent entspricht. Um Veränderungen im Zeitverlauf seit dem Beginn des Bonus-Programms zu untersuchen, wurden für viele Analysen die Einschätzungen der Schulleitungen zum ersten (Juni 2014) und dritten (März 2017) Erhebungszeitpunkt gegenübergestellt. Da an einem Großteil der Schulen die Schulleitung im Laufe des Programms gewechselt hat, reduzierte sich die Stichprobe der Schulleiterinnen und Schulleiter für die längsschnittliche Darstellung auf N = 97. Die statistischen Auswertungen im Abschlussbericht zur BONUS-Studie umfassen deskriptive Analysen für die Einschätzungen der Schulleitungen und Lehrkräfte zum dritten Erhebungszeitpunkt sowie Mittelwertsvergleiche für die Betrachtung der Einschätzungen im Längsschnitt.

Für die Analyse der Zielvereinbarungen wurden alle Zielvereinbarungen der ersten Förderperiode verwendet, die für den Zeitraum Herbst 2014 bis Herbst 2015 geschlossen wurden. Daraus ergibt sich eine Stichprobe von N = 216. Um die Daten strukturieren und auswerten zu können, wurde auf das Verfahren der quantitativen Inhaltsanalyse zurückgegriffen. Die quantitative Inhaltsanalyse bezieht sich auf die Zuordnung von einzelnen Textteilen zu Kategorien, die im Nachhinein ausgezählt werden können (Bortz & Döring, 2006). Ziel ist deshalb auch immer eine Komplexitätsreduktion gegenüber den einzelnen Fällen und das Herausarbeiten wesentlicher Merkmale des konkreten Untersuchungsmaterials (Rössler, 2010). Die Kategorienbildung erfolgte induktiv am Untersuchungsmaterial und orientierte sich am Modell zur induktiven Kategorienbildung von Mayring (2002).

4 Zentrale Befunde der BONUS-Studie

Nachdem im ersten Zwischenbericht (Böse et al., 2017; Maaz, Böse & Neumann, 2016) die Ausgangserhebung der BONUS-Studie (Welle 1, vgl. Abb. 1) im Vordergrund stand, lag der Schwerpunkt des Abschlussberichts (Böse, Neumann & Maaz, 2018) auf einer multiperspektivischen Betrachtung unter Einbezug sowohl unterschiedlicher Akteure als auch verschiedener Datenquellen (vgl. Abb. 1 sowie Abschnitt 3) drei Jahre nach der Einführung des Bonus-Programms. Dabei standen die folgenden drei Fragenkomplexe im Fokus, anhand derer sich auch die anschließende Darstellung der zentralen Befunde orientiert:

(1) Bewertung des Bonus-Programms,
(2) Umsetzung des Bonus-Programms an den Schulen,
(3) Auswirkungen des Bonus-Programms.

4.1 Bewertung des Bonus-Programms

Insgesamt positive Bewertung des Bonus-Programms durch die Schulleitungen und Lehrkräfte bei weiterem Anstieg der Akzeptanz im Programmverlauf:

Hinsichtlich der globalen und konzeptionellen Aspekte des Bonus-Programms zeigte sich, dass die Beurteilung des Bonus-Programms sowohl durch die Schulleiterinnen und Schulleiter als auch durch die Lehrkräfte, drei Jahre nach dessen Einführung insgesamt positiv ausfiel (vgl. Abb. 2). Das Bonus-Programm wurde im Gesamten als sehr sinnvoll angesehen und es wurde betont, dass es richtig sei, den Schulen finanzielle Mittel zur weitgehend freien Verfügung bereitzustellen. Die Einschätzungen der Lehrkräfte fielen zwar etwas zurückhaltender aus als die der Schulleitungen, bewegten sich jedoch immer noch im positiven bis sehr positiven Bereich. Des Weiteren bewerteten die Schulleiterinnen und Schulleiter die globalen und konzeptionellen Aspekte des Bonus-Programms zum Zeitpunkt der dritten Erhebung im Vergleich zur Ausgangserhebung signifikant besser. Die bereits zu Programmstart beobachtbare hohe Akzeptanz des Bonus-Programms hat also im Zeitverlauf nochmals zugenommen.

Abbildung 2: Globale Bewertung (*) und Konzeptionelle Bewertung (+) des Bonus-Programms im Schuljahr 2016/17 mit Angaben von Schulleiterinnen und Schulleitern sowie Lehrkräften (Mittelwerte ± Standardfehler)

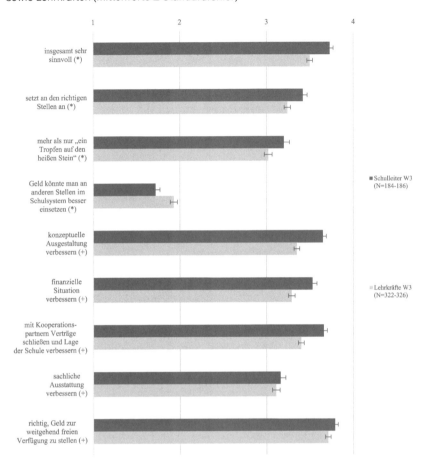

Anmerkung:
Skalierung 1 = trifft überhaupt nicht zu, 2 = trifft eher nicht zu, 3 = trifft eher zu, 4 = trifft völlig zu.

Differenzierte Bewertung der einzelnen Teilbestandteile des Programms durch die Schulleitungen und Lehrkräfte:

Bezüglich der einzelnen Programmbestandteile wurde insbesondere die autonome Entscheidungshoheit über den Einsatz der Bonus-Mittel sowohl von den Schulleiterinnen und Schulleitern als auch von den Lehrkräften sehr positiv eingeschätzt. Im Gegensatz dazu wurde die Komponente des ansteigenden, erfolgsabhängigen Leistungsbonus bei gleichzeitig zurückgehender, erfolgsunabhängiger Basiszuweisung kritischer beurteilt. Dem Aspekt der gleichen Fördersummen, die unabhängig von der jeweiligen Schulgröße vergeben werden, standen die Lehrkräfte (wie schon die Schulleitungen zu Beginn des Programms) eher ablehnend gegenüber. Die Einschätzungen der Schulleitungen zu den einzelnen Teilbestandteilen des Programms haben sich im Programmverlauf seit der Ausgangserhebung kaum verändert.

Weiterhin zurückhaltende Erwartungen an das Bonus-Programm durch die Schulleitungen und Lehrkräfte:
Die Erwartungshaltungen bezüglich des Erreichens der übergreifenden Ziele des Programms fielen rund eineinhalb (Schulleitungen, 2. Erhebungszeitpunkt) bzw. drei Jahre (Lehrkräfte, 3. Erhebungszeitpunkt) nach Programmbeginn nach wie vor vorsichtig zurückhaltend aus und bewegten sich überwiegend im Bereich mittlerer Zustimmung. Am positivsten fielen die Erwartungen an das Bonus-Programm hinsichtlich der gestärkten Eigenverantwortung der Schulen aus. Am skeptischsten standen die Schulleitungen und Lehrkräfte dem Aspekt gegenüber, das Bonus-Programm werde zu einer Entkopplung von Bildungserfolg und sozialer Herkunft führen. Diese zurückhaltende Einschätzung könnte jedoch auf die sehr weit gefasste und über die politisch formulierten Ziele des Bonus-Programms hinausgehende Formulierung des Items zurückzuführen sein („Das Bonus-Programm wird zu einer Entkopplung von Bildungserfolg und sozialer Herkunft führen."). Die Erwartungen der Lehrkräfte korrespondierten weitestgehend mit den Einschätzungen der Schulleiterinnen und Schulleiter. Zwar deutet sich bei den Schulleitungen im Zeitverlauf eine positive Tendenz hinsichtlich der Erwartungshaltungen an, jedoch fällt diese Entwicklung statistisch nicht signifikant aus.

Deutliches Votum der Schulleitungen zur weiteren Teilnahme am Bonus-Programm:
85 Prozent der zum zweiten Erhebungszeitpunkt befragten Schulleitungen gaben eineinhalb Jahre nach Beginn des Bonus-Programms an, dass ihnen die weitere Teilnahme am Programm „sehr wichtig" ist, weitere 14 Prozent äußerten eine leichte Zustimmung („eher wichtig"). Die hohen Zustimmungsanteile unterstreichen die Akzeptanz des Bonus-Programms.

4.2 Umsetzung des Bonus-Programms an den Schulen

Hauptziele der Schulen im Rahmen des Bonus-Programms liegen in der Verbesserung der individuellen Förderung, der Erhöhung der Motivation der Schülerschaft sowie der Verbesserung des Schulklimas und der Leistungen der Schülerinnen und Schüler; Transparenz und Konsens hinsichtlich des Zielfindungsprozesses.

Als wichtige Zielvorhaben im Rahmen des Bonus-Programms wurden von Schulleitungen und Lehrkräften Verbesserungen im Bereich der individuellen Förderung und des Schulklimas sowie die Steigerung der Motivation und der Lernleistungen der Schülerinnen und Schüler anvisiert. Auch wurden die Verbesserung des Sprachstands, die Vermittlung von Konfliktlösungsstrategien und die Verbesserung der Zusammenarbeit mit den Eltern als wichtige Zielvorhaben benannt. Mit Blick auf die stärkere Zuwendung zu psychosozialen Problemen der Schülerinnen und Schüler, den Erwerb von Schlüsselqualifikationen, die Erhöhung der Motivation des Kollegiums sowie die Verbesserung der Lehrerkooperation und Teamarbeit konnte drei Jahre nach Programmbeginn ein leichter Rückgang ausgemacht werden: Wurden diese Vorhaben in der Ausgangserhebung noch als durchaus wichtige Anliegen benannt, bewegten sich die Einschätzungen der Schulleiterinnen und Schulleiter nun eher im mittleren Zustimmungsbereich. Der Prozess der Zielfindung im Bonus-Programm wurde sowohl durch die Schulleiterinnen und Schulleiter als auch die Lehrkräfte als insgesamt sehr klar und transparent eingeschätzt. Über die anvisierten Ziele und Maßnahmen herrschte an den Schulen in weiten Teilen Konsens.

Zielvereinbarungen der ersten Förderperiode offenbaren breites Spektrum an gesetzten Zielen, zum Teil sind schulformspezifische Schwerpunktsetzungen erkennbar:

In den Zielvereinbarungen der ersten Förderphase offenbarte sich eine thematische Vielfalt bezüglich der mit dem Bonus-Programm verfolgten Zielsetzungen (vgl. Tab. 2). Es wurden sowohl die Schülerschaft und die Entwicklung der Schule angesprochen als auch das Personal und die Eltern, wobei die beiden ersten Kategorien deutlich häufiger genannt wurden und sich in weitere Subkategorien ausdifferenzieren ließen.

Tabelle 2: Kategoriensystem der Ziele mit relativen Häufigkeiten basierend auf den Zielvereinbarungen der ersten Förderphase des Bonus-Programms

	Metakategorie	Relative Häufigkeiten (in Prozent)	Kategorie	Relative Häufigkeiten (in Prozent)
Ziele	Schülerschaft	57,4	Sprache/Lesen	10,7
			Lernen	10,7
			Sozialverhalten/Sozialkompetenz	11,5
			andere Kompetenzen	11,2
			Schülerpersönlichkeit/Selbstwahrnehmung	4,1
			Lebensrelevante Felder (z. B. Verkehrserziehung, Schwimmunterricht)	4,1
			messbares Schülerverhalten (z. B. Schuldistanz, Abschlüsse)	5,1
	Schule	31,1	Organisation des Schulalltags	11,2
			Schulklima	5,6
			Außenwirkung der Schule, Schulgestaltung	6,9
			Kooperation Umfeld	2,0
			Gestaltung der Übergänge im Bildungswesen	4,1
			Durchführung einzelner Projekte	1,3
	Personal	6,6	Schulsozialarbeit	5,1
			Zusammenarbeit des Personals	1,5
	Eltern	3,3		
	Sonstiges	1,5		

Weiterhin waren schulformspezifische Unterschiede in den Zielsetzungen auszumachen. Integrierte Sekundarschulen fokussierten stärker die Verbesserung „messbaren Schülerverhaltens", beispielsweise in Form von Schuldistanz oder Schulabschlüssen. Die Gymnasien nahmen hauptsächlich den Bereich „Lernen" sowie die „Außenwirkung der Schule/Schulgestaltung" in den Blick. Die Gemeinschaftsschulen konzentrierten sich stärker auf die „Organisation des Schulalltags" und die Förderschulen nannten neben der Verbesserung „anderer Kompetenzen", beispielsweise in den Bereichen Kunst, Musik, Naturwissenschaften oder Sport, auch die Kategorie „Schulsozialarbeit" relativ häufig. Die Grundschulen legten ihren Fokus überwiegend auf die Kompetenzentwicklung der Schülerinnen und Schüler sowohl im Bereich „Sprache/Lesen" als auch in anderen fachspezifischen Bereichen sowie im Bereich der Sozialkompetenzen. Ein wichtiger Schwerpunkt war weiterhin das Thema „Lernen", in dem die Gestaltung, Steuerung und Individualisierung von Lernprozessen im Vordergrund steht.

Auch der Anteil der Schülerinnen und Schüler mit Migrationshintergrund scheint in den Zielsetzungen der Schulen Berücksichtigung zu finden. So werden mit höherem ndH-Anteil der Schulen auch Zielsetzungen im Bereich „Sprache/Lesen" häufiger genannt. Zudem stellte auch die

Zielsetzung „Außenwirkung der Schule/Schulgestaltung" insbesondere für Schulen mit einem ndH-Anteil von über 75 Prozent ein wichtiges Ziel dar.

Primäre Entscheidungsgrundlagen für die Mittelverwendung sind Wünsche des Personals, das Schulprogramm sowie soziale und schulpädagogische Bedarfe:

Mit Blick auf die Entscheidungsgrundlagen für die Mittelverwendung wurden basierend auf den selbsteingeschätzten Angaben der Schulleiterinnen und Schulleiter die Wünsche bzw. Angebote des Personals (wenn auch im Vergleich zur Ausgangserhebung etwas rückläufig), die Umsetzung des Schulprogramms, soziale und schulpädagogische Bedarfe sowie Wünsche bzw. Vorschläge der Schulleitung als besonders bedeutsame Entscheidungsgrundlagen für den Einsatz der Bonus-Mittel benannt. Externe Beratung (Coaching) und Wünsche der Eltern spielten in dieser Hinsicht eine eher untergeordnete Rolle.

Stellt man diesen Angaben die Einschätzungen der Lehrkräfte kontrastierend gegenüber, so fielen diese weitgehend ähnlich aus, wobei die Wünsche und Angebote des Personals im Vergleich zu den Einschätzungen der Schulleiterinnen und Schulleiter in ihrer Priorität geringer eingeschätzt wurden.

Leichter Anstieg der Kenntnisse und Fähigkeiten in der eigenständigen Mittelbewirtschaftung; weiterhin hohe Mittelausschöpfungsquoten sowie mehr Ausgaben für Vertragsabschlüsse als für Sachmittel:

Die Schulleitereinschätzungen hinsichtlich ihrer Kenntnisse und Fähigkeiten bezogen auf die eigenverantwortliche Mittelbewirtschaftung fielen drei Jahre nach Programmstart im Vergleich zur Ausgangserhebung tendenziell höher aus, wenngleich keine signifikanten Unterschiede feststellbar waren. Die an der Umsetzung des Bonus-Programms beteiligten Lehrkräfte schätzten ihre Kenntnisse und Fähigkeiten hinsichtlich der eigenverantwortlichen Mittelbewirtschaftung geringer ein als die Schulleiterinnen und Schulleiter. Angesichts ihres in erster Linie im unterrichtlichen Handeln angesiedelten Aufgabenbereichs erscheint dieser Befund jedoch wenig überraschend.

Mit einer mittleren Ausschöpfungsquote von rund 93 bzw. 95 Prozent in der zweiten sowie dritten Zielvereinbarungsphase, schöpften die Schulen nahezu alle der zur Verfügung gestellten Mittel aus. Dabei haben zu beiden Zeitpunkten rund 80 Prozent der Schulen mehr als 90 Prozent der Mittel verausgabt. Die Ausgaben auf Ebene der einzelnen Schulen erfolgten zu über 80 Prozent im Rahmen von Vertragsabschlüssen, während für Sachmittel im Durchschnitt ca. 16 Prozent verausgabt wurden.

Seltener Austausch mit anderen Schulen bzw. Schulleitungen im Bonus-Programm:

Im Rahmen der Umsetzung des Bonus-Programms fand insgesamt eher selten ein Austausch mit anderen Schulen bzw. mit anderen Schulleiterinnen und Schulleitern statt. So berichteten über 40 Prozent der befragten Schulleiterinnen und Schulleiter keinerlei Austausch. Sofern ein Austausch stattfand, wurde dieser noch am stärksten über Treffen mit anderen Schulleitungen zum Erfahrungsaustausch realisiert. Der Besuch anderer Bonus-Schulen sowie Einladungen zum Erfahrungsaustausch durch die Senatsverwaltung oder die Schulaufsicht fanden hingegen kaum statt.

Gute Zusammenarbeit mit der Schulaufsicht:

Die Zusammenarbeit mit der regionalen Schulaufsicht im Rahmen des Bonus-Programms bewerteten die befragten Schulleiterinnen und Schulleiter grundlegend positiv. So gaben sie an, dass die Zusammenarbeit insgesamt von gegenseitigem Vertrauen geprägt ist und man im Rahmen des Bonus-Programms „an einem Strang ziehe". Die Einschätzungen zum Ausmaß konkreter Vorschläge der Schulaufsicht bezüglich der Umsetzung des Bonus-Programms fielen etwas verhaltener aus, wobei dies mit der grundlegenden Idee des Bonus-Programms, dass sich die Schulen ihre Ziele selbstständig setzen sollten und die Schulaufsicht vor allem eine unterstützende und beratende Funktion einnehmen sollte, durchaus korrespondiert.

4.3 Auswirkungen des Bonus-Programms

Die Feststellung von tatsächlichen „Effekten" des Bonus-Programms stellt vor dem Hintergrund der vielfältigen Ausgestaltungsmöglichkeiten des Programms eine besondere forschungsmethodische Herausforderung dar. Um Hinweise auf Auswirkungen des Programms zu erhalten, wurden unterschiedliche Herangehensweisen gewählt. Zum einen wurde die Entwicklung schulstatistischer Kennwerte zur Schuldistanz, zur Zahl der Schulabbrecher und zu den Förderprognosen am Ende der Grundschule in Abhängigkeit der Teilnahme am Bonus-Programm untersucht. Darüber hinaus wurden Veränderungen aus den Schulleiterbefragungen zu Programmbeginn und drei Jahre nach Programmstart in den Blick genommen (etwa zu den wahrgenommenen schulischen Problemlagen, dem Ausmaß an Kooperationen, den personellen Ressourcen oder der Innovationsbereitschaft des Kollegiums). Des Weiteren wurden Schulleitungen und Lehrkräfte drei Jahre nach Programmstart explizit um Einschätzungen zu den ihrerseits wahrgenommenen Auswirkungen des Bonus-Programms gebeten.

Keine übergreifenden Auswirkungen des Programms auf Fehl- und Abbrecherquoten sowie Förderprognosen der Grundschulen; zum Teil etwas positivere Entwicklungen an Programmschulen mit hohem lmb-Anteil (75 Prozent oder größer):

Mit Blick auf die Untersuchung der schulstatistischen Kennwerte zur Entwicklung der unentschuldigten Fehltage (Schuldistanz), der Abbrecherquoten an Integrierten Sekundarschulen (Anteil derjenigen Schülerinnen und Schüler, welche die Schule ohne einen Abschluss verlassen haben) und der Förderprognosen am Ende der Grundschule konnten nur bedingt Hinweise auf bedeutsame Unterschiede in der Entwicklung zwischen am Bonus-Programm teilnehmenden und nicht teilnehmenden Schulen gefunden werden. Bezüglich der Fehlquoten an den am Programm teilnehmenden Schulen deuteten sich für die Integrierten Sekundarschulen (ISS) mit hoher lmb-Quote (> 75 Prozent) etwas günstigere Entwicklungen als an den anderen Schulen an. So konnten zwischen den Schuljahren 2013/14 und 2016/17 acht der 14 (bzw. 57 Prozent) untersuchten ISS mit hoher lmb-Quote einen Rückgang der unentschuldigten Fehlquote um mindestens 10 Prozent vom Ausgangsniveau verzeichnen. An den 31 untersuchten Bonus-Schulen mit einer lmb-Quote zwischen 50 und 75 Prozent war dies für 36 Prozent der Schulen der Fall; ein ähnlicher Anteil wie er sich auch an den nicht am Bonus-Programm teilnehmenden Schulen fand. Es ist jedoch darauf hinzuweisen, dass die Veränderungen nicht zwingend eine Folge des Bonus-Programms darstellen müssen, sondern auch auf andere Maßnahmen zur Reduktion der Schuldistanz zurückzuführen sein könnten. Aufgrund der jährlichen Schwankungen bedarf es hier weiterer Beobachtungen in den kommenden Schuljahren, um deutlichere Hinweise auf divergierende Entwicklungsmuster zu gewinnen.

Ähnliches gilt auch für die Abbrecherquoten an den ISS; also für diejenigen Schülerinnen und Schüler, welche die Schule ohne einen Abschluss verlassen haben. So konnten zwischen den Schuljahren 2013/14 und 2015/16 elf der untersuchten 15 (bzw. 73 Prozent) am Bonus-Programm teilnehmenden ISS mit einer lmb-Quote über 75 Prozent einen Rückgang der Abbrecherquoten um mindestens 10 Prozent vom Ausgangsniveau (29 Prozent mittlere Abbrecherquote im Schuljahr 2013/14 in der Gruppe „BONUS lmb > 75") erzielen, während dies an den Bonus-Schulen mit einem lmb-Anteil zwischen 50 und 75 Prozent für lediglich 45 Prozent und an den nicht am Programm teilnehmenden Schulen für 52 Prozent der Fall war. Auch hier ist herauszustellen, dass auf Basis der vorliegenden Befunde nicht mit Sicherheit davon ausgegangen werden kann, dass die im Vergleich stärker rückläufigen Abbrecherquoten an den Bonus-Schulen mit hoher lmb-Quote auch tatsächlich eine Auswirkung des Bonus-Programms darstellen.

Für die am Ende der Grundschule vergebenen Förderprognosen (Bildungsgangempfehlung für das Gymnasium) fanden sich keine Hinweise auf divergierende Entwicklungsverläufe in Abhängigkeit der Programmteilnahme.

Überwiegend Konstanz in den schulischen Problemlagen, in Teilbereichen jedoch auch rückläufige und zunehmende Tendenzen erkennbar:

Die Einschätzungen der Schulleitungen zu den ihrerseits zu Programmbeginn und drei Jahre nach Programmstart wahrgenommenen schulischen Problemlagen offenbarten überwiegend Konstanz. In einigen Teilaspekten, z. B. Arbeitsbelastung der Lehrkräfte, zurückgehenden Zahl an Schüleranmeldungen (insbesondere ISS), hohe Wiederholerquote (insbesondere Grundschule), nicht bedarfsgerechte Personalversorgung (insbesondere Förderschulen) waren jedoch auch Rückgänge in den wahrgenommenen Problemlagen erkennbar, wenngleich nicht unmittelbar abgeschätzt werden kann, inwieweit diese Entwicklungen als Auswirkungen des Bonus-Programms betrachtet werden können. Andererseits fanden sich auch Hinweise auf teilweise gestiegene Problemlagen, etwa mit Blick auf den erhöhten Sprachförderbedarf (insbesondere ISS) oder die den Einschätzungen der Schulleitungen nach gestiegene Aggressivität unter den Schülerinnen und Schülern (insbesondere Förderschulen). Vor dem Hintergrund der aktuellen Flüchtlingsbewegung und den diesbezüglichen zusätzlichen Herausforderungen an den Schulen in „schwieriger" Lage kann in den überwiegend unveränderten Einschätzungen der schulischen Problemlagen durch die Schulleitungen möglicherweise ein indirekter Anhaltspunkt für potentielle („Puffer"-)Wirkungen durch das Bonus-Programm gesehen werden.

Schulen nehmen infolge des Bonus-Programms Verbesserungen im Umgang mit ihren Problemlagen wahr:

Befragt nach den expliziten Auswirkungen des Bonus-Programms, waren über 90 Prozent der Schulleitungen der Ansicht, dass das Bonus-Programm an den Schulen in „schwieriger" Lage „wirklich etwas bewirkt", wobei 40 Prozent eine starke Zustimmung und 50 Prozent eine leichte Zustimmung äußern. Im Hinblick auf die Auswirkungen des Bonus-Programms auf die jeweiligen schulischen Problemlagen sahen rund drei Viertel der Schulen in wenigstens einem Teilaspekt starke Verbesserungen in Folge des Programms, über 40 Prozent in vier oder mehr Teilaspekten. Hervorzuheben ist dabei, dass sich die generellen Problemlagen der Schulen seit dem Programmstart aus Sicht der Schulleitungen insgesamt betrachtet nur geringfügig verändert haben. Die dennoch wahrgenommenen programmbedingten Verbesserungen bezüglich der Problemlagen können somit als Hinweis darauf gewertet werden, dass sich die Maßnahmen des Bonus-Programms nicht immer unmittelbar auf die Problemlagen selbst auswirken, sondern vielmehr einen besseren Umgang mit den Problemlagen ermöglichen.

Programmbedingte Verbesserungen vor allem in den Bereichen des Schulklimas, der Innovationsbereitschaft des Kollegiums, den Möglichkeiten zum Umgang mit Heterogenität und zur Sprachförderung sowie der generellen Ausstattung der Schulen:
Vergleichsweise starke Verbesserungen nahmen die Schulleiterinnen und Schulleiter sowie die Lehrkräfte in den Bereichen des Schulklimas, des Schülerverhaltens, der Außenwirkung der Schulen, der Motivation und Innovationsbereitschaft des Kollegiums, den Möglichkeiten zum Umgang mit der sozialen und leistungsbezogenen Heterogenität der Schülerinnen und Schüler und zur individuellen Förderung, zum Sprachförderbedarf sowie der generellen Ausstattung der Schulen wahr. Die Anteile der befragten Schulleitungen und Lehrkräfte, die in diesen Bereichen „starke" Verbesserungen durch das Bonus-Programm wahrnahmen, bewegten sich in einem Rahmen von 18 bis 33 Prozent, bezogen auf die generelle Ausstattung der Schulen bei bis zu 48 Prozent. Hervorzuheben ist ferner, dass für die meisten erfragten Teilaspekte von einem erheblichen Anteil der Schulleitungen und Lehrkräfte zumindest kleine („etwas verbessert") Verbesserungen durch das Bonus-Programm gesehen wurden.

Schaffung von zusätzlichen Lerngelegenheiten und individuellen Fördermöglichkeiten durch das Bonus-Programm, wahrgenommene Auswirkungen auf die Lernergebnisse der Schülerinnen und Schüler jedoch bislang eher gering:
Zurückhaltendere Einschätzungen äußerten die Schulleitungen und Lehrkräfte hingegen bezüglich der wahrgenommenen programmbedingten Verbesserungen bei den Lernergebnissen der Schülerinnen und Schüler (Schulleistungen, Abbrecherquoten). In diesen Bereichen wurden nur vereinzelt stärkere Verbesserungen gesehen. So nahmen lediglich neun Prozent der Schulleitungen und sechs Prozent der Lehrkräfte „starke" Verbesserun-

gen infolge des Bonus-Programms in Bezug auf die Problemlage eines hohen Anteils von leistungsschwachen Schülerinnen und Schülern wahr. Hinsichtlich der Problemlage hoher Abbrecherquoten sahen 14 Prozent der Schulleitungen und 11 Prozent der Lehrkräfte starke Verbesserungen (wobei die Angaben nur zum Teil mit den schulstatistischen Angaben der entsprechenden Schulen korrespondierten). Lediglich sechs Prozent der Lehrkräfte äußerten sich stark zustimmend (41 Prozent leicht zustimmend) dahingehend, dass sich durch das Bonus-Programm die Lernleistungen ihrer Schülerinnen und Schüler verbessert habe. Gleichwohl waren nahezu 90 Prozent der Lehrkräfte (47 Prozent mit starker Zustimmung) der Ansicht, dass das Bonus-Programm es ihren Schülerinnen und Schülern ermögliche, von zusätzlichen Lerngelegenheiten zu profitieren. Jeweils rund ein Viertel der Lehrkräfte nahm einen starken („trifft genau zu") Einfluss der durch das Bonus-Programm finanzierten Maßnahmen auf den Unterricht wahr und äußerte sich stark zustimmend dahingehend, dass sie aufgrund der Maßnahmen des Bonus-Programms besser auf die Bedürfnisse ihrer Schülerinnen und Schüler eingehen können.

Intensivierung und Optimierung der Schulentwicklungsarbeit:
Bezüglich der Schulentwicklung im Allgemeinen äußerte sich die Mehrheit der Schulleitungen zustimmend dahingehend, dass das Bonus-Programm zu einer Intensivierung und Optimierung der Schulentwicklungsarbeit beiträgt und wichtige Impulse für die Formulierung und Umsetzung strategischer Schulentwicklungsziele setzt. So fanden sich mehrheitlich zustimmende Einschätzungen unter anderem dahingehend, dass sich die Schulen durch das Bonus-Programm über die Ziele ihrer Schulentwicklung klarer geworden sind, sich das Schulprogramm in Folge des Programms weiter konkretisiert hat, schulinterne Strukturen und Prozesse zur Schulentwicklung optimiert werden konnten, die konkrete Umsetzung von Schulentwicklungsmaßnahmen ermöglicht wurde und bereits längerfristig geplante Ziele im Zuge ihrer Schulentwicklung erreicht werden konnten (vgl. Abb. 3).

Abbildung 3: Wahrgenommene Auswirkungen des Bonus-Programms auf die
Schulentwicklung an den Schulen aus Sicht der Schulleitungen im Schuljahr 2016/17

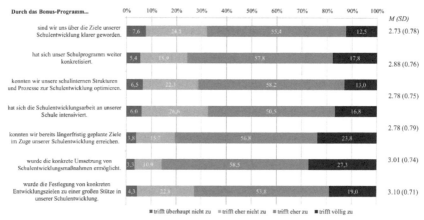

Anmerkung. Skalierung: 1 = trifft überhaupt nicht zu bis 4 = trifft völlig zu.

Gemischte Einschätzungen bezüglich der wahrgenommenen Auswirkungen hinsichtlich der übergreifenden Zielsetzungen des Bonus-Programms:

Vor dem Hintergrund ihrer bislang mit dem Bonus-Programm gemachten Erfahrungen (vgl. Abb. 4) war die Mehrheit der Schulleitungen und Lehrkräfte drei Jahre nach Programmbeginn der Ansicht, dass das Bonus-Programm dazu beiträgt, Bildungsbenachteiligungen von Schülerinnen und Schülern auszugleichen und Schülerinnen und Schüler an Schulen in „schwierigen" Lagen zu bestmöglichen schulischen Erfolgen zu führen, wobei die Zustimmung bei den Lehrkräften etwas zurückhaltender ausfiel als bei den Schulleitungen. Deutliche Zustimmung äußerten die Befragten auch dahingehend, dass das Bonus-Programm die Eigenverantwortung der Schulen in „schwieriger" Lage stärkt und sie dabei unterstützt, mit der wachsenden Heterogenität der Schülerschaft umzugehen. Verhaltenere Einschätzungen zeigten sich bezüglich der Auswirkungen auf die Verringerung der Zahl der Schulabbrecher, einer stärkeren Vernetzung und Kooperation der Schulen sowie einer gänzlichen Entkopplung von Bildungserfolg und sozialer Herkunft, was jedoch auch als sehr weitreichende und über die politisch formulierten Ziele des Bonus-Programms hinausgehende Erwartung einzustufen ist.

Abbildung 4: Wahrgenommene Auswirkungen hinsichtlich der übergreifenden Ziele des Bonus-Programms aus Sicht der Schulleitungen und Lehrkräfte im Schuljahr 2016/17 (Mittelwerte ± Standardfehler)

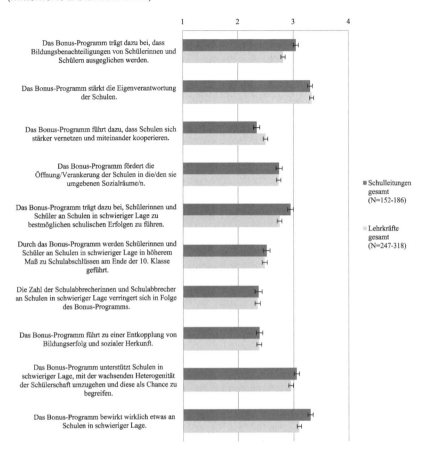

Anmerkung: Skalierung: 1 = trifft überhaupt nicht zu bis 4 = trifft völlig zu.

Kaum Unterschiede in den wahrgenommenen Programmauswirkungen der Schulleitungen in Abhängigkeit von lmb-Quote (über/unter 75 %) und Schulgröße:

Die seitens der Schulleitungen wahrgenommen Auswirkungen des Bonus-Programms stehen – von wenigen Ausnahmen abgesehen – nicht in Zusammenhang mit der lmb-Quote (über/unter 75 %) und damit verbundenen Unterschieden in der Mittelzuweisung und der Schulgröße.

5 Fazit

Die Einschätzungen der Schulleitungen und Lehrkräfte deuten darauf hin, dass das Bonus-Programm durchaus als bedeutsamer Beitrag zur Verbesserung der Bildungschancen der Schülerinnen und Schüler an Schulen in „schwieriger" Lage angesehen werden kann und den Schülerinnen und Schülern vielfältige Bildungserfahrungen und Unterstützungsangebote ermöglicht. Auswirkungen auf die Lernleistungen (gemäß Einschätzung der Lehrkräfte), Abbrecherquoten und Gymnasialempfehlungen zeigen sich bislang jedoch nur vereinzelt. Bezogen auf diese „härteren" Bildungserfolgsindikatoren wird man auf Grundlage der vorliegenden Untersuchung entsprechend kaum konstatieren können, dass sich in Folge des Bonus-Programms bereits grundlegende Änderungen für den robusten und auch in anderen Bundesländern vorhandenen Zusammenhang von sozialer Herkunft und Bildungserfolg eingestellt haben. Hier ist jedoch zu fragen, inwieweit dies in einem Zeitraum von drei Jahren nach dem Start des Bonus-Programms bereits zu erwarten ist. Aus zahlreichen Forschungsarbeiten, auch im Bereich der Förderung von Schulen in „schwierigen" Lagen (vgl. im Überblick Manitius & Dobbelstein, 2017b), ist bekannt, dass Reformmaßnahmen im Bildungswesen Zeit benötigen und große und schnelle Fortschritte eher die Ausnahme darstellen (vgl. auch Neumann, Becker, Baumert, Maaz & Köller, 2017). Darüber hinaus ist darauf hinzuweisen, dass die Möglichkeiten des Bildungswesens im Hinblick auf die Reduktion sozialer Ungleichheiten grundsätzlichen Einschränkungen unterliegen und es „unrealistisch [wäre] zu erwarten, dass durch Reformen im Bildungswesen allein der Kreislauf der sozialen Reproduktion durchbrochen werden könnte" (Ditton, 2007, S. 275; vgl. auch Huber, 2017). Für eine umfassende und nachhaltige Reduktion sozialer Ungleichheiten bedarf es folglich Maßnahmen, die weit über die Möglichkeiten des Bildungssystems hinausgehen.

Nichtsdestotrotz sollte das Bildungssystem die vorhandenen Spielräume zum Abbau von Bildungsungleichheiten bestmöglich nutzen. Der dem Bonus-Programm inhärente Grundgedanke der differentiellen Mittel- und Ressourcenausstattung zur Förderung von Schulen in „schwierigen" Lagen scheint vor diesem Hintergrund ein durchaus aussichtsreicher Ansatz zu sein, der die Schulen dabei unterstützt, mit ihren spezifischen Problemlagen umzugehen, ihnen Entwicklungsperspektiven eröffnet und sie in ihrer Selbstwirksamkeit stärkt. Die bislang beobachtbaren Auswirkungen des Programms zeigen sich in erster Linie in den oftmals eher als „weich" angesehenen Erfolgskriterien wie einem verbesserten Schulklima, den sozialen Kompetenzen der Schülerinnen und Schüler, der Motivation und Innovationsbereitschaft des Kollegiums, der Außenwirkung der Schule sowie der Strukturierung und Optimierung der Schulentwicklungsarbeit im Allgemeinen. Diese Kriterien sind jedoch für Schulen in „herausfordernden" Lagen für gelingende Bildungserwerbsprozesse von deutlich stärkerer Bedeutung als für Schulen mit einer leistungsstarken und sozial privilegierteren Schülerschaft und sollten entsprechend keineswegs gering geschätzt werden.

Ganz im Gegenteil gilt es, die mit dem Bonus-Programm in Gang gesetzte bzw. ausgebaute Schulentwicklungsarbeit weiter zu intensivieren und zu professionalisieren. Ansatzpunkte hierfür könnten beispielsweise eine stärkere Zusammenarbeit und Vernetzung der Schulen sein, um sich über erfolgreiche Entwicklungsstrategien und bewährte Maßnahmen und Modelle auszutauschen, idealerweise auch unter Einbezug der regionalen Schulaufsichten und in Begleitung/Moderation/Beratung von/durch externe/n Expertinnen und Experten im Bereich der Schulentwicklungsarbeit. Wie die Ergebnisse zur Umsetzung des Bonus-Programms zeigen, erfolgt ein derartiger schulübergreifender Austausch bislang nur in sehr eingeschränktem Umfang. Auch die fortlaufende und möglichst datengestützte Überprüfung der intendierten Wirksamkeit der jeweiligen Maßnahmen mit Blick auf die Zielerreichung stellt weiterhin eine wichtige Aufgabe der Schulen dar, um bei Bedarf Anpassungen und Optimierungen in der Mittelverwendung vornehmen zu können und so die Effektivität und Effizienz des Mitteleinsatzes weiter zu steigern.

Das Bonus-Programm eröffnet den Schulen ein hohes Maß an ein Eigenständigkeit und Freiräumen für die Mittelverwendung. Die große Autonomie hinsichtlich des Mitteleinsatzes, die von den Schulen als sehr positiv eingeschätzt wird, äußert sich in einer Vielzahl von Zielstellungen, Maßnahmen und wahrgenommenen Wirkungsbereichen. Dabei ist zu berücksichtigen, dass die Wirkungsketten im Rahmen des Bonus-Programms äußerst vielfältig sein können und in ihrer Gesamtheit kaum vorhersagbar sind. Dies gilt auch für potentielle Transfereffekte der unterschiedlichen Maßnahmen auf das Lernen und Unterrichtsgeschehen im engeren Sinne. Insofern scheint die Offenheit bezüglich der Mittelverwendung bei gleichzeitiger Kopplung an konkrete Zielvereinbarungen ein durchaus sinnvolles Teilelement der Programmkonzeption darzustellen. Die große Akzeptanz des Programms bei den Schulleitungen und Lehrkräften stützt diese Auffassung. Gleichwohl sind die Schulen angehalten, hinsichtlich ihrer angestrebten Ziele stets die finalen Adressaten aller Maßnahmen im Blick zu behalten: die Schülerinnen und Schüler. Dafür bedarf es klarer Vorstellungen darüber, in welcher Weise die unterschiedlichen Maßnahmen auf die

Schülerinnen und Schüler wirken sollen und welche Kompetenzbereiche (Kompetenz in einem weiten Sinne verstanden) konkret adressiert und befördert werden sollen.

In der Gesamtschau lässt sich resümieren, dass das Bonus-Programm Schulen in „herausfordernder" Lage die schulische Arbeit an vielen Stellen erleichtert und ihnen zahlreiche zusätzliche Möglichkeiten für den Umgang mit ihren jeweiligen schulischen Problemlagen eröffnet. Umfassende und nachhaltige Veränderungen bezüglich des Zusammenhangs von sozialer Herkunft und Bildungserfolg dürften jedoch allein aufgrund des Bonus-Programms kurzfristig kaum erwartbar sein. Das Bonus-Programm kann jedoch als wichtiger Teilbaustein und Initiator zur Verbesserung der Situation der Schulen in sozial deprivierter Lage angesehen werden.

Literatur

Abgeordnetenhaus Berlin. (2013). *Drucksache 17/1400*. Beschlussempfehlung.

Abgeordnetenhaus Berlin. (2015). *Drucksache 17/2095*. Umsetzung der Maßnahmen für Schulen im Bonus-Programm.

Altrichter, H., Brauckmann, S., Lassnigg, L., Moosbrugger, R. & Gartmann, G. B. (2016). Schulautonomie oder die Verteilung von Entscheidungsrechten und Verantwortung im Schulsystem. In M. Bruneforth, F. Eder, K. Krainer, C. Schreiner, A. Seel & C. Spiel (Hrsg.), *Nationaler Bildungsbericht Österreich 2015. Band 2. Fokussierte Analysen bildungspolitischer Schwerpunktthemen* (S. 263–304). Graz: Leykam.

Baumert, J., Stanat, P. & Watermann, R. (Hrsg.). (2006). *Herkunftsbedingte Disparitäten im Bildungswesen: Differenzielle Bildungsprozesse und Probleme der Verteilungsgerechtigkeit: Vertiefende Analysen im Rahmen von PISA 2000*. Wiesbaden: VS Verlag für Sozialwissenschaften.

Berkemeyer, N. (2010). *Die Steuerung des Schulsystems: Theoretische und praktische Explorationen*. Wiesbaden: VS Verlag für Sozialwissenschaften.

Bonsen, M. (2016). Schulleitung und Führung in der Schule. In H. Altrichter & K. Maag Merki (Hrsg.), *Handbuch Neue Steuerung im Schulsystem* (2. Aufl., S. 301–323). Wiesbaden: VS Verlag für Sozialwissenschaften.

Bortz, J. & Döring, N. (2006). *Forschungsmethoden und Evaluation für Human- und Sozialwissenschaftler*. Wiesbaden: Springer Medizin Verlag.

Böse, S., Neumann, M., Gesswein, T., Lee, E., Brauckmann, S. & Maaz, K. (2018). Supporting Schools in Challenging Circumstances in Germany: The Berlin Bonus-Program. In C. Meyers & M. Darwin (Hrsg.), *International Perspectives on Leading Low-Performing Schools* (S. 189–216). IAP-Information Age Publishing, Inc.

Böse, S., Neumann, M., Gesswein, T. & Maaz, K. (2017). Das Berliner Bonus-Programm zur Förderung von Schulen in schwieriger Lage – Eckpunkte des Programms und erste Ergebnisse der BONUS-Studie. In V. Manitius & P. Dobbelstein (Hrsg.), *Beiträge zur Schulentwicklung. Schulentwicklungsarbeit in herausfordernden Lagen* (S. 179–203). Münster: Waxmann.

Böse, S., Neumann, M. & Maaz, K. (2018). *BONUS-Studie. Wissenschaftliche Begleitung und Evaluation des Bonus-Programms zur Unterstützung von Schulen in schwieriger Lage in Berlin: Zweiter Ergebnisbericht über die Erhebungen aus den Schuljahren 2013/2014, 2015/2016 und 2016/2017*. Berlin.

Bourdieu, P. (1983). Ökonomisches Kapital, kulturelles Kapital, soziales Kapital. In R. Kreckel (Hrsg.), *Soziale Ungleichheiten. Sonderband 2 der Zeitschrift Soziale Welt* (S. 183–198). Göttingen: Schwartz & Co.

Brauckmann, S. & Böse, S. (2017). Picking up the pieces? Zur Rolle der Schulleitung beim Turnaround – Ansätze und empirische Erkenntnisse. In V. Manitius & P. Dobbelstein (Hrsg.), *Beiträge zur Schulentwicklung. Schulentwicklungsarbeit in herausfordernden Lagen* (S. 85–103). Münster: Waxmann.

Brauckmann, S., Geißler, G., Feldhoff, T. & Pashiardis, P. (2016). Instructional Leadership in Germany: An Evolutionary Perspective. *International Studies in Educational Administration (ISEA), 44* (2), 5–20.

Brauckmann, S. & Pashiardis, P. (2016). Practicing successful and effective school leadership: European perspectives. In P. Pashiardis & O. Johansson (Hrsg.), *Successful school leadership: International perspectives* (S. 179–192). London: Bloomsbury.

Brauckmann, S. & Schwarz, A. (2015). No time to manage? The trade-off between relevant tasks and actual priorities of school leaders in Germany. *International Journal of Educational Management, 29* (6), 749–765. https://doi.org/10.1108/IJEM-10-2014-0138

Ditton, H. (2007). Der Beitrag von Schule und Lehrern zur Reproduktion von Bildungsungleichheit. In R. Becker & W. Lauterbach (Hrsg.), *Bildung als Privileg: Erklärungen und Befunde zu den Ursachen der Bildungsungleichheit* (S. 243–271). Wiesbaden: VS Verlag für Sozialwissenschaften.

Dubs, R. (2002). Finanzautonomie, Globalhaushalt und Globalbudget an Schulen: Ziele, Probleme und Erfolgsvoraussetzungen. In N. Thom, A. Ritz & R. Steiner (Hrsg.), *Effektive Schulführung: Chancen und Risiken des Public Managements im Bildungswesen* (S. 37–63). Bern: Verlag Paul Haupt.

Dumont, H., Neumann, M., Maaz, K. & Trautwein, U. (2013). Die Zusammensetzung der Schülerschaft als Einflussfaktor für Schulleistungen: Internationale und nationale Befunde. *Psychologie in Erziehung und Unterricht, 60*, 163–183.

Hallinger, P., Taraseina, P. & Miller, J. (1994). Assessing the Instructional Leadership of Secondary School Principals in Thailand. *School Effectiveness and School Improvement, 5* (4), 321–348. https://doi.org/10.1080/0924345940050401

Hanushek, E. A. & Wößmann, L. (2007). The role of school improvement in economic development. *CESifo working paper.* (1911), 1–94.

Harris, A. (2010). Improving schools in challenging contexts. In A. Hargreaves, A. Lieberman, M. Fullan & D. Hopkins (Hrsg.), *Second International Handbook of Educational Change* (1st ed., S. 693–706). Dordrecht: Springer.

Herrmann, J. (2013). Erfahrungen aus einer Unterstützungsmaßnahme für „Schulen in schwieriger Lage" in Hamburg. In C. Quesel, V. Husfeldt, N. Landwehr & P. Steiner (Hrsg.), *Failing Schools. Herausforderung für die Schulentwicklung* (S. 77–94). Bern: der Bildungsverlag.

Hillebrand, A. & Bremm, N. (2015). Potenziale entwickeln – Schulen stärken. Ein Forschungs- und Entwicklungsprojekt in der Metropole Ruhr. *Pädagogik, 67* (6/15), 58–83.

Holtappels, H. G., Klemm, K. & Rolff, H.-G. (Hrsg.). (2008). *Schulentwicklung durch Gestaltungsautonomie: Ergebnisse der Begleitforschung zum Modellvorhaben „Selbstständige Schule" in Nordrhein-Westfalen.* Münster: Waxmann.

Holtappels, H. G., Webs, T., Kamarianakis, E. & van Ackeren, I. (2017). Schulen in herausfordernden Problemlagen – Typologien, Forschungsstand und Schulentwicklungsstrategien. In V. Manitius & P. Dobbelstein (Hrsg.), *Beiträge zur Schulentwicklung. Schulentwicklungsarbeit in herausfordernden Lagen* (S. 17–35). Münster: Waxmann.

Huber, S. G. (2016). Germany: The School Leadership Research Base in Germany. In H. Ärlestig, C. Day & O. Johansson (Hrsg.), *A Decade of Research on School Principals* (S. 375–401). Dordrecht: Springer.

Huber, S. G. (2017). Besonders belastete Schulen: Merkmale, Dynamiken und Entwicklungsmöglichkeiten. Ein internationaler Überblick. In V. Manitius & P. Dobbelstein (Hrsg.), *Beiträge zur Schulentwicklung. Schulentwicklungsarbeit in herausfordernden Lagen* (S. 36–62). Münster: Waxmann.

Klein, E. D. (2017). *Bedingungen und Formen erfolgreicher Schulentwicklung in Schulen in sozial deprivierter Lage: Eine Expertise im Auftrag der Wübben Stiftung* (SHIP Working Paper Reihe No. 1). Essen.

Maaz, K., Böse, S. & Neumann, M. (2016). *BONUS-Studie. Wissenschaftliche Begleitung und Evaluation des Bonus-Programms zur Unterstützung von Schulen in schwieriger Lage in Berlin: Zwischenbericht über die erste Schulleiterbefragung aus dem Schuljahr 2013/2014.* Berlin.

Maaz, K., Neumann, M. & Baumert, J. (2014). *Herkunft und Bildungserfolg von der frühen Kindheit bis ins Erwachsenenalter: Forschungsstand und Interventionsmöglichkeiten aus interdisziplinärer Perspektive* (Sonderheft 24-2014 der Zeitschrift für Erziehungswissenschaft). Wiesbaden: VS Verlag für Sozialwissenschaften.

Manitius, V. & Dobbelstein, P. (2017a). Die doppelte Herausforderung: Schulentwicklungsarbeit in herausfordernden Lagen unterstützen. In V. Manitius & P. Dobbelstein (Hrsg.), *Beiträge zur Schulentwicklung. Schulentwicklungsarbeit in herausfordernden Lagen* (S. 9–14). Münster: Waxmann.

Manitius, V. & Dobbelstein, P. (Hrsg.). (2017b). *Schulentwicklungsarbeit in herausfordernden Lagen. Beiträge zur Schulentwicklung.* Münster: Waxmann.

Mayring, P. (2002). *Einführung in die qualitative Sozialforschung. Eine Anleitung zu qualitativem Denken.* Weinheim, Basel: Beltz Verlag.

Muijs, D., Harris, A., Chapman, C., Stoll, L. & Russ, J. (2004). Improving Schools in Socioeconomically Disadvantaged Areas – A Review of Research Evidence. *School Effectiveness and School Improvement, 15* (2), 149–175.

Neumann, M., Becker, M., Baumert, J., Maaz, K. & Köller, O. (Hrsg.). (2017). *Zweigliedrigkeit im deutschen Schulsystem: Potenziale und Herausforderungen in Berlin.* Münster: Waxmann.

Oelkers, J. & Reusser, K. (2008). *Qualität entwickeln – Standards sichern – mit Differenz umgehen* (Bildungsforschung No. 27). Bonn, Berlin.

Palardy, G. J. (2008). Differential school effects among low, middle, and high social class composition schools: a multiple group, multilevel latent growth curve analysis. *School Effectiveness and School Improvement, 19* (1), 21–49.

Racherbäumer, K., Funke, C., van Ackeren, I. & Clausen, M. (2013). Datennutzung und Schulleitungshandeln an Schulen in weniger begünstigter Lage: Empirische Befunde zu ausgewählten Aspekten der Qualitätsentwicklung. *DDS – Die Deutsche Schule.* (Beiheft 12), 226–254.

Rössler, P. (2010). *Inhaltsanalyse* (1. Aufl.). UTB basics. Stuttgart: UTB GmbH.

Rürup, M. (2007). *Innovationswege im deutschen Bildungssystem: Die Verbreitung der Idee „Schulautonomie" im Ländervergleich.* Wiesbaden: VS Verlag für Sozialwissenschaften.

Sachverständigenrat deutscher Stiftungen für Integration und Migration [SVR]. (2013). *Segregation an deutschen Schulen. Ausmaß, Folgen und Handlungsempfehlungen für bessere Bildungschancen.* Berlin: Buch- und Offsetdruckerei H. Heenemann GmbH & Co. KG.

Sachverständigenrat deutscher Stiftungen für Integration und Migration [SVR]. (2016). *Ungleiches ungleich behandeln! Wege zu einer bedarfsorientierten Schulfinanzierung.* Berlin: Königsdruck Service GmbH.

Schulte, K., Hartig, J. & Pietsch, M. (2014). Der Sozialindex für Hamburger Schulen. In D. Fickermann & N. Maritzen (Hrsg.), *HANSE – Hamburger Schriften zur Qualität im Bildungswesen. Bd. 13: Grundlagen für eine daten- und theoriegestützte Schulentwicklung. Konzeption und Anspruch des Hamburger Instituts für Bildungsmonitoring und Qualitätsentwicklung (IfBQ)* (S. 67–80). Münster: Waxmann.

Senatsverwaltung für Bildung, Jugend und Sport, Berlin. (2004). *Schulgesetz für das Land Berlin*. Berlin.

Senatsverwaltung für Bildung, Jugend und Wissenschaft. (2013a). *Bonus-Programm: Unterstützung für Schulen in schwieriger Lage*. Berlin.

Senatsverwaltung für Bildung, Jugend und Wissenschaft. (2013b). *Handlungsrahmen Schulqualität in Berlin: Qualitätsbereiche und Qualitätsmerkmale*. Berlin. Verfügbar unter: https://bildungsserver.berlin-brandenburg.de/schule/schulentwicklung/schulqualitaet/handlungsrahmen-schulqualitaet-be/?L=0 [15.05.2020].

Senatsverwaltung für Bildung, Jugend und Wissenschaft. (2014). *Handreichung: Zielvereinbarung und Bewertungsprozess im Bonus-Programm*. Berlin.

Senatsverwaltung für Stadtentwicklung und Umwelt. (2013). *Aktionsräume plus: Bilanz und Ausblick*. Berlin.

Solga, H. & Wagner, S. (2001). Paradoxie der Bildungsexpansion: Die doppelte Benachteiligung von Hauptschülern. *Zeitschrift für Erziehungswissenschaft, 4* (1), 107–127.

Tillmann, K.-J. & Weishaupt, H. (2015). Ansätze bedarfsorientierter Ressourcenausstattung von sozial belasteten Schulen in Deutschland. *Zeitschrift für Bildungsverwaltung, 31* (2), 5–26.

Wissinger, J. (2014). Schulleitung und Schulleitungshandeln. In E. Terhart, H. Bennewitz & M. Rothland (Hrsg.), *Handbuch der Forschung zum Lehrerberuf* (S. 144–176). Münster: Waxmann.

Schulentwicklung als Fassadenveranstaltung?

Zur Verarbeitung von Ergebnissen der Schulinspektion an Schulen mit Entwicklungsbedarf

Kathrin Dedering

1 Einleitung

Vor mehr als zehn Jahren wurden in Deutschland in allen Bundesländern Verfahren der Schulinspektion eingeführt, mit denen in vorab definierten Bereichen das an Schulen erreichte Qualitätsniveau ermittelt und den Schulen in Form eines Evaluationsberichts zurückgemeldet wird. Die Inspektionsverfahren und -ergebnisse richten sich an die Schulleitung und das Kollegium insgesamt bzw. an die Schule als Ganze, die damit gleichsam als lernende Organisation aufgerufen wird. Die Verantwortung für den ermittelten Stand der Schulqualität wird der Schulleitung und dem Kollegium kollektiv zugeschrieben. Es wird erwartet, dass Schulleitung und Kollegium die Ergebnisse gemeinsam rezipieren, verarbeiten und für die weitere Entwicklung nutzen (Dedering, Katenbrink, Schaffer & Wischer, 2016). In einigen Bundesländern werden dabei Qualitätsstandards formuliert, die Schulen mindestens erreichen müssen, und jene Schulen ermittelt, die an diesen scheitern. Diese Schulen „unter Standard", „mit gravierenden Mängeln" oder „mit Entwicklungsbedarf" stellen dabei einen spezifischen Fall dar, weil sich die Auseinandersetzung mit den Inspektionsergebnissen in ihnen unter gleichsam verschärften Bedingungen vollzieht. Denn zum einen sehen sich die Schulen öffentlich gekennzeichnet und zum anderen können sie die Inspektionsergebnisse nicht einfach ignorieren, weil in einer Nachinspektion überprüft wird, was die Schulen unternommen haben, um die festgestellten Mängel zu beseitigen. Die Schulen stehen damit unter einem gesonderten Druck, auf die Ergebnisse mit Aktivitäten zu reagieren – auch, wenn die Nachinspektion in der Regel erfolgreich verläuft (Mahler, 2015) und die Schulen – anders als mitunter im Ausland – auch bei nochmaligem Scheitern keine Sanktionen von administrativer Seite zu befürchten haben.

An dieser Stelle setzt der vorliegende Beitrag an: Er geht der Frage nach, wie sich die Verarbeitung von Ergebnissen der Schulinspektion an den oben genannten Schulen vollzieht. Zur Beantwortung der Fragestellung rekurriert er auf empirische Befunde, die in einem Forschungsprojekt[1] an Schulen gewonnen worden sind, denen im ersten Durchgang der Schulinspektion (2005–2012) im deutschen Bundesland Niedersachen gravierende Mängel attestiert worden waren.

Da die betrachteten Schulen im Diskurs oftmals unter der Bezeichnung *Failing Schools* firmieren, wird im Folgenden dieser Begriff zunächst geklärt. Anschließend wird der aktuelle (weitgehend angloamerikanische) Forschungsstand zur Verarbeitung von Schulinspektionsergebnissen an *Failing Schools* präsentiert, bevor Befunde aus dem eigenen Forschungsprojekt ausführlicher dargelegt werden. Die von den Schulen berichteten (Entwicklungs-)Aktivitäten werden sodann in einer institutionenanalytischen Perspektive interpretiert und damit theoretisch gerahmt. Sie werden dabei mehrheitlich als Anpassungen der Schulen an die Anforderungen der Schulinspektion verstanden, die zwar Veränderungen der Formalstruktur der Organisation (z. B. Konzepterstellung), weniger jedoch der Aktivitätsstruktur (des Unterrichts) beinhalten. Schulentwicklung erscheint in dieser Lesart eher als Fassadenveranstaltung, als auf Einsicht beruhender nachhaltiger Prozess der Qualitätsverbesserung. Der Beitrag mündet in einem knappen Fazit, in dem vor dem Hintergrund der dargelegten Befunde die Ausgestaltung des Verhältnisses von Administration und Schulen thematisiert wird. Er stellt die Verschriftlichung eines Vortrags dar, der im Jahr 2018 in der Ringvorlesung „Schulen in herausfordernden Lagen – Schools in Challenging Circumstances" am IFS gehalten worden ist.

---

1 Es handelt sich um das Projekt „Veränderung unter Druck – Fallstudien zu Schulentwicklungsprozessen an Schulen mit gravierenden Mängeln in Niedersachsen", das unter Leitung von Kathrin Dedering (Universität Erfurt) und Beate Wischer (Universität Osnabrück/ Bielefeld) und unter Mitarbeit von Nora Katenbrink (Universität Osnabrück/Bielefeld) und Greta Schaffer (Universität Osnabrück) von 2013 bis 2016 durchgeführt wurde. Gefördert wurde es durch pro*niedersachsen.

2   Begriffliche Klärung

Wie eingangs bereits erwähnt, stellen die Formulierung von Mindeststandards von Schulqualität und die Ermittlung von Schulen, die an diesen Mindeststandards scheitern, in den externen Evaluationsverfahren einiger Länder einen obligatorischen Bestandteil dar. Die identifizierten Schulen werden entsprechend gekennzeichnet, im angloamerikanischen und skandinavischen Raum werden sie als *Failing schools* tituliert (Quesel, Husfeldt, Landwehr & Steiner, 2013). Der Begriff lässt sich als Oberbegriff vielfältiger Begrifflichkeiten verstehen, mit denen in der Literatur auf Schulen in schwierigen oder problematischen Lagen verwiesen wird; z. B. schools in trouble, struggling, low-achieving, sinking schools sowie schools causing concern (Altrichter & Moosbrugger, 2011). Im Diskurs werden *Failing Schools* als Schulen gefasst, „die bei gravierenden Problemen nicht in der Lage sind, selbst eine angemessene Diagnose zu stellen und adäquate Lösungsstrategien zu entwickeln. Mithin sind immer zwei Aspekte zu berücksichtigen: Der eine betrifft das Auftreten von Störungen oder Misserfolgen, der andere die Fähigkeit, diese Probleme innerhalb des Systems wahrnehmen und bearbeiten zu können. Diese Probleme können in Testresultaten oder in Klimadaten zum Ausdruck kommen" (Quesel et al., 2013, S. 12).

Dabei stehen im angloamerikanischen und skandinavischen Raum *Kriterien des Outputs von Schulqualität* im Mittelpunkt. Die Leistungen der Schüler/innen stellen hier also den Bezugspunkt der Evaluation dar. Das Scheitern der Schulen, das im Rahmen der externen Evaluationsverfahren nachgewiesen wurde, deutet darauf hin, dass sie sich generell in einer schwierigen bzw. problematischen Lage befinden und auch in Bereichen, die – insbesondere bei Output-messenden Verfahren – nicht Gegenstand der Qualitätseinschätzungen waren – Mängel aufweisen. Altrichter und Moosbrugger (2011) tragen die empirisch belegten Indizien für Schulen in schwierigen oder problematischen Lagen zusammen und unterscheiden in systematisierender Absicht Merkmale (und deren Ausprägungen) auf der Schülerebene, auf der Klassenebene und auf der Schulebene.

Auf der *Schülerebene* zeichnen sich Schulen in schwieriger Lage z. B. durch wiederholt unter den Erwartungen bleibende Schülerleistungen (Leistungsmerkmale) und ein erhöhtes Ausmaß an disziplinären Problemen (Merkmale sozialer Teilnahme) aus, während auf der *Klassenebene* u. a. eine kurzfristige Unterrichtsplanung und die Akzeptanz eines niedrigen Leistungsniveaus (Merkmale des Lehrerhandelns) vorzufinden sind. Auf der *Schulebene* werden fehlende gemeinsame Visionen und diffuse Ziele, eine geringe Entwicklungsfähigkeit und -bereitschaft, eine schwache Führung und ein schwaches Management, ein niedriger Kooperationsstand, problematische klimatische Verhältnisse, eine unbefriedigende Kommunikation, eine defensive Schulkultur und eine geringe Selbstwirksamkeitserwartung (strukturelle, organisatorische und klimatische Merkmale) genannt (auch: Mahler, 2015). Die Merkmalsausprägungen deuten darauf hin, dass es den Schulen an Selbststeuerungs- und Handlungsfähigkeit fehlt und dass eine Verarmung der Lernkultur bei Lernenden und Lehrenden vorliegt (Hopkins, Harris & Jackson, 2010).

Im deutschsprachigen Raum wird die Aufmerksamkeit demgegenüber auf *Kriterien des Prozesses von Schulqualität* gerichtet. Es werden Aspekte des Lehrens und Lernens, des Schulleitungshandelns, des Schulmanagements, des Schulklimas etc. zum Bezugspunkt erhoben (Mahler, 2015). Wann genau Schulen diese Kriterien nicht erfüllen, ist dann – im Sinne einer Normsetzung – jeweils noch zu bestimmen. In Deutschland werden in einigen wenigen Bundesländern Schulen ermittelt, die festgelegte Mindeststandards von Schulqualität nicht erreichen. Im Bundesland Niedersachsen, auf das in diesem Beitrag mit einer eigenen Studie Bezug genommen wird, ist dies inzwischen nicht mehr der Fall. *Failing Schools* müssen sich nach einer festgesetzten Zeit einer Nachevaluation unterziehen. Wenn diese positiv ausfällt, werden die Schulen zu so genannten *Turnaround Schools* (Mahler, 2015).

3   Stand der Forschung

Zieht man die vorliegenden empirischen Erkenntnisse zur Thematik heran, so zeigt sich, dass sowohl im internationalen als auch (und gerade) im deutschsprachigen Raum bisher kaum erforscht ist, auf welche Weise die negativen Evaluationsergebnisse in den Schulen aufgenommen und verarbeitet werden und inwiefern Maßnahmenplanungen und -umsetzungen bis hin zur (positiven) Nachevaluation stattfinden. Auch die Kenntnisse über förderliche und hemmende Faktoren sind spärlich. Mahler (2015) stellt die vorliegenden Befunde in einer systematischen Übersicht zusammen, auf die hier Bezug genommen wird, wenngleich berücksichtigt werden muss, dass die Länderkontexte unterschiedliche Rahmenbedingungen (z. B. vollzogene oder ausbleibende Sanktionierungen von Schulen) aufweisen.

Empfindungen und Reaktionen der Lehrkräfte im Kontext der Inspektionsergebnisse: Verschiedene Studien – insbesondere aus dem angloamerikanischen Raum – deuten darauf hin, dass die schulischen Akteure in der Zeit nach der Rückmeldung der negativen Evaluationsergebnisse hoch emotional reagieren und „Trauerarbeit" leisten (Kulmei & Niebling, 2010; Nicolaidou & Ainscow, 2005; Stoll & Myers, 1998; Turner, 1998). Durchlaufen werden dabei 1) die Phase des Nicht-Wahrhaben-Wollens: etwa die Ablehnung der Ergebnisse (z. B. Nicolaidou & Ainscow, 2005; Strittmatter, 2013), 2) die Phase der aufbrechenden Emotionen: etwa das Gefühl der Demotivation, Bloßstellung und ungerechten Behandlung sowie Rufschädigung (Kuhlmei & Niebling, 2010; Learmonth & Lowers, 1998; Nicolaidou & Ainscow, 2005; Turner, 1998 etc.), 3) die Phase der Anerkennung der Realität: etwa die intensive Auseinandersetzung mit dem Bericht (u. a. Kuhlmei & Niebling, 2010) und 4) die Phase des neuen Selbst- und Weltbezugs: die Planung von Maßnahmen und Fortbildungen. Die Rückmeldung der negativen Evaluationsergebnisse übt auf die Schulen offensichtlich eine stigmatisierende und lähmende Wirkung aus (u. a. Nicolaidou & Ainscow, 2005).

(Entwicklungs-)Aktivitäten im Kontext der Inspektionsergebnisse: Die vorliegenden Befunde zur Initiierung und Aufrechterhaltung innerschulischer Entwicklungsarbeit sind nicht eindeutig: Während einige Autoren die unterstützende und aktivierende Wirkung der Erstellung von Maßnahmenplänen herausstellen (vgl. Chapman, 2001; Ehren & Visscher, 2006), berichten andere von einer häufigen Überfrachtung der Pläne und einer kaum erkennbaren Einbindung der Kollegien in die Erarbeitung mit der Folge einer geringen Bindungskraft und stellen eine eher selektive Umsetzung der Empfehlungen (in Abhängigkeit der Legitimitätseinschätzung durch die schulischen Akteure) fest (Houtveen, Van de Grift, Kuijpers, Boot, Groot & Kooijman, 2007; Murphy & Meyers, 2008). Mitunter scheinen Schulen hier auch in „blinden" Aktionismus zu verfallen und zahlreiche Einzelaktivitäten in Gang zu setzen, ohne diese strukturell einzubinden (Barber, 1998; Nicolaidou & Ainscow, 2005). Gleichwohl werden in diesem Zusammenhang förderliche Aspekte bzw. Bedingungen genannt:

- ein rasches und entschlossenes Handeln mit schnell sichtbaren Erfolgen über die Bearbeitung von Aspekten, die leicht zu verändern sind und konkrete Ergebnisse hervorbringen – etwa die Einführung neuer Kooperationsstrukturen (Herman, Dawson, Dee, Greene, Maynard & Redding, 2008),
- eine Bewältigung bestehender Konflikte (vgl. Houtveen et al., 2007), ggf. über personelle Veränderungen,
- personelle Veränderungen, d. h. Wechsel der Schulleitung, gezielte Anwerbung neuer und Versetzung bisher an der Schule tätiger Lehrkräfte (Duke, 2008; Murphy, 2008),

- eine Professionalisierung des Kollegiums anhand von Fort- und Weiterbildungen sowie Schulentwicklungsprogrammen und über Maßnahmen der Personalentwicklung (u. a. Duke, 2008; Hargreaves, 2010; Hopkins et al., 2010; Murphy & Meyers, 2008),
- eine Schulleitung, die je nach Stand des Verarbeitungsprozesses ein unterschiedliches Führungsverhalten zeigt (Nicolaidou & Ainscow, 2005; Harris & Chapman, 2002; Leithwood & Jantzi, 2005).
- Steuergruppen und Kollegien, die die Veränderungen mittragen (u. a. Arnz, 2012; Herman et al., 2008).

Insgesamt kommen die Untersuchungen zu dem Schluss, dass sich sehr heterogene Ausgangslagen und sehr unterschiedliche Entwicklungsverläufe an den Schulen finden und dass es nicht möglich ist, eine Turnaround-Strategie zu formulieren, die für alle Schulen Gültigkeit besitzt (Herman et al., 2008; Myers & Goldstein, 1998; Sommer & Hornig, 2008; Sommer, Stöhr & Thomas, 2010; Schwank & Sommer, 2013).

In Bezug auf die Tiefe und die Nachhaltigkeit der ergriffenen Maßnahmen der Schulentwicklung liefern mehrere Studien aus dem angloamerikanischen Raum weniger positive Erkenntnisse (u. a. Barber, 1998; Hargreaves, 2010; Nicolaidou & Ainscow, 2005; Perryman, 2006; Reynolds, 1998). *Failing Schools* scheinen ihre Entwicklungsprozesse oftmals auf die Nachinspektion hin auszurichten und nach dem erfolgreichen Durchlaufen derselben an „alte" Umgangsweisen und Verhaltensmuster anzuknüpfen. Der Mehrzahl der ergriffenen Maßnahmen wird demnach ein kurzfristiger und wenig nachhaltiger Charakter zugeschrieben, mitunter wird den Maßnahmen auch ein „Scheincharakter" zugesprochen. Ganz offensichtlich übernehmen die Schulen die mit der Verfahrenslogik verbundenen Begrifflichkeiten und Konzepte (etwa bezüglich guten Unterrichts), um bei der Nachinspektion erfolgreich zu sein. Dies wird von den Lehrkräften nicht als nachhaltiger Wandel, sondern als pragmatische und temporäre Vorgehensweise betrachtet, um den offiziell nachgewiesenen Defizitstatus wieder loszuwerden (auch: Mahler, 2015).

4 Die eigene Untersuchung

4.1 Fragestellung und methodisches Vorgehen

Die Erkenntnisse zur Verarbeitung von Inspektionsergebnissen an *Failing Schools*, die im Rahmen der eigenen Studie gewonnen worden sind, beziehen sich auf allgemeinbildende Schulen im deutschen Bundesland Niedersachsen. Dieses Bundesland ist im Kontext der Einführung der Schulinspektion in Deutschland oftmals als Vorreiter bezeichnet worden. Wie eingangs bereits erwähnt, hat die Studie solche Schulen in den Blick genommen, die im ersten Durchgang der Schulinspektion (2005 bis 2012) als „Schulen mit gravierenden Mängeln" klassifiziert worden sind. Bei diesen Schulen war entweder die Hälfte der 16 berücksichtigten Qualitätsbereiche als „schwach" oder „eher schwach als stark" bewertet worden und/oder es waren in drei von vier Kriterien der Unterrichtsbeobachtung[2] deutliche Mängel erkennbar (Schulinspektion Niedersachsen, 2010). Insgesamt sind im ersten Durchgang der Schulinspektion etwa 7% aller allgemeinbildenden Schulen derartig klassifiziert worden (Niedersächsisches Landesinstitut für Qualitätsentwicklung, 2012).

Das Forschungsvorhaben ging der Frage nach, wie sich diese Schulen mit dieser Einschätzung der Schulinspektion auseinandersetzen und welche Prozesse in welchen Bereichen darüber in Gang gesetzt wurden. Um diese Prozesse zu rekonstruieren, wurden an acht Schulen Fallstudien durchgeführt, wobei den zu analysierenden „Fall" der Verarbeitungs- und Entwicklungsprozess darstellt, der in den Schulen nach Rückmeldung der Inspektionsergebnisse abgelaufen ist (Dedering et al., 2016). Aus den 203 niedersächsischen Schulen, die bis zum Untersuchungsstart als „Schulen mit gravierenden Mängeln" identifiziert worden waren und bei denen bereits eine Nachinspektion stattgefunden hatte, wurden für die Untersuchung acht Schulen entlang der Kriterien *Schulart, regionaler Standort* und *Evaluationsergebnis* ausgewählt. Trotz forschungsökonomisch erforderlicher Beschränkungen wurde auf diese Weise ein breites Spektrum von Schulen einbezogen (Katenbrink & Schaffer, 2016).

Wie eingangs dargestellt, richtet sich die Schulinspektion an die Schule als Organisation. Eingeschätzt wird die Qualität der Schule als Ganzer und erwartet wird entsprechend, dass sich Schulleitung und Kollegium gemein-

---

2 Die vier Kriterien der Unterrichtsbeobachtung waren 1) Zielorientierung und Strukturierung, 2) Stimmigkeit und Differenzierung, 3) Unterstützung eines aktiven Lernprozesses sowie 4) pädagogisches Klima.

sam mit der Rezeption und Verarbeitung der Inspektionsergebnisse befassen. In diesem Sinne sind die Verarbeitungs- und Entwicklungsprozesse als kollektive Prozesse bzw. Praktiken zu verstehen. Bei der Frage, auf welche Weise die Mitglieder der Organisation die Herausforderung der Ergebnisverarbeitung bewältigen, stehen dabei – in Anlehnung an Bohnsack (2010) – die Kommunikation in der Organisation sowie kollektiv geteilte Orientierungen im Mittelpunkt, die sich am besten in Gruppendiskussionen abbilden lassen. Aus diesem Grunde sind im Forschungsvorhaben an den oben genannten Schulen in der Zeit von Februar bis Juni 2014 *Gruppendiskussionen* mit Lehrkräften unter Beteiligung der Schulleitung durchgeführt worden. Die schulischen Akteure wurden zu ihrer „Geschichte" der Verarbeitungs- und Entwicklungsprozesse befragt, indem sie durch einen offenen Impuls dazu aufgefordert wurden, sich (gemeinsam) zu erinnern, wie es für das Kollegium war zu erfahren, dass der Schule gravierende Mängel bescheinigt wurden und daher eine Nachinspektion angesetzt wurde, und wie es danach weiterging. Die Aktivitäten der Interviewer beschränkten sich im weiteren Verlauf der Gruppendiskussionen darauf, wiederholt nachzufragen, wie der Prozess dann weitergegangen sei, und ggf. Nachfragen zum besseren Verständnis zu stellen. An den Gruppendiskussionen, die sich auf 90 bis 135 Minuten erstreckten und wörtlich transkribiert wurden, beteiligten sich pro Schule fünf bis neun Lehrkräfte (von denen mindestens eine Person der Schulleitung angehörte). Sie wurden entlang der Dokumentarischen Methode (Bohnsack, 2010) ausgewertet. Ausgehend von den fallspezifischen Praktiken mit ihrer Kontextspezifik und Eigendynamik wurden Fallvergleiche durchgeführt. Damit war es möglich, übergeordnete Bezugsprobleme zu identifizieren, die die Schule als Organisation betreffen. Die in diesem Beitrag herausgearbeitete Interpretation der Schulentwicklungsarbeit als Arbeit an der strukturellen Fassade der Organisation Schule verweist auf ein solches Bezugsproblem (Wischer, 2016).

Zum Zwecke einer ergänzenden Darstellung der Ausgangssituation an den Fallstudien-Schulen wurden zusätzlich die Berichte der Erst- und der Nachinspektion einer *qualitativen Analyse* unterzogen. Generiert wurden Angaben zur Größe der Schule und zum Schulstandort, zur sozialen und leistungsbezogenen Zusammensetzung der Schülerschaft sowie zur Größe und Zusammensetzung des Kollegiums. Ferner wurden die Ergebnisse der Schulen bei der Erst- und der Nachinspektion ermittelt.

4.2 Empirische Befunde

Aus der so skizzierten Studie werden nun zentrale Befunde zur Verarbeitung von Inspektionsergebnissen präsentiert. In einem ersten Schritt wird auf Empfindungen der Lehrkräfte, in einem zweiten Schritt auf (Entwicklungs-)Aktivitäten im Kontext der Inspektionsergebnisse eingegangen.

4.2.1 Empfindungen der Lehrkräfte im Kontext der Inspektionsergebnisse

An allen Fallstudien-Schulen charakterisieren die Lehrkräfte die negative Qualitätseinschätzung der Schulinspektion als sehr belastend und unangenehm. In den Gruppendiskussionen räumen sie Gemütszustände wie Betroffenheit, Enttäuschung und Entsetzen ein, die mitunter zu einer anfänglichen Handlungsunfähigkeit geführt haben. Sie berichten, von der negativen Qualitätseinschätzung überrascht worden und durch sie geschockt gewesen zu sein. An einigen Schulen fühlten sich die Kollegien aufgrund der Art der Rückmeldung als schulöffentliche Veranstaltung oder der Art des Auftretens der Inspektoren während der Rückmeldung wenig wertgeschätzt, mitunter sogar ungerecht behandelt und manchmal auch gedemütigt. Die einstigen Empfindungen sind ihnen dabei sehr genau in Erinnerung gerufen worden – selbst, wenn die Erstinspektionen bereits mehrere Jahre zurückliegen.

Die Lehrkräfte explorieren auch die Auswirkungen der negativen Bewertung der Schulinspektion und der damit verbundenen Bezeichnung als „Schule mit gravierenden Mängeln". Exemplarisch seien an dieser Stelle Aussagen aus zwei Kollegien angeführt:

„Die Kinder würden hier ja nichts lernen" –
Legitimitätsverlust der Organisation

Die Lehrkräfte von Schule A thematisieren in der Gruppendiskussion die Folgen der Außenwirkung des Inspektionsergebnisses:

> „A1: Was ich schlimm fand, war der Eindruck der dadurch vermittelt wurde ((A2: Mhm)) Der Eindruck, wir seien ja wohl eine ganz schlechte Schule.
> ~[3] A2: Genau, ja, als hätte die Schule komplett versagt.
> ~ A1: **Die Kinder würden hier ja nichts lernen.**"

---

3 Es wurden spezifische Transkriptionsregeln angewendet: ~ = Beginn einer Überlappung bzw. direkter Anschluss beim Sprecherwechsel, (.) = eine Sekunde Pause, @Wort@ = la-

Das Kollegium – das wird in der Diskussion zuvor elaboriert – ist sich sicher, dass die von der Schulinspektion attestierten Mängel nicht im Pädagogischen lagen. Und trotzdem bringt die Bezeichnung „Schule mit gravierenden Mängeln" eine Außenwirkung mit sich, die genau dies vermittelt. Die Schule als solche – so der „falsche Eindruck", der „nach außen transportiert wird" – versagt vollständig und erfüllt ihren eigentlichen Zweck der Wissensvermittlung nicht mehr, was im Verlauf der Diskussion weiter entfaltet wird: So stelle das „Durchfallen" der Schule auch für die Schüler eine Enttäuschung dar, die sich fragten, ob auch sie versagt hätten. Zudem wird trotz der erfahrenen Unterstützung durch Eltern die Gefahr von Zweifeln und massiver Kritik durch die Gemeinde und auch Eltern gesehen. Die Schule fühlt sich hier demontiert und in ihrer Legitimationsfähigkeit gefährdet: „Es gibt welche [Eltern], die drohen, ich höre das, die drohen damit, ich gehe wieder zur Landesschulbehörde und klage so und so an". Entfaltet wird, dass nicht mehr allein die Schule schlecht ist, sondern die einzelnen Lehrkräfte durch die Außenwirkung des Ergebnisses als inkompetent erscheinen und damit angreifbar werden; in Auseinandersetzungen mit Eltern ist die Position der Lehrkräfte demnach geschwächt. Das bessere Ergebnis der Nachinspektion erleben die Lehrkräfte daher dann als „Rehabilitation".

„Hab ich vielleicht was falsch gemacht, was Gravierendes?" – Verunsicherung der Profession

Die Lehrkräfte von Schule B entfalten in der Gruppendiskussion die Auswirkungen des negativen Evaluationsergebnisses auf die eigene Profession:

> „B1: Also, als ich das so gehört habe, war ich erstmal entsetzt, so ein bisschen. Und dann äh hab ja ich gehört, as-also-al-so erstmal Lehrer auch was falsch gemacht haben, was mich ja nun persönlich sehr betraf. Aber es hat keiner erfahren, was er falsch gemacht hat. Und das fand ich das Allerschlimmste. Dann-da-dann konnte an sich jeder denken: Hab ich vielleicht was falsch gemacht, was Gravierendes? (.) Äh das-das war so- poah. Total unbefriedigend."

Die Information, dass auch Lehrkräfte etwas falsch gemacht haben, wird für die eigene Person als bedeutsam betrachtet. Die eingeräumte Betroffenheit erhöht sich dabei noch dadurch, dass Mängel angelastet, aber weder in Bezug auf ihren Inhalt noch in Bezug auf die Person ausgewiesen wurden.

---

chend gesprochen, °Wort° = leise gesprochen, **Wort** = laut gesprochen (in Relation zur üblichen Lautstärke der/des Sprechenden), <u>Wort</u> = betont gesprochen."

Dadurch bleibt die einzelne Lehrkraft im Ungewissen, ob sie möglicherweise selbst etwas – vielleicht sogar etwas Gravierendes – falsch gemacht hat. Dies ist schlimmer als die Tatsache, dass Lehrkräfte etwas falsch gemacht haben – es ist „das Allerschlimmste". An dieser Einschätzung zeigt sich zugleich, dass die Logik des Verfahrens der Schulinspektion – nämlich nicht einzelne Lehrkräfte zu bewerten, sondern die Schule als Organisation in den Blick zu nehmen – für die Lehrkräfte nicht trägt, also nicht dazu führt, dass die Lehrkräfte sich persönlich entlastet fühlen. An Schule B können die Lehrkräfte dieses Problem nicht konstruktiv bearbeiten und für sich lösen.

4.2.2 (Entwicklungs-)Aktivitäten im Kontext der Inspektionsergebnisse

Die Zeit zwischen der Rückmeldung der negativen Inspektionsergebnisse und der anstehenden Nachinspektion wird von den Lehrkräften aller Fallstudien-Schulen als arbeitsintensive und kräftezehrende Zeit dargestellt. Dabei deuten die Aussagen darauf hin, dass sich die auf den Weg gebrachten Aktivitäten ausschließlich auf die (Weiter-)Arbeit an Programmen und Konzepten bezogen. Das Resultat dieser Arbeit besteht in vielen Fällen in der Archivierung der Programme und Konzepte, wozu in den meisten Fällen Akten und Ordner angelegt wurden. Auch hier wird zur Veranschaulichung – abermals exemplarisch – auf die (Entwicklungs-)Aktivitäten in den Schulen A und B näher eingegangen.

„Viel Schreiberei" – (Entwicklungs-)Aktivitäten an Schule A

Das Kollegium von Schule A artikuliert in der Gruppendiskussion an mehreren Stellen, dass die Schulinspektion das Kerngeschäft von Schule, den Unterricht, nicht tangiere. Wiederholt entfaltet die Gruppe, dass die zurückgemeldeten Mängel nicht im Bereich der Pädagogik bzw. des Unterrichts, sondern im Bereich der Dokumentation bestanden haben. Eingeführt wird damit eine Unterscheidung zwischen der pädagogischen Praxis und der von der Inspektion eingeforderten schriftlichen Dokumentation dieser Praxis in Form von Programmen, Konzepten und Verfahrensregeln. Letzteres wird u. a. als „Buchhaltung" bezeichnet, die für die pädagogische Praxis nicht nur als unbedeutend und nachrangig, sondern für deren Qualität sogar als hinderlich betrachtet wird: Für die Arbeit an den Konzepten, mithin die „Schreiberei" sei viel Zeit „drauf gegangen"; „es wurde geackert wie verrückt", um die Dokumentationen zu entwickeln. Diese Arbeit gestaltet sich für die Schule als eine höchst aufwendige und für die Lehrkräfte zusätzliche Aufgabe, die Zeit und Ressourcen verschwendet, die eigentlich dem Unterricht und damit den Schülern zu Gute kommen könnten.

Die „Schreiberei" bleibt für die Schule dabei eine Anforderung von außen, die sie als sinnlos erlebt. Ein für die Gruppe zentrales Beispiel dafür
sind „Raster", also das Muster, das den verschiedenen fachspezifischen
Konzepten und Arbeitsplänen, die im Kontext der Schulinspektion in die
Kritik geraten waren, zu Grunde gelegt wurde.

> „A3: Also ich kann mich noch erinnern, es war so, dass wir teilweise die Inhalte
> vorne hatten, und es sollten die Kompetenzen zuerst erwähnt werden, also
> dass die im Vordergrund stehen. Also reiner Formalismus: war das."

Diese Kritik wird als „Formalismus" gesehen, weil es um Reihenfolgen ging.
Damit wird der Frage der Reihenfolge eine inhaltliche Dimension abge-
sprochen, obwohl eine solche inhaltliche Dimension – etwa im Sinne einer
Stimmigkeit – durchaus vorhanden sein könnte. Wenn z. B. im pädagogischen Leitbild eine hohe Kompetenzorientierung zum Ausdruck gebracht
wird, ist es zwar immer noch eine formale Forderung, die Reihenfolge zu
ändern; eine inhaltliche Logik könnte aber z. B. hier sein: Das Wichtigste
nach vorne! Indem die Schule eine derartige Logik aber nicht sieht, ist sie
damit konfrontiert, „richtige" Pläne allein gemäß formaler, von außen ge-
setzter Vorgaben zu produzieren. Solche Vorgaben würden – so eine Kritik
– nicht ausreichend klar kommuniziert.

An mehreren Stellen in der Gruppendiskussion wird ersichtlich, dass es
dem Kollegium bei der Vorbereitung auf die Nachinspektion nicht darum
geht, Wissenslücken in Bezug auf Schulentwicklung im Allgemeinen und
auf spezifische Elemente der Schulentwicklung im Besonderen zu schließen
oder ein generelles Verständnis für Vorgehensweisen in diesem Bereich zu
entwickeln. Interesse besteht vielmehr daran, einen Bearbeitungsmodus zu
finden, der eine schnelle und im Sinne der Schulinspektion erfolgreiche
Lösung verspricht. Dies bringt auch die folgende Aussage zum Einsatz eines
externen Unterstützers zum Ausdruck:

> „A3: Ja, äh in Mathe, ne? Der hatte sich, er hat gesagt, bringen Sie uns äh Sie
> mir Ihr Konzept, und dann ist der Punkt für Punkt mit uns durchgegangen und
> hat, also, da waren wir auch wirklich zufrieden danach."

Die von der Schulinspektion unterbreiteten Vorgaben – deren Sinn sich für
die Schule nicht erschließen – werden nur oberflächlich bearbeitet. Das
Kerngeschäft, die pädagogische Praxis, wird nicht tangiert (Dedering et al.
2016).

„Wir haben meterweise Akten produziert" – (Entwicklungs-)Aktivitäten an Schule B

Auch Schule B wurden von der Schulinspektion Mängel insbesondere im Bereich der Konzeptarbeit attestiert. Deutlich wird eine Diskrepanz zwischen der Praxis des informellen Zusammenwirkens an der Schule und dem Anspruch der formellen Konzeptdokumentation der Schulinspektion. Dadurch, dass hier zwei gänzlich unterschiedlichen Maßstäben eine hohe Bedeutung beigemessen wird, kommt die Schulinspektion zu dem Ergebnis, dass weder der Bearbeitungs-, noch der Realisierungsgrad des schuleigenen Curriculums der gesetzten Mindestnorm entspricht. Als Versäumnis sehen die Lehrkräfte dabei, dass die Konzepte zwar vorhanden, nicht aber verschriftlicht waren. Dies erklären sie damit, dass das Kollegium schon seit drei Jahrzehnten relativ unverändert „miteinander alt geworden" ist und dass die Konzepte in gewisser Weise verinnerlicht seien und auf diese Weise die Basis für die tägliche pädagogische Arbeit darstellten.

Die zur Vorbereitung der Nachinspektion vorgenommene Verschriftlichung der auf diese Weise vorhandenen Konzepte wird trotzdem als sehr zeitaufwändiger Prozess dargestellt („das waren pro Woche dieses eine Jahr bestimmt zwei Nachmittage jede Woche"), der zunächst aus dem Ruder zu laufen drohte („Die ganzen Konzepte brachten einen aus dem Konzept"). Insbesondere die große Menge anstehender Aufgaben wird dabei als Grund für die hohe Belastung gesehen. Die Verarbeitung der Inspektionsergebnisse wird von den Lehrkräften als formalisierter Prozess geschildert, Bezüge auf Inhaltliches werden nicht hergestellt.

> „B2: Wir haben das damals so gemacht, wir haben uns den Inspektionsbericht dann genommen, dann angestrichen, was schlecht war. Ich hab mir das dann immer so mit Rot gekennzeichnet. Zum Beispiel Pläne, unterschiedliche Qualität und Quantität, keine einheitliche Gliederung, Verknüpfungen, Konzern-Konzepte fehlten fast durchgängig. Und dann hatten wir diese Entwicklungsberaterin, zum Beispiel. Die hat dann gesagt: So, passt auf. (..) Dieses Raster nehmt ihr. Und da tragt ihr das so ein, dann habt ihr das für jedes Fach. Und dann habt ihr das alles gleich. Und das und das bringt ihr da rein. So, dann wussten wir das und dann haben wir das fächermäßig dann so langsam aufbauend auch erstellt."
>
> „B2: Nö. (..) Nö, dann – wie gesagt, dann haben wir uns das alles eben Rot gekennzeichnet und haben gesagt: Gut, daran arbeiten wir, das machen wir. Das war gut, da brauch ich jetzt gar nicht-das bleibt stehen. Und dann haben wir uns immer angeguckt: Wann haben wir das geschafft? Wann hatten wir welche Fak-(?), dann haben wir die (wieder?) mit Blau gekennzeichnet und so sind wir

langsam alle durchgegangen. Und dann haben wir das eigentlich in dieser Zeit aufgebaut."

Über eine farbliche Markierung werden anstehende Aufgaben identifiziert und deren Erledigung festgehalten. Auf diese Weise wird der Arbeitsprozess strukturiert. Nicht näher spezifiziert wird, welche inhaltlichen Aspekte bearbeitet, diskutiert und/oder verworfen wurden. Derartige Prozessschilderungen ohne Hinweise auf konkretere Inhalte finden sich in der Gruppendiskussion an vielen Stellen.

Die von der Schulinspektion geforderte Dokumentation der Konzepte hat die Schule bis zum Zeitpunkt der Nachinspektion nachgeholt. Doch eine Einsicht in die Wichtigkeit dieses Vorgehens haben sie offensichtlich nicht erlangt. So deuten die Begriffsverwendungen der Lehrkräfte mehrfach darauf hin, dass ihnen Sinn und Nutzen der Dokumentation nicht klar ist – etwa „Plänegeschichte", „meterweise Akten" und „irgendein Papierkram". Das Dokumentieren wird als überflüssiger Verwaltungsakt angesehen, der die ohnehin gestiegenen Anforderungen im Bereich der Selbstverwaltung noch erhöht. Es geht eher um das Ausführen einer Anordnung für die Inspektion denn um das Verstehen der dahinterliegenden Absicht.

Eine Anpassung an die Erwartungen der Schulinspektion zeigt sich zudem bei der Zuschreibung des Nutzens der Ordner: Sie können – so die Lehrkräfte – bei einer ggf. erneut anstehenden Inspektion präsentiert werden. Die Möglichkeit einer Weiterentwicklung der pädagogischen Praxis wird nicht thematisiert. Dabei stellen die Ordner die Produktivität des Kollegiums zur Schau und sind Ausdruck seiner Handlungsfähigkeit und -bereitschaft. Auf ironisch-humorvolle, mitunter karikierende Weise bringen die Lehrkräfte dies in der abschließend angeführten, interaktiv dichten Sequenz zum Ausdruck:

> „B2: Ja, jetzt stehen die Ordner da oder es ist digitalisiert. Jetzt stehen sie da, jetzt stehen sie da. Ok.
> B3: (lacht)
> B2: Deswegen sind wir nicht hier glücklicher oder irgendwie, ne. Mhm.
> ~ B3: Papierlose Verwaltung.
> B2: Das ist so –
> ~ B1: Den Schüler nicht besser. (lacht)
> B2: Ja, ne.
> B4: Wir machen viel besseren Unterricht, seit die dastehen.
> ~ B1: Dadurch werden die Schüler nicht besser.
> B4: Kann man jeden Tag draufgucken. Und dann denkt man, es gibt immer so einen Schuss.
> B2: Wir brauchten neue Regale, damit das alles passt (lacht).

B3: Ja.

B1: Ja, ok.

(4)

B4: Digitalisiert, das ist auch °genormt°.

B5: Ja, für den Fall, dass mal ein Schrank zusammenbricht.

B4: Bitte?

B5: Für den Fall, dass mal ein Schrank zusammenbricht. Und die ganzen Ordner durcheinander sind.

~ B2: (lacht)

5 Theoretische Einordnung – Verarbeitung von Ergebnissen der Schulinspektion als Anpassung von Organisationen an institutionalisierte Umwelterwartungen

Die dargestellten (Entwicklungs-)Aktivitäten an den Schulen mit gravierenden Mängeln lassen sich theoretisch auf unterschiedliche Weise einordnen. Im vorliegenden Beitrag wird dazu die Perspektive des organisationssoziologisch fundierten Neo-Institutionalismus bemüht (Meyer & Rowan, 1977; DiMaggio & Powell, 1983). Sie richtet die Aufmerksamkeit auf das Verhältnis von Organisationen und deren Umwelt und zeigt auf, wie institutionalisierte Erwartungen und Regeln die formale Struktur (und Praxis) von Organisationen beeinflussen (Preisendörfer, 2008; Walgenbach, 2002). Dies gilt es, im Folgenden näher zu erläutern.

Im Mittelpunkt der Betrachtung stehen Organisationen, die als umweltabhängige und offene Systeme verstanden werden, die ihre Struktur in der Auseinandersetzung mit ihrer jeweiligen Umwelt gewinnen (Meyer, Scott & Deal, 1992). Die Umwelt von Organisationen ist geprägt von Erwartungen, die institutionalisiert sind. Institutionen sind dabei gesellschaftlich etablierte Normen, Wissensvorräte, Handlungsroutinen, Gesetze etc., welche einer Organisation als institutionalisierte Erwartungen entgegentreten (Koch & Schemmann, 2009). Bei ihnen handelt es sich um relativ auf Dauer gestellte soziale Regelsysteme bzw. Strukturen (Scott, 2014).

In unserem Fall stehen die Schulen als Organisationen im Mittelpunkt, in deren Umfeld die Erwartungen der Institution Schulinspektion eine Rolle spielen. Die Erwartungen manifestieren sich in dem Leitbild der Schule als lernender Organisation, bestimmten Vorstellungen von einer guten Schule, die zum Maßstab der Qualitätsmessung der Schulinspektion erhoben werden, und der Forderung, auf der Basis der gemessenen und zurückgemeldeten Qualitätseinschätzungen als lernende Organisation an der Verbesserung der Schulqualität zu arbeiten.

190

Die Organisationen sind nun auf Unterstützung und Anerkennung von außen – auf Legitimität also – angewiesen, um überleben zu können und erfolgreich zu sein. Suchman (1995) definiert Legitimität als „a generalized perception or assumption that the actions of an entity are desirable, proper, or appropriate within some socially constructed system of norms, values, beliefs, and definitions." (p. 574)

Diese Legitimität wird Organisationen verliehen oder zugesprochen, sie sind also nicht automatisch in ihrem Besitz (Walgenbach & Meyer, 2008). Deshalb – so Hasse & Krücken (2005) – tun Organisationen alles, um sich so zu präsentieren, dass sie die angestrebte Legitimität erreichen. Die Folge ihres Strebens nach Legitimität ist eine Strukturanpassung bzw. „Iso-morphie" von Organisationen und deren Umwelt. Organisationen greifen allgemeine Werthaltungen, normative Regelungen und kulturelle Praktiken – kurz: institutionalisierte Erwartungen – aus ihrem gesellschaftlichen Umfeld auf und bauen sie in ihre interne Struktur und ihr Selbstverständnis ein.

In Bezug auf die Schulinspektion greift dieser Mechanismus insbeson-dere dann, wenn Schulen die vorab definierten Mindeststandards von Schulqualität nicht erreichen und in Folge dessen als *Failing Schools* be-zeichnet werden. Schulen erleiden dann einen Legitimitätsverlust, den sie in den Monaten bis zur angesetzten Nachinspektion zu kompensieren versu-chen. Es geht darum, die verlorengegangene Legitimität wiederherzustellen – und zwar über die Anpassung an die spezifischen Erwartungen, die die Schulinspektion im Sinne institutionalisierter Umwelterwartungen an die Schulen heranträgt (Koch & Schemmann, 2009). Das bedeutet, dass das Leitbild der Schule als lernender Organisation und die von der Schulin-spektion transportierten Vorstellungen von einer guten Schule akzeptiert und für die eigene Organisation übernommen werden, und dass Einsicht in die Notwendigkeit einer systematischen Entwicklungsarbeit an der Schule entsteht – kurz: dass die Programmatik des Verfahrens und dessen Logik angenommen werden und dass entsprechend agiert wird. Ganz konkret bedeutet dies, dass die Schulen die spezifischen Mängel, die ihnen von der Schulinspektion zurückgemeldet werden, zu beheben versuchen. In den Fallstudien-Schulen des hier herangezogenen Forschungsprojekts wird dies auf anschauliche Weise berichtet: Den Vorgaben, u. a. jener, die Konzepte der pädagogischen Arbeit nachträglich zu dokumentieren, kommen alle Fallstudien-Schulen, exemplarisch dargestellt für Schule A wie B, nach.

Nach Meyer & Rowan (1977) werden die (Struktur-)Anpassungen jedoch eher proklamiert denn real vollzogen. Vor dem Hintergrund einer Unterscheidung der nach außen hin sichtbaren *Formalstruktur* (auf der sich Organisationen veränderungsbereit geben und sich an veränderte Umwelterwartungen geradezu rituell anpassen) und der inneren *Aktivitätsstruktur* (auf der hiervon unbeeindruckt „business as usual" praktiziert wird) nehmen sie an, dass die Formalstruktur und die Aktivitätsstruktur von Organisationen nur lose miteinander gekoppelt sind.

Bezogen auf die (Entwicklungs-)Aktivitäten, die an den *Failing Schools* zwischen der Schul- und der Nachinspektion stattfinden, bedeutet dies: Veränderungen werden auf der Ebene der Formalstruktur der Organisation (z. B. durch die Bildung von Arbeitsgruppen oder das Anlegen einer Ordner- bzw. Aktenstruktur) vorgenommen, ohne dass die Aktivitätsstruktur (z. B. der Unterricht) wirklich tangiert wird. Auch dies lässt sich gut an den zuvor dargelegten Befunden nachvollziehen: Sowohl in Schule A als auch in Schule B liegen letztlich sichtbare Resultate der Konzeptdokumentation vor, auf die bei Bedarf zurückgegriffen werden kann. Doch es wird klar, dass sich die Lehrkräfte die Vorgaben – und damit die programmatischen Vorstellungen – der Schulinspektion nur aneignen, um sie schnell und oberflächlich zu „bedienen", ohne sie wirklich in ihr Selbstbild oder Selbstverständnis zu übernehmen. Sie entwickeln keine Einsicht in die Notwendigkeit der Vorgabenerfüllung, die jenseits des erfolgreichen Durchlaufens der Nachinspektion liegt. Die Vorgaben selbst können in ihrer Sinnhaftigkeit nicht nachvollzogen werden. Die Veränderung der formalen Strukturen erscheinen damit als zeremonielle Konformität gegenüber den Anforderungen der Schulinspektion, die Anpassung lässt sich als Arbeit an der Fassade deuten, während das Operative „gewissermaßen hinter dem Sichtschutz der zeremoniellen Fassade verborgen" (Kuper, 2001, S. 92) bleibt. Durch die nach außen zur Schau gestellten Veränderungen – wie bei Schule B das Regal voller Ordner – vermitteln die Organisationen – hier: die *Failing Schools* – Rationalität und Innovativität. Letztlich handelt es sich bei ihnen jedoch nur um Lippenbekenntnisse (Kuper, 2001) – auch dies ist an den Fallstudien-Schulen ersichtlich.

6   Fazit und Ausblick

Der vorliegende Beitrag ist der Frage nachgegangen, wie sich die Verarbeitung von Ergebnissen der Schulinspektion an Schulen mit Entwicklungsbedarf vollzieht. Zur Beantwortung dieser Frage wurden Ergebnisse präsentiert, die in einer eigenen Studie mittels Fallstudien (Gruppendiskussionen und Dokumentenanalysen) an acht Schulen (hier: mit gravierenden Mängeln) im deutschen Bundesland Niedersachsen gewonnen worden sind. Unter einer institutionenanalytischen Perspektive – die in der erziehungswissenschaftlichen Forschung und insbesondere im Bereich der Forschung zur Schulinspektion und Schulentwicklung vergleichsweise selten für die Interpretation von Befunden herangezogen wird – sind die von den Schulen berichteten (Entwicklungs-)Aktivitäten als Anpassung der Schulen an die Erwartungen der Schulinspektion und als auf die nach außen gerichtete Formalstruktur der Organisationen gerichtete Veränderungen interpretiert worden. In dieser Lesart lässt sich die Schulentwicklung als eine Art Fassadenveranstaltung charakterisieren, die eine tatsächliche Verbesserung der Schulqualität zumindest fraglich erscheinen lässt.

Die Tendenz, eher an der Fassade der Organisation Schule zu arbeiten, um die Anerkennung und Wertschätzung der Umwelt zu erlangen, findet sich an Schulen, an denen es angesichts gravierender Qualitätsmängel besonders wichtig ist, Veränderungen hinsichtlich der Strukturen und Praxen zu bewirken. Sie ist jedoch auch an Schulen beobachtbar, die bessere Inspektionsergebnisse aufweisen und deshalb unter einem weniger großen Handlungsdruck stehen; dies belegen international einige Studien (zusammenfassend: Ehren, Jones & Perryman, 2016).

Wenngleich es viele Schulen gibt, die Schulentwicklung, angestoßen vom Inspektionsbericht, nicht nur als Fassadenarbeit betreiben, lassen die Ergebnisse der eigenen Studie deshalb Schlussfolgerungen zu, die sich über die untersuchten acht Schulen mit sehr negativen Inspektionsergebnissen hinaus auch auf andere Schulen mit positiveren Inspektionsergebnissen und allgemeiner auf das Verhältnis von Bildungsadministration – hier repräsentiert durch die Schulinspektion – und Schulen beziehen. Sie deuten darauf hin, wie wichtig ganz generell eine auf Austausch und gegenseitige Aushandlung basierende Beziehung zwischen Bildungsadministration und Schulen ist. Eine solche ist beispielsweise über eine enge Verzahnung von interner und externer Evaluation zu erreichen, in deren Rahmen die Selbsteinschätzung der Schulen mit der Fremdeinschätzung der Inspektion in Verbindung gebracht wird. Über einen Abgleich der unterschiedlichen Perspektiven und das Aufdecken von Inkongruenzen kann ein Dialog auf den Weg gebracht werden, der ggf. dazu führt, dass Schulen sich in ihren Sichtweisen wahr- und ernstgenommen fühlen und in Folge dessen zu einer Weiterentwicklung bereit sind, die über eine Arbeit an der Fassade hinausgeht. Entwicklungen, die in diese Richtung weisen, finden sich in den letzten Jahren bei der Überarbeitung von Inspektionsverfahren vielfach.

Literatur

Altrichter, H. & Moosbrugger, R. (2011). Schulen in Schwierigkeiten. Was sagt die Schulforschung über Anzeichen, Ursachen und Lösungen? *Lernende Schule, 56* (14), 8–11.

Arnz, S. (2012). „Turnaround" von „Schulen in kritischer Lage". *Schulverwaltung Spezial, 2* (14), 17–18.

Barber, M. (1998). The dark side of the moon: Imaging an end to failure in urban education. In L. Stoll & K. Myers (Hrsg.), *No quick fixes: Perspectives on schools in difficulties* (S. 17–33). London: Falmer Press.

Bohnsack, R. (2010). *Rekonstruktive Sozialforschung. Einführung in qualitative Methoden* (8. Aufl.). Opladen: Budrich.

Chapman, C. (2001). Changing classrooms through inspections. *School Leadership and Management, 21* (1), 59–73.

DiMaggio, P. J. & Powell, W. W. (1983). The Iron Cage Revisited: Institutional Isomorphism and Collective Rationality in Organizational Fields. *American Sociological Review, 48* (2), 147–160.

Dedering, K., Katenbrink, N., Schaffer, G. & Wischer, B. (2016). „Veränderung unter Druck" – erste Einblicke in die Verarbeitung von Inspektionsdaten an Schulen mit gravierenden Mängeln in Niedersachsen. In Arbeitsgruppe Schulinspektion (Hrsg.), *Schulinspektion als Steuerungsimpuls?* Educational Governance, Bd. 25 (S. 201–226). Wiesbaden: VS Verlag für Sozialwissenschaften.

Duke, D. L. (2008). *Keys to sustaining successful school turnarounds.* Charlottesville: University of Virginia.

Ehren, M. C. M. & Visscher, A. (2006). Towards a theory on the impact of school inspections. *British Journal of Educational Studies, 54* (1), 51–72.

Ehren, M., C. M., Jones, K. & Perryman, J. (2016). Side effects of school inspection; motivations and contexts for strategic responses. In M. C. M Ehren (Hrsg.), *Methods and modalities of effective school inspection* (S. 87–109). Wiesbaden: Springer.

Hargreaves, A. (2010). Distinction and disgust: The emotional politics of school failure. *International Journal for Leadership in Education: Theory and Practice, 7* (1), 27–41.

Harris, A. & Chapman, C. (2002). *Effective leadership in schools facing challenging circumstances.* Nottingham: National College for School Leadership.

Herman, R., Dawson, P., Dee, T., Greene, J., Maynard, R. & Redding, S. (2008). *Turning around chronically low-performing schools.* Washington DC: National Center for Education Evaluation and Regional Assistance, Institute of Education Sciences, U.S. Department of Education.

Hasse, R. & Krücken, G. (2005). *Neo-Institutionalismus.* (2. Aufl.). Transcript Verlag: Bielefeld.

Hopkins, D., Harris, A. & Jackson, D. (2010). Understanding the schools' capacity for development: Growth states and strategies. *School Leadership & Management, 17* (3), 401–411.

Houtveen, T., Van de Grift, W., Kuijpers, J., Boot, M., Groot, F. & Kooijman, H. (2007). Improving Underperforming Schools. *Journal of Education for Students Placed at risk, 12* (4), 361–381.

Katenbrink, N. & Schaffer, G. (2016). „Schlicht und ergreifend bleibt es eine Prüfung der Schule." Rekonstruktion der „Inspektionsgeschichte" einer Schule mit gravierenden Mängeln. In B. Hermstein, N. Berkemeyer & V. Manitius (Hrsg.), *Institutioneller Wandel im Bildungswesen – Facetten, Analyse und Kritik* (S. 136–153). Weinheim & Basel: Juventa.

Koch, S. & Schemmann, M. (2009). *Neo-Institutionalismus in der Erziehungswissenschaft. Grundlegende Texte und empirische Studien.* Wiesbaden: VS Verlag für Sozialwissenschaften.

Kuhlmei, B. & Niebling, P. (2010). „Klassenziel nicht erreicht". *Pädagogische Führung, 2*, 52–54.

Kuper, H. (2001). Organisationen im Erziehungssystem. Vorschläge zu einer systemtheoretischen Revision des erziehungswissenschaftlichen Diskurses über Organisation. *Zeitschrift für Erziehungswissenschaft, 4* (1), 83–106.

Learmonth, J. & Lowers, K. (1998). *"A trouble-shooter calls": The role of the independent consultant.* London: Falmer Press.

Leithwood, K. & Jantzi, D. (2005). A review of transformational school leadership research 1996–2005. *Leadership and Policy in Schools, 4* (3), 177–199.

Mahler, S. (2015). *Turnaround und Organisationales Lernen im Bildungssystem. Zur Entwicklung von Schulen mit gravierenden Defiziten im Bereich der Prozessqualitäten.* Basel: Universität, Fachbereich Erziehungswissenschaft an der Philosophisch-Historischen Fakultät.

Meyer, J. W. & Rowan, B. (1977). Institutionalized Organizations: Formal Structures as Myth and Ceremony. *American Journal of Sociology, 83* (2), 340–363.

Meyer, J. W., Scott, R. & Deal, T. (1992). Institutional and Technical Sources of Organizational Structure. In J. W. Meyer & W. Scott (Hrsg.), *Organizational Environments* (S. 45–67). Newbury Park, CA: Sage Publications.

Murphy, J. (2008). The place of leadership in turnaround schools. *Journal of Educational Administration, 46* (1), 74–98.

Murphy, J. & Meyers, C. V. (2008). *Turning around failing schools. Leadership lessons from the organizational science.* Thousand Oaks: Corwin Press.

Myers, K. & Goldstein, H. (1998). Who's failing? In L. Stoll & K. Myers (Hrsg.), *No quick fixes: Perspectives on schools in difficulties* (S. 175–189). London: Falmer Press.

Nicolaidou, M. & Ainscow, M. (2005). Understanding failing schools: perspective from the inside. *School Effectiveness and School Improvement, 16* (6), 229–248.

Niedersächsische Schulinspektion (Hrsg.). (2010). *Indikatoren des Qualitätsprofils.* Bad Iburg: Niedersächsische Schulinspektion. http://www.nibis.de/nibis3/uploads/2nlq-a2/files/materialien/indikatorenkatalog.pdf. [12.10.2013].

Niedersächsisches Landesinstitut für schulische Qualitätsentwicklung (2012). *Schulinspektion (2006–2012) Abschlussbericht.* Hildesheim: Niedersächsisches Landesinstitut für schulische Qualitätsentwicklung (NLQ). http://www.nibis.de/nibis3/uploads/2nlq-a2/files/Abschlussbericht_Schulinspektion_2006-2012.pdf. [18.02.2015].

Perryman, J. (2006). Panoptic performativity and school inspection regimes: disciplinary mechanisms and life under special measures. *Journal of Education Policy, 21* (2), 147–161.

Preisendörfer, P. (2008). *Organisationssoziologie. Grundlagen, Theorien und Problemstellungen* (2. Aufl.). Wiesbaden: VS Verlag für Sozialwissenschaften.

Quesel, C., Husfeldt, V., Landwehr, N. & Steiner, P. (2013). Einleitung. In C. Quesel, V. Husfeldt, N. Landwehr & P. Steiner (Hrsg.), *Failing Schools. Herausforderungen für die Schulentwicklung* (S. 9–22). Bern: hep.

Reynolds, D. (1998). The study and remediation of ineffective schools: Some further reflections. In L. Stoll & K. Myers (Hrsg.), *No quick fixes: Perspectives on schools in difficulties* (S. 163–174). London: Falmer Press.

Scott, W. R. (2014). *Institutions and Organizations: Ideas, interests, and identities* (4. Aufl.). Los Angeles, CA: Sage Publications.

Sommer, N. & Hornig, G. (2008). Die Diskussion um „failing schools". Erste Erfahrungen mit Nachinspektionen. *SchulVerwaltung Niedersachsen, 19* (12), 322–325.

Sommer, N., Stöhr, C. & Thomas, D. (2010). Schulen mit „gravierenden Mängeln". Situation in Niedersachsen und Einsatzmöglichkeiten der Schulentwicklungsberatung. In W. Böttcher, J. N. Dicke & N. Hogrebe (Hrsg.), *Evaluation, Bildung und Gesellschaft. Steuerungsinstrumente zwischen Anspruch und Wirklichkeit* (S. 209–228). Münster: Waxmann.

Schwank, E. & Sommer, N. (2013). Krisendiagnose und Veränderungsdruck – Schulentwicklungen zwischen Erst- und Nachinspektion in Niedersachsen. In N. Landwehr, P. Steiner, C. Quesel & V. Husfeldt (Hrsg.), *Failing Schools. Herausforderungen für die Schulentwicklung* (S. 95–122). Bern: hep.

Stoll, L. & Myers, K. (1998). No quick fixes: An introduction. In L. Stoll & K. Myers (Hrsg.), *No quick fixes: Perspectives on schools in difficulties* (S. 1–14). London: Falmer Press.

Strittmatter, A. (2013). Schulen in Krisenlagen – Erfahrungen aus der Organisationsberatung. In C. Quesel, V. Husfeldt, N. Landwehr & P. Steiner (Hrsg.), *Failing Schools. Herausforderungen für die Schulentwicklung* (S. 179–194). Bern: hep.

Suchman, M. C. (1995). Managing legitimacy: Strategic and institutional approaches. *Academy of Management Review, 20* (3), 571–610.

Turner, L. (1998). Turning around a struggling school: A case study. In L. Stoll & K. Myers (Hrsg.), *No quick fixes: Perspectives on schools in difficulties* (S. 96–106). London: Falmer Press.

Walgenbach, P. & Meyer, R. E. (2008). *Neoinstitutionalistische Organisationstheorie*. Stuttgart: Kohlhammer.

Wischer, B. (2016). *„Veränderung unter Druck – Fallstudien zu Schulentwicklungsprozessen an Schulen mit gravierenden Mängeln in Niedersachsen. Abschlussbericht.*

Commitment von Lehrkräften – Richtungen und Komponenten eines Multifacetten-Modells

Tanja Webs

1 Einleitung

Das Commitment von Lehrkräften spielt für ihre schulische Arbeit eine bedeutsame Rolle. So erweist sich in Studien der Lehrerforschung neben anderen affektiv-evaluativen Merkmalen das Commitment als wirkmächtiger Faktor (Kunter, 2011). Commitment begünstigt Engagement und Wohlbefinden von Lehrenden (Maltin, 2011; Somech & Bogler, 2002) und fördert den fachlichen Kompetenzerwerb von Lernenden (Park, 2005).

Obwohl in der psychologischen Literatur ausreichend empirische Evidenz und insgesamt Konsens darüber bestehen, Commitment als multidimensionales Konstrukt zu konzipieren, das mehrere Bindungsrichtungen (intraorganisationale Bereiche) mit jeweils drei Bindungskomponenten (affektiv, normativ, kalkulatorisch) umfasst (Felfe, 2008; Meyer & Allen, 1997), ist der Analysefokus in Forschungsarbeiten zum Lehrerberuf primär auf das affektive Commitment von Lehrkräften gerichtet (Razak, Darmawan & Keeves, 2009).

Vor diesem Hintergrund wird in dem Beitrag empirisch geprüft, ob sich auch das Commitment von Lehrkräften als multidimensionales Konstrukt empirisch abbilden lässt und wie stark einzelne Dimensionen des Commitments von Lehrkräften der Sekundarstufe I ausgeprägt sind. Dabei werden zwei Richtungen des Commitments von Lehrkräften analysiert: das Commitment gegenüber der Schule und das Commitment gegenüber dem Kollegium.

2 Theoretischer Hintergrund

2.1 Commitment von Lehrkräften

Arbeits- und organisationspsychologische Forschungsarbeiten zeigen, dass organisationales Commitment – allgemein verstanden als psychologisches Band zwischen Person und Organisation (Mathieu & Zajac, 1990) – positive Einflüsse für Organisationen und Mitarbeitende besitzt, da stärkere Organisationsbindung mit höherer Anstrengungsbereitschaft und Arbeitsleistung sowie weniger Absentismus und Kündigung(sabsichten) einhergeht, Zufriedenheit steigert und Stress reduziert (van Dick, 2004; Felfe, 2008). Die Relevanz des Commitments von Lehrkräften gegenüber der Schule ergibt sich im Vergleich zu Profit-Organisationen aus den Besonderheiten der Schulstruktur und -kultur, die vor allem (1) in der relativ losen Kopplung schulischer Bereiche, (2) der verhältnismäßig hohen beruflichen Autonomie von Lehrkräften sowie (3) dem Fehlen externer Anreize im Lehrerberuf zum Ausdruck kommen (Rothland & Terhart, 2007). In diesem Kontext werden in besonderem Maße die Motivation von Lehrkräften, ihre Überzeugungen und Einstellungen als bedeutsam für Schul- und Unterrichtsqualität und deren (Weiter-)Entwicklung erachtet (Kunter, 2011). Commitment von Lehrkräften findet daher im Bereich motivationaler Orientierungen in Modellen des Professionswissens (Baumert & Kunter, 2006) und auf Ebene schulischer Prozesse in Schulqualitätsmodellen (Kyriakides, Creemers, Antoniou & Demetriou, 2010) Berücksichtigung. Gleiches gilt für Ansätze der lernenden Schule, wenn z. B. von „shared commitment and collaborative activity" (Marks, Louis & Printy, 2000, S. 244) als eine Dimension der Kapazität organisationalen Lernens von Schulen die Rede ist.

Problematisch ist, dass in Arbeiten der Lehrerforschung der Begriff „Lehrer-Commitment" oftmals nicht trennscharf von sinnverwandten Termini, wie beispielsweise Identifikation und Zufriedenheit, abgegrenzt und teilweise synonym verwendet wird (Razak et al., 2009). Daraus resultiert, dass die Operationalisierung des Konstruktes in diesem Forschungsfeld häufig unpräzise und konfundiert ist, was Belastbarkeit und Aussagekraft der Forschungsbefunde eingeschränkt. Hinzu kommt, dass viele Arbeiten bisher auf einem eindimensionalen Modell von Lehrkräfte-Commitment beruhen, bei dem der Analysefokus vorrangig auf das affektive Commitment von Lehrkräften gegenüber der Schule oder dem Lehrerberuf gerichtet ist (Razak et al., 2009).

Internationale Studien zeigten, dass schulbezogenes affektives Commitment von Lehrkräften neben affektiv-evaluativen Merkmalen, wie z. B. Enthusiasmus (Kunter, Tsai, Klusmann, Brunner, Krauss & Baumert, 2008), oder selbstbezogenen Kognitionen, wie z. B. Selbstwirksamkeitserwartungen (Klassen & Tze, 2014), einen einflussstarken Prädiktor sowohl für Lehrende selbst als auch für Lernende darstellte. Maltin (2011) stellte in Bezug auf das Commitment gegenüber Schule und Lehrerberuf fest, dass Lehrkräfte des Profils mit stärkerem schulbezogenen affektiven Commitment sich selbst als autonomer, kompetenter und sozial eingebundener wahrnahmen (vgl. auch Ryan & Deci, 2000), höheres Wohlbefinden und höhere Arbeitszufriedenheit sowie geringere emotionale Erschöpfung und körperliche Beschwerden sowie weniger Fehltage und Kündigungsabsichten berichteten. Weitere Ergebnisse verdeutlichten, dass stärkeres affektives Lehrkräfte-Commitment mit höherem *Organisational Citizenship Behavior* (OCB)[1] (Somech & Bogler, 2002), stärkerer Innovationsbereitschaft (Henkin & Holliman, 2009) sowie geringen psychischen und physischen Beanspruchungsfolgen (Ahlborn-Ritter, 2016) einherging. Für das berufliche Commitment in Zusammenhang mit beruflicher Resilienz dokumentierten Klusmann, Kunter, Trautwein, Lüdtke und Baumert (2008), dass bei dem Gesundheitsmuster mit höherem Commitment und stärkerer Resilienz aus Lehrersicht emotionale Erschöpfung geringer und Arbeitszufriedenheit höher beurteilt und aus Schülersicht kognitive Aktivierung und Schülerorientierung im Unterricht höher bewertet wurden. Andere Befunde zeigten, dass affektives Lehrkräfte-Commitment positiv die Lernleistungen der Schülerinnen und Schüler im Fach Mathematik beeinflusste (Park, 2005).

Die Befundmuster zu Prädiktoren des affektiven Commitments von Lehrkräften gegenüber der Schule waren auf Lehrkräfteebene inkonsistent, fielen aber tendenziell zuungunsten männlicher und jüngerer bzw. berufsunerfahrenerer sowie befristeter bzw. teilzeitbeschäftigter Lehrpersonen aus (Canrinus, Helms-Lorenz, Beijaard, Buitink & Hofman, 2012). Dagegen wirkten sich insbesondere individuelle Selbstwirksamkeit insgesamt förderlich aus (Bogler & Somech, 2004). Auf Schulebene begünstigten vor allem transformationales und kooperativ-partizipatives Schulleitungshandeln, positives Arbeitsklima im Kollegium, kollektive Selbstwirksamkeit und Partizipation an schulischen Entscheidungen das Lehrkräfte-Commitment (Dumay & Galand, 2012; Harazd, Gieske & Gerick, 2012; Ross & Gray, 2006).

---

1   Unter OCB werden ganz allgemein gesprochen über einen gewissen Zeitraum eigeninitiativ und freiwillig erbrachte Arbeitsleistungen von Mitarbeiterinnen und Mitarbeitern verstanden, die über das vertraglich Vereinbarte und offiziell Geforderte hinausgehen und dadurch auch keinen formalen Anspruch auf Vergütung bzw. Kompensation haben (Staufenbiel & Hartz, 2000).

2.2 Das Multifacetten-Modell von Commitment

Wird die Entwicklung des Konstruktes organisationalen Commitments betrachtet, (ko-)existierten in der arbeits- und organisationspsychologischen Literatur längere Zeit unterschiedliche Begriffsbestimmungen von Commitment (Klein, Molloy & Cooper, 2009). Mowday, Steers und Porter (1979) lieferten eine erste Definition organisationalen Commitments, das als „relative strengh of an individual's identification and involvement in a particular organization" (S. 226) verstanden wurde. Die auf dieser Grundlage entwickelte Skala wurde jedoch aufgrund der Konfundierung mit anderen Konstrukten, wie z. B. Engagement, und der mangelnden Replizierbarkeit der Generalfaktorstruktur kritisiert (Maier & Woschée, 2002).

Meyer und Allen (1991) führten die vorherrschenden Auffassungen im *Dreikomponenten-Modell* organisationalen Commitments zusammen, das ein erstes mehrdimensionales Modell von Commitment gegenüber der Organisation darstellte. Commitment gegenüber der Organisation wird in diesem Kontext definiert als „psychological state that (a) characterizes the employee's relationship with the organization, and (b) has implications for the decision to continue membership in the organization" (Meyer & Allen, 1991, S. 67). Das Dreikomponenten-Modell ist dabei als *integrativer Ansatz* konzipiert, da organisationales Commitment in drei unterschiedliche *Bindungskomponenten* differenziert wird. Beim *affektiven bzw. emotionalen Commitment* sind Identifikation mit und Engagement für die Organisation aufgrund persönlicher Bedeutsamkeit gemeinsamer Ziele und Werte zentral für die Organisationsbindung (Meyer & Allen, 1997). Beim *normativen bzw. moralischen Commitment* sind aufgrund beruflicher Sozialisation internalisierte Wert- und Normvorstellungen sowie durch soziale Austauschbeziehungen Erwartungen signifikanter Anderer entscheidend für die Bindung an eine Organisation (van Dick, 2004; Felfe, 2008). Beim *kalkulatorischen bzw. rationalen Commitment* sind aufgrund rationaler Kalkulationen befürchtete Verluste bisheriger Investitionen sowie erwartete Kosten und Nutzen, die durch einen Organisationswechsel möglicherweise zustande kommen, zentral für die Organisationsbindung (Meyer & Allen, 1997). Zusätzlich zum integrativen Charakter ist das Dreikomponenten-Modell als *universeller Ansatz* angelegt, da organisationales Commitment nicht nur für die Bindung gegenüber einer Organisation Bedeutung besitzt, sondern auch auf *weitere intra- und extraorganisationale Bereiche* gerichtet werden kann (Meyer & Herscovitch, 2001).

Insgesamt resultiert daraus ein *Multifacetten-Modell*, bei dem – im Gegensatz zu weniger komplexen Commitment-Modellen (vgl. z. B. O'Reilly & Chatman, 1986) – nicht nur die Intensität betrachtet wird, sondern unterschiedliche Facetten von Commitment aus den Kombinationen mehrerer Bindungsrichtungen mit je drei Bindungskomponenten differenziert werden (Meyer, Stanley & Parfyonova, 2012).

Befunde aus der Metaanalyse von Meyer, Stanley, Herscovitch und Topolnytsky (2002) zu den drei Komponenten organisationalen Commitments zeigten, dass Skalen zu affektivem (OCA), normativem (OCN) und kalkulatorischem Commitment (OCC) gegenüber der Organisation durchschnittlich eine befriedigende interne Konsistenz aufwiesen ($k = 61$, $n = 22080$, $\alpha \geq .73$). Die Interkorrelationen zwischen den Skalen waren gering bis mittel ausgeprägt, wobei OCA und OCN am höchsten zusammenhingen ($k = 54$, $n = 18508$, $\rho = .63$). Zudem traten differenzielle Zusammenhänge zwischen den drei Komponenten organisationalen Commitments und weiteren arbeitsbezogenen Merkmalen auf: OCA korrelierte z. B. mit transformationaler Führung, sozialer Unterstützung, Arbeitsleistung und -zufriedenheit positiv und beispielsweise mit Fehlzeiten und Kündigungsabsichten negativ. Verglichen mit OCA besaßen Korrelationen zu OCN zwar oftmals dieselbe Richtung, waren allerdings häufig von geringerer Stärke (Meyer et al., 2002). Im Gegensatz dazu fielen Korrelationen zu OCC größtenteils entgegengesetzt aus oder gingen gegen Null.

Weitere metaanalytische Ergebnisse zu mehreren intraorganisationalen Bindungsrichtungen verdeutlichten, dass beim organisationalen und beruflichen Commitment richtungsübergreifend die Zusammenhänge mit den jeweils normativen Komponenten am höchsten ausgeprägt waren (Cooper-Hakim & Viswesvaran, 2005). Überdies korrespondierte bei ähnlichem inhaltlichen Fokus z. B. teambezogenes Commitment stärker mit teambezogenem OCB, wohingegen organisationales Commitment stärker mit organisationsbezogenem OCB assoziiert war (Riketta & van Dick, 2005).

Basierend auf diesen Arbeiten entwickelten u. a. Stinglhamber, Bentein und Vandenberghe (2002) für den englischsprachigen Kontext Skalen zur differenzierten Erfassung von Commitment, wohingegen Felfe und Franke (2012) für den deutschen Sprachraum ein Messinstrument zur Operationalisierung des mehrdimensionalen Commitment-Konstruktes erstellten, dass sich bereits in mehreren Stichproben als reliabel und valide erwies (Franke & Felfe, 2008).

2.3 Übertragung des Multifacetten-Modells von Commitment auf Lehrkräfte

Die theoretischen Überlegungen und empirischen Hinweise verdeutlichen die Relevanz des Commitments von Lehrkräften für ihre schulische Arbeit. Jedoch wird auch erkennbar, dass bisher eine eher pauschale Betrachtungsweise des Lehrkräfte-Commitments dominierte. Um auch bei Lehrkräften unterschiedliche Commitment-Facetten systematisch zu differenzieren, zu erfassen und zu analysieren, wird das Multifacetten-Modell als Grundlage für die Weiterentwicklung des Commitment-Konstruktes bei Lehrkräften herangezogen. Dabei werden die Commitment-Komponenten und -richtungen gemäß der Mehrebenenstruktur in Schulqualitätsmodellen (Kyria-kides et al., 2010) und unter Berücksichtigung schulstruktureller und -kultureller Besonderheiten (Rothland & Terhart, 2007) an den Schulkontext angepasst. Analog zum Multifacetten-Modell wird auch das Commitment von Lehrkräften, wie in Abbildung 1 dargestellt, als verschiedenartig ge-prägte Bindung einer Lehrkraft (affektiv, normativ, kalkulatorisch) mit unterschiedlicher Ausrichtung, beispielsweise gegenüber dem Lehrerberuf, der eigenen Schule, schulischen Innovationsprozessen und/oder weiteren schulischen Beteiligten selbst, definiert.

Abbildung 1: Multifacetten-Modell des Commitments von Lehrkräften

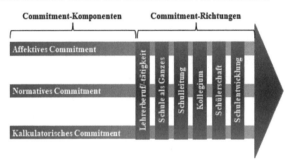

(Darstellung in Anlehnung an Felfe, 2008)

Mit Blick auf Schulentwicklungsprozesse, bei denen u. a. der Kooperation zwischen Lehrkräften eine zentrale Rolle zugesprochen wird (Holtappels, 2013), ist vermutlich nicht nur das Commitment von Lehrkräften gegen-über der Schule, sondern auch gegenüber dem Kollegium zentral. Der Analysefokus dieses Beitrags liegt daher im Folgenden auf dem affektiven, normativen und kalkulatorischen Commitment von Lehrkräften gegenüber Schule und Kollegium.

3 Erkenntnisinteresse und Fragestellungen

In dem Beitrag wird das Ziel verfolgt, die theoretisch postulierte Faktoren-struktur des adaptierten Multifacetten-Modells von Commitment mit sechs

ausgewählten Commitment-Skalen basierend auf einer Lehrkräftestichprobe in einem ersten Schritt empirisch zu replizieren und zu validieren
sowie in einem zweiten Schritt die Ausprägungen des Commitments bei
Lehrkräften zu untersuchen. Konkret wird folgenden Forschungsfragen
nachgegangen:

*1. Lässt sich die faktorielle Struktur der Commitment-Skalen mit der vorhan-
denen Lehrkräftestichprobe replizieren?*

Es wird davon ausgegangen, dass einerseits die Bindungskomponenten
„affektives Commitment" (AC), „normatives Commitment" (NC) und
„kalkulatorisches Commitment" (CC) innerhalb der zwei Bindungsrichtungen „Commitment gegenüber Schule" (SC) und „Commitment gegenüber
Kollegium" (KC) (drei Komponenten, Richtungen jeweils konstant; *Hypothese 1.1*) unterschieden werden können sowie andererseits die Richtungen
SC und KC innerhalb der drei Komponenten AC, NC und CC (zwei Richtungen, Komponenten jeweils konstant; *Hypothese 1.2*) differenziert werden
können. Im Sinne des Multifacetten-Modells sollten dabei aus der Kombination von zwei Richtungen mit je drei Komponenten sechs Commitment-
Facetten bei Lehrkräften resultieren, die zwar miteinander zusammenhängen, aber auch voneinander abgrenzbar sind.

*2. Können die Commitment-Skalen anhand der vorliegenden Lehrkräftestich-
probe validiert werden?*

Bei dieser Frage geht es zum einen darum zu prüfen, inwiefern differenzielle Beziehungen zwischen den sechs Commitment-Facetten sowie zwischen ihnen und drei weiteren affektiven wie kognitiven Merkmalen von
Lehrkräften (Arbeitszufriedenheit, emotionale Erschöpfung und individuelle Selbstwirksamkeitserwartung) bestehen. Zum anderen geht es darum zu
untersuchen, inwieweit die sechs Commitment-Facetten unterschiedlich
prädiktiv für die ausgewählten Lehrkräftemerkmale sind und inwiefern sich
deren Vorhersage durch Hinzunahme der normativen und kalkulatorischen
Commitment-Komponenten beider Richtungen zusätzlich zu den affektiven Komponenten verbessert. Es wird angenommen (*Hypothese 2.1*), dass
richtungsübergreifend bei korrespondierender Komponente stärkere Korrelationen zwischen den Facetten auftreten (*konvergente Validität*) als bei
inkongruenter (*diskriminante Validität*). Zudem wird vermutet (*Hypothese
2.2*), dass die affektiven Komponenten unabhängig von der Richtung stärker positiv mit Arbeitszufriedenheit und individueller Selbstwirksamkeit
und stärker negativ mit emotionaler Erschöpfung korrelieren als die normativen Komponenten. Demgegenüber sollten bei den kalkulatorischen

Komponenten Korrelationen in umgekehrter Richtung auftreten (*Hypothese 2.3*). Erwartet wird außerdem (*Hypothese 2.4*), dass die weiteren Commitment-Facetten, über das affektive Commitment gegenüber Schule und Kollegium hinaus, einen unabhängigen Beitrag zur Varianzaufklärung von individueller Selbstwirksamkeit, Arbeitszufriedenheit und emotionaler Erschöpfung leisten (*inkrementelle Validität*).

3. Sind die unterschiedlichen Commitment-Facetten bei den untersuchten Lehrkräften – auch in Abhängigkeit von ihren Hintergrundmerkmalen – unterschiedlich hoch ausgeprägt?

Da aufgrund des relativ hohen Autonomiegrades im Lehrerberuf das Kollegium in der schulischen Alltagsarbeit von Lehrkräften mitunter weniger salient und präsent ist, wird angenommen, dass Commitment gegenüber der Schule generell höher ausfällt als gegenüber dem Kollegium (*Hypothese 3.1*). In Anbetracht der hohen Eigenverantwortlichkeit und vieler Freiräume bei der Berufsausübung wird vermutet, dass jeweils affektives Commitment von Lehrpersonen am stärksten (*Hypothese 3.2*) und normatives Commitment am schwächsten ausgeprägt ist (*Hypothese 3.3*). Hinsichtlich Geschlecht (*Hypothese 3.4*), Dienstalter (*Hypothese 3.5*) und Schulformzugehörigkeit der Lehrkräfte (*Hypothese 3.6*) werden keine systematischen Unterschiede in den Commitment-Facetten erwartet.

4   Methode

4.1   Stichprobe

An der Befragung im Kontext des Schulentwicklungsprojektes „Potenziale entwickeln – Schulen stärken" beteiligten sich insgesamt 1105 Lehrkräfte an 36 Schulen der Sekundarstufe I in Nordrhein-Westfalen. Für die Analysen standen über alle Items der Commitment-Skalen hinweg Angaben von insgesamt 1086 Lehrkräften (59.9 % weiblich, Jahre im Schuldienst: $M = 17.5$, $SD = 12.3$) zur Verfügung[2]. Fast die Hälfte der Lehrkräfte arbeitete an Gesamtschulen (46.8 %), rund ein Drittel an Gymnasien (33.7 %), 11.1 % der Lehrpersonen an Hauptschulen und 8.4 % an Realschulen.

---

2   Fehlende Werte wurden modellbasiert imputiert.

4.2 Instrumente

4.2.1 Affektives, normatives und kalkulatorisches Commitment gegenüber Schule und Kollegium (mehrdimensionales Modell)

Aus der Kombination der zwei Commitment-Richtungen „Schule" und „Kollegium" mit je drei Commitment-Komponenten „affektiv", „normativ" und „kalkulatorisch" resultieren insgesamt sechs Commitment-Skalen, die in Tabelle 1 mit Beispielitem und Itemanzahl aufgeführt sind.

Tabelle 1: Übersicht der Skalen zum Lehrkräfte-Commitment[3]

Skala	Beispielitem (Itemanzahl)
Affektives Commitment gegenüber der Schule	Ich denke, dass meine Wertvorstellungen und Ansichten zu den Werten dieser Schule passen. (5)
Normatives Commitment gegenüber der Schule	Ich würde mich irgendwie schuldig fühlen, wenn ich diese Schule jetzt verlassen würde. (4)
Kalkulatorisches Commitment gegenüber der Schule	Ich habe schon zu viel Zeit und Energie in diese Schule gesteckt, um jetzt noch an einen Wechsel der Schule zu denken. (3)
Affektives Commitment gegenüber dem Kollegium	Ich fühle mich meinen Kolleg(inn)en eng verbunden. (5)
Normatives Commitment gegenüber dem Kollegium	Ich hätte meinen Kolleg(inn)en gegenüber Schuldgefühle, wenn ich dieses Kollegium jetzt verlassen würde. (3)
Kalkulatorisches Commitment gegenüber dem Kollegium	Es wäre zu aufwändig für mich, in ein anderes Kollegium zu wechseln. (3)

Anmerkungen. Antwortoptionen 1 = trifft nicht zu [bis] 4 = trifft zu

Zur differenzierten Erfassung des Lehrkräfte-Commitments wurden aus dem Messinstrument „COMMIT" von Felfe und Franke (2012) entsprechend elaborierte und pilotierte Skalen aus dem betriebswirtschaftlichen Kontext auf den Schulbereich übertragen und sprachlich adaptiert. Die Anpassung richtete sich auf (a) präzisere Frageformulierungen zur Abgrenzung der beiden Commitment-Richtungen, (b) schulspezifischere Itemformulierungen (z. B. „Schule" statt „Organisation") und (c) Kürzung auf eine vierstufige Likert-Antwortskala zur Vermeidung einer neutralen Mittelkategorie (1 = *trifft nicht zu* [bis] 4 = *trifft zu*).

4.2.2 Weitere Lehrkräftemerkmale

Auch die Skalen zur Arbeitszufriedenheit (AZ; Original: Neuberger & Allerbeck, 1978) und zur emotionalen Erschöpfung (EE; Original: Maslach, Jackson & Leiter, 1996) wurden an den Schulkontext angepasst (AZ: Böhm-Kasper, Bos, Jaeckel & Weishaupt, 2000, Beispielitem: *Wie zufrieden sind*

---

3   Die Items der Skalen können bei der Autorin erfragt werden.

Sie mit den Arbeitsbedingungen?; EE: Barth, 1997, Beispielitem: *Ich fühle mich ausgebrannt von meiner Arbeit.*).

Die in den Itemanzahlen reduzierten Skalen umfassen sieben (AZ) bzw. sechs Items (EE), deren Einschätzung auf einer minimal abgeänderten, vierstufigen Antwortskala erfolgten (AZ: 1 = *nicht zufrieden* [bis] 4 = *völlig zufrieden;* EE: 1 = *nie* [bis] 4 = *(fast) immer*). Die Skalen besitzen eine gute interne Konsistenz (vgl. Tabelle 3).

Die Skala *„individuelle Lehrer-Selbstwirksamkeitserwartung"* geht auf Rakoczy, Buff und Lipowsky (2005) zurück und umfasst sechs Items (Beispielitem: *Ich kann auch mit den problematischen Schüler(inne)n in guten Kontakt kommen, wenn ich mich darum bemühe.),* die auf geringfügig modifiziertem, vierstufigem Antwortformat einzuschätzen waren (1 = *stimme nicht zu* [bis] 4 = *stimme zu*). Die Skala zeichnet sich durch eine gute interne Konsistenz aus (vgl. Tabelle 3).

4.3 Statistische Verfahren

Die Analyse der Trennbarkeit der drei Bindungskomponenten pro Richtung sowie der zwei Bindungsrichtungen pro Komponente (1. Frage) erfolgte mittels konfirmatorischer Faktorenanalyse (CFA; für das Vorgehen vgl. Franke & Felfe, 2008). Während beim ersten Modell geteilt für die zwei Richtungen alle Items ihre jeweilige Bindungskomponente indizierten, bildeten beim zweiten Modell geteilt für die drei Komponenten alle Items ihre jeweilige Bindungsrichtung ab. In beiden Fällen wurden über Modellvergleiche hierarchisch geschachtelte Modelle getestet: Während beim ersten Modell die theoretisch fundierte Drei-Faktoren-Struktur mit einer zweifaktoriellen Struktur (AC und NC als ein Faktor und CC als ein Faktor) verglichen wurde, wurde beim zweiten Modell die theoretisch fundierte Zwei-Faktoren-Lösung einer Generalfaktor-Lösung (SC und KC als ein Faktor) gegenübergestellt. Interkorrelationen wurden in beiden Modellen entweder zwischen Komponenten pro Richtung oder zwischen Richtungen pro Komponente geschätzt.

Zur strukturellen Konstruktvalidierung (2. Frage) wurden basierend auf den sechs Faktoren des Lehrkräfte-Commitments die Muster der Faktorladungen der Items und der Faktorinterkorrelationen untersucht. Zusätzlich dazu wurden zur konvergenten und diskriminanten Validierung differenzielle Korrelationen zwischen den sechs Commitment-Facetten analysiert.

Für die Anpassungsgüte der Modelle an die Daten gelten Werte des *Comparative-Fit-Index* (CFI) und *Tucker-Lewis-Index* (TLI) ab .90 (Bentler & Bonett, 1980) sowie des *Root Mean Square Error of Approximation* (RMSEA) und *Standardized Root Mean Square Residual* (SRMR) unter .10

als akzeptabel (Browne & Cudeck, 1993). Ergänzend dazu werden Chi² und Freiheitsgrade (χ²/df) aufgeführt. Für Modellvergleiche wurde der robuste Chi²-Differenztest verwendet (Satorra & Bentler, 2001).

In einem weiteren Schritt wurde zur inkrementellen Kriteriumsvalidierung (2. Frage) mittels schrittweiser Regressionsanalysen geprüft, inwiefern spezifische Zusammenhänge zwischen den Commitment-Facetten und den weiteren Lehrkräftevariablen vorliegen und inwieweit zusätzlich zum affektiven Commitment gegenüber Schule und Kollegium die weiteren Commitment-Facetten die Vorhersage individueller Selbstwirksamkeit, Arbeitszufriedenheit und emotionaler Erschöpfung durch unabhängige Beiträge bei der Varianzaufklärung verbessern.

Mittels multivariater Varianzanalyse wurde untersucht, ob statistisch bedeutsame Unterschiede zwischen den sechs Commitment-Facetten von Lehrkräften bestehen und ob systematische Differenzen in Abhängigkeit von Hintergrundmerkmalen der Lehrkräfte auftreten (3. Frage).

Die Analysen der Faktorenmodelle wurden mit Mplus unter Berücksichtigung der hierarchisch geschachtelten Datenstruktur (Lehrkräfte auf Individualebene in Schulen als Organisationsebene) und unter Verwendung des robusten Maximum Likelihood-Schätzers durchgeführt (Muthén & Muthén, 2015)[4]. Die Berechnung der internen Konsistenz, der statistischen Kennwerte und der Signifikanztests erfolgte mit SPSS.

5 Ergebnisse

5.1 Replikationen der faktoriellen Struktur der Commitment-Skalen

5.1.1 Trennung der drei Bindungskomponenten pro Richtung

Für beide Bindungsrichtungen „Schule" und „Kollegium" zeigt sich anhand der vier CFA-Modelle, dass die theoretisch postulierte drei-faktorielle Lösung mit je drei einzelnen, aber zusammenhängenden Bindungskomponenten „affektiv", normativ" und „kalkulatorisch" pro Richtung einen zufriedenstellenden Modellfit aufweist (vgl. Tabelle 2). Zu diesem Resultat führt jedoch bei den Itembatterien „Commitment gegenüber Schule" und „Commitment gegenüber Kollegium" der Ausschluss von je zwei bzw. vier Items aufgrund zu geringer Faktorladungen (λ ≤ .40) und ein insgesamt unzureichender Modellfit (RMSEA ≥ .08; TLI ≤ .90). Dadurch verringert

---

4   Aus den Intraklassenkorrelationen ging hervor, dass die Varianzquelle hauptsächlich auf Lehrkräfteebene lag und auf Schulebene mit 1.0 bis 6.0 Prozent lediglich marginal ausfiel.

sich zwar die Itemanzahl auf jeweils 12 bzw. elf Items, allerdings wird jeder Faktor weiterhin durch mindestens drei Items repräsentiert. Alle weiteren Analysen werden mit dem optimierten Itemset durchgeführt. Bei den alternativen zwei-faktoriellen Lösungen verschlechtert sich dagegen der Modellfit erheblich ($\chi^2 \geq 910.322$, $df \geq 43$, RMSEA $\geq .12$, SRMR $\geq .10$, CFI $\leq .82$, TLI $\leq .77$). Erwartungsgemäß fallen bei der Drei-Faktoren-Struktur innerhalb der Richtungen alle Korrelationen zwischen den Komponenten mit Ausnahme der fehlenden Korrelation zwischen affektivem und kalkulatorischem Commitment gegenüber dem Kollegium positiv und moderat aus. Die Ergebnisse belegen demnach gemäß Hypothese 1.1 die dimensionsanalytische Trennbarkeit der drei Bindungskomponenten innerhalb der beiden Richtungen: Pro Richtung lassen sich unterschiedliche Commitment-Komponenten voneinander abgrenzen, die jedoch miteinander zusammenhängen.

Tabelle 2: Fit-Indices der konfirmatorischen Faktorenanalysen

Richtung	χ^2	df	RMSEA	SRMR	CFI	TLI	r AC-NC	r AC-CC	r NC-CC
Schule (N = 1082)	298.08	51	.07	.05	.95	.93	.47*	.35*	.47*
Kollegium (N = 1073)	243.44	41	.07	.06	.95	.91	.45*	.05	.46*
Komponente								r SC-KC	
Affektiv (N = 1086)	302.86	32	.09	.05	.95	.93		.75*	
Normativ (N = 1073)	121.84	13	.09	.04	.95	.92		.80*	
Kalkulatorisch (N = 1077)	45.03	6	.08	.03	.97	.93		.62*	

Anmerkungen. * p < .05.

5.1.2 Trennung der zwei Bindungsrichtungen pro Komponente

Für alle drei Bindungskomponenten „affektiv", „normativ" und „kalkulatorisch" wird anhand der sechs CFA-Modelle deutlich, dass die Güte der Modellanpassung für die theoretisch angenommene Zwei-Faktoren-Struktur mit je zwei separierten, aber korrelierenden Bindungsrichtungen „Schule" und „Kollegium" pro Komponente befriedigend ausfällt[5] (vgl. Tabelle 2).

---

5   Zur Verbesserung des Modellfits wurden bei identischen Itemstämmen zwei Residualkorrelationen von Items des Faktors „Kollegiumsbezogenes affektives Commitment" freigesetzt sowie je eine Residualkorrelation zwischen Items der Faktoren des schul- und kollegiumsbezogenen kalkulatorischen Commitments.

Erwartungskonform bestehen bei der zwei-faktoriellen Struktur innerhalb der drei Komponenten positive Zusammenhänge zwischen den beiden Richtungen. Trotz der teilweise substantiellen Korrelationen weisen die alternativen Generalfaktormodelle einen eklatanten Misfit auf ($\chi^2 \geq 123.99$, $df \geq 7$, RMSEA $\geq .13$, SRMR $\geq .06$, CFI $\leq .91$, TLI $\leq .83$). Gemäß Hypothese 1.2 bestätigen die Ergebnisse somit die dimensionsanalytische Trennbarkeit der beiden Bindungsrichtungen innerhalb der drei Komponenten: Pro Komponente können unterschiedliche Commitment-Richtungen differenziert werden, die allerdings korrelieren.

5.2 Validierung der Commitment-Skalen

5.2.1 Konvergente und diskriminante Validität

Das Zielmodell, das sechs Commitment-Facetten mit elf bzw. 12 Items pro Richtung bzw. drei bis fünf Items je Komponente umfasst, weist eine akzeptable Güte der Modellanpassung auf ($\chi^2 = 992.50$, $df = 211$, RMSEA = .06, SRMR = .06, CFI = .93, TLI = .91). Alle Items besitzen eine ausreichend hohe Faktorladung auf der jeweiligen Commitment-Facette ($\lambda \geq .51$). Alle Korrelationen zwischen den Commitment-Facetten sind positiv und überwiegend moderat ausgeprägt (vgl. Tabelle 3). Richtungsübergreifend korrelieren korrespondierende Komponenten (im Sinne konvergenter Validität) höher als inkongruente (im Sinne diskriminanter Validität). Der korrelative Zusammenhang zwischen normativem Commitment gegenüber der Schule und dem Kollegium ist dabei am stärksten ($r_{NCS-NCK}=.756$), gefolgt von der Korrelation zwischen dem affektiven ($r_{ACS-ACK}=.681$) und kalkulatorischen Commitment ($r_{CCS-CCK}=.502$) gegenüber der Schule und dem Kollegium.

Die internen Konsistenzen der Skalen sind als gut bzw. sehr gut anzusehen ($\alpha \geq .71$). Insgesamt kann festgehalten werden, dass es sich um miteinander zusammenhängende, aber auch voneinander abgrenzbare Commitment-Facetten handelt. Die Korrelationen fallen dabei im Sinne von Hypothese 2.1 richtungsübergreifend bei ähnlicher Komponente (z. B. affektiv schul- und affektiv kollegiumsbezogen) stärker aus als bei ungleicher (z. B. affektiv schul- und normativ kollegiumsbezogen), was für konvergente und diskriminante Validität der unterschiedlichen Commitment-Facetten spricht. Beispielsweise geben Lehrkräfte, die sich affektiv stärker gegenüber der Schule gebunden fühlen, auch eher ein höheres affektives Commitment gegenüber dem Kollegium an als ein normatives.

Zudem bestehen zwischen den ausgewählten Lehrkräftemerkmale und den Commitment-Facetten unterschiedlich starke und gerichtete Korrelationen (vgl. Tabelle 3). Unabhängig von der Commitment-Richtung sind bei Selbstwirksamkeit und Arbeitszufriedenheit die Beziehungen zu den affektiven Komponenten wie erwartet stärker positiv ausgeprägt als zu den normativen, wohingegen die der kalkulatorischen Komponenten negativ sind. Lediglich die Korrelation zwischen Selbstwirksamkeit und dem normativen Commitment gegenüber dem Kollegium fällt unerwartet insignifikant aus. Mit Erschöpfung ist affektives Commitment negativ und kalkulatorisches positiv assoziiert. Es besteht wider Erwarten kein signifikanter Zusammenhang zum normativen Commitment. Dabei korreliert affektives Commitment gegenüber der Schule insgesamt höher mit den weiteren Lehrkräftemerkmalen als kollegiumsbezogenes.

Tabelle 3: Kennwerte, Reliabilitäten und Korrelationen

	M	SD	ACS	NCS	CCS	ACK	NCK	CCK	AZ	EE	SWE
ACS	3.08	0.71	.89								
NCS	2.22	0.73	.38***	.74							
CCS	2.62	0.82	.28***	.40***	.71						
ACK	2.72	0.62	.58***	.37***	.19***	.84					
NCK	1.84	0.72	.14***	.62***	.20***	.41***	.85				
CCK	1.91	0.75	-.06	.27***	.43***	.05	.38***	.77			
AZ	2.78	0.49	.62***	.20***	-.13***	.43***	.09**	-.09**	.80		
EE	2.11	0.55	-.35***	-.04	.19***	-.19***	.06	.24***	-.52***	.87	
SWE	3.00	0.48	.36***	.15***	-.14***	.18***	.02	-.27***	.40**	-.43	.80

Anmerkungen. ACS = Affektives Commitment gegenüber Schule, NCS = Normatives Commitment gegenüber Schule, CCS = Kalkulatorisches Commitment gegenüber Schule, ACK = Affektives Commitment gegenüber Kollegium, NCK = Normatives Commitment gegenüber Kollegium, CCK = Kalkulatorisches Commitment gegenüber Kollegium, AZ = Arbeitszufriedenheit, EE = Emotionale Erschöpfung, SWE = individuelle Selbstwirksamkeit, Cronbach's Alpha in der Diagonalen, * $p < .05$.

Zusammengenommen kann die Hypothese zu differenziellen Beziehungen zwischen den Commitment-Facetten und Selbstwirksamkeit vollständig, aufgrund insignifikanter Zusammenhänge zu Arbeitszufriedenheit und Erschöpfung nur teilweise bestätigt werden. Dabei zeigt sich wie in Annahme 2.2 vermutet, dass jeweils die affektiven Commitment-Komponenten beider Richtungen am stärksten positiv mit den Lehrkräftemerkmalen korrelieren. Auch die Annahme 2.3, dass Zusammenhänge zwischen den kalkulatorischen Komponenten beider Commitment-Richtungen und den Lehrkräftemerkmalen in umgekehrter Weise auftreten, lässt sich empirisch erhärten. Lehrkräfte mit höherem affektiven Commitment gegenüber Schule und Kollegium schätzen folglich auch ihre Selbstwirksamkeit und Arbeitszufriedenheit höher ein und geben an, weniger Erschöpfung zu erleben. Demgegenüber werden diese Aspekte von Lehrkräften, die sich eher kalkulatorisch an Schule und Kollegium gebunden fühlen, entgegengesetzt wahrgenommen.

5.2.2 Inkrementelle Validität

Regressionsanalytisch ergeben sich getrennt nach schul- und kollegiumsbezogener Richtung[6] je nach abhängiger Variable unterschiedliche Vorhersageleistungen für die weiteren Commitment-Facetten als Prädiktoren zusätzlich zu den jeweils affektiven Komponenten (vgl. Tabelle 4). Wenngleich die affektiven Komponenten beider Richtungen die vergleichsweise höchsten Vorhersageleistungen aufweisen, übt die affektive Komponente der Schulausrichtung einen höheren Einfluss auf die untersuchten Lehrkräftemerkmale aus als die der Kollegiumsausrichtung. Im Vergleich zum schulbezogenen Commitment ist allerdings beim kollegiumsbezogenen Commitment mit Blick auf Selbstwirksamkeit und Erschöpfung durch Hinzunahme des normativen und kalkulatorischen Commitments ein höherer Anstieg in der aufgeklärten Varianz zu verzeichnen. Bei beiden Commitment-Richtungen ist der Anstieg in der Varianzaufklärung bei der Selbstwirksamkeit hauptsächlich auf die kalkulatorische und geringfügig auf die normative Komponente zurückzuführen, während für den Anstieg bei der Erschöpfung ausschließlich die kalkulatorische Komponente verantwortlich ist. Bei der Arbeitszufriedenheit ergeben sich für beide Richtungen keine nennenswerten Anstiege von R^2 durch weitere Komponenten.

Tabelle 4: Ergebnisse der schrittweisen Regressionsanalysen

		Arbeitszufriedenheit				Emotionale Erschöpfung				Individuelle Selbstwirksamkeit			
		B	SE	β	ΔR²	B	SE	β	ΔR²	B	SE	β	ΔR²
Schritt 1	ACS	.43	.02	.62***	.39***	-.27	.02	-.35***	.12***	.24	.02	.36***	.13***
Schritt 2	ACS	.45	.02	.65***	.00	-.32	.02	-.42***	.04***	.25	.02	.38***	.03***
	NCS	-.02	.02	-.03		.03	.02	.04		.05	.02	.08*	
	CCS	-.03	.02	-.04		.13	.02	.19***		-.10	.02	-.17***	
R^2				.39***				.16***				.15***	

		Arbeitszufriedenheit				Emotionale Erschöpfung				Individuelle Selbstwirksamkeit			
		B	SE	β	ΔR²	B	SE	β	ΔR²	B	SE	β	ΔR²
Schritt 1	ACK	.34	.02	.42***	.18***	-.16	.03	-.18***	.03***	.14	.02	.18***	.03***
Schritt 2	ACK	.36	.02	.45**	.01***	-.20	.03	-.22***	.07***	.13	.03	.17***	.08***
	NCK	-.04	.02	-.06		.05	.03	.06		.05	.02	.07*	
	CCK	-.06	.02	-.09**		.17	.02	.24***		-.20	.02	-.31***	
R^2				.19***				.10***				.12***	

6   Aufgrund von Multikollinearität wurden die Commitment-Richtungen getrennt. Multikollinearitätsanalysen zeigten keine Auffälligkeiten für die Komponenten getrennt nach Commitment-Richtungen.

Die Hypothese 2.4 zur Verbesserung der Vorhersageleistung durch Aufnahme weiterer Commitment-Facetten als Prädiktoren neben den affektiven Komponenten kann lediglich in Bezug auf die beiden abhängigen Variablen emotionale Erschöpfung und individuelle Selbstwirksamkeit bestätigt werden. Dies gilt jedoch nicht für die Arbeitszufriedenheit. Die weiteren Beiträge zur Varianzaufklärung sind dabei hauptsächlich auf die kalkulatorischen Komponenten zurückzuführen. Anders ausgedrückt werden Selbstwirksamkeit und Erschöpfung bei Lehrkräften vor allem von ihrem affektiven Commitment (in günstiger Weise) und ihrem kalkulatorischen Commitment (ungünstig) beeinflusst. Auf die Arbeitszufriedenheit von Lehrkräften hat lediglich das affektive Commitment einen positiven Einfluss.

5.3 Ausprägungen der Commitment-Facetten von Lehrkräften

Varianzanalysen zu den Ausprägungen der sechs Commitment-Facetten zeigen, dass Lehrkräfte über alle Komponenten hinweg ein höheres Commitment gegenüber der Schule als gegenüber dem Kollegium wahrnehmen ($F \geq 669.99$, $df = 5, 1028$, $p < .05$, $\eta^2 \geq .39$). Am stärksten fühlen sich Lehrkräfte affektiv und am schwächsten aufgrund normativer Verpflichtungsgefühle gegenüber Schule und Kollegium gebunden. Im Mittelfeld steht die schul- und kollegiumsbezogene kalkulatorische Bindung der Lehrkräfte (vgl. Tabelle 3). Bis auf kollegiumsbezogenes normatives und kalkulatorisches Commitment liegen alle Komponenten des schulbezogenen Commitments und das kollegiumsbezogene affektive Commitment signifikant über dem theoretischen Mittelwert ($M_t = 2.50$). Zwischen allen Commitment-Facetten existieren signifikante Unterschiede, ausgenommen das kollegiumsbezogene normative und kalkulatorische Commitment.

Wie in Hypothese 3.1 erwartet, sind die jeweiligen Komponenten des schulbezogenen Commitments höher ausgeprägt als die des kollegiumsbezogenen. Während Hypothese 3.2 empirisch erhärtet wird, da affektives Commitment am stärksten ausfällt, wird Hypothese 3.3 nur teilweise empirisch gestützt, da normatives und kalkulatorisches Commitment gegenüber dem Kollegium nicht statistisch bedeutsam differieren.

Die multivariate Varianzanalyse verdeutlicht, dass keine Geschlechtseffekte, sondern ausschließlich Haupteffekte des Dienstalters ($F = 4.52$, $df = 24$, Wilk's $\Lambda = .89$, $p < .001$) und der Schulform ($F = 3.24$, $df = 18$, Wilk's $\Lambda = .94$, $p < .001$) bestehen. Signifikante Interaktionseffekte zwischen den berücksichtigten Hintergrundmerkmalen der Lehrkräfte treten nicht auf. Altersbedingte Unterschiede liegen insbesondere beim kalkulatorichen schul- und kollegiumsbezogenen Commitment vor, da ältere Lehrpersonen mit mehr als 20 Jahren Berufserfahrung beide Facetten höher einschätzen

(M = 2.91, SD = .81; M = 2.07, SD = .80) als ihre jüngeren Kolleginnen und Kollegen (M = 2.43, SD = .77; M = 1.81, SD = .71). Schulformbedingte Unterschiede treten beim schulbezogenen affektiven Commitment auf, da Gymnasiallehrkräfte (M = 3.20, SD = 0.63) diese Facette stärker empfinden als Gesamtschullehrkräfte (M = 2.95, SD = 0.73). Insgesamt sind für die berichteten Unterschiede nur kleine Effektstärken zu verzeichnen (partielles eta^2 ≤ .02).

Da keine systematischen Geschlechts- und bis auf eine Ausnahme keine Schulformunterschiede bestehen, können die Hypothesen 3.4 und 3.6 als partiell empirisch gestützt angesehen werden, wohingegen Hypothese 3.5 aufgrund des systematischen Zusammenhangs zwischen Dienstalter und kalkulatorischem Commitment gegenüber Schule und Kollegium verworfen wird, da sich ältere Lehrkräfte stärker kalkulatorisch gebunden fühlen als jüngere.

6 Diskussion

Aufgrund der Bedeutung des Commitments von Lehrkräften als Ressource für ihre Gesundheit und als motivationale Orientierung für ihre schulische Arbeit sowie der ungeklärten Faktorenstruktur des Instruments wurde in diesem Beitrag das Lehrkräfte-Commitment als multidimensionales Konstrukt analysiert. Basierend auf den Analyseergebnissen kann zusammengefasst werden, dass beim Commitment von Lehrkräften

1. sowohl drei Bindungskomponenten „affektiv", „normativ" und „kalkulatorisch" innerhalb der beiden Bindungsrichtungen „Schule" und „Kollegium" abgrenzbar als auch beide Richtungen innerhalb der drei Komponenten trennbar waren,
2. richtungsübergreifend bei übereinstimmender Komponente die Korrelationen am höchsten ausfielen als über Kreuz und die Facetten spezifische Zusammenhänge vor allem zu Erschöpfung und Selbstwirksamkeit aufwiesen,
3. die Vorhersageleistungen bei Erschöpfung und Selbstwirksamkeit zusätzlich zu den affektiven Komponenten insbesondere durch die kalkulatorischen Komponenten der schul- und kollegiumsbezogenen Richtung verbessert wurden,
4. schulbezogenes Commitment höher ausfiel als kollegiumsbezogenes und jeweils affektives Commitment am stärksten und normatives am geringsten ausgeprägt war, wobei das Dienstalter positiv

mit dem kalkulatorischen Commitment beider Richtungen korrelierte.

Insgesamt lässt sich anhand der Befundlage festhalten, dass das Commitment von Lehrkräften als multidimensionales Konstrukt im Sinne des Multifacetten-Modelles theoriegeleitet konzipiert und datengestützt repliziert und validiert werden konnte. Dieses Resultat ist als Indiz für die Generalisierbarkeit und Robustheit des Multifacetten-Modells gegenüber anderen Stichproben anzusehen (Franke & Felfe, 2008).

Die faktorielle Strukturanalyse der Skalen des Lehrkräfte-Commitments zeigte, dass die in der arbeits- und organisationspsychologischen Literatur diskutierte hierarchische Abhängigkeit von intraorganisationalen Bereichen (Felfe, 2008) bei Lehrkräften mit Ausnahme des Zusammenhangs zwischen normativem Commitment gegenüber Schule und Kollegium kaum vorlag. Auch in anderen Studien wurde festgestellt, dass bei mehreren unterschiedlichen Richtungen insbesondere die normativen Komponenten weniger trennscharf waren (Franke & Felfe, 2008; Stinglhamber et al., 2002). Möglicherweise führt die Internalisierung gesellschaftlicher Werte und Normen durch Sozialisationsprozesse dazu, dass sich Personen *grundsätzlich* stärker oder schwächer normativ gebunden fühlen, unabhängig von der Ausrichtung ihres Commitments (Meyer & Parfyonova, 2010).

Analog zu Ergebnissen aus Metaanalysen (Meyer et al., 2002) verdeutlichte die Regressionsanalyse, dass auch beim Lehrkräfte-Commitment unabhängig von der Richtung die affektiven Komponenten stärker mit den betrachteten Lehrkräftemerkmalen zusammenhingen als die normativen und die kalkulatorischen, die entgegengesetzt korrelierten. Insbesondere kam den affektiven Komponenten der beiden Richtungen prädiktive Relevanz zu. Zusätzlich erwies sich das kalkulatorische Commitment gegenüber Schule und Kollegium für die Vorhersage als relevant. Normative Komponenten beider Richtungen erschienen in diesem Zusammenhang weniger bedeutsam, was vermutlich an dem professionellen Ethos von Lehrkräften liegt, wodurch sie sich eher mit dem Lehrerberuf verbunden fühlen als mit der Schule oder dem Kollegium (Rothland & Terhart, 2007).

Trotz konzeptioneller Überschneidungen von affektivem Commitment gegenüber der Schule und Arbeitszufriedenheit (Six & Felfe, 2004) erwiesen sich die Skalen des Lehrkräfte-Commitments als trennscharf. Bei ähnlicher organisationaler und affektiver Ausrichtung traten stärkere Zusammenhänge zwischen den sechs Commitment-Facetten und der Arbeitszufriedenheit auf, z. B. Arbeitszufriedenheit und affektives Commitment gegenüber der Schule, als bei ungleichem Bezug.

Die unterschiedlichen Ausprägungen der Commitment-Facetten bei Lehrkräften könnten mit der vorherrschenden Schulstruktur und -kultur erklärt werden, die sich oftmals durch eine vom Kollegium isolierte Arbeitsweise im Klassenzimmer und eine recht hohe Eigenverantwortlichkeit bei der Berufsausübung bzw. dem Unterrichten auszeichnen (Rothland & Terhart, 2007). Daher ist vermutlich das Kollegium in der Wahrnehmung der Lehrkräfte weniger präsent und salient als die Schule, die sie wahrscheinlich stärker mit der eigenen Unterrichtstätigkeit assoziieren. Aufgrund der eher hohen Autonomie im Lehrerberuf dominiert anscheinend der persönliche Wunsch in dieser Schule und diesem Kollegium zu verbleiben, sodass sich Lehrkräfte weniger gegenüber Schule und Kollegium normativ verpflichtet fühlen. Die positive Korrelation zwischen Dienstalter und kalkulatorischem Commitment von Lehrkräften könnte darauf zurückzuführen sein, dass Möglichkeiten des Arbeitsplatzwechsels mit steigendem (Dienst)Alter abnehmen (Druschke & Seibt, 2016) sowie befürchtete Verluste bereits geleisteter Arbeit zunehmen (vgl. Becker, 1960).

Wie bereits die skizzierten Forschungsergebnisse zu den Faktoren des affektiven Commitments von Lehrkräften zeigten, liegt die Vermutung nahe, dass mit zunehmender Kooperation im Kollegium und mit steigender Partizipation von Lehrkräften an schulischen Entscheidungen, unterstützt durch die Schulleitung, das Commitment von Lehrkräften gegenüber ihrer Schule und gegenüber ihrem Kollegium wachsen dürfte. Erste empirische Hinweise deuten darauf hin, dass das Engagement von Lehrkräften in schulischen Entwicklungsprozessen einerseits durch ein höheres affektives und normatives Commitment von Lehrkräften gegenüber Schule und Kollegium zusammen mit einem geringeren kalkulatorischen Commitment begünstigt wird (Webs, 2016). Auf der anderen Seite ist anzunehmen, dass sich das Commitment von Lehrkräften wiederum durch die gemeinsame Beteiligung an Schulentwicklungsprozessen in besonderer Weise verändert, eventuell auch in andere Commitment-Richtungen ausweitet, wie z. B. in das Commitment gegenüber organisationalen Veränderungen (Herscovitch & Meyer, 2002).

Abschließend sei noch auf Einschränkungen dieses Beitrags sowie auf Konsequenzen für zukünftige Forschungsarbeiten hingewiesen: Da die Gefahr einer Überschätzung von Zusammenhängen aufgrund gemeinsamer Methodenvarianz und individueller Antworttendenzen durch Selbsteinschätzungen der Lehrenden bestand, sollten in anderen Untersuchungen Korrelationen mit Schul- und Unterrichtsmerkmalen aus Sicht der Lernenden analysiert werden. Zudem war mit Querschnittsdaten keine Prüfung von Kausalannahmen möglich, sodass in weiteren Längsschnitt- oder Experimentalstudien Ursache-Wirkungs-Zusammenhängen nachgegangen werden könnte. Überdies könnte zusätzlich zu der analysierten Stichprobe mit Lehrkräften weiterführender Schulen untersucht werden, ob sich die Dimensionalität der Commitment-Skalen auch mit anderen Stichproben, beispielsweise mit Grundschullehrkräften, abbilden lässt. Hinzu kommt, dass das Multifacetten-Modell des Lehrkräfte-Commitments ausschließlich für die zwei ausgewählten Commitment-Richtungen „Schule" und „Kollegium" und mit den ausgewählten Lehrkräftevariablen geprüft wurde, sodass die Übertragbarkeit auf weitere Commitment-Richtungen, wie z. B. Commitment gegenüber der Schülerschaft, zukünftig noch zu leisten ist. Vermutlich ergeben sich in diesem Fall auch andere Zusammenhänge zu weiteren Lehrkräftemerkmalen. Aufgrund des vielfach beschriebenen besonderen Berufsethos von Lehrkräften und der unerlässlichen Konzentration auf und Interaktion mit den Schülerinnen und Schülern für gelingende Lehr-Lern-Prozesse sollten in weiteren Studien in erster Linie das Commitment von Lehrkräften gegenüber dem Lehrerberuf und den Lernenden analysiert werden, erst in weiteren Studien könnten andere Commitment-Richtungen berücksichtigt werden.

Grundsätzlich ist der differenzielle Zugang zur Erfassung und Analyse des Commitments von Lehrkräften notwendig, um zunächst für die Gesundheit und die berufliche Tätigkeit von Lehrkräften günstige und nachteilige Commitment-Formen, wie z. B. das Over-Commitment (vgl. Felfe, 2008), genauer voneinander abzugrenzen, bevor für Lehrkräfte gezielte Interventionen zur Steigerung gesundheits- und leistungsförderlicher Commitment-Facetten in der Schulpraxis konzipiert werden. Bereits die ermittelten Zusammenhänge deuten darauf hin, dass Maßnahmen zur Reduktion kalkulatorischen Commitments gegenüber dem Kollegium zur Abnahme von Überforderungsgefühlen bei Lehrkräften führen könnten, wobei eher dienstältere Lehrpersonen als Zielgruppe infrage kämen. Geläufige grobe Einteilungen von Lehrkräften, z. B. in die motivierten und weniger motivierten oder in die zuverlässigen und weniger zuverlässigen, würden in diesem Fall zu kurz greifen.

Aufbauend auf der vorliegenden Arbeit könnten vertiefende Studien durchgeführt werden, um Erkenntnisse über Zusammenhänge zwischen unterschiedlichen Facetten des Lehrkräfte-Commitments, dem Gesundheitszustand und den Verhaltenskorrelaten in Schule und Unterricht zu erhalten. Das gewonnene Wissen wäre für Lehrkräfte selber, aber auch für Schulleitungen zur angemessenen Gestaltung des Arbeitsplatzes „Schule" und für schulische Unterstützungssysteme z. B. zur passgenauen Beratung und Fortbildung von Lehrkräften von Bedeutung, um schließlich zur Gesundheitsförderung sowie zur Steigerung der Schul- und Unterrichtsqualität beitragen zu können.

Literatur

Ahlborn-Ritter, L. (2016). *Der Einfluss des affektiven Commitments von Lehrkräften auf deren Gesundheit und Wohlbefinden*. Göttingen: Cuvillier Verlag.

Baumert, J. & Kunter, M. (2006). Stichwort: Professionelle Kompetenz von Lehrkräften. *Zeitschrift für Erziehungswissenschaft, 9* (4), 469–520.

Barth, A.-R. (1997). *Burnout bei Lehrern. Theoretische Aspekte und Ergebnisse einer Untersuchung* (2., unveränderte Auflage). Göttingen: Hogrefe Verlag.

Becker, H. S. (1960). Notes on the concept of commitment. *American Journal of Sociology, 66* (1), 32–42.

Bentler, P. M. & Bonett, D. G. (1980). Significant tests and goodness of fit in the analysis of covariance structures. *Psychological Bulletin, 88* (3), 588–606.

Bogler, R. & Somech, A. (2004). Influence of teacher empowerment on teachers' organizational commitment, professional commitment and organizational citizenship behavior in schools. *Teaching and Teacher Education, 20* (3), 277–289.

Böhm-Kasper, O., Bos, W., Jaeckel, S. & Weishaupt, H. (2000). *Skalenhandbuch zur Belastung von Schülern und Lehrern. Das Erfurter Belastungs-Inventar*. Erfurt: Universität Erfurt.

Browne, M. W. & Cudeck, R. (1993). Alternative ways of assessing model fit. In K. A. Bollen & J. S. Long (Eds.), *Testing structural equation models* (pp. 136–162). Newsbury Park, CA: Sage.

Canrinus, E. T., Helms-Lorenz, M., Beijaard, D., Buitink, J. & Hofman, A. (2012). Self-efficacy, job satisfaction, motivation and commitment: exploring the relationships between indicators of teachers' professional identity. *European Journal of Psychology of Education, 27* (1), 115–132.

Cooper-Hakim, A. & Viswesvaran, C. (2005). The construct of work commitment: Testing an integrative framework. *Psychological Bulletin, 131 (2)*, 241–259.

van Dick, R. (2004). *Commitment und Identifikation in Organisationen*. Göttingen: Hogrefe.

Druschke, D. & Seibt, R. (2016). Einmal Lehrer – immer Lehrer? Eine qualitative Studie zum Prozess des Berufswechsels und alternativen Karrierepfaden im Lehrerberuf. *Prävention und Gesundheitsförderung, 11* (3), 193–202.

Dumay, X. & Galand, B. (2012). The multilevel impact of transformational leadership on teacher commitment: cognitive and motivational pathways. *British Educational Research Journal, 38* (5), 703–729.

Felfe, J. (2008). *Mitarbeiterbindung*. Göttingen: Hogrefe.

Felfe, J. & Franke, F. (2012). *Commitment-Skalen (COMMIT). Fragebogen zur Erfassung von Commitment gegenüber Organisationen, Beruf/Tätigkeit, Team, Führungskraft und Beschäftigungsform. Manual*. Bern: Verlag Hans Huber.

Franke, F. & Felfe, J. (2008). Commitment und Identifikation in Organisationen. Ein empirischer Vergleich beider Konzepte. *Zeitschrift für Arbeits- und Organisationspsychologie, 52* (3), 135–146.

Harazd, B., Gieske, M. & Gerick, J. (2012). Was fördert affektives Commitment von Lehrkräften? Eine Analyse individueller und schulischer (Bedingungs-)Faktoren. *Zeitschrift für Bildungsforschung, 2* (2), 151–168.

Henkin, A. B. & Holliman, S. L. (2009). Urban Teacher Commitment. Exploring Associations With Organizational Conflict, Support for Innovation, and Participation. *Urban Education, 44* (2), 150–180.

Herscovitch, L. & Meyer, J. P. (2002). Commitment to organizational change: extension of a three-component model. *Journal of Applied Psychology, 87* (3), 474–487.

Holtappels, H. G. (2013). Schulentwicklung und Lehrerkooperation. In N. McElvany & H. G. Holtappels (Hrsg.), *Empirische Bildungsforschung. Theorien, Methoden, Befunde und Perspektiven* (S. 35–61). Münster: Waxmann.

Klassen, R. M. & Tze, V. M. C. (2014). Teachers' self-efficacy, personality, and teaching effectiveness: A meta-analysis. *Educational Research Review, 12*, 59–76.

Klein, H. J., Molloy, J. C. & Cooper, J. T. (2009). Conceptual Foundations: Construct Definitions and Theoretical Representations of Workplace Commitments. In H. J. Klein, T. E. Becker & J. P. Meyer (Eds.), *Commitment in Organizations. Accumulated Wisdom and New Directions* (pp. 3–36). New York, NY: Routledge.

Klusmann, U., Kunter, M., Trautwein, U., Lüdtke, O. & Baumert, J. (2008). Teachers' occupational well-being and quality of instruction: The important role of self-regulatory patterns. *Journal of Educational Psychology, 100* (3), 702–715.

Kunter, M. (2011). Forschung zur Lehrermotivation. In E. Terhart, H. Bennewitz & M. Rothland (Hrsg.), *Handbuch der Forschung zum Lehrerberuf* (S. 526–539). Münster: Waxmann.

Kunter, M., Tsai, Y.-M., Klusmann, U., Brunner, M., Krauss, S. & Baumert, J. (2008). Students' and mathematics teachers' perceptions of teacher enthusiasm and instruction. *Learning and Instruction, 18* (5), 468–482.

Kyriakides, L., Creemers, B., Antoniou, P. & Demetriou, D. (2010). A synthesis of studies searching for school factors: implications for theory and research. *British Educational Research Journal, 36* (5), 807–830.

Maier, G. W. & Woschée, R. (2002). Die affektive Bindung an das Unternehmen. *Zeitschrift für Arbeits- und Organisationspsychologie, 46* (3), 126–136.

Maltin, E. R. (2011). *Workplace Commitment and Employee Well-Being: A Meta-analysis and Study of Commitment Profiles.* University of Western Ontario. Retrieved January 20, 2015, from http://ir.lib.uwo.ca/cgi/viewcontent.cgi?article=1416&context=etd

Maslach, C., Jackson, S. E. & Leiter, M. P. (1996). *Maslach Burnout Inventory. Manual* (3rd edition). Palo Alto, CA: Consulting Psychologists Press.

Mathieu, J. E. & Zajac, D. M. (1990). A review and meta-analysis of the antecedents, correlates, and consequences of organizational commitment. *Psychological Bulletin, 180* (2), 171–194.

Marks, H. M., Louis, K. S. & Printy, S. M. (2000). The capacity for organizational learning: Implications for pedagogical quality and student achievement. In K. Leithwood & K. S. Louis (Eds.), *Understanding schools as intelligent systems.* Greenwood, CT: JAI.

Meyer, J. P. & Allen, N. J. (1991). A three-component conceptualization of organizational commitment. *Human Resource Management Review, 1* (1), 61–89.

Meyer, J. P. & Allen, N. J. (1997). *Commitment in the Workplace: Theory, Research, and Application.* Thousand Oaks, CA: Sage.

Meyer, J. P & Herscovitch, L. (2001). Commitment in the workplace. Toward a general model. *Human Resource Management Review, 11* (3), 299–326.

Meyer, J. P. & Parfyonova, N. M. (2010). Normative commitment in the workplace: A theoretical analysis and re-conceptualization. *Human Resource Management Review, 20* (4), 283–294.

Meyer, J. P., Stanley, D. J., Herscovitch, L. & Topolnytsky, L. (2002). Affective, Continuance, and Normative Commitment to the Organization: A Meta-analysis of Antecedents, Correlates, and Consequences. *Journal of Vocational Behavior, 61* (1), 20–52.

Meyer, J. P., Stanley, L. J. & Parfyonova, N. M. (2012). Employee commitment in context: The nature and implication of commitment profiles. *Journal of Vocational Behavior, 80 (1),* 1–16.

Mowday, R. T., Steers, R. M. & Porter, L. W. (1979). The measurement of organizational commitment. *Journal of Vocational Behavior,* 14 (2), 224–247.

Muthén, L. K. & Muthén, B. O. (2015). *Mplus. Statistical Analysis With Latent Variables. User's Guide* (7th ed.). Retrieved January 26, 2015, from http://statmodel.com/download/usersguide/MplusUserGuideVer_7.pdf.

Neuberger, O. & Allerbeck, M. (1978). *Messung und Analyse von Arbeitszufriedenheit: Erfahrungen mit dem Arbeitsbeschreibungsbogen.* Bern: Verlag Hans Huber.

O'Reilly, C. A. & Chatman, J. (1986). Organizational commitment and psychological attachment: the effects of compliance, identification, and internalization on prosocial behavior. *Journal of Applied Psychology, 71* (3), 492–499.

Park, I. (2005). Teacher Commitment and its effects on students achievement in American high schools. *Educational Research and Evaluation: An International Journal on Theory and Practice, 11* (5), 461–485.

Rakoczy, K., Buff, A. & Lipowsky, F. (2005). Befragungsinstrumente. In E. Klieme, C. Pauli, & K. Reusser (Hrsg.). *Dokumentation der Erhebungs- und Auswertungsinstrumente zur schweizerisch-deutschen Videostudie „Unterrichtsqualität, Lernverhalten und mathematisches Verständnis".* Frankfurt am Main: GFPF.

Razak, N. A., Darmawan, G. N. & Keeves, J. P. (2009). Teacher Commitment. In L. J. Saha & A. G. Dworkin (Eds.), *International Handbook of Research on Teachers and Teaching. Part One* (pp. 343–360). New York, NY: Springer.

Riketta, M. & van Dick, R. (2005). Foci of attachment in organizations: A meta-analytic comparison of the strength and correlates of workgroup versus organizational identification and commitment. *Journal of Vocational Behavior, 67* (3), 490–510.

Ross, J. A. & Gray, P. (2006) Transformational leadership and teacher commitment to organizational values: The mediating effects of collective teacher efficacy. *School Effectiveness and School Improvement, 17* (2), 179–199.

Rothland, M. & Terhart, E. (2007). Beruf: Lehrer – Arbeitsplatz: Schule. Charakteristika der Arbeitstätigkeit und Bedingungen der Berufssituation. In M. Rothland (Hrsg.), *Belastung und Beanspruchung im Lehrerberuf. Modelle, Befunde, Interventionen* (S. 11–31). Wiesbaden: VS Verlag für Sozialwissenschaften.

Ryan, R. M. & Deci, E. L. (2000). Self-Determination Theory and the Facilitation of Intrinsic Motivation, Social Development, and Well-Being. *American Psychologist, 55* (1), 68–78.

Satorra, A. & Bentler, P. M. (2001). A scaled difference chi-square test statistic for moment structure analysis. *Psychometrika, 66* (4), 507–514.

Somech, A. & Bogler R. (2002). Antecedents and Consequences of Teacher Organizational and Professional Commitment. *Educational Administration Quarterly, 38* (4), 555–577.

Six, B. & Felfe, J. (2004). Einstellungen und Werthaltungen. In H. Schuler (Hrsg.), *Enzyklopädie der Psychologie. Organisationspsychologie 1 – Grundlagen und Personalpsychologie* (S. 597–672). Göttingen: Hogrefe.

Staufenbiel, T. & Hartz, C. (2000). Organizational Citizenship Behavior: Entwicklung und erste Validierung eines Meßinstruments. *Diagnostica, 46* (2), 73–83.

Stinglhamber, F., Bentein, K. & Vandenberghe, C. (2002). Extension of the Three-Component Model of Commitment to Five Foci: Development of Measures and Substantive Test. *European Journal of Psychological Assessment, 18* (2), 123–138.

Webs, T. (2016). Commitment-Typen bei Lehrkräften und ihre Zusammenhänge zu Lehrergesundheit und Schulkultur. In R. Strietholt, W. Bos, H. G. Holtappels & N. McElvany (Hrsg.), *Jahrbuch der Schulentwicklung Band 19. Daten, Beispiele und Perspektiven* (S. 277–305). Weinheim: Beltz Juventa.

Kreativität als Kompetenz von Schülerinnen und Schülern am Beispiel von Musik

Nele McElvany, Franziska Schwabe und Matthias Trendtel

1 Einführung

Kulturelle Bildung ist ein Menschenrecht und sollte ein wichtiger Teil schulischer Bildung mit dem Ziel der kreativen und kulturellen Entwicklung junger Menschen sein (Autorengruppe Bildungsbericht, 2012; UNESCO, 2006). Kreativität ist dabei ein viel diskutiertes Konstrukt im Bereich kultureller Bildung, das darüber hinaus aber auch in allen anderen schulischen Bildungsbereichen immanent ist (vgl. z. B. Kreativität im Mathematik-, Deutsch- oder Naturwissenschaftsunterricht). Der Ausbau der Förderung kreativer Kompetenzen, die auch in der Wirtschaft oder für den Alltag immer wieder gefordert werden, und damit verbundene Forschungsaktivitäten sind ein bestehendes Desiderat. Eine der zentralen Fachrichtungen im Bereich kultureller Bildung ist Musik. Im schulischen Kontext ist der Musikunterricht sowohl in der Grundschule als auch in den weiterführenden Schulen in die Stundentafeln integriert, wobei der Umfang variiert. Die Lehrpläne für das Fach unterscheiden sich nach Bundesländern, Schulformen und Klassenstufen. Im Folgenden sei als Beispiel auf den Kernlehrplan für den Musikunterricht in der Sekundarstufe I an Gymnasien in Nordrhein-Westfalen eingegangen (Ministerium für Schule und Weiterbildung des Landes Nordrhein-Westfalen, 2011). Dieser führt als übergeordnetes Ziel des schulischen Musikunterrichts aus: „In der umfassenden Präsenz, Vielgestaltigkeit und Verfügbarkeit von Musik hat das Fach Musik die Aufgabe, den jungen Menschen zu befähigen, seine künstlerisch-ästhetische Identität zu finden, sein kreatives und musikalisches Gestaltungspotential zu entfalten und kulturelle Orientierung zu erlangen" (Ministerium für Schule und Weiterbildung des Landes Nordrhein-Westfalen, 2011, S. 9). Im Weiteren werden musikalisch-ästhetische Kompetenzen (Wahrnehmung, Empathie, Intuition und Körpersensibilität), für die im

Lehrplan eine weitgehende Unmöglichkeit der standardisierten Überprüfung postuliert wird, von handlungsbezogenen Kompetenzen unterschieden. Bei Letzteren werden Kompetenzbereiche (Prozesse: Rezeption, Produktion, Reflexion) und Inhaltsfelder (Gegenstände: Bedeutungen, Entwicklungen und Verwendungen von Musik) verknüpft.

Der „Ausbau ihrer kreativen Potentiale" (Ministerium für Schule und Weiterbildung des Landes Nordrhein-Westfalen, 2011 S. 9) wie auch „kreative Prozesse" (Ministerium für Schule und Weiterbildung des Landes Nordrhein-Westfalen, 2011, S. 10) werden neben dem kreativen Gestaltungspotential aus der übergreifenden Zieldimension auch in den folgenden Ausführungen aufgegriffen. Diese Darstellung macht exemplarisch deutlich, dass Kreativität ein konstituierendes Element der Curricula ist, gleichzeitig jedoch die curriculare Kompetenzdefinition trotz teilweise überschneidender Begrifflichkeiten durchaus nicht direkt auf das aktuelle bildungswissenschaftliche Kompetenzverständnis übertragbar ist, in dem aufbauend auf Klieme (et al., 2003) in der Regel von domänenspezifischen kognitiven Komponenten der Kompetenz ausgegangen wird (vgl. jedoch z. B. Weinert, 2001 zu Motivation als Komponente von Kompetenzen). Neben dem Schulunterricht Musik widmen sich bundesweit auch zahlreiche inner- und außerschulische Projekte der Förderung musikalischer Kreativität (z. B. Klasse musiziert!; Musikalische Grundschule).

Neben den musikpraktischen Aktivitäten existiert national wie international vielfältige musikwissenschaftliche Forschung. In der deutschsprachigen musikpädagogischen Forschung steht die Frage kreativer Kompetenzen im Bereich Musik aktuell jedoch nur indirekt im Fokus. In einer systematischen Sichtung aktueller empirischer Forschung im Bereich der Musikpädagogik seit 2004 identifizierten Niessen und Knigge (2018) vier dominierende Forschungsfelder: (1) Kooperationsmodelle zwischen Musikschulen und Schulen, (2) Musiklehrende an allgemeinbildenden Schulen, (3) Schülerinnen und Schüler im Musikunterricht und (4) musikpädagogische Situationen. Neben diesen inhaltlichen Forschungsfeldern existieren aktuelle Ansätze zu Testentwicklungen im Bereich Musik (zusammenfassend Kormann, 2005; aktuelles Beispiel: Hasselhorn, 2015), die sich jedoch nicht auf Kreativität fokussieren. International ist entsprechende Forschung zu Kreativität im Bereich Musik überwiegend schon etwas älter, wobei aber auch einige aktuelle Projekte existieren (z. B. Musical Expression Test [MET], Barbot & Lubart, 2012; vgl. Abschnitt 2).

Die Förderung kreativer Kompetenzen im schulischen Kontext und konkret auch im Bereich der kulturellen Bildung ist gesellschaftlich gewünscht und wird von der Praxis bereits vielfältig in unterschiedlichen

Projektformaten aufgegriffen (vgl. für den Bereich Musik z. B. Übersicht bei www.miz.org). Um die Ausgangslage bei Teilnehmenden sowie den grundsätzlichen Bedarf an Förderung, aber auch um die Wirksamkeit einzelner Maßnahmen systematisch erfassen und die Forschung in diesem Bereich ausbauen zu können, besteht ein Bedarf an theoretisch fundierten und breit einsetzbaren Messinstrumenten zur Erfassung kreativer Kompetenzen von Schülerinnen und Schülern beispielsweise im Bereich Musik. Diese liegen bisher jedoch für einen Einsatz bei Gruppentestungen im schulischen Kontext für Lernende im Bereich der Sekundarstufe I in Deutschland nicht vor. Vor diesem Hintergrund war es Ziel des von der Stiftung Mercator geförderten Projekts „EkK – Die Entwicklung von Kreativität in Schule erfassen und fördern" (2017–2020) ein Instrument zur Messung kreativer Kompetenzen in dem Bereich Musik für Schülerinnen und Schüler der Sekundarstufe I zu entwickeln. In den folgenden Abschnitten wird zunächst auf die Frage der Definition von Kreativität genauer eingegangen, bevor das für das Projekt EkK abgeleitete Modell kreativer Kompetenzen im Bereich Musik vorgestellt wird. Im empirischen Teil werden die Operationalisierung des theoretischen Modells anhand von Beispielaufgaben vorgestellt und ausgewählte Befunde zu diesen Aufgaben präsentiert. In der abschließenden Diskussion werden Implikationen für weitere Forschung und pädagogische Praxis berichtet.

2 Definitionen und Instrumente zur Erfassung von Kreativität und von Kreativität im Bereich Musik

2.1 Definitionen von Kreativität

Definitionen und Modelle

Der Begriff der Kreativität hat eine deutliche Wandlung seines Verständnisses von der Antike bis heute durchlaufen. Dabei veränderte sich sowohl der Fokus vom Menschen, der durch Kreativität die Realität abbildet bzw. entdeckt, hin zu Kreativität nicht als menschlicher sondern als göttlicher Eigenschaft. Später wurde Kreativität zunehmend mit einem Genie in Verbindung gebracht. Die heutigen Begriffsdefinitionen fokussieren hingegen auf Kreativität als menschlicher Fähigkeit der Entwicklung neuer oder origineller Dinge mit Wert (vgl. Fink, 2011; Nett, 2019; Westmeyer, 2009). Dabei existieren jedoch gleichzeitig unzählige Definitionen innerhalb und zwischen Disziplinen (u. a. schon früh Schumpeter, 1911 im Bereich der Wirtschaft und Guilford, 1950 im Bereich der Psychologie). Einige Beispiele aktueller Definitionen finden sich in Tabelle 1.

Tabelle 1: Beispiele für Definitionen von Kreativität.

Beispiele für Definitionen von Kreativität
• "a novel work that is accepted as tenable or useful or satisfying by a group in some point in time" (Stein, 1953) • "the production of novel, useful products" (Mumford, 2003) • "something original and worthwhile" (Sternberg, 2011) • "developing, designing, or creating new applications, ideas, relationships, systems, or products, including artistic contributions." (Eschleman, Mathieu, & Cooper, 2017) • "Creativity is the interaction among aptitude, process, and environment by which an individual or group produces a perceptible product that is both novel and useful as defined within a social context" (Plucker, Beghetto & Dow, 2004) • "a process of becoming sensitive to problems, deficiencies, gaps in knowledge, missing elements, disharmonies, and so on; identifying the difficulty; searching for solutions, making guesses, or formulating hypotheses about the deficiencies: testing and retesting these hypotheses and possibly modifying and retesting them; and finally communicating the results." (Torrance, 1974)

Eine grundlegende Unterscheidung, die vielen Definitionen zugrunde liegt, ist die Unterteilung von divergentem versus konvergentem Denken durch Guilford (1950), aus der häufig das divergente Denken als Kreativität gefasst wird (vor Guilford s. schon Hargreaves, 1927; aktuell Runco & Jaeger, 2012). Darüber hinaus wurden verschiedene Subfacetten kognitiver kreativer Kompetenzen diskutiert, bei der in aktuellen Definitionen häufig (1) Ideenflüssigkeit [fluency], (2) Flexibilität [flexibility], (3) Originalität [originality] und (4) Elaboration [elaboration] unterschieden werden (u. a. Abedi, 2002).

Ein aktuell einflussreiches Modell zur Struktur von Kreativität stellte beispielsweise Amabile (1996) vor. In dem „Componential Model of Creativity" werden (1) kreativitätsrelevante Fähigkeiten im Sinne von individuellen Eigenschaften, die mit Kreativität in Verbindung stehen, (2) domänenspezifische Fähigkeiten, also Wissen, technische Fähigkeiten oder spezialisiertes Talent, und (3) Aufgabenmotivation unterschieden. Der Grad der Kreativität eines aus diesen Komponenten entstehenden Produktes muss von Expertinnen und Experten der jeweiligen Domäne beurteilt werden. Mit dem expliziten Einbezug von Aufgabenmotivation, die möglichst intrinsisch sein sollte, geht das Modell über die Berücksichtigung rein kognitiver Konstituenten von Kreativität hinaus. Ebenfalls diskutiert wurde die Investmenttheorie der Kreativität (Sternberg & Lubart, 1995), die als Kreativität beeinflussende Faktoren Intelligenz, Persönlichkeit, Motivation, Denkstile, Wissen und die Umgebung identifizierten. Die Interaktion mit der Umgebung wurde auch in der Definition von Csikszentmihalyi (1999) thematisiert. In seiner systemischen Perspektive definierte er Kreativität als Interaktion von (1) Domäne (Expertise in einem Bereich), (2) Feld („Gatekeepers", z. B. Kritiker/innen, Lehrkräfte, Gutachtende) und (3) Person (dem Individuum, das das Produkt gestaltet). Damit verwies er darauf, dass sich die Bewertung von etwas als „kreativ" im Laufe der Zeit verändern kann. Ähnlich wird in der Literatur auch von den vier interagierenden „P" der Kreativität gesprochen: Person [person], Prozess [process], Produkt [product] und Ort [place] (Rhodes, 1961; vgl. zu Personeneigenschaften u. a. auch Feist, 1998).

Weitere Modelle beschäftigten sich nicht mit Struktur oder den involvierten Instanzen bzw. Bereichen, sondern mit der Identifikation verschiedener Phasen eines kreativen Prozesses. So beschrieb schon früh Wallas (1926) in seinem Phasenmodell als relevante Phasen: Vorbereitung [preparation], Inkubation [incubation], Illumination/Erkenntnis [illumination] mit der Teilphase Andeutung [intimation] sowie Verifikation/Überprüfung [verification] (vgl. auch Phasenmodelle bei Csikszentmihalyi, 1999; Mumford, Medeiros & Partlow, 2012; Übersicht Lubart, 2010). Webster (2003) identifizierte in seinem Prozessmodell der Kreativität in Musik zunächst die Phase der Intention bezüglich eines Produkts (z. B. eine Komposition) aus einem von fünf möglichen Bereichen (u. a. Komposition, Improvisation). Diese wird dann von einer Phase der divergenten und konvergenten Denkprozesse gefolgt. Die Entwicklung, Bearbeitung und Überprüfung von Ideen wird dabei einerseits durch ermöglichende persönliche Fähigkeiten (z. B. konzeptuelle Verständnis, handwerkliche Fähigkeiten, ästhetische Sensitivität) sowie andererseits durch persönliche (z. B. Motivation, Persönlichkeit) und soziokulturelle Bedingungen (z. B. Kontext, Aufgabe) mitbedingt. Am Ende dieses Prozesses steht dann ein Produkt wie beispielsweise eine Musikaufnahme. Das Modell verdeutlicht, dass für die Entstehung eines kreativen Produkts sowohl divergente als auch konvergente Denkprozesse notwendig sind. Eine theoretische Annäherung an Kreativität kann nicht nur im Kontext von Definitionen und Strukturmodellen, sondern auch in Abgrenzung dieses Konstrukts zu anderen, verwandten Konstrukten erfolgen.

Grundsätzliche theoretische Überlegungen und Abgrenzung von anderen Konstrukten

Eine zentrale Frage in der wissenschaftlichen Auseinandersetzung mit Kreativität ist die Definition von Domänenspezifität versus Globalität von Kreativität (vgl. schon Barron, 1969), die sich neben der theoretischen Diskussion auch auf die Operationalisierung und psychometrische Erfassung kreativer Kompetenzen auswirkt. Teilweise werden beide Sichtweisen auch über unterschiedliche Komponenten in Modelle integriert. So wird in dem Modell von Amabile beispielsweise die Komponente der kreativen Prozesse als domänenunspezifisch angesehen, die dann bei der Erarbeitung eines kreativen Produkts mit der Komponente fachspezifischer Kompetenzen, wie zum Beispiel Wissen, zusammenwirkt. Auch der neuere Ansatz des Amusement Park Theoretical Model of Creativity (Kaufman & Baer, 2005) kombiniert beide Ansätze. Hier wird allerdings eine andere Argumentation dahingehend genutzt, dass von allgemeinen Ausgangsbedingungen [initial requirements] ausgegangen wird, die dann über allgemeine thematische Bereiche [general thematic areas] zunehmend bezogen auf Domänen [domains] und dann sogar Teildomänen [micro-domains] führen.

Schließlich ist die Abgrenzung der Kreativität von Intelligenz ein wesentlicher Aspekt der wissenschaftlichen Auseinandersetzung mit Kreativität (vgl. Guilford, 1950; aktuell Kim, 2011; Preckel, Holling & Wiese, 2005). In der Metaanalyse von Gajda, Karwowski und Beghetto (2017) mit 120 Studien wurde eine mittlere Korrelation von Schulleistungen und Kreativität von $r = .22$ (95% CI [.19, .24]) berichtet, wobei der Zusammenhang stärker war, wenn Kreativität und Leistung mit Tests erfasst wurden. In der Metaanalyse von Kim (2008; s. auch 2011) zur Korrelation von Intelligenz und Kreativität wurde ein höherer Zusammenhang zwischen Testwerten im divergenten Denken und Kreativität ($r = .22$) als für IQ-Testwerte und Kreativität ($r = .17$) gefunden. Die höchsten Zusammenhänge ergaben sich bei Nutzung des Torrance Tests of Creative Thinking (TTCT) als Test für divergentes Denken. Für den Bereich Musik berichtete Kim (2008) jedoch eine höhere Prädiktionskraft durch IQ als durch divergentes Denken. Allgemein wurde geschlussfolgert, dass die Quantität kreativer Leistungen stärker mit dem IQ, die Qualität aber stärker mit der Fähigkeit zu divergentem Denken zusammenhängen könnte. Konkret für Jugendliche zeigte eine Einzelstudie von Preckel (et al., 2005) zudem, dass die Zusammenhänge bei 12–16-Jährigen über das gesamte Fähigkeitsspektrum nicht variierten, sondern von vergleichbarer Größe waren.

Neben der Unterscheidung von Kreativität und Intelligenz wurde unter anderem auch die Abgrenzung von Problemlösen (vgl. O'Neill & Baker, 2017), das Verhältnis bewusster versus unbewusster Prozesse (vgl. u. a. Csikszentmihalyi, 1999) oder funktioneller Kreativität versus ästhetischer Kreativität (Cropley, Cropley, Kaufmann & Runco, 2010) diskutiert. Auch die Frage, ob motivationale Merkmale Teil einer Kompetenzdefinition sein sollten (z. B. Modell Amabile, 1996, allgemein: Baumert & Kunter, 2006; Weinert, 2001) oder ob Kreativität von Motivation abzugrenzen und auf kognitive Komponenten zu fokussieren ist (allgemein z. B. Klieme et al., 2003), ist im Kontext der Konzeptualisierung kreativer Kompetenzen im Bereich Musik relevant.

Die vielfältigen Ebenen, auf denen Kreativität definiert wird, ordneten Kaufman und Beghetto (2009) zu einem Entwicklungsmodell der Kreativität, das „Vier C-Modell": Auf der ersten Stufe (mini-c) kann beispielsweise eine frühe Kinderzeichnung kreativ sein, bei der ein Kind neue Farben für sich entdeckt hat. Hier geht es um transformatives Lernen, das für das Individuum bedeutsame Erfahrungen, Handlungen oder Erkenntnisse beinhalten kann. Auf der zweiten Stufe kommen Weiterentwicklungen anhand von Feedback aus dem sozialen Umfeld hinzu, das erste kreative Produkte wertschätzt und Problemlösen im Alltag umfasst (little-c). Die dritte Stufe wird erst nach ausreichender gezielter Übung und Training erreicht und erlaubt Kreativität in professionellen Kontexten (Pro-C). Die vierte und letzte Stufe (Big-C) wird nur von wenigen Ausnahmetalenten erreicht. Diese Differenzierung hilft zur Verortung von Kreativität im schulischen Kontext – hier geht es zwar um mehr als mini-c, aber eben nicht um professionelle Werke wie in den Bereichen Pro-C und Big-C, sondern kreative Kompetenzen sollen im Sinne von little-c für alle Schülerinnen und Schüler im schulischen Kontext erfahrbar sein.

Zusammenfassend kann auf der Basis der Definitionen und Modelle festgehalten werden, dass es sich bei Kreativität um eine menschliche, von der Intelligenz trennbare Eigenschaft handelt, für die die Unterscheidung von divergenten versus konvergenten Denkprozessen zentral ist (Guilford, 1950). Des Weiteren ist die Identifikation von Subfacetten kognitiver kreativer Kompetenzen – Ideenflüssigkeit [fluency], Flexibilität [flexibility], Originalität [originality] und Elaboration [elaboration] (u. a. Abedi, 2002) – zu berücksichtigen. Eine wichtige Erweiterung stellt darüber hinaus die Beschreibung mehrerer Komponenten, die neben kreativitätsrelevanten und domänenspezifischen Fähigkeiten auch (Aufgaben)Motivation beinhalten, dar (vgl. Amabile, 1996). Schließlich ist die Verortung der Zielebene von Kreativität im schulischen Kontext von little-c nach Kaufman und Beghetto (2009) eine wichtige Ableitung.

2.2 Instrumente zur Erfassung von Kreativität und von Kreativität im Bereich Musik

Die Vielfalt der Begriffe und Definitionen ist mit einer der Gründe, weshalb sehr unterschiedliche Instrumente bei der Erfassung von Kreativität zum Einsatz kommen. Grundsätzlich sind drei Ansätze zur Erfassung von Kreativität in der Literatur zu unterscheiden: Erstens werden Ratings von kreativen Produkten durch Expertinnen und Experten bzw. trainierte Raterinnen und Rater eingesetzt. Hierzu findet unter anderem die Consensual Assessment Technique von Amabile (1983, 1996) Anwendung, die im Bereich Musik beispielsweise von Hickey (2001) eingesetzt wurde, oder auch die Creative Product Semantic Scale von O'Quin und Besemer (2006). Ein weiteres Studienbeispiel aus dem Bereich Musik sind die Ratings von Flow und Qualität der Kreativität von Gruppenkompositionen bei Byrne, MacDonald und Carlton (2003). Zweitens existieren eine Reihe von Fragebögen für Selbstauskünfte (z. B. Creative Achievement Questionnaire, Carson, Peterson & Higgins, 2005). Drittens wurden unterschiedliche Testverfahren entwickelt (Überblicke: Kaufman, Plucker & Baer, 2008; Runco, 2014), auf die im Folgenden fokussiert wird.

Zur Erfassung allgemeiner Kreativität sind international insbesondere Torrance Tests of Creative Thinking (TTCT; Torrance 1974; aufbauend auf Guilford 1950) in Verwendung. Die Aufgaben zum divergenten Denken und Problemlösen (verbal und figural) in sieben Subtests werden nach Fluency, Originality und Flexibility (verbal) bzw. Fluency, Originality, Elaboration, Resistance to premature closure und Abstractness (figural) ausgewertet. Der Remote Associates Task (RAT; Mednick, 1962), bei dem drei scheinbar unzusammenhängende Wörter durch ein viertes assoziiertes Wort ergänzt werden sollen, ist ein weiteres Beispiel für einen international in verschiedenen Sprachversionen vorliegenden Test. In aktuellen Studien wurden darüber hinaus spezifische Testverfahren angewendet wie beispielsweise The Ariel Real Life Problem Solving (Hong & Milgram, 2010) als kontextspezifisches Maß, das Ideenflüssigkeit anhand von spezifischen und häufigen Lebenssituationen erfasst. Ein weiteres aktuelles Maß ist die Testbatterie Evaluation der potentiellen Kreativität (EPoC; Barbot, Besançon & Lubart, 2011; Lubart, 2016). Der Test umfasst verbale und graphische Subtests, die jeweils divergente und konvergente Denkprozesse messen. Somit wird eine Diagnose und Beschreibung von kreativen Profilen möglich.

National misst unter anderem der Berliner Intelligenzstruktur Test Einfallsreichtum (Jäger, Süß & Beauducel, 1997). Für ein Screening im Kindesalter ist auch der weitgehend sprachfreie KVS-P mit sechs Subtests (u. a. Bilderraten, Gebundene Zeichnungen) von Krampen (1996) einsetzbar.

Im Bereich der Musik liegen ebenfalls Ansätze zur Erfassung kreativer Kompetenzen vor (vgl. u. a. Running, 2008). Einen frühen Ansatz stellte der Vaughan Test of Musical Creativity (Vaughan, 1973) dar, der aus sechs Improvisationsaufgaben mit rhythmischen Instrumenten und Glocken bestand. Für das Kindergartenalter schlug Vold (1986) das Measure of Musical Problem Solving (MMP) vor, das praktische Übungen in den Bereichen Flüssigkeit, Flexibilität und Originalität beinhaltet. Flüssigkeit und Vorstellungskraft messen die Measures of Creativity in Sound and Music (MCSM; Wang, 1985). Der Rückbezug vieler Instrumentenentwicklungen auf die Arbeiten von Guilford bzw. Torrance und die damit verbundene

Betonung divergenter Maße wurde auch bei Gorder (1980) deutlich, dessen Measures of Musical Divergent Production Flüssigkeit, Flexibilität, Originalität, Elaboration und Qualität erfassten, wobei hier als Zielgruppe spezifisch Personen, die Instrumente spielen, zählen. Großen Einfluss hatte schließlich Websters (1990) Ansatz des Measure of Creative Thinking in Music (MCTM), bei dem Kinder zehn angeleitete Improvisationsaufgaben durchlaufen (vgl. auch Gordon, 1979) und die Ergebnisse von Expertinnen und Experten bewertet werden (s. auch Hickey & Webster, 1999). Ein neuer Test wurde kürzlich von Barbot und Lubart (2012) vorgestellt: Der Musical Expression Test (MET) nutzt systematische Beobachtung im Kontext von Musikexploration und bewertet die computerbasiert aufgenommenen Musikstücke als Produkte dieser musikalischen Aktivitäten. Eine ausführliche Diskussion aller vorliegenden Testansätze und Testinstrumente und ihrer jeweiligen Einschränkungen bezüglich Umfang des erfassten Kreativitätsbereichs, der Testgütekriterien, des Alterseinsatzbereichs oder der ausschließlichen Einsatzmöglichkeit im Rahmen von Einzeltestungen ist an dieser Stelle nicht möglich (vgl. Primärpublikationen). Insgesamt ist jedoch festzustellen, dass bisher kein theoriebasiertes Testverfahren für kreative Kompetenzen im Bereich Musik vorliegt, dass einerseits einer umfassenderen Definition von Kreativität folgt und gleichzeitig in gruppenbasierten Erhebungskontexten im schulischen Alltag für die Altersgruppe der Lernenden in der Sekundarstufe I einsetzbar ist.

3 Modell kreativer Kompetenz in Musik, Operationalisierung und erste empirische Befunde

3.1 Modell kreativer Kompetenz in Musik

Auf der beschriebenen theoretischen Basis, der Sichtung vorliegender Instrumente (vgl. u. a. Abschnitt 2.2) und unter Berücksichtigung des Inputs aus zahlreichen Interviews mit Expertinnen und Experten wurde im Rahmen des Projekts „EkK – Die Entwicklung von Kreativität in Schule erfassen und fördern" ein theoretisches Modell kreativer Kompetenz im Bereich Musik entwickelt (vgl. Abbildung 1). Dieses unterscheidet drei übergeordnete Dimensionen: Kreative Prozesse, Fachkompetenzen und Motivation. Damit gibt es deutliche Parallelen des Modells zu dem theoretisch fundierten und wissenschaftlich bereits produktiv genutzten Modell von Amabile (1996), die ebenfalls drei Komponenten unterscheidet neben kognitiven Fähigkeiten und eine motivationale Komponente als Teil der Kompetenz berücksichtigt. Die kreativen Prozesse wurden in dem vorliegenden Modell jedoch fachspezifisch konzeptionalisiert und die Facetten aller drei Dimensionen wurden weiter ausdifferenziert. Zur Dimension der kreativen Prozesse gehören der Konzeption nach neben divergenten Teilfacetten (vgl. Abedi, 2002; Guilford, 1950) auch die Kompetenz konvergenter Prozesse (vgl. Webster, 2003) und die Sensitivität für Musik (vgl. Csikszentmihalyi, 1999; Webster, 2003). Zur Dimension der Fachkompetenzen wird neben deklarativem und prozeduralem Fachwissen auch die Erfahrenheit mit Musik gezählt (vgl. in anderen Modellen die Facette „Expertise", z. B. Csikszentmihalyi, 1999). In der dritten Dimension werden vier in der Motivationspsychologie verorteten Facetten unterschieden, die neben Wert- und Motivationskomponenten auch selbstbezogene Kognitionen in das Modell einbringen (s. Amabile, 1996; Wigfield & Eccles, 2000). Das Modell steht damit im Anschluss an Kompetenzdefinitionen, die kognitive Kompetenzfacetten um nicht-kognitiven Facetten erweitern (vgl. Weinert, 2001).

Abbildung 1: Theoretische Modell kreativer Kompetenz im Bereich Musik im Projekt EkK

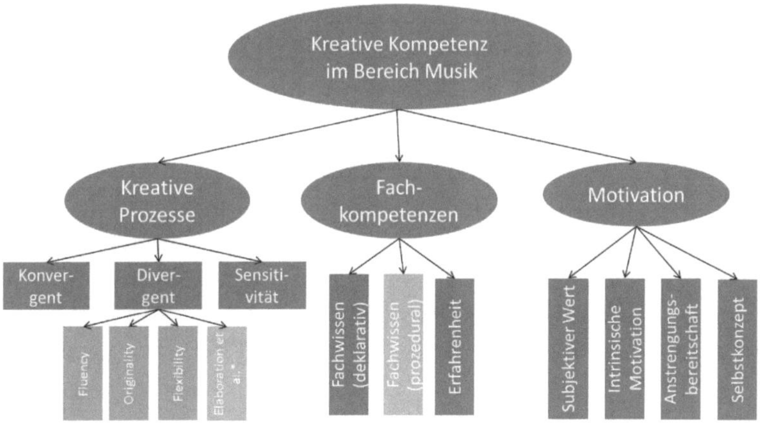

3.2 Operationalisierung und erste empirische Ergebnisse

Zur Operationalisierung dieses theoretischen Kompetenzmodells wurde im Rahmen des Projekts EkK eine Vielzahl verschiedener Testaufgaben mit unterschiedlichen Testformaten entwickelt (s. Tabelle 3). Die Administration dieser Aufgaben erfolgte auf Tablets und für die Implementierung der Testinstrumente wurde der CBA ItemBuilder genutzt (Rölke, 2012; http://tba.dipf.de).

Insgesamt nahmen 610 Jugendliche an der Erhebung im Herbst 2018 teil. Die Schülerinnen und Schüler besuchten sechste und siebte Klassen unterschiedlicher Schulformen im Ruhrgebiet. 51.9 Prozent waren Mädchen. Zu etwa 70 Prozent der Jugendlichen lagen Angaben zu ihren Noten in Musik, Deutsch und Mathematik vor (vgl. Tabelle 2 für eine Übersicht der Notenverteilungen).

Tabelle 2: Notenverteilungen in Musik, Deutsch und Mathematik (Musik: *n* gültig = 495; 77.9%; Deutsch: *n* gültig = 432; 70.8%; Mathematik: *n* gültig = 412; 67.5%):

Note in	1	2	3	4	5 und 6
Musik	18.74%	38.74%	32.42%	9.26%	0.84%
Deutsch	8.56%	34.72%	36.81%	16.90%	3.01%
Mathematik	8.74%	31.31%	34.47%	19.66%	8.29%

Die Notenverteilung verdeutlichte, dass im Musikunterricht vergleichsweise häufig gute oder sogar sehr gute Noten erreicht werden – insgesamt 57.5 Prozent aller Schülerinnen und Schüler im Vergleich zu 43.3 Prozent in Deutsch bzw. 40.1 Prozent in Mathematik. Umgekehrt sind schlechte Noten mit weniger als zehn Prozent in Musik im Vergleich beispielsweise zu Mathematik mit 28.0 Prozent eher selten. In den weiteren Analysen wurden die Noten umgepolt, so dass ein positiver Zusammenhang bedeutet, dass Kinder mit besseren Noten auch höhere Leistungen in den Aufgaben zeigen.

Tabelle 3: Anzahl entwickelter Items nach Bereichen

Komponente	Facette	Subfacetten	Itemzahl
Kreative Prozesse	Divergent	Fluency, Flexibility, Originality	17
	Konvergent		12
	Sensitivität (3 Alternativen)		14 / 4 / 4
Fachkompetenzen	Fachwissen	Deklarativ (perspektivisch: prozedural)	41
	Erfahrenheit (konkrete Aktivitäten, allgemein)		16 (6+10)
Motivation	Subjektiver Wert		4
	Intrinsische Motivation		6
	Anstrengungsbereitschaft		4
	Selbstkonzept		6

3.2.1 Kreative Prozesse – divergente Prozesse

Im Bereich divergenter Prozesse wurden einerseits sprachbasierte und andererseits sprachfreie, prozedurale Aufgaben entwickelt, die auf Melodien oder Rhythmen fokussierten. Ein Beispiel für ein sprachbasiertes Item ist in Abbildung 2, ein Beispiel für ein prozedurales Item in Abbildung 3 dargestellt.

Abbildung 2: Beispiel einer sprachbasierten Aufgabe.

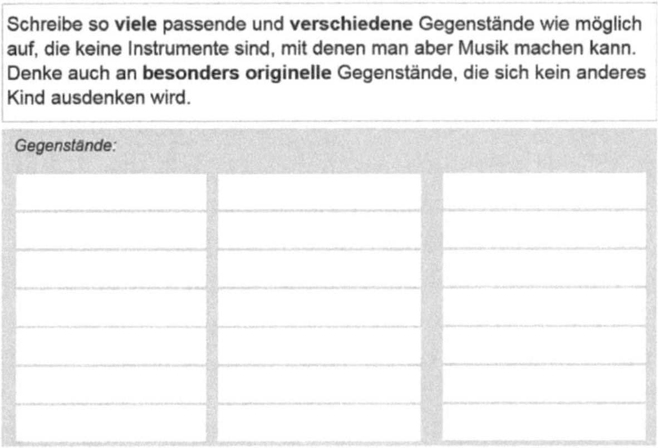

> Schreibe so **viele** passende und **verschiedene** Gegenstände wie möglich
> auf, die keine Instrumente sind, mit denen man aber Musik machen kann.
> Denke auch an **besonders originelle** Gegenstände, die sich kein anderes
> Kind ausdenken wird.
>
> *Gegenstände:*

Bei den sprachbasierten Aufgaben wurden die getesteten Jugendlichen aufgefordert, für eine bestimmte musikbezogene Problemstellung so viele verschiedene Begriffe wie möglich zu nennen, um die Aufgabe zu lösen. Im Falle des in Abbildung 2 aufgeführten Beispiels waren dies Gegenstände, die sich eignen, Musik zu machen, aber keine Instrumente sind. Ausgewertet wurden diese Aufgaben im ersten Schritt durch einfaches Auszählen unterschiedlicher Begriffe, um ein Maß für Fluency abzuleiten. Im zweiten Schritt wurde ein Maß zur Flexibility mit Hilfe einer latenten semantischen Analyse (z. B. Landauer, Foltz & Laham, 1998) berechnet. Hierzu wurde das R-Paked LSAfun (Günther, Dudschig und Kaup, 2015) verwendet, um die semantischen Ähnlichkeiten bzw. Unähnlichkeiten zwischen je zwei genannten Begriffen mit der Methode nach Günther, Dudschig und Kaup (2016) zu berechnen, wobei die Bias-Korrektur nach Forthmann, Oyebade, Ojo, Günther und Holling (2019) vorgenommen wurde. Als Berechnungsbasis für den latenten semantischen Raum diente der DeWaC-Korpus (Baroni, Bernardini, Ferraresi, & Zanchetta, 2009). Als Maß für Flexibility wurde der mittlere Abstand zwischen allen genannten Begriffspaaren berechnet. Um die Leistung einer Schülerin bzw. eines Schülers hinsichtlich Originality zu bewerten, wurden im ersten Schritt 100 Begriffe aller übrigen Schülerinnen und Schüler zufällig gezogen, die das entsprechende Item bearbeitet haben. Im zweiten Schritt wurden dann zu jedem von der betrachteten Schülerin (bzw. des betrachteten Schülers) genannten Begriff die jeweiligen Abstände zu den Begriffen der Zufallsauswahl berechnet. Ein einzelner genannter Begriff wurde mit dem kleinsten gefundenen Abstand bewertet. Der genannte Begriff, der dabei den größten Abstand aufwies, bestimmte die Originalität der bei dem betrachteten Item gezeigte Gesamtleistung. Die Maße der Flexibility und Originality wurden so normiert, dass Werte zwischen Null und Eins erreicht werden konnten.

Das in Abbildung 2 dargestellte Item bearbeiteten 209 Schülerinnen und Schüler. Für Fluency variierten die gezeigten Leistungen zwischen einem und 16 Begriffen bei einem Mittelwert von 5.49 und einer Standardabweichung von 3.30. Hinsichtlich Flexibility zeigten die Schülerinnen und Schüler Leistungen zwischen 0.00 und 0.94 bei einem Mittelwert von 0.59 und einer Standardabweichung von 0.23. Bei der Subfacette Originality reichten die Werte von 0.12 bis 0.93 bei einem Mittelwert von 0.49 und einer Standardabweichung von 0.20.

Bei dem in Abbildung 2 dargestellten Item schneiden Mädchen signifikant besser ab (im Mittel 1.97 Begriffe mehr) als Jungen und es besteht beispielsweise ein tendenziell geringer positiver Zusammenhang ($r = .13$; $p < .1$) zwischen dem Fluency-Maß und der Musiknote, während zu Noten anderer Fächer (Deutsch, Mathematik) kein Zusammenhang besteht.

Prozedurale Aufgaben mit Fokus auf Melodien forderten von den getesteten Jugendlichen das Improvisieren von Melodien zu einer Begleitmusik. Hierzu gab es ein Zeitfenster von 180 Sekunden, wobei die Begleitmusik jeweils ca. 20 Sekunden lang war. Im Falle des in Abbildung 3 dargestellten Items hatten die Jugendlichen die Möglichkeit, eine Melodie aus drei verschiedenen Tönen zu spielen. Für die Facette Fluency wurden im ersten Schritt die Anzahl der unterschiedlich gespielten Melodien ausgezählt. Im zweiten Schritt wurde für die Subfacette Flexibility ein Abstandsmaß zwischen je zwei Melodien berechnet. Die Ableitung des Abstandsmaßes erfolgte orientiert an Methoden aus dem Bereich des *Music Processing* zur Synchronisation von Musikstücken (z. B. Müller, 2015). Bei diesem Synchronisationsproblem wird ein Abstandsmaß zwischen Teilintervallen von je zwei Melodien berechnet. Dieses Abstandsmaß war Grundlage zur Berechnung von Werten der Subfacetten Flexibility und Originality. Dabei wurden Aspekte wie unterschiedliche Tonlänge und -höhe mit in die Berechnung einbezogen. Basierend auf diesem Abstandsmaß wurde für die Ableitung der Maße der beiden Subfacetten Flexibility und Originilaty eine Prozedur analog zu den sprachbasierten Items gewählt.

Das in Abbildung 3 dargestellte Item bearbeiteten 133 Schülerinnen und Schüler. Für Fluency variierten die gezeigten Leistungen zwischen einer und acht Melodien bei einem Mittelwert von 3.92 und einer Standardabweichung von 2.02. Hinsichtlich Flexibility zeigten die Schülerinnen und Schüler Leistungen zwischen 0.00 und 0.75 bei einem Mittelwert von 0.09 und einer Standardabweichung von 0.09. Die Mittelwerte der einzelnen Items reichten von 0.07 und 0.09 und die Standardabweichungen von 0.06

bis 0.09. Bei der Subfacette Originality reichten die Werte von 0.06 bis 0.47 bei einem Mittelwert von 0.12 und einer Standardabweichung von 0.09. Bezüglich dieser Subfacette reichten die Mittelwerte der einzelnen Items von 0.10 bis 0.14 und die Standardabweichungen von 0.08 bis 0.10.

Abbildung 3: Beispiel einer prozeduralen Aufgabe mit Fokus auf Melodie.

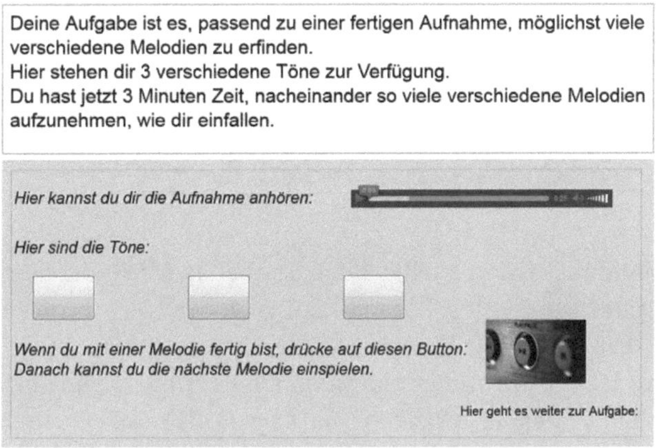

Bei diesem Item besteht ein tendenziell positiver Zusammenhang beispielsweise des Originalitätsmaßes mit der Note in Musik ($r = .17$; $p < .1$) und Mathematik ($r = .19$; $p < .1$), nicht aber mit der Note in Deutsch. Zwischen den Geschlechtern finden sich hier keine Unterschiede in den gemessenen mittleren Leistungen.

3.2.2 Kreative Prozesse – konvergente Prozesse

Bei den konvergenten Prozessen erforderten die neu entwickelten Aufgaben die Auswahl eines passenden Musikstücks aus mehreren Musikstücken (Audio) zu einer kreativen Darstellung (z. B. ein Bild, Gedicht oder Titel eines Musikstücks; siehe Abbildung 4) oder umgekehrt (siehe Abbildung 5) die Auswahl einer kreativen Darstellung aus mehreren Darstellungen zu einem vorgegebenen Musikstück (Audio). Die Bestimmung der jeweils richtigen Antwort wurde mit Hilfe eines Expertenratings vorgenommen. Darüber hinaus beinhalteten andere Aufgaben die Anforderung Qualitätsurteile über vorgegebene Melodien zu fällen.

Abbildung 4: Beispiel Aufgabe zu konvergenten Prozessen.

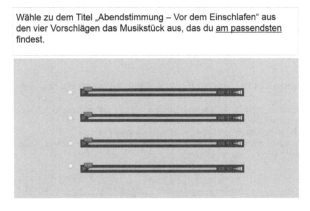

Das in Abbildung 4 dargestellte Item bearbeiteten 580 Schülerinnen und Schüler. Dabei wurde eine Lösungshäufigkeit von 0.73 beobachtet. Mädchen ($M = 0.88$) waren bei diesem Item im Mittel signifikant ($p < .01$) besser als Jungen ($M = 0.56$). Außerdem bestanden geringe positive Zusammenhänge zu den Noten in Musik ($r = .14$; $p < .01$) und Deutsch ($r = .12$; $p < .05$), nicht aber zu Noten in Mathematik.

Das in Abbildung 5 dargestellte Item bearbeiteten 301 Schülerinnen und Schüler. Die mittlere Lösungshäufigkeit belief sich auf 0.55. Auch bei diesem Item zeigten Mädchen ($M = 0.63$) signifikant ($p < .01$) höhere mittlere Leistungen als Jungen ($M = 0.47$). Zu Noten zeigten sich bei diesem Item keine Zusammenhänge.

Abbildung 5: Beispiel Aufgabe zu konvergenten Prozessen.

3.2.3 Kreative Prozesse – Sensitivität

Zur Erfassung der Sensitivitätskomponente wurden drei alternative Ansätze eingesetzt. Zum einen wurden zur Messung von Sensitivität vier Items eingesetzt, die dem Konzept des Flow-Erlebens entsprachen und die von 120 Schülerinnen und Schülern bearbeitet wurden. Die Items wurden adaptiert nach der FKS von Rheinberg, Vollmeyer und Engeser (2003). Ein Beispielitem lautet „Wenn ich Musik höre, bin ich ganz vertieft." mit den Antwortmöglichkeiten „1 = Stimmt gar nicht" bis 4 = „Stimmt genau". Im Mittel erzielten Schülerinnen und Schüler einen Wert von 2.66 bei einer Standardabweichung von 0.78 und einer Reliabilität von 0.76. Bei dieser Skala wurden keine Unterschiede zwischen den Geschlechtern gefunden. Bezüglich der Noten bestand lediglich mit der Mathematiknote ein negativer Zusammenhang ($r = -.24$; $p < .05$)

Zum anderen erfasste einer der Ansätze gezielt anhand der Frage „Was passiert, wenn du das folgende Stück hörst?" (mit den Antwortmöglichkeiten „Nichts", „Ich höre Musik", „Ich sehe eine Farbe, und zwar: ___", „Ich fühle etwas Besonderes, und zwar: ___" und „Ich sehe ein Bild oder eine Szene vor mir, und zwar: ___") das direkte Erleben beim Hören eines vorgegebenen Musikausschnitts. Bei diesen Items kam es zu Problemen bei der Implementation, die sich erst nach der Erhebung zeigten. In Folge konnten die Itemantworten dieser Items in dieser Erhebung nicht ausgewertet werden.

Zuletzt wurde der Bereich Sensitivität in Anlehnung an die Tellegen Absorption Scale (z. B. Sandstorm & Russo, 2013) mit 14 Items gemessen. So lautete ein Item „Manche Musik erinnert mich an Bilder oder sich ändernde Farbmuster." mit jeweils den Antwortoptionen „1 = Stimmt nicht", „2 = Stimmt etwas", „3 = Stimmt teilweise", „4 = Stimmt überwiegend" und „5 = Stimmt völlig". Bei dieser Skala erreichten die Schülerinnen und Schüler im Mittel einen Wert, von 3.07 bei einer Standardabweichung von 0.76 und einer Reliabilität von 0.81. Auch hier gab es keine Unterschiede zwischen den Geschlechtern und es bestanden keine Zusammenhänge mit Schulnoten.

3.2.4 Fachkompetenzen – Fachwissen

Im Bereich des Fachwissens wurde zunächst nur das deklarative Wissen in 41[1] Aufgaben umgesetzt. Dabei wurden die fünf Bereiche „Noten, Tonarten, Dynamik" (z. B. „Was ist ein Ton?"), „Instrumente" (z. B. „Wie viele Saiten

---

1 Ursprünglich wurden 54 Items eingesetzt. Aufgrund von zu niedrigen Itemtrennschärfen (< 0.10) wurden 13 Items von den Analysen ausgeschlossen.

hat eine Geige?"), „Musikrichtungen, musikalische Formen" (z. B. „Was ist Tanzmusik?"), „Berufe, Orte, weitere Fachtermini" (z. B. „Was macht eine Dirigentin?") und „Berühmte Stücke/Personen, Historisches" (z. B. „Johann Sebastian Bach war ein Komponist welcher Epoche?") unterschieden. Alle Aufgaben in diesem Bereich sind Multiple-Choice-Items mit je einer richtigen Lösung und drei Distraktoren. Der Test wurde in einem multiplen Matrix Design an 482 Personen administriert, so dass eine Schülerin bzw. ein Schüler im Mittel elf Items bearbeitete (mindestens vier, maximal 17). Das Item „Wie viele Saiten hat eine Geige?" beantworteten beispielsweise 85.7 Prozent der Schülerinnen und Schüler richtig und stellte sich als besonders leicht für diese Personengruppe heraus, während das Item „Johann Sebastian Bach war ein Komponist welcher Epoche?" sich mit einer mittleren Lösungshäufigkeit von 23.4 Prozent als vergleichsweise schwierig zu lösen darstellte. Die Fähigkeit dieser Facette wurde mit Hilfe eines dreiparametrischen logistischen Modell der Item Response Theorie mit dem R-Paket TAM (Robitzsch, Kiefer & Wu, 2019) modelliert, wobei ein allgemeiner Rateparameter für alle Items gemeinsam spezifiziert wurde. Bei dieser Modellierung wurde eine Reliabilität von 0.64 beobachtet. Als Leistungswert wurde der Expected a Posteriori verwendet, wobei der Mittelwert und die Standardabweichung der Prior-Verteilung auf 0 bzw. 1 fixiert wurde. Es zeigte sich in diesem Bereich, dass Mädchen ($M = 0.23$) im Mittel über ein signifikant ($p < 0.01$) höheres Fachwissen verfügen als Jungen ($M = -0.07$). Es bestanden mittlere positive Zusammenhänge mit den Schulnoten in Musik ($r = .31$; $p < .01$) und Deutsch ($r = .38$; $p < .01$) und ein geringer positiver Zusammenhang mit Schulnote in Mathematik ($r = .15$; $p < .01$).

3.2.5 Fachkompetenzen – Erfahrenheit

Die Erfahrenheit wurde mit zwei Arten von Items gemessen. Zum einen wurde mit sechs Items nach Erfahrungen als aktiv Musizierende in einer Gruppe oder innerhalb eines Musikunterrichts gefragt, wie z. B. „Spielst Du in einem Orchester oder einer Band?" mit den Antwortoptionen 1 = „Nein", 2 = „Früher ja, jetzt nicht mehr", 3 = „Ja, seit weniger als 2 Jahren", 4 = „Ja, seit mehr als 2 Jahren". Das Beispielitem beantworteten 200 Schülerinnen und Schüler wobei 68.5 Prozent der Schülerinnen und Schüler die erste, 8.5 Prozent die zweite, 14.0 Prozent die dritte und 9.0 Prozent die vierte Kategorie wählten. Für die erste Art der Erfahrenheit wurde ein Mittelwert von 1.90 und eine Standardabweichung von 0.59 beobachtet bei einer Reliabilität von 0.68. Zum anderen wurde ähnlich zu dem Gold-MSI (z. B. Müllensiefen, Gingras, Musil & Stewart, 2014) mit zehn Items nach

Erfahrungen mit Musik, die die Schülerinnen und Schüler auch alleine und/oder für sich machen können, mit den Antwortkategorien 1 = „Stimmt gar nicht", 2 = „Stimmt eher nicht", 3 = „Stimmt eher" und 4 = „Stimmt genau" gefragt, wie zum Beispiel „Ich höre, wenn jemand einen falschen Ton singt oder spielt.". Dieses Item beantworteten 193 Schülerinnen und Schüler, wobei sich die Antworten wie folgt verteilten: 13.0 Prozent Kategorie 1, 23.8 Prozent Kategorie 2, 42.0 Prozent Kategorie 3 und 21.2 Prozent Kategorie 4. Bei der zweiten Art der Erfahrenheit wurde ein Mittelwert von 2.90 und eine Standardabweichung von 0.54 bei einer Reliabilität von 0.75 beobachtet. Bei gemeinsamer Betrachtung aller 16 Items zu Erfahrenheit wurde eine Reliabilität von 0.78 erzielt. Dabei hatten Mädchen ($M = 2.61$) einen signifikant ($p < .01$) höheren Wert als Jungen ($M = 2.35$) und es bestand ein mittlerer positiver Zusammenhang mit der Schulnote in Musik ($r = .41$; $p < .01$) und geringe positive Zusammenhänge mit der Schulnote in Deutsch ($r = .19$; $p < .05$) und Mathematik ($r = .19$; $p < .05$).

3.2.6 Motivation – Subjektiver Wert

Zur Erfassung des Subjektiven Wertes in Musik wurden vier Items adaptiert nach Steinmayer und Spinath (2010) sowie Wigfield und Guthrie (1997) administriert. Ein Beispielitem dieser Facette lautet „Für mich ist es wichtig, gut in Musik zu sein (z. B. Singen oder ein Instrument spielen)." Die Antwortkategorien waren dabei „1 = Stimmt gar nicht" bis 4 = „Stimmt genau". Die vier Items wurden von 90 Schülerinnen und Schülern beantwortet. Dabei wurde ein Mittelwert von 2.91 bei einer Standardabweichung von 0.86 und einer Reliabilität von 0.82 beobachtet. Bei dieser Skala erzielten Mädchen ($M = 3.29$) im Mittel einen signifikant ($p < .01$) höheren Wert als Jungen ($M = 2.62$) und es bestand ein mittlerer positiver Zusammenhang mit der Note in Musik ($r = .40$; $p < .01$), nicht aber mit Noten anderer Fächer.

3.2.7 Motivation – Intrinsische Motivation

Die intrinsische Motivation wurde mit sechs Items adaptiert nach Marinak, Malloy, Gambrell und Mazzoni (2015), Steinmayer und Spinath (2010) und Wigfield und Guthrie (1997), wie zum Beispiel „Musik macht mir Spaß." mit den Antwortkategorien „1 = Stimmt gar nicht" bis „4 = Stimmt genau", gemessen. Insgesamt 124 Schülerinnen und Schüler beantworteten diese Items. Im Mittel erreichten die getesteten Personen einen Wert von 3.16 bei einer Standardabweichung von 0.63. Die Skala wies eine Reliabilität von 0.67 auf. Hier wurden keine Geschlechterunterschiede und keine Zusammenhänge mit Schulnoten gefunden.

3.2.8 Motivation – Anstrengungsbereitschaft

Zur Erfassung der Anstrengungsbereitschaft wurden vier Items selbst entwickelt, wie zum Beispiel „Wenn es um Musik geht, strenge ich mich an." mit den Antwortkategorien „1 = Stimmt gar nicht" bis „4 = Stimmt genau" bei 83 Schülerinnen und Schülern administriert. Es wurde ein Mittelwert von 2.81 und eine Standardabweichung von 0.76 beobachtet. Die Reliabilität lag bei 0.76. Auch hier wurden keine Geschlechterunterschiede gefunden. Mindestens tendenziell positive Zusammenhänge wurden mit Schulnoten in Musik ($r = .19$; $p < .10$), Deutsch ($r = .31$; $p < .05$) und Mathematik ($r = .22$; $p < .10$) gefunden.

3.2.9 Motivation – Selbstkonzept

Schließlich wurden für die Facette Selbstkonzept sechs Items (Items 1–4 sind adaptiert nach z. B. Bos, Tarelli, Bremerich-Vos und Schwippert, 2012, sowie Dickhäuser, Schöne, Spinath und Stiensmeier-Pelster, 2002; Items 5 und 6 sind selbst entwickelt) an 85 Schülerinnen und Schülern administriert. Ein Beispielitem lautete „Ich bin so gut in Musik wie andere Kinder in meinem Alter." mit den Antwortkategorien „1 = Stimmt gar nicht" bis „4 = Stimmt genau". Hier erreichten die Schülerinnen und Schüler im Mittel einen Wert von 2.90 bei einer Standardabweichung von 0.58 und einer Reliabilität von 0.68. Zwischen Jungen und Mädchen bestand kein signifikanter Unterschied. Zwischen dieser Skala und der Musiknote bestand ein mittlerer positiver Zusammenhang ($r = .46$; $p < .01$), nicht aber zu den anderen Schulnoten.

4 Diskussion

Kreative Kompetenzen im Bereich Musik sind trotz ihrer Relevanz in der schulischen Praxis ein in der wissenschaftlichen Forschung zu Kreativität bisher wenig beachteter Themenbereich. Als Teilthema der kulturellen Bildung erscheint es notwendig, die Aufmerksamkeit hierfür zu erhöhen. Gleichzeitig fehlt bisher ein empirisches Instrument, das es für Praxis wie Wissenschaft ermöglicht, kreative Kompetenzen im Bereich Musik ökonomisch in Gruppenkontexten zu erfassen. Eine solche empirische Erfassung ist jedoch Grundvoraussetzung, um den Stand der Kompetenzen bei Schülerinnen und Schülern zu erheben sowie in einem Referenzrahmen einordnen und bewerten zu können. Dies ermöglicht erst, den Bedarf an Fördermaßnahmen zu eruieren, um möglichen Defiziten begegnen zu können. Weitergehend ist ein adäquates Testinstrument auch Voraussetzung dafür, den Erfolg von Fördermaßnahmen, Projekten und unterschiedlichen Ansätzen über subjektive Aussagen von Teilnehmenden oder Durchführenden hinaus zu evaluieren.

Das in diesem Kapitel vorgestellte Projekt legt einen wichtigen Grundstein dafür, dem identifizierten Bedarf zu begegnen. Es wurde auf der Basis umfangreicher Literaturrecherchen und Gesprächen mit verschiedenen Expertinnen und Experten zunächst ein theoretisches Kompetenzmodell mit drei zentralen Kompetenzkomponenten – kreative Prozesse, Fachkompetenzen, Motivation – vorgelegt, das eine umfassende Orientierung bietet und weitergehende Facetten und Subfacetten identifiziert. Auf dieser Grundlage wurden theoriebasiert Testitems entwickelt, die alle Bereiche empirisch erfassbar machen.

Die bereits vorliegenden empirischen Befunde aus einer Erhebung im Herbst 2018 verdeutlichten, dass die entwickelten Aufgaben für die intendierte Zielgruppe in der Sekundarstufe I gut einsetzbar sind. Mit Ausnahme eines Teilbereichs der Sensitivitätsitems gab es bei der Durchführung im Feld keine Probleme mit Instruktionen oder Itembearbeitungen in der gewählten Altersgruppe.

Erste Analysen deuten darauf hin, dass es Zusammenhänge zwischen den einzelnen Facetten bzw. Subfacetten und zentralen Personenmerkmalen gibt, die auch theoretisch erwartbar waren. So zeigten sich in überwiegender Zahl der Fälle positive (wenn auch nur geringe) Zusammenhänge mit der Note Musik, während mit den Noten in anderen Fächern seltener solche Zusammenhänge zu finden waren.

Die Überprüfung von Zusammenhängen mit zentralen Personenmerkmalen ergab überwiegend theoretisch erwartbare und plausible Befunde. So zeigten sich beispielsweise für die kognitiven Grundfähigkeiten (tendenziell) positive Zusammenhänge mit der verbal-schriftlichen Aufgabe aus dem Bereich der divergenten kreativen Prozesse, dem Fachwissen und der Erfahrenheit, nicht jedoch mit den prozeduralen kreativen Prozessen, dem Beispielitem aus dem Bereich der konvergenten Prozesse und allen Facetten aus dem Bereich Motivation. Vereinzelt wurden auch überraschende Befunde deutlich, insbesondere die beiden negativen Zusammenhänge von Musiknote und Instrumentalunterricht mit der Ausprägung der Flexibility des Beispielitems im Bereich prozedurale divergente Prozesse (Melodien).

Einschränkend sei an dieser Stelle angemerkt, dass die erhobenen Daten aus einer ersten Studie stammen, die den Hauptzweck hatte, die Einsetzbarkeit der Items zu überprüfen und sicherzustellen. Dem geschuldet wurde ein Erhebungsdesign gewählt, das zum einen ermöglichte, eine große Anzahl an Items an Schülerinnen und Schülern zu testen, zum anderen aber dazu führte, dass von Schülerinnen und Schülern teilweise nur sehr wenige Items einer (Sub-)Facette bearbeitet wurden, was die Ableitung von intraindividuellen Zusammenhängen erschwert. Perspektivisch ist bei einer zukünftigen Erhebung das Design so zu wählen, dass insgesamt weniger Items eingesetzt werden, dafür aber einzelne Personen mehr Items einer (Sub-)Facette bearbeiten, sodass die Skalenbildung in den einzelnen (Sub-)Facetten ermöglicht bzw. erleichtert wird.

Vertiefende Analysen und die empirische Klärung einer Reihe von Forschungsfragen im Kontext der Entwicklung und des Einsatzes des Instruments zur Erfassung kreativer Kompetenzen im Bereich Musik stellen die nächsten Schritte im vorgestellten Forschungskontext dar, um mittelfristig ein breit einsetzbares Testinstrument vorliegen zu haben. Mit dem vorgestellten Instrument wurde eine wichtige Grundlage für weitere Arbeiten gelegt, um die Förderung kreativer Kompetenzen im Bereich der kulturellen Bildung und konkret schulischer wie außerschulischer Musikaktivitäten weiter zu unterstützen.

Literatur

Abedi, J. (2002). A latent-variable modelling approach to assessing reliability and validity of a creativity instrument. *Creativity Research Journal, 14*, 267–276.

Amabile, T. M. (1983). *The social psychology of creativity.* New York: Springer.

Amabile, T. M. (1996). *Creativity in context. Update to the social psychology of creativity.* Boulder: Westview Press.

Autorengruppe Bildungsberichterstattung. (2012). *Bildung in Deutschland 2012. Ein indikatorengestützter Bericht mit einer Analyse zur kulturellen Bildung im Lebenslauf.* Bielefeld: Bertelmann. Verfügbar unter https://www.bildungsbericht.de/de/bildungsberichte-seit-2006/bildungsbericht-2012/pdf-bildungsbericht-2012/bb-2012.pdf [18.11.2019].

Barbot, B., Besançon, M. & I Lubart, T. (2011). Assessing creativity in the classroom. *The Open Education Journal, 4* (1).

Barbot, B. & Lubart, T. (2012). Creative thinking in music: Its nature and assessment through musical exploratory behaviors. *Psychology of Aesthetics, Creativity, and the Arts, 6*, 231–242.

Baroni, M., Bernardini, S., Ferraresi, A. & Zanchetta, E. (2009). The WaCky wide web: a collection of very large linguistically processed web-crawled corpora. *Language resources and evaluation, 43* (3), 209–226.

Barron, F. (1969). *Creative person and creative process.* Oxford, England: Holt, Rinehart, & Winston.

Baumert, J. & Kunter, M. (2006). Stichwort: Professionelle Kompetenz von Lehrkräften. *Zeitschrift für Erziehungswissenschaft, 9* (4), 469–520.

Bos, W., Tarelli, I., Bremerich-Vos, A. & Schwippert, K. (2012). *IGLU 2011 Lesekompetenzen von Grundschulkindern in Deutschland im internationalen Vergleich.* Münster: Waxmann Verlag.

Byrne, C., MacDonald, R. & Carlton, L. (2003). Assessing creativity in musical compositions: Flow as an assessment tool. *British Journal of Music Education, 20*, 277–290.

Carson, S., Peterson, J. & Higgins, D. (2005). Reliability, validity, and factor structure of the creative achievement questionnaire. *Creativity Research Journal, 17*, 37–50.

Cropley, D., Cropley, A., Kaufman, J. & Runco, M. (2010). *The dark side of creativity*. Cambridge: Cambridge University Press.

Csikszentmihalyi, M. (1999). Implications of a systems perspective for the study of creativity. In R. J. Sternberg (Ed.), *Handbook of creativity*. Cambridge: Cambridge University Press.

Deutsche UNESCO-Kommission e.V. (2006). *Kulturelle Bildung für Alle*. Bonn: Deutsche UNESCO-Kommission.

Dickhäuser, O., Schöne, C., Spinath, B. & Stiensmeier-Pelster, J. (2002). Die Skalen zum akademischen Selbstkonzept: Konstruktion und Überprüfung eines neuen Instrumentes. *Zeitschrift für differentielle und diagnostische Psychologie: ZDDP, 23* (4), 393–405.

Eschleman, K. J., Mathieu, M., & Cooper, J. (2017). Creating a recovery filled weekend: the moderating effect of occupation type on the relationship between non-work creative activity and state of feeling recovered at work. *Creativity Research Journal, 29*(2), 97–107.

Feist, G. J. (1998). A meta-analysis of personality in scientific and artistic creativity. *Personality and Social Psychology Review, 2* (4), 290–309.

Fink, A. (2011). Intelligenz und Kreativität als Schlüsselkomponenten der Begabung. In M. Dresler (Hrsg.), *Kognitive Leistungen. Intelligenz und mentale Fähigkeiten im Spiegel der Neurowissenschaften* (S. 23–39) Heidelberg: Spektrum.

Forthmann, B., Oyebade, O., Ojo, A., Günther, F., & Holling, H. (2019). Application of latent semantic analysis to divergent thinking is biased by elaboration. *The Journal of Creative Behavior, 53* (4), 559–575.

Gajda, A., Karwowski, M. & Beghetto, R. A. (2017). *Creativity Journal of Educational Psychology, 109* (2), 269–299.

Guilford, J. P. (1950). Creativity. *American Psychologist, 5* (9), 444–454.

Gorder, W. D. (1980). Divergent production abilities as constructs of musical creativity. *Journal of Research in Music Education, 28*, 34–42.

Gordon, E. E. (1979). *Primary measures of music audiation*. Chicago: GIA.

Günther, F., Dudschig, C. & Kaup, B. (2015). LSAfun-An R package for computations based on Latent Semantic Analysis. *Behavior research methods, 47* (4), 930–944.

Günther, F., Dudschig, C. & Kaup, B. (2016). Latent semantic analysis cosines as a cognitive similarity measure: Evidence from priming studies. *The Quarterly Journal of Experimental Psychology, 69*, 626–653.

Hargreaves, H. L. (1927). The „faculty" of imagination: An enquiry concerning the existence of a general „faculty", or group factor of imagination. *Journal of Philosophical Studies, 2*, 574–575.

Hasselhorn, J. (2015). *Messbarkeit musikpraktischer Kompetenzen von Schülerinnen und Schülern. Entwicklung und empirische Validierung eines Kompetenzmodells*. Münster: Waxmann.

Hickey, M. & Webster, P. (1999). MIDI-based adaptation and continued validation of the measures of creative thinking in music (MCTM). *Bulletin of the Council for Research in Music Education, 142*, 93–94.

Hickey, M. & Webster, P. (2001). Creative thinking in music. *Music Educators Journal, 88 (1)*, 19–23.

Hong, E. & Milgram, R. (2010). Creative thinking ability: Domain generality and specificity. *Creativity Research Journal, 22*, 272–287.

Jäger, A. O., Süß, H.-M. & Beauducel, A. (1997). Berliner Intelligenzstrukturtest. *Zeitschrift für Entwicklungspsychologie und Pädagogische Psychologie, 33*, 187–193.

Kaufman, J. & Baer, J. (2005). The amusement park theory of creativity. In J. Kaufmann & J. Baer (Eds.), *Creativity across domains: Faces of the muse* (pp. 321–328). New York: Psychology Press.

Kaufman, J., Plucker, J. & Baer, J. (2008). *Essentials of creativity assessment*. New Jersey: John Wiley and Sons Inc.

Kaufman, J. & Beghetto, R. (2009). Beyond big and little: The four C model of creativity. *Review of General Psychology, 13* (1), 1–12.

Kim, K. H. (2011). The creativity crisis: The decrease in creative thinking scores on the Torrance tests of creative thinking. *Creativity Research Journal, 23,* 285–295.

Kim, K. H. (2008). Meta-analyses of the relationship of creative achievement to both IQ and divergent thinking test scores. *The Journal of Creative Behavior, 42,* 106–130.

Klieme, E., Avenarius, H., Blum, W., Döbrich, P., Gruber, H., Prenzel, M., Reiss, K., Riquarts, K., Rost, J., Tenorth, H.-E. & Vollmer, H. (2003). *Zur Entwicklung nationaler Bildungsstandards: Eine Expertise.* Bonn: Bundesministerium für Bildung und Forschung.

Kormann, A. (2005). Musiktests. In R. Oerter & T. H. Stoffer (Hrsg.), *Spezielle Musikpsychologie (Enzyklopädie der Psychologie)* (S. 369–408). Bd. D-VII-2. Göttingen: Hogrefe.

Krampen, G. (1996). *KVS-P-Kreativitätstest für Vorschul- und Schulkinder. Version für die psychologische Anwendungspraxis.* Göttingen: Hogrefe.

Landauer, T. K., Foltz, P. W. & Laham, D. (1998). An introduction to latent semantic analysis. *Discourse processes, 25* (2–3), 259–284.

Lubart, T. (2010). Cross-cultural perspectives on creativity. In J. Kaufman & R. J. Sternberg (Eds.), *The Cambridge handbook of creativity* (pp. 265–278). Cambridge: Cambridge University Press.

Lubart, T. (2016). Creativity meets modern technology: CS009. *International Journal of Psychology, 51.*

Marinak, B. A., Malloy, J. B., Gambrell, L. B. & Mazzoni, S. A. (2015). Me and my reading profile: A tool for assessing early reading motivation. *The Reading Teacher, 69* (1), 51–62.

Mednick, S. (1962). The associative basis of the creative process. *Psychological Review, 69,* 220–232.

Ministerium für Schule und Weiterbildung des Landes Nordrhein-Westfalen. (2011). *Kernlehrplan für das Gymnasium – Sekundarstufe I in Nordrhein-Westfalen. Musik.* Düsseldorf: Ministerium für Schule und Weiterbildung. Verfügbar unter: https://www.schulentwicklung.nrw.de/lehrplaene/lehrplan/54/KLP_GY_MU.pdf [18.11.2019].

Müllensiefen, D., Gingras, B., Musil, J. & Stewart, L. (2014). Measuring the facets of musicality: The Goldsmiths Musical Sophistication Index (Gold-MSI). *Personality and Individual Differences, 60,* S35.

Müller, M. (2015). *Fundamentals of music processing: Audio, analysis, algorithms, applications.* Cham, Switzerland: Springer.

Mumford, M. (2003). *Where have we been, where are we going? Taking stock in creativity research. Creativity Research Journal, 15,* 107–120.

Mumford, M., Medeiros, K. & Partlow, P. (2012). Creative thinking: processes, strategies, and knowledge. *The Journal of Creative Behavior, 46,* 30–47.

Nett, N. (2019). Kreativität. Was ist das überhaupt? Explizite Theorien und Modelle der Kreativität. In J. Haager & G. Baudson (Hrsg.), *Kreativität in der Schule. Finden, Fördern, leben* (S. 3–23). Wiesbaden: Springer.

Niessen, A. & Knigge, J. (2018). Empirische Forschung in der Musikpädagogik. In M. Dartsch, J. Knigge, A. Niessen, F. Platz & C. Stöger (Hrsg.), *Handbuch Musikpädagogik* (S. 451–456). Münster: Waxmann.

O'Quin, K. & Besemer, S. (2006). Using the creative product semantic scale as a metric for results-oriented business. *Creativity and Innovation Management, 15,* 34–44.

Plucker, J., Beghetto, R. & Dow G. (2004). Why isn't creativity more important to educational psychologists? Potentials, pitfalls, and future directions in creativity research. *Educational Psychologist, 39,* 83–96.

Preckel, F., Holling, H. & Wiese, M. (2006). Relationship of intelligence and creativity in gifted and non-gifted students: An investigation of threshold theory. *Personality and Individual Differences, 40,* 159–170.

Rheinberg, F., Vollmeyer, R. & Engeser, S. (2003). Die Erfassung des Flow-Erlebens. In J. Stiensmeier-Pelster & F. Rheinberg (Hrsg.), *Diagnostik von Motivation und Selbstkonzept* (S. 261–279). Göttingen: Hogrefe.

Rhodes, M. (1961). An Analysis of Creativity. *The Phi Delta Kappan, 42* (7), 305–310.

Robitzsch, A., Kiefer, T. & Wu, M. (2019). TAM: Test analysis modules. R package version 3.2-24.

Rölke, H. (2012). The ItemBuilder: A Graphical Authoring System for Complex Item Development. In T. Bastiaens & G. Marks (Eds.), *Proceedings of E-Learn 2012--World Conference on E-Learning in Corporate, Government, Healthcare, and Higher Education 1* (pp. 344–353). Montréal, Quebec, Canada: Association for the Advancement of Computing in Education (AACE).

Runco, M. A. & Jaeger, G. J. (2012). The Standard Definition of Creativity. *Creativity Research Journal, 24*, 92–96.

Runco, M. (2014). *Creativity: Theories and themes: Research, development, and practice.* London: Elsevier Academic Press.

Running, D. J. (2008). Creativity Research in Music Education: A Review (1980–2005). *Update: Applications of Research in Music Education, 27 (01)*, 41–48.

Sandstrom, G. M., & Russo, F. A. (2013). Absorption in music: Development of a scale to identify individuals with strong emotional responses to music. *Psychology of Music, 41*(2), 216–228.

Schumpeter, J. (1911). *Theorie der wirtschaftlichen Entwicklung. Eine Untersuchung über Unternehmergewinn, Kapital, Kredit, Zins und den Konjunkturzyklus.* Berlin: Dunker und Humblot.

Stein, M. I. (1953). Creativity and Culture. *The Journal of Psychology, 36*, 311–322.

Steinmayr, R., & Spinath, B. (2010). Konstruktion und erste Validierung einer Skala zur Erfassung subjektiver schulischer Werte (SESSW). *Diagnostica, 56* (4), 195–211.

Sternberg, R. J. & Lubart, T. I. (1995). *Defying the crowd. Cultivating creativity in a culture of conformity.* New York: Simon & Schuster Inc.

Sternberg, R. J. (2011). Componential Models of Creativity. In M. A. Runco & S. R. Pritzker, *Encyclopedia of Creativity.* London: Elsevier.

Torrance, E. P. (1974). *The Torrance tests of creative thinking: Norms-technical manual.* Princeton, NJ: Personal Press.

Vaughan, M. M. (1973). Cultivating creative behavior: Energy levels and the process of creativity. *Music Educators Journal, 59*(8), 35–37.

Vold, J. N. (1986). *A study of musical problem solving behavior in kindergarten children and a comparison with other aspects of creative behavior* (Unpublished doctoral dissertation, University of Alabama).

Wallas, G. (1926). *The art of thought.* Brace and Company: Harcourt, NY.

Wang, C. (1985). *Measures of creativity in sound and music.* Unpublished manuscript.

Webster, P. (1990). *Measures of creative thinking- II (MCTM- II): Administrative guidelines.* Evanston, IL: Northern University.

Webster, P. (2003). Conference Keynotes: Asking music students to reflect on their creative work: encouraging the revision process. *Music Education Research, 5* (3), 243–249.

Weinert, F. (Hrsg.). (2001). *Leistungsmessungen in Schulen.* Weinheim und Basel: Beltz.

Westmeyer, H. (2009). Kreativität als relationales Konstrukt. In E. Witte & C. Kahl (Hrsg.), *Sozialpsychologie der Kreativität und Innovation* (S. 11–27). Berlin: Pabst Science Publishers.

Wigfield, A. & Eccles, J. (2000). Expectancy-Value Theory of Achievement Motivation. *Contemporary Educational Psychology, 25*, 68–81.

Wigfield, A., & Guthrie, J. T. (1997). Relations of children's motivation for reading to the amount and breadth or their reading. *Journal of Educational Psychology, 89* (3), 420–432.

Die Autorinnen und Autoren

Susanne Böse, Dr.phil., wissenschaftliche Mitarbeiterin und Koordinatorin am DIPF | Leibniz-Institut für Bildungsforschung und Bildungsinformation in der Abteilung Bildungsqualität und Evaluation (BiQua), Forschungs- und Arbeitsschwerpunkte: Innovations- und Implementationsforschung, Schulleitungsforschung sowie Schulentwicklungsforschung. Email: boese@dipf.de

Kathrin Dedering, Dr. phil., Universitätsprofessorin für Bildungsinstitutionen und Schulentwicklung, Universität Erfurt. *Forschungs- und Arbeitsschwerpunkte*: Educational Governance, Schulentwicklungsforschung und Evaluation. Email: kathrin.dedering@uni-erfurt.de

Michael Evers, Referendar für Englisch & Latein, ehem. wiss. Mitarbeiter von Frau Prof. Fani Lauermann, Institut für Schulentwicklungsforschung (IFS), Technische Universität Dortmund, Forschungs- und Arbeitsschwerpunkte: Lehrermotivation, Lehrerresilienz. Email: gmevers@live.de.

Miriam M. Gebauer, PD Dr. phil. habil., Institut für Schulentwicklungsforschung (IFS), Technische Universität Dortmund, *Forschungs- und Arbeitsschwerpunkte*: diagnostische Fähigkeiten, Wissen, Einstellungen und motivationale Aspekte von Lehramtsanwärtern und Lehrenden, sozial-kognitive Determinanten des schulischen Lernens von Schülerinnen und Schüler. Email: miriam.gebauer@tu-dortmund.de

Therese Gesswein, Dipl.-Soz., wissenschaftliche Mitarbeiterin zur Promotion im Rahmen der BONUS-Studie, DIPF | Leibniz-Institut für Bildungsforschung und Bildungsinformation, Abteilung Struktur und Steuerung des Bildungswesens, Forschungs- und Arbeitsschwerpunkte: Schulen in sozialräumlich benachteiligter Lage, Schulentwicklungsforschung, Organisationales Lernen in Schulen. Email: gesswein@dipf.de

Melanie Heldt, M. A., wissenschaftliche Mitarbeiterin, Institut für Erziehungswissenschaft, Universität Paderborn, Forschungs- und Arbeitsschwerpunkte: Lehrerkooperation und Schulentwicklung im Zeitalter der Digitalisierung. Email: melanie.heldt@upb.de

Heinz Günter Holtappels, Dr.rer.soc., Universitätsprofessor für Erziehungswissenschaft, Schwerpunkt Bildungsmanagement, Schulentwicklung und Evaluation, Institut für Schulentwicklungsforschung (IFS), Technische Universität Dortmund, *Forschungs- und Arbeitsschwerpunkte*: Schul- und Innovationstheorien, Schulwirksamkeits- und Schulentwicklungsforschung; schulbezogene Beratung und Fortbildung, Organisationsentwicklung und Evaluation. Email: heinz-guenter.holtappels@tu-dortmund.de

Fani Lauermann, Ph.D., Universitätsprofessorin für Empirische Bildungsforschung im schulischen Kontext, Institut für Schulentwicklungsforschung (IFS), Technische Universität Dortmund, Forschungs- und Arbeitsschwerpunkte: Bildungsverläufe und Determinanten von Unterrichtsqualität, Professionsforschung zum Lehrberuf, Motivations- und Schulleistungsentwicklung. Email: fani.lauermann@tu-dortmund.de

Eunji Lee, M.Sc., wissenschaftliche Mitarbeiterin zur Promotion im Rahmen der BONUS-Studie, DIPF | Leibniz-Institut für Bildungsforschung und Bildungsinformation, Abteilung Struktur und Steuerung des Bildungswesens, Forschungs- und Arbeitsschwerpunkte: Schulen in sozialräumlich benachteiligter Lage, Schulentwicklungsforschung, Implementationsforschung. Email: lee@dipf.de

Ramona Lorenz, PD Dr. phil., Akademische Rätin, Institut für Schulentwicklungsforschung (IFS), Technische Universität Dortmund, Forschungs- und Arbeitsschwerpunkte: Digitalisierung in Schule und Unterricht, Schul- Unterrichtsentwicklung, Lehrerprofessionalisierung, Neuen Steuerung und zentrale Prüfungsformate in der Schule.
Email: ramona.lorenz@tu-dortmund.de

Kai Maaz, Dr. phil. habil., Professur für Soziologie mit dem Schwerpunkt Bildungssysteme und Gesellschaft an der Johann Wolfgang Goethe-Universität Frankfurt am Main, Geschäftsführender Direktor des DIPF | Leibniz-Institut für Bildungsforschung und Bildungsinformation und dort Direktor der Abteilung Struktur und Steuerung des Bildungswesens Forschungs- und Arbeitsschwerpunkte: Bildungsmonitoring und -steuerung, Evaluation von Schulstrukturen, Bildungsprogrammen und Schulen, Soziale Disparitäten des Bildungserwerbs über den Lebens- und Bildungsverlauf, Schulentwicklung unter besonderer Berücksichtigung von Transformationsprozessen im Bildungssystem. Email: maaz@dipf.de

Nele McElvany, Prof. Dr., Geschäftsführende Direktorin des Instituts für Schulentwicklungsforschung (IFS), Technische Universität Dortmund. Forschungs- und Arbeitsschwerpunkte: Lehr-/Lernforschung im schulischen Kontext; Kompetenzen von Lehrkräften und Unterrichtsqualität; Entwicklung und Förderung von Schriftsprachkompetenzen; Bildung und Migration; Pädagogisch-psychologische Diagnostik und Large-Scale Assessments.
Email: nele.mcelvany@tu-dortmund.de

Marko Neumann, Dr. phil., Leiter des Arbeitsbereichs Bildungsstrukturen und Reformen am DIPF | Leibniz-Institut für Bildungsforschung und Bildungsinformation Frankfurt am Main/Berlin. Forschungs- und Arbeitsschwerpunkte: Einfluss institutioneller Lernumwelten auf die Entwicklung schulischer Leistungen und psychosozialer Merkmale, Übergänge im Bildungssystem, Reformprozesse und Qualitätsentwicklung im Bildungswesen.
Email: marko.neumann@dipf.de

Annika Ohle-Peters, Dr. phil. nat., Akademische Rätin, Institut für Schulentwicklungsforschung (IFS), Technische Universität Dortmund, Forschungs- und Arbeitsschwerpunkte: Unterrichtsqualität; professionelle Kompetenzen von Lehrenden; multikriteriale Zielerreichung in der Grundschule. Email: annika.ohle-peters@tu-dortmund.de

Franziska Schwabe, Dr. phil., war bis 2019 als akademische Rätin Mitglied der Arbeitsgruppe von Prof. McElvany am Institut für Schulentwicklungsforschung (IFS) der Technischen Universität Dortmund. Sie arbeitete hauptsächlich zu Fragen der Leistungsmessung im schulischen Kontext.

Matthias Trendtel, Dr. phil., Postdoc am Institut für Schulentwicklungsforschung (IFS), Technische Universität Dortmund, Forschungs- und Arbeitsschwerpunkte: Diagnostik und Methodik in internationalen und nationalen Schulleistungsvergleichsstudien, Testentwicklung sowie maschinelles Lernen in der empirischen Bildungsforschung.
Email: matthias.trendtel@tu-dortmund.de

Tanja Webs, Dipl.-Päd., Referentin im Arbeitsbereich 7 „Professionalisierung I – Zentrale Entwicklungsarbeiten und Personalentwicklung in der Lehrerfortbildung" der Qualitäts- und UnterstützungsAgentur – Landesinstitut für Schule NRW, Forschungs- und Arbeitsschwerpunkte: Qualitätsentwicklung und -sicherung in der Lehrerfortbildung, Fortbildungsmonitoring, Schulentwicklung in herausfordernden Lagen, Gesundheit, Kooperation und Motivation von Lehrkräften. Email: tanja.webs@qua-lis.nrw.de

Nils Berkemeyer | Bärbel Kracke |
Sebastian Meißner | Peter Noack (Hrsg.)
Schule gemeinsam gesund gestalten
Facetten, Erfahrungen und Ergebnisse
zweier schulischer Interventionsstrategien
2020, 188 Seiten, broschiert
ISBN: 978-3-7799-6242-7
Auch als E-BOOK erhältlich

Mit der Verabschiedung des Präventionsgesetzes 2015 wurde ein deutliches politisches Signal gesendet, um die Anstrengungen zur Förderung und Prävention der Gesundheit in den Lebenswelten vor Ort zu stärken. Das BMBF-geförderte Verbundprojekt „VorteilJena" geht hierbei neue Wege der Gesundheitsförderung und -forschung, indem durch die Stärkung der sozialen Teilhabe den neuen Volkskrankheiten, wie Depression, Burnout oder Übergewicht, nachhaltig vorgebeugt und positiv entgegengewirkt werden soll. Der Band versammelt die Impulse, Erfahrungen und Ergebnisse der VorteilJena-Teilprojekte „Netzwerke für Bildungsübergänge" und „Gesunde Lehrkräfte durch Gemeinschaft" und diskutiert vor dem Hintergrund beider netzwerkbasierter Interventionsansätze theoretisch wie praxisorientiert die Perspektiven und Potenziale teilhabeorientierter Gesundheitsförderung in der Schule.

www.beltz.de
Beltz Juventa · Werderstraße 10 · 69469 Weinheim